大学体育与健康

王文霞　王海金　主编

中国环境出版集团·北京

图书在版编目（CIP）数据

大学体育与健康/王文霞，王海金主编. —北京：中国环境出版集团，2019.8（2020.10 重印）

ISBN 978-7-5111-4046-3

Ⅰ. ①大… Ⅱ. ①王…②王… Ⅲ. ①体育—高等学校—教材②健康教育—高等学校—教材 Ⅳ. ①G807.4②G647.9

中国版本图书馆 CIP 数据核字（2019）第 144192 号

出 版 人 武德凯
责任编辑 王 菲
责任校对 任 丽
封面设计 岳 帅

出版发行 中国环境出版集团
（100062 北京市东城区广渠门内大街 16 号）
网 址：http://www.cesp.com.cn
电子邮箱：bjgl@cesp.com.cn
联系电话：010-67112765（编辑管理部）
010-67147349（第四分社）
发行热线：010-67125803，010-67113405（传真）
印 刷 北京市联华印刷厂
版 次 2019 年 8 月第 1 版
印 次 2020 年 10 月第 4 次印刷
开 本 787×1092 1/16
印 张 21.5
字 数 400 千字
定 价 47.00 元

编 委 会

主　编：王文霞　王海金

副主编：李广永　魏　岩　刘旭红　李新忠　王艳荣　朱连义

编　委：（按姓氏拼音排列）

卜令香　高清林　井厚勇　李洪波　刘素华　缪荣勇

牛洋龙　王　磊　燕红杰

主　审：许学江

前言

体育与健康教育是职业教育的重要组成部分，也是学生养成终身体育习惯的重要教育，更是体育事业的战略重点。习近平总书记在2017年时强调：体育承载着国家强盛、民族振兴的梦想，体育强则中国强，国运兴则体育兴，要把发展体育工作摆上重要日程，精心谋划，狠抓落实，不断开创我国体育事业发展的新局面，加快把我国建设成为体育强国。

中共中央、国务院一向对大学生体育健康教育非常重视。大学生是祖国现代化建设的栋梁之材，肩负着我国21世纪伟大复兴的历史重任。他们只有体魄强健，才能精力充沛地从事学习和工作，为国家做出更大的贡献。因此，大学生树立健康意识，养成体育锻炼的好习惯，形成良好的生活方式，对强身健体、保持健康和幸福生活等都具有重要意义。

本教材充分贯彻“以人为本”和“健康第一”的指导思想，以培养大学生健康体魄为根本目标，同时根据高职高专体育课程发展的时代特征及教材改革的需求，在编写过程中紧紧围绕培养目标，面向高职高专体育教学实际，在教材结构和内容方面力求有所突破，使其有别于其他教材。

本教材是体育教学改革在教学实施过程中的集中体现，它不仅承载着课程和项目的教学内容，而且贯穿和体现着体育课程改革的教育教学思想、策略与方法，是在系统化理论的指导下，将知识、能力、素质培养进行一体化设计，并有机融合为一个体系的教材。教材的编写采取了全新的体育教育教学理念、模式、方法与规范，以能力培养为主线，以案例教学为引导，以项目为载体，充分体现“做中学”和“学中做”的思想。

在本教材的编写过程中，东营科技职业学院教务与科研处、各学院领导及基础部主任和老师们为该书的编写提供了很好的建议和意见。对于老师们付出的辛勤努力和学校给予的大力支持，在此表示衷心的感谢。

体育教材的建设是一项创造性的工作，需要通过改革的实践不断加以深化和持续改进。由于编写时间及编者水平有限，书中难免有错误和不妥之处，希望广大专家、读者和教学工作者提出宝贵的意见和建议。本教材在编写过程中参考了大量的文献资料，在此向这些相关文献资料的作者致以诚挚的谢意。

编　者

2019 年 6 月

目 录

上篇
理论篇

第一章　体育概论 / 3
第一节　体育概述 / 3
第二节　体育的本质和功能 / 6
第三节　学校体育概述 / 7

第二章　体育与健康 / 11
第一节　健康的含义 / 11
第二节　心理健康及标准 / 15

第三章　体育锻炼 / 18
第一节　体育锻炼效果的生理评定及锻炼原则 / 18
第二节　体育锻炼方法及计划安排 / 22

第四章　体育俱乐部 / 27
第一节　体育俱乐部的概述及作用 / 27
第二节　体育俱乐部的组织与管理 / 30

下篇
实践篇

第五章　田径赛场 / 37
第一节　田径的基本知识 / 37
第二节　田径运动会 / 54

第六章　篮球天地 / 61
第一节　兴趣篮球 / 63
第二节　爱好篮球 / 82
第三节　特长篮球 / 85
第四节　篮球俱乐部的组织与实施 / 91

第七章 空中飞球 / 97
第一节 兴趣排球 / 99
第二节 爱好排球 / 111
第三节 特长排球 / 121
第四节 排球俱乐部的组织与实施 / 125

第八章 驰骋绿荫 / 132
第一节 兴趣足球 / 134
第二节 爱好足球 / 147
第三节 特长足球 / 154
第四节 足球俱乐部的组织与实施 / 164

第九章 轻羽王国 / 170
第一节 兴趣羽毛球 / 172
第二节 爱好羽毛球 / 181
第三节 特长羽毛球 / 186
第四节 羽毛球俱乐部的组织与实施 / 193

第十章 律动健美操 / 199
第一节 健美操启蒙 / 201
第二节 健美操套路 / 209
第三节 健美操表演 / 222
第四节 健美操俱乐部的组织与实施 / 227

第十一章 瑰宝武术 / 236
第一节 武术启蒙 / 238
第二节 武术套路 / 245
第三节 武术表演 / 279
第四节 武术俱乐部的组织与实施 / 280

第十二章 时尚跆拳道 / 284
第一节 跆拳道启蒙 / 286
第二节 跆拳道套路 / 288
第三节 跆拳道表演 / 299
第四节 跆拳道俱乐部的组织与实施 / 301

第十三章　花样体操 / 304

第一节　体操基本理论 / 306

第二节　体操术语 / 309

第三节　保护与帮助 / 313

第四节　器械体操 / 315

附录 1：学习知识要点及能力要点 / 327

附录 2：《国家学生体质健康标准》（2014 年修订） / 328

上　篇

理 论 篇

第一章　体育概论

本章学习达成效果：通过本章的学习，学生能够正确理解体育和学校体育的概念。
本章的重点和难点：体育功能和学校体育功能的实现；学校体育组织形式的探讨。
学习指导建议：以自主学习为主，浏览体育期刊、体育杂志以及媒体网站等。

生命在于运动。——法国思想家　卢梭

科学的基础是健康的身体。——波兰科学家　居里夫人

运动的作用可以代替药物，但所有的药物都不能替代运动。——法国医学家　蒂素

广泛开展全民健身活动，加快推进体育强国建设。——习近平总书记在党的十九大报告中指出

一说到体育，人们首先想到的是一些运动项目，比如说打球、跑步等。生命在于运动的说法已为人们所接受，可实际上，运动只不过是体育的一种手段，运动可以促进健康，但不科学的运动又有可能损害健康。体育，简单讲就是一个词：身体教育（physical education）。狭义的体育，就是通过身体活动，增强体质、培养道德和意志品质的有目的、有计划的教育过程。它是教育的组成部分，是培养全面发展的人的重要方面。党的十八大以来，以习近平同志为核心的党中央高度重视体育工作，强调体育强国梦与中国梦息息相关，把健康中国建设作为中国梦的重要支撑，把体育事业融入实现“两个一百年”奋斗目标大格局中去谋划，将全民健身上升为国家战略。习近平总书记强调，体育承载着国家强盛、民族振兴的梦想。体育强则中国强，国运兴则体育兴；要把发展体育工作摆上重要日程，精心谋划，狠抓落实，不断开创我国体育事业发展新局面，加快把我国建设成为体育强国。

第一节　体育概述

【案例导入】

什么是体育？

《现代汉语词典》对体育一词有两种不同的解释：一种是将体育解释为以发展体力、增强体质为主要任务的教育，通过参加各种运动来实现。事实上，随着社会发展，目前体育的主要任务早已超出了仅仅是发展身体（提升体力、增强体质）的范畴，还包括促进身心（身体和精神）健全发展，培养终身体育能力。

另一种是将体育（sport、sports）解释为锻炼身体、增强体质的各种活动，包括田径、

体操、球类、游泳、武术、登山、射击、滑冰、滑雪、举重、摔跤、击剑、自行车等各种项目。这种解释中体育也早已超出了身体锻炼（锻炼身体、增强体质）的范畴。换句话说，体育是包含身体锻炼、游戏、竞争要素的身体运动的总称。

一、体育的基本概念

体育的基本概念不是一个术语问题，它是由一些术语组成的一个术语体系，体系中各个不同层次的术语有着内在的联系。

我们根据科学性、民族传统习惯、力争与国际用语相一致的原则，确定一个总概念，即广义的体育，其上位概念是文化（人类总文化），下位概念包括狭义的体育、竞技运动、身体锻炼和身体娱乐，形成了一个有层次的概念体系。

广义的体育，亦称体育运动，是指以身体练习为基本手段，以增强体质、促进人的全面发展、丰富社会文化生活和促进精神文明为目的的一种有意识、有组织的社会实践活动。它是社会整体文化的一部分，其发展受一定社会和经济的制约，也为社会和经济服务。

狭义的体育是通过身体活动，增强体质，传授锻炼身体的知识、技能、技术，培养道德和意志品质的有目的、有计划的教育过程。它是教育的组成部分，也称学校体育，是培养全面发展的人的一个重要方面。

体育的概念有其历史性和时代性，它是人们对一定时期体育特有属性认识的反映，其内涵不是一成不变的。随着社会的不断发展，人们对体育的认识还会进一步深化。

二、体育的分类

广义的体育由竞技体育、学校体育、社会体育三部分组成。三者既有区别又有联系，共同构成了广义的体育的整体。

1. 竞技体育

竞技体育是指为了最大限度地发挥和提高人体在体格、体能、心理和运动能力等方面的潜力，取得优异的运动成绩而进行的科学的、系统的训练和竞赛。它是以争取优胜为直接目的，以运动项目（或某些身体活动）为内容，根据规则的要求，进行个人或者集体的体力、技艺、心理的相互较量的体育活动。竞赛是体育运动最突出的特征，是竞技体育赖以生存和发展的重要手段，也是吸引人们观赏的魅力所在。

2. 学校体育

学校体育即狭义的体育，是一种强健体魄，增强体质，传授锻炼身体的知识、技能和技术，培养道德、意志、行为和习惯的教育过程。它是学校教育的组成部分，也是全民健身的基础和国家体育事业发展战略的重点。为了达到教育及发展的总目标，不同层次的各类学校体育按不同的教育阶段和年龄特征，通过体育课、课余训练和课外活动三个基本形式，围绕“增强体质，增进健康，提高水平”这个中心，全面实现学校体育的各项任务。

3. 社会体育

社会体育亦称大众体育或群众体育，是指以健身、娱乐、休闲、医疗和康复为目的的身体活动。它的对象主要是一般民众，包括男、女、老、幼、伤、病、残者，活动领域遍及整个社会乃至家庭，所以社会体育堪称是活动内容最广、表现形式多样、适应性较强、参加人数最多的一项群众性体育活动。

三、我国体育的发展

1. 我国古代民间体育

早在原始社会末期，根据社会生产和生活的需要，我国就出现了人类早期的体育活动。这些处于萌芽状态的体育，经过奴隶制社会的不断演进，为我国古代体育的形成奠定了基础。

春秋战国时期，由诸侯争霸掀起的崇尚习武、由文化进步引发的养生认识、由经济繁荣衍生的民间体育，为我国古代体育的发展创造了良好的条件。

从秦汉三国，到魏晋南北朝隋唐五代，民间繁多的体育形式，逐步由分散趋于集中，形成了固定的体育运动形式。

宋元时期，受当时经济和文化的影响，社会娱乐体育和养生体育得以丰富和发展，为我国古代体育增添了新的内容。

明清两代，各种深受群众欢迎的习武、娱乐、养生等体育活动初步形成了自己完整的体系。

2. 我国近代体育

我国近代体育开始于洋务运动。从 19 世纪 60—90 年代，出现了洋务派，他们在“中学为体，西学为用”的教育方针的指导下，举办水师学堂和武备学堂，并开设“体操学科”，开始把现代项目列为教学和训练的内容，如列队、刺杀、战阵与战术等军事体育项目，单杠、双杠、木马等体操项目以及跳高、跳远、足球、棒球、网球等现代体育项目。1890 年在上海圣约翰大学举办了以田径为主要内容的中国历史上最早的运动会，1905 年在北京官办京师大学堂也举办了类似的运动会。

外国的传教士对推进我国的近代体育也起到了重要作用，如近代篮球创始人、美国的奈·斯密斯的学生蔡乐尔在天津传授“篮球”技术，使篮球运动传入我国。

1898 年，康有为等发动了著名的“戊戌变法”运动，主张废除“八股”“科举”，提倡“西学”，兴办新式学堂，并从近代教育的角度提出了明确的体育主张。1901 年颁布的学堂章程中，规定各级各类学校均应开设“体操科”。新学制的建立为近代体育的普及与发展创造了重要条件。

3. 我国现代体育

1949 年中华人民共和国成立后，“提倡国民体育”被明文规定在《中国人民政治协商会议共同纲要》之中。1952 年我国第一所体育高等学府——华东体育学院在上海成立，次年在北京成立了中央体育学院。1950 年 7 月，我国创办了第一个全国性体育杂志——《新体育》，毛泽东亲自题写了刊头，并于 1952 年在中华全国体育总会上发表了“发展体育运动，增强人民体质”的题词。接着，我国成立了人民体育出版社。在体育竞技方面，游泳运动员吴传玉率先在国际比赛中获得冠军，举重运动员陈镜开成为我国打破世界纪录的第一人。

20 世纪 60 年代，因受国民经济暂时困难的影响，体育事业的发展遭受了挫折。1978 年全国体育工作会议在北京召开，1979 年举办的全国第四届运动会为我国体育事业的发展开创了崭新局面。1995 年《全民健身计划纲要》、《奥运争光计划》、《体育法》和《中国成年人体质测试标准实施办法》的颁布，从学校《国家体育锻炼标准》到“两个工作条例”和全面推进素质教育的实施、从奥运会金牌零的突破到第27届夏季奥运会金牌总数达到28枚以及2008年奥运会的成功举办等，都标志着体育事业的蓬勃发展。

第二节 体育的本质和功能

一、体育的本质

国际体育联合会1970年制定的《世界体育宣言》认为，“体育是教育的一个组成部分，它要求按一定的规律，以系统的方式，借助身体运动和自然力的影响作用于人体，完成发展身体的任务，空气、阳光和水等在这里作为特殊的手段。”因此可以认为体育是教育的一个组成部分，它的本质就是以各种运动为基本手段，是发展身体、增强体质的一种教育。

二、体育的功能

1. 健身功能

体育是通过身体运动的方式进行的，它要求人体直接参与活动，这是体育最本质的特点之一，决定了体育具有健身功能。体育运动能改善和提高中枢神经系统的工作能力，使人头脑清醒、思维敏捷；能促进有机体的生长发育，提高运动能力；能促进人体内脏器官构造的改善和机能的提高；能调节人的心理，使人朝气蓬勃、充满活力；能提高人体的适应能力；还可以防病治病，延缓衰老，延年益寿。

2. 娱乐功能

体育运动由于技术的高难度、惊险性，造型的艺术性，配合的默契性和易于接受的朴素性，成了人们余暇生活的一个重要组成部分，能起到丰富社会文化生活、满足人们精神需要的作用。

3. 教育功能

体育是教育的重要组成部分，教育功能是体育最基本的社会功能，这表现在体育已被广泛纳入各国的教育体系中。体育的教育功能对人类社会产生的影响是其他社会功能所无法比拟的。该功能分为在学校中的教育功能和在社会中的教育功能。

4. 社会功能

体育的社会感情功能与人的社会心理稳定性直接有关。所谓“心理稳定性”是指人的心理与社会相一致，或者叫人的社会心理平衡。正常情况下，人们总是会产生和形成与社会相一致的心理，从而推动人努力工作，遵守社会规范，为社会做贡献。但有时由于种种原因，导致一些人心理失调，甚至连正常的个人需要也会被压制而产生变态心理，如人都有生存需要，但有时却有人痛不欲生。体育运动由于其竞赛性以及竞赛结果的不确定性等特点，能引起极大的社会关注，也能使人产生强烈的感情刺激和感情体验，从而调整失衡的心理。参与体育运动本身也能起到发泄、宣泄等作用。

5. 经济功能

体育运动还能有力地促进社会经济的发展，因为生产力的提高是社会经济发展的重要标志。在对生产力进行评估时，人的素质是主要的衡量标准，而身体素质作为人诸多素质的物质基础，对生产力的提高起着至关重要的作用。体育能带来社会经济效益，最初是由体育的健身作用决定的。因为它在提高劳动者健康水平方面所起的明显效果，保证和增强了劳动者的工作能力。

在商品经济社会里，体育作为第三产业，以劳务形式向社会提供服务消费品。例如，举办国际体育竞赛，开展各种商业性旅游体育、娱乐体育、竞技观赏性体育活动，开展技术辅导，组织体育健身器材展销，大型竞赛中出售转播权，发行纪念币、体育彩票，获得赛事门票收入、广告收入等。

6. 政治功能

体育的政治功能是客观存在的，主要表现在以下几个方面：

（1）为国争光，提高民族威望，振奋民族精神。国际体育竞赛的胜负已越来越关系到一个国家和地区的荣誉和威望。

（2）为外交服务。体育在促进各国人民互相了解和增进友谊中起着极大的作用。1971年由毛泽东、周恩来同志英明决策、轰动世界的“乒乓外交”，促成了尼克松访华、中美建交、中日接触，“小球转动了地球”。故运动员有时也被称为“穿着运动服的外交家”“外交的先行官”等。

（3）促进国内政治一体化。所谓一体化就是使人同集体达到和谐的联合，化为一体。这个集体小至一个班，大至一个国家、一个民族。体育是促进这种一体化的有效手段。

第三节　学校体育概述

学校体育是在各级各类学校中开展的，通过体育手段来增强体质，传授体育知识、技术、技能，培养学生道德和意志品质的有目的、有计划的教育活动。学校体育既是体育的重要组成部分，也是教育的重要组成部分，是我国体育事业发展的重点。

一、学校体育的地位和功能

（一）学校体育的地位

（1）学校体育是其他教育的基础，是现代教育的重要组成部分。

（2）学校体育是培养学生精神文明的重要内容与手段。

（3）学校体育的改革和发展是实现终身体育的重要途径。

（二）学校体育的功能

学校体育的功能是指学校体育所发挥的作用或效能。体育的功能应当分为本质功能和非本质功能，即一般功能。

1. 健身功能是学校体育的最本质功能

健身最能反映学校体育的本质特点和属性，学校体育是以身体练习为主要内容来进行教学、锻炼、训练的，它要求人体直接参与活动，并承受一定的生理负荷。这是学校体育最本质的特点。

2. 学校体育的其他功能

（1）教养功能。教养是指教和养两个方面，即让受教育者掌握知识、增长见识、发展身体、养成良好的习惯。

（2）教育功能。教育是指使受教育者按一定的目的形成特定的个性品质，包括世界观、政治思想、道德品质、情操、美感等。

（3）个体社会化功能。个体社会化即人的社会化。社会化是一个人学习他所属的社会中的人们必须掌握的生活技能、行为规范和价值体系，以获得社会生活适应性的过程。

（4）美育的功能。体育运动中蕴含着丰富的美的内涵。著名教育家蔡元培先生曾提出“凡是学校所有的课程，都没有与美育无关的”论断。

二、学校体育的目标与任务

（一）学校体育的目标

增强学生体质，促进学生身心全面发展，使学生在学校能更好地完成学习任务，达到学校标准教育的要求，能更好地为社会主义现代化建设服务。

（二）学校体育的任务

（1）增进学生健康，增强学生体质，促进身体形态结构、生理机能和心理的发展，提高身体素质和人体的基本活动能力，提高对自然环境的适应能力。

（2）使学生掌握体育的基础知识、技术、技能，学会锻炼身体的方法，培养学生的体育运动能力和习惯，使之积极参与学校体育活动。

（3）提高学生的运动技术水平，为国家体育后备力量提供人才。

（4）对学生进行思想品德教育，增强组织纪律性，培养学生勇敢、顽强的拼搏精神，树立良好的体育作风。

三、实施高校体育教育的基本途径

（一）体育课教学

体育课程作为高校体育教育最主要的组织形式，是高等学校教学计划所规定的必修课程之一。由于体育课程是按照教育计划和体育教学大纲来组织的专门的教育过程，因而是实现高校体育目标的基本途径。

1. 体育课程包括理论课与实践课两部分

（1）理论课。依据体育理论教材由教师在室内课堂进行讲授，内容主要包括体育健康知识及体育实践方法。按《国家学生体质健康标准》提出的要求，为了加强大学生对体育知识与文化内涵的理解，高校体育已适当增加理论课的学时，并作为体育课程考核内容的一部分。

（2）实践课。以身体练习为基本锻炼手段，通过提供体育锻炼所需的运动场地与设施，构成了以教师为主导、学生为主体的专门教学过程。由于教育对象在教学过程中要接受一定的运动负荷，因而体力与智力的相互联系与作用，使实践课教学在遵循一般教学普遍法则的基础上，还必须遵循动作技能形成的规律、人体机能活动的规律和人体能力变化的规律。

2. 高校体育课程的组织形式

（1）普通体育课。普通体育课是专为一年级学生开设的必修体育课。教学内容具有基础性，教学要求具有普遍性，普通体育课可以完成体育教学大纲中的基本任务。凡身体健康无残疾的学生都必须按规定要求，通过考核标准。普通体育课有严格的学时规定及学籍管理的约束，但为了提高培养人才的质量，主动适应社会主义市场经济发展的需要，目前围绕教学大纲、教材体系、教学俱乐部等重大问题，教育部提出课内外一体化，加强体育理论课和实行体育俱乐部模式等改革措施，必将对体育课程建设产生积极的影响。

（2）体育选修课。根据《学校体育工作条例》中的规定，普通高等学校对二年级以上学生开设体育选修课。选修课是在完成普通体育课要求的基础上，根据个人的兴趣与爱好，让学生选择某一运动项目进行专门训练，不断提高专项技术水平和能力。

（3）体育保健课。体育保健课专为患有慢性疾病或有残疾的学生开设，其目的在于增进体力、帮助恢复健康、调节生理功能和矫正某些身体缺陷。根据《学生体质健康标准》中的有关规定，参加保健课的学生须经医院证明，体育教研室（部）同意。教学内容的选择应注意保健性，具体要求可适当放宽。近年来，由于社会变革使人们的生活节奏加快和思想观念更新引起的心态变化等原因，健康教育的任务日益引起重视。为了适应这种需要，如何使体育保健课与健康教育接轨，并协同解决心理健康、卫生保健等问题，已成为体育保健课亟须解决的问题。

（二）课外体育活动

课外体育活动包括课前、课间和课余所进行的自我身体锻炼。主要形式有早操、课间操、课后运动、全校性的运动会和体育节，以及有组织的旅行和郊游等。它虽不像课堂体育教学那样有规定的内容、严格的组织形式和考核标准，但根据《国家学生体质健康标准》中的有关规定，课外体育活动是综合评定学生体育成绩的一个方面，按早操和课外体育活动的出勤表现评分。除特殊情况外，“早操”每周不得少于三次，“课外活动”每周不得少于两次。

（三）课余运动训练

课余运动训练是指利用课余时间，对部分热爱体育运动、身体素质好又有专项运动专长的学生，进行系统训练的一种专门教育过程，它是学生课外体育活动的重要组成部分。由于其目的是提高学校竞技运动水平及推进群众性体育活动，故它又是高校体育贯彻普及与提高相结合方针的重要措施。根据《学校体育工作条例》中的有关规定：普通高等学校经国家教育部批准，可以开展培养优秀体育后备人才的训练，且对运动水平较高、具有培养前途的学生，报国家教育部批准，可适当延长学习年限。

高校运动训练的项目设置，主要根据学校的教师、体育场地设备、传统运动项目等方面的具体条件来决定。特别是自我国在高校试行“建立高水平运动队”之后，又赋予高校课余训练以新的内涵。目前各院校根据实际情况，正致力于对高水平运动员招生、学制及训练等管理体系的探索与创新。为适应开拓竞技运动人才输送渠道及扩大国际交往范围的需要，积极创造条件使课余体育训练逐步走向科学化和系统化。

（四）课余体育竞赛

体育竞赛本身所具有的竞争性特点，不仅具有活跃课余生活、振奋人心、发展交往等作用，而且也是检查体育教学、体育锻炼及运动训练效果的一种重要手段。高校体育竞赛的开展应以育人为宗旨，以小型多样、单项分散、基层为主和勤俭节约为原则。另外还可通过开展各种形式的校际竞赛活动，扩大大学生的视野和提高社会交际能力。

【相关知识链接】

体育本质：体育哲学的基本范畴。体育是以身体锻炼为基本手段，以增强体质、提高运动技术水平、丰富社会文化娱乐活动为目的的一种社会活动。其本质具有双重性：即运动的本质（自然本质）和教育的本质（社会本质）。具有层次性：强身健体是体育的初级（一级）本质，对人的培养教育是体育的二级本质，促进人的全面发展是体育的高级本质。人们对它的认识是在实践基础上不断深化、永无止境的过程。

【思考与练习】

（1）什么是体育？什么是学校体育？

（2）体育的功能有哪些方面？简述高校体育有哪些作用。

（3）课外体育活动的主要形式有哪些？你是如何安排课外体育活动的？

第二章　体育与健康

本章学习达成效果：通过本章的学习，学生能够正确理解健康和心理健康的概念。

本章的重点和难点：影响健康的因素和心理健康的标准，如何落实和执行心理健康的标准。

学习指导建议：以自主学习为主，浏览相关媒体资料，经常参与学校组织的集体活动，多进行面对面的沟通与交流。

健康不是一切，但没有健康就没有一切。——我国医学家　吴阶平

第一节　健康的含义

【案例导入】

人的生命是有限的，在有限的生命中，时间是人生中最宝贵的资源之一，合理安排作息时间是健康、高效生活的重要前提。

看看我们身边的例子：

孙德棣，网易首席执行官，2005 年 9 月 18 日病逝，胆囊癌，年仅 38 岁；

张生瑜，北京同仁堂股份有限公司董事长，突发心脏病逝世，年仅 39 岁；

王均瑶，均瑶集团董事长，因患肠癌医治无效，逝世时年仅 38 岁；

杨迈，爱立信中国总裁，猝死，终年 54 岁。

一、健康的含义和标准

一般来说，人们把没有疾病称作健康。可实际又怎么样呢？据《中国教育报》报道，1999 年对全国 25 所高校近万名学生的调查显示，21.6%的大学生存在不同程度的心理问题，心理疾病逐渐引起人们的重视。近年来医学科学的发展突飞猛进，传统的生物医学模式逐步转变为一种崭新的生理、心理、社会三维的医学模式，医学科学的发展向人们揭示了一个深刻的道理：人体存在一种亚健康状态，所谓的亚健康状态是介于健康与疾病之间的一种状态，又叫第三状态或灰色状态，虽然它并不表现为疾病，但对人们的生活、工作、学习造成了极大的影响。

那什么是健康呢？没有疾病就是健康吗？身体强壮就是健康吗？跑得快、跳得高就是健康吗？不尽然，健康是人类生存和发展最基本的条件，也是创造社会物质文明和精神文明的基础。

健康概念的提出与人自身的发展是息息相关的。早在 1976 年联合国教科文组织大会就提出“社会发展应是以人为核心的发展”，1994 年 9 月在埃及召开的“世界人口与发展大会”指出，可持续发展的中心是人。以人为本，把人的发展作为社会发展的目标，早已成为全球性的共识。对健康，世界卫生组织所下的定义是：健康不仅是没有疾病，而且是生理、心理的健康和社会适应的良好状态。1989 年，世界卫生组织又进一步深化了健康的概念，认为健康包括身体健康、心理健康、社会适应良好和道德健康。这把人们对健康的认识提高到一个崭新的水平。

那么健康的定义到底是什么呢？世界卫生组织最新的定义为：“健康不仅是指没有疾病和不虚弱，而且在身体、心理和社会各方面都完美的状态。一个人只有在身体、心理和社会适应方面保持良好的状态，才算得上真正的健康。体育是促进健康的重要手段。”

联合国世界卫生组织提出健康的标准是：

- 精力充沛，对负担的日常生活和繁重的工作不感到过分紧张疲劳；
- 乐观、积极，敢于承担责任，工作效率高；
- 善于休息，睡眠良好；
- 抗疾病能力强，能够抗一般性的感冒、传染病等；
- 应变能力强，能适应环境的各种变化；
- 体重适当，身体均匀，站立时头、肩、臂协调；眼睛明亮、反应敏锐；
- 牙齿清洁，无空洞，无痛感，无龋齿，无出血现象，齿龈色泽正常；
- 头发有光泽，无头痛；
- 肌肉丰满、皮肤富有弹性，走路、活动感到轻松。

尽管这些并非十全十美，但对纠正人们对健康概念的片面理解，无疑具有十分重要的意义。

健康是人类的一项基本权力和基本的需要，是社会进步的一个重要标志和潜在的动力，所以要树立“人人为了健康，健康为了人人”的正确观念。健康是全社会的共同责任，国家、团体、部门都要把自己的工作同人民大众的健康紧密联系起来，努力维护和增进人民大众的健康。而对于我们每个个体而言，就是不仅要对自己的健康承担责任，而且还必须要对他人、对全社会的健康承担责任。这不仅仅是一个道德问题，也是精神文明建设的重要内容，是我们应该树立的健康价值观。

在国外，亚健康这种提法已有 30 年左右的时间，在我国是 1996 年 5 月才提出的。据了解，世界卫生组织一项全球性调查表明，75%的人群处于亚健康状态。中华医学会曾经对 33 个城市、33 万各阶层人士做了一次随机调查，结论是：我国亚健康人数约占全国人口的 70%。亚健康分为 3 个层次，轻度的亚健康状态会降低人的生活质量，旅游、运动只对轻度的亚健康患者有用，但对中、高度的患者就毫无效果了。所谓中、高度，就是这种生理上的不舒服已经严重地影响到患者的生活、工作，而且会逐渐造成机体不可逆的器质性损害。工作环境紧张、工作压力比较大的人出现亚健康症状的概率较大。以前是 35 岁左右的白领占多数，但现在有许多 20 多岁的人也出现了不同程度的亚健康症状。

二、影响健康的决定因素

体育和运动可以增进人体的健康和人的乐观情绪，而乐观情绪则是长寿的一项必要条件。

——苏联科学家　勒柏辛斯卡娅

随着世界各国对健康研究的广泛深入，发现影响健康的因素很多，在这方面日本丹麦体操研究会会长外园一人教授的研究对我们很有启发。他认为影响健康的因素有几个方面，见图 2-1-1。

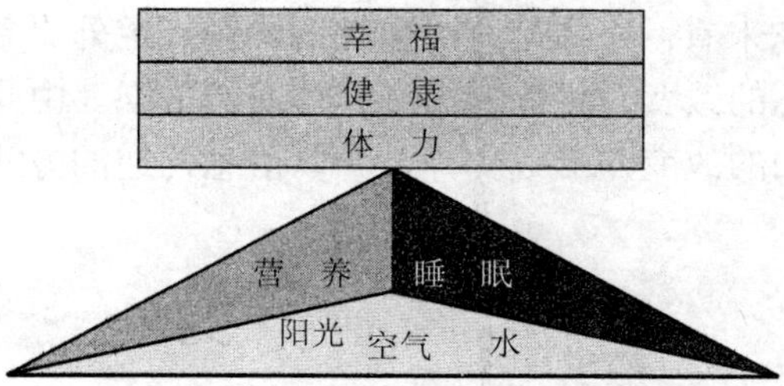

图 2-1-1　影响健康的因素

英国教育学家洛克强调，若没有健康，就不可能有什么幸福可言。健康的乞丐要比有病的国王更幸福。

一个二十岁的健康小伙子，如果静卧三周，他身体所产生的变化，你可能想象不到。他的心脏会变小，心跳频率会加快，肌肉开始萎缩，力量也比原来减少了 25%，身体状态会像一个四五十岁的人。

健康是由若干相互交叉、相互影响、相互渗透、相互制约的因素互相作用的结果。影响人体健康的因素是多方面的，但主要由遗传、环境、营养和体育锻炼决定。

1. 遗传

人体的遗传是由遗传基因决定的。个体细胞核内染色体中的 DNA 带来了亲代的遗传信息，从而决定了人身体内蛋白质合成的氨基酸顺序同亲代是一样的，不断向后代遗传，这就是遗传性。而核酸在一定的条件下，在数目、顺序排列方式上是可变的，它可以组成不同的蛋白质，这就是变异性。有变异才有发展，若没有变异，生物体就不会发展，所以遗传是相对的，变异是绝对的。通过对蛋白质和核酸的结构、功能的研究来认识人体遗传、变异和人体生命现象的实质，是人们进行体育锻炼、解决人体发展和有效增强体质的科学依据。

2. 环境

环境条件不仅可以使遗传因素得到充分的发展，还可以使遗传方面的某些缺陷受到遏制或弥补。环境主要是指社会环境与自然环境，而起决定作用的是社会环境和人们的物质生活条件。人的遗传素质只有在人类社会才能得到发展。不同的社会制度和政治、经济、生活环境，对人体发展的影响也是很大的。良好的社会环境条件能促进人体的健康发展，而恶劣的社会环境条件会损害人体的发展。自然环境条件，对人体发展的影响也是很大的。此外，劳动方式、劳动条件、生活方式、卫生习惯、休息、娱乐等也是影响人体发展的重要因素。

3. 营养

足够的营养保证是体质健康发展的必要条件。营养状况是影响体质强弱的基本因素，特别是青少年儿童生长发育阶段，适当的营养对大脑及其他器官、系统的发育都有重要影响。虽然社会物质文明的提高和体质的强弱有密切的关系，但在社会物质生活基本上都能满足的情况下，体质的强弱仍然和营养状况有着直接的关系。今天讲究的营养是从营养学的角度去合理配餐，这样才能获得均衡的营养。

4. 体育锻炼

科学实践证明，体育锻炼是促进人体健康的积极手段和重要方法。“生命在于运动”这句名言深刻地说明了体育锻炼的作用和意义。

从遗传和变异的关系来看，人体是有可塑性的。在一定外界条件下，通过科学的体育锻炼，能够促进人体形态的改变、机能的提高、体质的增强。由此而引起的体内遗传分子的某些种类、数量和结构的改变，形成变异，并以信息传递的方式逐代遗传下去，就是人类发展的科学依据。

【相关知识链接】

为保证身体健康，需要避免以下情况的经常出现：

饿了才吃：工作忙碌、事务繁杂，使得许多人不按时就餐，而且有相当一部分人不吃早餐，理由就是“不饿”。其实，食物在胃内仅停留4～5小时，感到饥饿时胃早已排空。此时，仍然空空如也的胃黏膜会被酸性极强的胃液“自我消化”，引起胃炎或消化性溃疡。饮食规律、营养均衡是养生保健的基础。

渴了才喝：平时不喝水、口渴时才饮水的人相当多，尤其是青少年和“大忙人”。他们不了解渴了是体内缺水的反应，这时再补充水分为时已晚。水对人体代谢的作用比食物还重要，每个成年人每天需饮水1 500毫升左右。晨间或餐前1小时喝一杯水大有益处，既可洗涤胃肠，又有助于消化，促进食欲。有经常饮水习惯的人，便秘、尿路结石的患病率明显低于不常饮水的人。

累了才歇：许多人误以为累了是应该休息的信号，其实是身体已经相当疲劳的“自我感觉”，此时休息已经为时过晚。过度疲劳容易积劳成疾，降低人体免疫力，使疾病乘虚而入。不论是脑力还是体力劳动者，在连续工作一段时间后，都要适当地休息或调整。

困了才睡：困倦是大脑相当疲劳的表现，不应该等到这时才去睡觉。按时就寝不仅可以保护大脑，还能提高睡眠质量，减少失眠。人的一生约有1/3的时间是在睡眠中度过的，睡眠是新陈代谢活动中重要的生理过程。只有养成定时睡觉的习惯，保证每天睡眠时间不少于7小时，才能维持睡眠中枢生物钟的正常运转。

急了才排：很多人只在便意明显时才去厕所，甚至有便不解，宁愿憋着，这样对健康极为不利。大小便在体内停留过久，容易引起便秘或膀胱过度充盈，粪便和尿液内的有毒物质被人体重吸收，可导致“自身中毒”。因此，应养成按时排便的习惯，尤以晨间为好，以减少痔疮、便秘、大肠癌的发病机会。

病了才治：疾病应该以预防为主，等疾病上身，已经对身体造成危害。疾病到来时都是有信号的，如人们常说的亚健康状态就是疾病的前奏。平时应该加强锻炼，提高自身抵御疾病的能力，感到身体亚健康，就要引起注意，把疾病消灭在萌芽状态。

第二节　心理健康及标准

健康的本质含义应该是生理、心理、社会诸多方面的良好的适应、充分的发展，即健康是生理健康、心理健康、良好社会适应能力的有机统一。长期以来，一些学生只注重生理健康，而忽视心理健康。心理不健康，会造成躯体和精神上的种种疾病。

一、心理健康的定义

心理健康包括两层含义：一种是指心理健康状态，个体处于这种状态时，不仅自我感觉良好，而且与社会处于默契和谐状态，具有良好的社会适应能力；另一种是指维持心理健康、减少行为问题和精神疾病的原则和措施。心理健康是相对于生理健康而言的一种状态，即表现为心理和社会方面的适应与完好的一种状态。也就是说，遇到任何障碍与困难，心理都不会失调，都能以社会认可的行为予以克服。这种安定与平衡、适应的状态，就是心理健康的状态。心理健康的人能保持平静的情绪、较高的智能、较强的适应社会环境的能力和良好的个性心理特征。作为学习领域的心理健康，要求学生学会通过体育活动调节情绪状态，增强自尊和自信，形成坚强的意志品质。社会适应指个体为了适应社会生活环境而调整自己的行为习惯或态度的过程。在社会生活中，每一个个体都有自己独特的为人处世、待人接物的方式，都有人际交往及取得成就的愿望和需要，所有这些需要的满足，都依赖于个体的社会适应，同时它们又能促进个体的社会适应。个体社会适应包括一系列自主的适应性行为，通常表现为顺应、自制、同化、遵从、服从等具体的顺应方式。经常参加体育活动的人，其社会适应能力会提高。作为学习领域的社会适应，要求学生培养良好的合作和竞争精神，形成和谐的人际关系，学会获取现代社会中体育与健康知识的方法。

随着科学知识的普及和日常生活经验的积累，人们逐渐意识到身体锻炼有利于增强体质和体能，使我们的身体更健康、精力更旺盛。然而，当一个人在生活、学习或工作中面对压力、遭受挫折而出现心理障碍时，就很少能够想到通过体育锻炼来改善情绪、消除心理障碍。人们更不知道坚持有规律的体育锻炼是预防一些心理疾病、保持心理健康的最佳方法。实际上，体育锻炼既是身体活动，又是心理活动和社会活动，因此人们要达到身体、心理和社会适应的完美状态，追求高品质的生活，有规律的体育锻炼是必不可少的一种健康的生活方式。

二、心理健康的标准

心理健康的重要意义越来越受到人们的重视。但是，人的心理怎样才算是健康，以什么作为人们心理健康的标准，这个问题至今尚无统一的标准答案。因为心理健康和不健康之间没有一个绝对的界限，不像人的生理活动如体温、血压、脉搏等那样明显和容易测量。

心理健康的标准应全面而重点突出地反映健康心理应有的水平。对人的心理健康标准，心理学界众说纷纭。

美国心理学家马斯洛和米特尔曼曾列举以下条件作为心理健康的参考标准：

- 有充分的自我安全感；
- 能充分了解自己，并能恰当评价自己的能力；

- 生活理想切合实际；
- 不脱离周围现实环境；
- 能保持人格的完整与和谐；
- 能保持良好的人际关系；
- 能恰当地宣泄情绪和控制情绪；
- 善于从经验中学习；
- 在符合团体要求的前提下，能有限度地发挥个性；
- 在不违背社会规范的前提下，能恰当地满足个人的基本需求。

衡量大学生心理健康的社会标准应包括以下几方面：

（1）能坚持正常的学习，乐于学习，有较强的求知欲。有浓厚的探索精神，并能在学习中取得良好的成绩，知识结构合理。

（2）情绪健康。这是指一个大学生的情绪基调应该是稳定的、愉快的。情绪稳定是中枢神经系统处于相对平衡状态的标志，它表明了机体功能的协调。大学生如能经常保持愉快的情绪状态，则意味着其身心活动与外界环境和谐的适应。当然，人生并不是一帆风顺的。遇到挫折与坎坷而产生烦恼不可避免，只要适度（适度程度的烦恼，使整个神经系统尤其大脑皮层的张力增加，思考能力亢进，注意力趋向集中，反应速度加快，因而能提高工作和学习效率），就表明个体仍具有较高适应性，仍可认为情绪是健康的。

（3）意志品质健康。主要是指提高大学生意志行动中的自觉性、果断性、坚韧性和自制力。自觉性是指大学生在行动中有明确的目的性；果断性是指大学生能够适时地做出决定和执行决定；坚韧性是指大学生为实现奋斗目标所表现出来的充沛精力和坚韧不拔的毅力；自制力是指大学生能适度控制自己的情感，约束自己的言行。自觉性、果断性、坚韧性是大学生为了适应外界环境的必备心理品质，自制力是大学生为克服内在障碍所应具有的心理品质。一个大学生在外界环境面前总是依赖他人，优柔寡断，动摇不定，无所适从，或者放任自流，感情用事，这都是意志品质不健康的表现。

（4）正确的自我意识。指大学生能够正确地认识自己，对自己的评价恰如其分，有自知之明，不妄自尊大、自视清高，也不妄自菲薄、自轻自贱。能扬长避短，有切合实际的志向；能正确对待别人的优缺点，不阿谀奉承，善于取人之长、补己之短；能正视社会环境，在社会实践和人际交往中逐步实现自我意识与社会意识的统一。

（5）和谐的人际关系。尊敬师长，乐于与他人交往，真诚地信任和帮助同学，心胸开阔；在与同学、教师交往中，其肯定态度（如尊重、热爱、关心等）总是多于否定态度（如怀疑、憎恨、恐惧等），关心集体，热爱班级，积极参加集体活动，在活动中体验集体的温暖和生活的乐趣；能正确处理好个人、他人、集体之间的关系，以集体利益为重，尊重他人的人格。当同学遇到困难时，能给予无私的帮助，勇于牺牲个人利益，为集体谋求利益。和谐的人际关系是保持心理健康不可缺少的条件。

（6）个人的心理特点与心理发展年龄相一致。在校的大学生年龄在 18～22 岁，特点是朝气蓬勃、活泼向上、精力充沛、思维敏捷、勇于创新。如果抑制这些特点，就会造成大学生的心理失衡。

（7）完整的人格。人格是个人在社会中的地位和作用的统一，是个人做人的尊严、价值和品格的总和。人格的本质一方面表现为个人同社会、同他人的自觉关系；另一方面表现为个人的能力和才能在社会上的运用。一个人只有具有健康而相对稳定的世界观、人生观、价值观与理想，认识自己在社会中的地位和作用，把握个人与社会、与他人的关系，并能自觉地履行对社会和他人的责任与义务，才能真正表现出人的尊严和价值。

（8）个人与社会协调一致。能与社会保持良好接触，能了解和认识社会，自己的理想、信念和行动与社会相一致。当自己的理想需要与社会的要求发生矛盾时，能适应社会的要求，自觉地调整自己的计划，以求得个人与社会的一致性。

衡量大学生心理健康的社会标准的八个方面不是孤立地出现的，许多情况下它们是相互影响和相互制约的。心理健康的标准与生理健康的标准同样具有相对性。一个大学生的心理状况既受生理因素（遗传因素、内分泌因素、身体状况因素等）的影响，也受环境因素（家庭、社会、学校环境因素等）的影响。由于心理活动及其影响因素的复杂性，使得对心理健康的测定比生理健康的测定更为困难。因此，上述八个方面只是一个相对的标准，若以此标准作为绝对标准，可能会对一些暂时心理失衡的大学生产生精神压力，误将自己纳入心理不健康之列。从这个意义上讲，上述心理健康标准与其说是划分大学生心理健康与否的标准，不如说是督促大学生达到和维持心理健康的社会目标。

【相关知识链接】

健康是我们最宝贵的财富。德国哲学家叔本华说：“为了生活中的其他事情而忽视健康生活是最愚蠢的。”要获取并保持健康，任何年龄的人都有必要参加体育活动。2016 年 10 月 25 日，中共中央、国务院发布的《“健康中国 2030”规划纲要》把“体育锻炼”作为“健康中国”建设的十三个主要指标之一。美国白宫的医生将步行、慢跑、登山、高尔夫、游泳、骑马等体育运动和医务监督一起纳入总统的健康计划。

——摘自《大学生体育与健康》导言

【思考与练习】

（1）什么是健康？健康的标准是什么？

（2）影响健康的因素有哪些？

（3）心理健康的定义是什么？大学生心理健康的标准有哪些？

第三章　体育锻炼

本章学习达成效果：通过本章的学习，学生理解体育锻炼的重要性并掌握锻炼方法和技巧，养成良好的锻炼习惯。

本章的重点和难点：体育锻炼方法和计划制订；如何在保证安全健康的情况下，落实和执行体育锻炼计划。

学习指导建议：制订科学合理的锻炼计划（1 天、1 周、1 个月或 1 年），坚持经常参与体育锻炼，如爬山、负重走、快步走、走楼梯等。

体育之效，在于强筋骨，增知识，调感情，强意志。——毛泽东

锻炼身体要经常，要坚持，人和机器一样，经常运动才不能生锈。——朱德

从锻炼角度看，躺着不如坐着，坐着不如站着，站着不如走着。——卢梭

体育锻炼是一种身体活动过程，它运用各种体育手段，结合各种自然力和卫生措施，以达到发展身体、增强体质、增进健康、丰富精神文化生活的目的。体育锻炼具有调剂感情、锻炼意志和愉悦精神的作用。体育锻炼因其组织形式的灵活性、内容方法的多样性、与日常生活结合的紧密性等特点，从而具有广泛的群众基础。

第一节　体育锻炼效果的生理评定及锻炼原则

【问题导入】

同学们对于体育锻炼原则是否完全掌握，能否运用到自身的体育锻炼中？

体育锻炼的目的是增强体质，提高各器官系统的机能，而要验证体育锻炼对身体机能的良好影响，就要对体育锻炼进行客观的评定。体育锻炼效果是指经常参加体育锻炼者在体育锻炼的影响下各系统、器官在形态、结构和机能等方面所产生的适应性变化和良好反应。

评定体育锻炼效果的指标有许多，下面介绍一些比较容易测定而又客观的生理指标。

一、评定体育锻炼效果的简易指标和方法

1. 心率（或脉搏）的评定

心率是指心脏每分钟跳动的次数，正常成年人心率为 60～100 次/分，心率可用听诊器在心脏表面直接测定，也可用其他仪器测定。在体育活动中心率次数也可用脉搏次数表示，脉搏可用手在桡动脉、颈动脉和足背动脉直接测定。

用心率监测运动强度是一项比较灵敏的指标，而评定体育锻炼的效果时却不太敏感，短时间体育锻炼的效果不可能通过心率表现出来。只有长期从事体育锻炼取得较明显的效果时，心率的良好变化才能显示出来，而一旦心率表现出良好的机能变化，说明体育锻炼的效果已非常明显。

体育锻炼时的脉搏跳动次数在什么区间内，目前有两种计算方法：

（1）卡沃南氏公式。接近极限负荷的脉搏（次/分），减去安静时的脉搏（次/分），乘以 70%，然后再加上安静时的脉搏（次/分）。

例如，某人接近极限的脉搏为 190 次/分，安静时的脉搏为 70 次/分，那么这个人在进行体育锻炼时的最适宜的脉搏量就是：（190−70）×70%+70=154 次/分。

该公式的缺点是，在确定极限负荷脉搏次数时容易发生误差，从而失去准确性。

（2）美国哈佛医学院乔安·曼森博士经过对美国 6～70 岁女性的 15 年跟踪调查，得出一个公式：

（220−年龄）×0.5，得出一个数；

（220−年龄）×0.7，得出另一个数；

那么，前一个数至后一个数之间就是其最适宜的脉搏（次/分）。

例如，一个妇女年龄为 40 岁，那么她的最适宜的脉搏（次/分）就是：

（220−40）×0.5=90（次/分）；

（220−40）×0.7=126（次/分）；

即 90～126 次/分。

以上公式是通用的，每个人还应该根据自己身体的实际情况来确定锻炼时的脉搏跳动的次数，这就需要运用“三自能力”来确定。

2. 血压的测定

血压是指流动的血液对血管壁的侧压力，一般常指动脉血压，血压值随心动周期的变化而有所不同，可用血压计和听诊器测定。动脉血压的最高值为收缩压，正常值为 100～140 毫米汞柱；最低值为舒张压，正常值为 60～90 毫米汞柱。体育锻炼对血压变化的良好影响要经过长时间的锻炼才能表现出来，应用血压这一指标评定锻炼效果时，要考虑到血压变化的特点。

3. 肌肉力量的评定

肌肉力量是指肌肉收缩产生的张力，不同肌肉群、不同关节角度和不同收缩速度产生的肌肉力量不同。以肌肉力量作为评定体育锻炼效果的指标时，多用简单的肌肉力量测定计测定其肌肉群的最大肌力，也可测定身体承受一定负荷的重复次数。

4. 呼吸频率的测定

体育锻炼后呼吸频率的变化可以在很大程度上反映肺通气功能的变化，人体安静时呼吸频率为 12～16 次/分，体育锻炼时呼吸频率明显增加。呼吸频率可以通过胸廓的起伏次数测定。呼吸频率受心理因素的影响较大，如果直接告诉受试者测定呼吸频率，往往会由于受试者注意力过于集中而有意识地控制呼吸频率。所以，在测定呼吸频率时最好通过转移注意力的方法测定。例如，在测量心率的同时，测定呼吸频率，或在受试者不知道的情况下测定，以免由于心理因素的干扰而影响测定结果。

5. 体育锻炼时间的评定

评定体育锻炼的运动时间一般是指在一次体育锻炼过程中从活动开始到感到疲劳而停止运动的时间，一般主要是通过锻炼者的主观感觉去判断疲劳、终止运动。由于这一指标是锻炼者自己去感受的，所以锻炼者在应用时，应做到前后一致，以保证客观性。

二、体育锻炼的基本原则

体育锻炼的基本原则是体育锻炼客观规律的反映，也是参与者安排锻炼计划、选择锻炼内容、运用锻炼方法必须遵循的基本准则。实践证明，任何一种卓有成效的锻炼行为，总是自觉或不自觉地遵循一些锻炼原则。

1. 自觉性原则

自觉性原则是指体育锻炼是出自锻炼者内在的需要和自觉的行为。自觉地参加体育锻炼，能使大脑处于适宜的兴奋状态，由于神经中枢处于最佳的工作状态，肌体糖原增多，体力充沛，动作协调，加快了学习掌握动作技术条件反射的形成过程，从而提高体育锻炼的效果。

2. 适宜负荷原则

适宜负荷原则是指在体育锻炼中，恰当地安排运动负荷，使之既能满足锻炼者增强体质的需要，又符合身体的实际承受能力。锻炼效果很大程度上取决于运动刺激的强度，太弱的刺激不能引起肌体功能的变化，过强的刺激不仅不能增强体质，还会损害身体。运动负荷是否适宜，因人因时而异。

3. 循序渐进、持之以恒原则

常言道，“流水不腐，户枢不蠹”，体育锻炼也是如此。持之以恒，人体的基本活动能力才能保持和不断提高，体质才能增强。

4. 全面性原则

全面性原则是指在锻炼中，身体的各个部位、各器官系统的机能、各种身体素质和活动能力等方面都得到均衡发展。实践证明：长期只进行长跑锻炼，耐力素质会有较大发展，而速度、力量素质不会有较大提高；长期只进行力量练习，心肺功能不会有较大提高；长期只进行身体一侧肢体的锻炼，另一侧肢体就不会得到发展，则整个身体就得不到匀称发展。

5. 区别对待原则

区别对待原则是指在体育锻炼中，根据锻炼者个人的年龄、性别、爱好、身体条件、职业特点以及季节、地域等客观条件，合理确定锻炼内容、选择方法和安排运动负荷，使之符合实际需要，做到区别对待，使体育锻炼更具有针对性。

三、体育锻炼对大学生心理健康的影响

1. 改善情绪状态

情绪状态是衡量体育锻炼对心理健康影响的最主要的指标。心情郁闷时去运动一下能有效宣泄坏心情，尤其遭受挫折后产生的冲动能被释放或转移。大学生常因名目繁多的考试、相互间的竞争以及对未来工作的担忧而产生持续的焦虑情绪，经常参与体育锻炼可使自己的焦虑情绪减缓。

2. **提高智力功能**

经常参加体育锻炼可以提高自己的智力功能和促进大脑的开发，使锻炼者的专注、记忆、反应、思维和想象等能力得到提高，使神经系统的兴奋和抑制过程更加集中，对外界刺激的反应更加迅速、准确，还可以提高人的视觉、听觉、感觉、神经传导速度、神经过程的均衡性和灵活性，促进神经系统功能的增强。另外，参与体育活动还可以使人情绪稳定、性格开朗、疲劳感下降等，这些非智力成分对人的智力功能具有促进作用。

3. **确立良好的自我概念**

自我概念是个体主观上对自己的身体、思想和情感等的整体评价，它是由许许多多的自我认识所组成的，包括“我是什么人”“我主张什么”“我喜欢什么”“我不喜欢什么”等。人在运动中对自己身体的满意可以增强自信，提高自尊，使自己的社会价值被认可。

4. **培养意志品质**

意志品质指一个人的果断性、坚韧性、自制力以及勇敢顽强和主动独立等精神。在体育锻炼中要不断克服客观困难（如气候条件的变化、动作的难度或意外的障碍等）和主观困难（如胆怯和畏惧心理、疲劳和运动损伤等），这些有助于培养人勇敢顽强、坚持不懈的作风，团结友爱的集体主义精神与机智灵活、沉着果断的品质。

5. **消除疲劳**

疲劳是一种综合性症状，与人的生理和心理因素有关，当一个人的情绪消极，或任务超出个人能力时，生理上和心理上都会很快地产生疲劳。大学生持续紧张的学习压力极易造成身心疲劳和神经衰弱，保持良好的情绪状态和参加中等强度的体育锻炼则可以使他们身心得到放松。

6. **获得快乐，调节情绪**

参加自己喜欢和擅长的体育锻炼，可以使大学生从中得到乐趣，振奋精神，陶冶情操，并使烦恼、不安、寂寞、自卑等不良情绪得以消除，促使学生始终处于积极的情绪状态之中。体育锻炼对那些患有神经衰弱症等疾病的学生来说，具有一定的改善和治疗作用，还能减轻由于紧张和压抑而引起的神经系统病变等。

7. **治疗心理疾病**

在大学，有不少人由于学习和其他方面的挫折而引起焦虑症和抑郁症，通过体育锻炼可以减缓或消除这些心理疾病症状。由于体育运动的集体性和公开性，在体育运动中的人际交往，能促进良好人际关系的发展。在分析了体育锻炼对健康的影响后，不难看出，体育锻炼不仅能强健身体、增强体质，还具有完善身体、发展身体、健康心灵、健全人格和提高适应能力等功能，不仅从身体上，也从精神上、社会适应上帮助人们达到健康状态。当代大学生更应该科学地、合理地、积极地参加体育锻炼，塑造出更强壮、更健康、更美好的自己！

世上没有比结实的肌肉和新鲜的皮肤更美丽的衣裳。——俄国诗人　马雅可夫斯基

日复一日地坚持练下去吧，只有活动适量才能保持训练的热情和提高运动的技能。

——古罗马政治家　塞涅卡

第二节 体育锻炼方法及计划安排

【问题导入】

在进行体育锻炼前、中、后有哪些注意事项？你能否制订一套关于身体某部位的具体锻炼计划？

体育锻炼方法是根据人体发展规律，运用各种身体练习和自然因素，以提高身体素质从而达到体育锻炼目的的途径和方式。

一、通用的体育锻炼方法

（1）程序锻炼法。指锻炼者按照锻炼过程的时序性和锻炼内容的系统性，将多种锻炼内容有序地、合乎逻辑地编制成锻炼程序，按照预定程序进行锻炼，并对锻炼过程实施科学控制的方法。

（2）分解锻炼法。指将完整的技术动作或战术配合过程合理地分成若干个环节或部分，然后按照环节或部分分别进行锻炼或学习的方法。运用分解锻炼法可集中完成专门的锻炼任务，加强主要技术动作和战术配合环节的锻炼，有针对性地进行锻炼，从而获得更好的锻炼效果。

（3）完整锻炼法。指从技术动作或战术配合的开始到结束，不分部分和环节，完整地进行练习的方法。运用完整锻炼法有利于锻炼者完整地掌握技术动作或战术配合，保持技术动作或战术配合的完整结构与各个部分之间的内在联系。

（4）单项重复锻炼法。指锻炼者在相对固定的条件下，按照计划和要求反复练习同一内容的锻炼方法。

（5）变换锻炼法。指在变换目的地锻炼条件的情况下进行锻炼。这种方法比较灵活机动，容易调节运动负荷。例如，在跑步锻炼中以有氧供能为主，同时要注意选择好的环境、路线，以空气新鲜，有丘陵、树木、河边的自然地形、地貌最为适宜。

二、提高身体素质的方法

提高身体素质的方法是最基本和最常用的练习方法。运用这种方法能有效地提高基本活动能力，改进内脏器官的功能，增强体质。

身体素质练习包括：力量、速度、耐力、柔韧和灵敏性的练习。其中力量、速度、耐力、灵敏性尤为重要，下面做简要介绍。

1. 发展力量的方法

（1）负荷。实践证明，开始练习时以身体最大负荷的60%～70%进行练习，增长力量效果最好，随着练习水平的提高，负荷量应不断增加。

（2）动作速度。在力量练习中，动作速度不同，练习效果也不同。如投掷需要爆发力，短跑需要快速力量，它取决于肌肉收缩的力量与速度。这就宜采用较少的负荷做快速的运动。

（3）训练间隔。开始训练时以隔日训练为好。实践证明，隔日训练的力量增长为77%，而每日进行力量训练增长只有 47%。每次练习间隔以 3～5 分钟为宜。

发展力量的内容（手段）很多，常见的有投掷重物、举重、引体向上、双臂屈伸、俯卧撑、跳跃、负重下蹲、负重跳等。

2. 发展速度的方法

（1）提高步频。主要是通过加快运动中枢兴奋和抑制的转换速度来提高的。

（2）增加髋关节柔韧性和腿部力量的训练来加大步幅。练习内容有高抬腿跑、小步跑、加速跑、跨步跑、后踢跑、折返跑、斜坡跑等。

3. 发展耐力的方法

进行耐力练习应注意以下几个因素：

（1）心血管的负荷量。为了提高耐力，使身体处于较长时间的运动状态下而不产生疲劳，首先应提高心血管的机能，赋予心血管系统一定的负荷和持续时间。在体育锻炼中应使负荷量达到心血管系统最大功能的 70%，并要求至少持续 5 分钟。

（2）运动时应有一定的间隔时间。每次负荷之间的间歇时间，一般是以脉搏频率恢复到 120～130 次/分，再进行下次负荷练习为宜（通常需要 3～4 分钟）。

（3）动作速率，即跑的速度。一般说进行中速运动或者是匀速跑步而脉搏保持在 150 次/分的训练对耐力的增长较为有效。练习内容有定时跑、折返跑、中长距离跑、马拉松跑、越野跑和爬山等。

4. 发展灵敏的方法

（1）提高神经系统的功能。即通过信号刺激的训练提高大脑皮层的反应能力。

（2）增加力量素质。肌肉力量强大可使动作迅速、灵敏。

（3）熟练地掌握运动技能。消除动作的紧张和僵硬，达到动作灵敏而协调、精确、省力。

发展灵敏素质应采用多种方法练习。常言道："熟能生巧"。动作技能掌握得越多、越熟练，就越灵敏。体操、技巧、各种球类活动、游戏以及一些专门性辅助练习，都是发展灵敏素质的有效手段。

【相关知识链接】

体质：人体在先天遗传和后天获得性基础上表现出来的功能和形态上的相对稳定的固有特性，包括体格、生理机能、体能、心理发展水平和适应能力等。其水平反映着人体的质量。体质有明显的个体差异性和个体发展的阶段性，并受遗传变异、生活环境、营养条件、生命规律和体育锻炼等因素的影响。经常科学地进行体育锻炼，是提高体质水平的最积极有效的方法。

人体基本活动能力：包括走、跑、跳、投掷、攀登、爬越、悬垂、支撑等动作的能力，是人类生存、生活、学习、工作和掌握运动技能的基础。

三、体育锻炼的科学安排

锻炼者在体育锻炼前应根据自身条件、健身目的，制订出一个长期稳定而又切合实际的锻炼计划。在制订长期体育锻炼计划时，至少应考虑锻炼者的健身目的、年龄和季节等多方面的因素。

1. 根据健身目的科学安排体育锻炼

在进行体育锻炼前，每个人都有较明显的健身目的，这是人们科学安排体育锻炼的重要依据。如果是为了增强体质，提高健康水平，那么，安排体育锻炼的内容和时间就比较灵活一些，可以跑步、打球、练习武术等，时间可长可短。如果是为了提高肌肉力量，就应该以力量练习为主，每周训练3次，其余时间用于身体机能的全面发展。如果以减肥为主要目的进行体育锻炼，就应该以有氧运动为主，运动的时间相对较长，以使体内的多余脂肪充分消耗。

2. 根据季节科学安排体育锻炼

不同季节的气候条件对安排体育锻炼也有影响，锻炼者应考虑季节气候的变化规律安排体育锻炼，并应注意季节交替时体育锻炼的内容的衔接。

（1）春季锻炼。一年之计在于春，春季科学地进行体育锻炼可以为一年的体育锻炼和身体健康打下较好的基础。经过寒冷的冬季，身体各器官的功能包括肌肉的功能都处于较低水平，肌肉、韧带也较为僵硬。体育锻炼的内容应以有氧代谢为主，逐渐提高各器官的机能水平。运动强度要逐渐增加，运动形式多为长跑、自行车、跳绳、爬山、球类等。在春季进行体育锻炼时，要做好准备活动，充分伸展僵硬的韧带，以减少运动损伤。同时，要注意增减衣服，防止感冒。

（2）夏季锻炼。夏季天气炎热，给体育活动带来很大不便，但如果夏季停止体育锻炼又破坏了体育锻炼的连续性。所以，夏季既要坚持体育锻炼，又要掌握锻炼的空间和时间。夏季最理想的运动是游泳，这项运动不仅可以提高身体机能，同时又可防暑解热。但并不是所有人都有条件或适合进行游泳运动。夏季供人们可选择的体育锻炼项目还有慢跑、散步、太极拳、羽毛球等。在进行这些项目的运动时，最好是在清晨和傍晚，运动后要注意水分的补充，以防身体脱水和中暑。

（3）秋季锻炼。秋高气爽，是体育锻炼的大好季节。体育运动中许多重大的国际比赛都安排在秋季进行，说明秋季适合多种体育活动的开展，如篮球、排球、足球、长跑、武术和自行车等。一些冬季锻炼项目，如冬泳、冷水浴等，也应该从夏末秋初就开始准备，以便使身体有一定的适应过程。秋季进行体育锻炼时，由于天气变化无常，早晚气温较低，锻炼时要注意及时增减衣服。另外，秋天的天气干燥，锻炼前后要补充水分，以保持黏膜的正常分泌功能和呼吸道的湿润。

（4）冬季锻炼。冬季参加体育锻炼，不仅可以维持身体的一般健康水平，更重要的是可以提高身体的抗寒能力，预防各种疾病的发生，所谓的“冬练三九”就是这个道理。冬季体育锻炼的内容非常丰富，一般人可进行长跑、踢足球、拔河等，少年儿童可选择跳绳、踢毽子、跳橡皮筋；老年人可选择慢跑、打太极拳、做广播体操；北方还可练习滑雪、滑冰。冬季锻炼时身体生理机能惰性较大，肌肉组织容易受伤，所以要做好准备活动。运动最好采用口鼻呼吸方式，吸气时，口不要开得太大，防止冷空气直接刺激口腔黏膜。

3. 根据年龄科学安排运动量

体育锻炼时，运动量是影响锻炼效果的重要因素。运动量过小，锻炼效果不明显；运动量太大，会对身体机能产生不利影响。另外，因不同年龄的人身体状况不同，体育锻炼的运动量也不同。

（1）处于生长发育时期的青少年，随着年龄的增加，身体机能不断提高，这就要求锻炼者的活动量不断增加，以使运动量不断适应日益提高的身体机能。

（2）成年人的身体机能较为稳定，进行体育锻炼主要是为了保持身体机能，预防各种疾病。在体育锻炼的开始阶段，活动量可逐渐增加，当身体机能达到一定水平后，就应保持原运动量。

（3）老年人体育锻炼时的活动量不要太大。体育活动的开始阶段，运动量可适当增加，当活动量达到一定水平后，运动量就应相对稳定。作为长期锻炼计划，老年人活动量的变化趋势应该是逐年减少的。这是由于经常参加体育锻炼的老人虽然身体机能比一般老人好，可以延缓他们的衰老过程，但并不能抑制人体的衰老过程。即使参加体育锻炼，老年人的身体机能也是逐年下降的。如果老年人的活动量常年不变，甚至增加，则很容易由于身体机能的不适应，而出现各种意外事故。所以对于老年人来说，切不要因为自我感觉较好，而随意增加运动量。

4. 一次体育锻炼的安排

体育锻炼实际是以每天为单元进行的，一般情况下，每天进行一次体育活动。每次体育锻炼活动，一般都要经过准备活动、运动强度逐渐增加、保持相对稳定的活动时间、身体疲劳与恢复等阶段，因此，体育锻炼者应学会科学地安排每次锻炼，以获得理想的健身效果。

（1）充分的准备活动。准备活动分为一般性的和专项性的。一般性准备活动指在正式练习前所进行的活动量较小的全身性体育锻炼，运动形式主要是慢跑，同时可做一些伸展性体操和牵拉性练习，主要目的是使身体各器官活动充分，为即将开始的体育锻炼做好准备。活动时间一般为5～10分钟，天气冷准备活动时间可长一些，天气热可短一些，如果活动的形式是散步，则可以不做准备活动。专项准备活动主要指一些与活动项目相似的准备活动内容，如踢足球前的传接球、射门，武术的前踢腿、劈叉等。专项活动的时间不要太长，但活动的质量要高。准备活动不仅使身体机能进入最佳状态，而且也要使心理活动达到最佳水平，准备活动结束时，应保证身体和心理可以全面投入体育锻炼。

（2）运动强度逐渐增加。在正式进行一次体育锻炼时，活动量也要遵循循序渐进的原则，不要一开始就突然增加运动强度，这样会使身体出现一系列不适反应。这是因为人体的各器官都有一定惰性，在运动开始后的一段时间有一个逐步提高的过程。由于内脏器官的生理惰性比运动器官的惰性更大，所以活动一开始，肌肉能进行大强度活动，但内脏器官的活动并不能立即进入最佳状态，从而造成内脏器官与运动器官的不协调，出现各种不适症状。因此，活动开始后，运动强度要逐渐增加。

（3）足够的锻炼时间。以健身为主要目的的体育锻炼，应当以有氧运动形式为主，因此，运动强度不要过大，但要保证足够的锻炼时间。在体育锻炼中，运动强度并不是主要的，运动时间才是影响锻炼效果的重要因素。

5. 锻炼注意事项

（1）忌在强光下锻炼。中午前后，烈日当空，气温最高。除游泳外，忌在此时锻炼，谨防中暑。

（2）忌锻炼后大量饮水。夏季锻炼出汗多，如这时大量饮水，会给血液循环系统、消化系统，特别是心脏增加负担。同时，饮水会使出汗更多，盐分进一步丢失，易引起痉挛、抽筋等症状。

（3）忌锻炼后立即洗冷水澡。因为夏季锻炼体内产热量增加快，皮肤的毛细血管也大量扩张以利于身体散热。突然过冷刺激会使体表已开放的毛孔突然关闭，造成身体内脏器官紊乱，大脑体温调节失常，以致生病。

（4）忌锻炼后大量吃冷饮。体育锻炼可使大量血液涌向肌肉和体表，而消化系统则处于相对贫血状态。大量的冷饮不仅降低了胃的温度，而且也冲淡了胃液，轻则可引起消化不良，重则会导致急性胃炎。

【思考与练习】

（1）进行体育锻炼时应注意哪些方面？

（2）进行体育锻炼对当代大学生在心理上有哪些影响？

（3）请结合自身制订一套适合自己的体育锻炼计划。

第四章 体育俱乐部

本章学习达成效果：通过本章的学习，学生了解体育俱乐部的组织形式及在高校教育中的作用。

本章的重点和难点：俱乐部的组织形式；每个人在俱乐部中的所处位置、能力体现与收获。

学习指导建议：自主式，自组织；自主学习法；多参加学校学生社团，多参加社会体育组织。

坚实在于锻炼，锻炼在于自觉。—— 毛泽东

体育竞赛之最绝妙处乃由于它只在手做，不在口说。——德国哲学家 赫尔巴特

我们力求使学生深信，由于经常的体育锻炼，不仅能发展身体的美和动作的和谐，而且能形成人的性格，锻炼意志力。——苏联教育家 苏霍姆林斯基

第一节 体育俱乐部的概述及作用

【案例导入】

老师：哪位同学能说说目前国内有哪些体育俱乐部？你所知道的体育俱乐部是什么样子的？

学生 A：辽宁盼盼篮球俱乐部、辽宁宏远足球俱乐部、山东鲁能泰山足球俱乐部、大连实德足球俱乐部等。

老师：以上属于企业型体育俱乐部，是将体育俱乐部作为一个经营实体，按照市场运作规律，自主经营、自负盈亏的一种俱乐部类型。

学生 B：拉丁舞俱乐部、搏击俱乐部、野外俱乐部、登山俱乐部等。

学生 C：CBA 体育俱乐部、各大学 CUBA 体育俱乐部、青少年体育俱乐部等。

学生 D：还有一些收费的，如我参加的一个乒乓球俱乐部，要交一些会费，用于比赛场馆费用等。

老师：以上属于社团型体育俱乐部，是将热心于体育运动中某一个项目、某一种活动的人组织起来，交纳一定的会费，享受一定的权利，承担一定的义务，按照章程开展活动的一种体育俱乐部形式。

老师：还有一些民办非企业型俱乐部、事业单位性质的俱乐部和单位内部的各种体育俱乐部等。我们了解下就可以。

下面我们从体育俱乐部概述、实施意义、在高校的作用几个方面进行学习。

一、体育俱乐部概述

1. 国外体育俱乐部现状

19 世纪初，在美国有许多进入大学的学生将他们在家乡学到的体育活动知识带到校园，在班级之间开展比赛，随之产生了大学生体育俱乐部。1843 年耶鲁大学成立了划船俱乐部，1850 年哈佛大学成立了常青藤体育俱乐部，1857 年圣保罗学院成立了划船、板球俱乐部。1922 年美国成立了高校体育俱乐部指导者联合会。美国高校体育俱乐部的种类很多，每个俱乐部人数为 10～45 人，目前美国大学生有各类单项体育俱乐部 12 000～16 000 个，平均每 10 个学生就有一个体育俱乐部。这些俱乐部分为职业运动和业余运动两大部分，前者由各个职业俱乐部管理，后者由美国奥委会和业余俱乐部管理。美国奥委会根据会员水平，把俱乐部成员分为 A、B、C、D 四组，其中 B 组是直接管理大学生竞技运动的全美大学生联合会。全美大学生联合会管辖的竞技运动分为三个等级：甲级、乙级、丙级。其中甲级俱乐部是最高水平的运动俱乐部，如今已成为事实上的职业运动，学校为甲级俱乐部提供奖学金；丙级为传统的课余性体育俱乐部，旨在丰富学生的课余文化生活，学校不提供奖学金。

日本学校体育教育包括课内必修俱乐部与课外自由俱乐部，课内必修俱乐部要求学生均须选择一定项目参加；课外自由俱乐部，是利用课余时间以学生为主体建立起来的活动组织，它不仅让那些未能参加体育必修俱乐部其他项目的学生参加，而且也让已参加体育必修俱乐部的学生再次参加自由俱乐部的活动。日本的学校课余体育与社会体育联系密切，日本一直在提倡学校体育设施向社会开放，社会体育设施向学校开放，使体育设施社会化程度提高，学校体育已成为社会体育的有机组成部分。

德国高校体育俱乐部与社会体育是融为一体的，具有自由的成员资格、以成员的利益为准则、不依据第三者、义务参与工作、民主决策制等五大特征，形成了德国学校体育的一大特色。欧美的校内外体育大多以单项体育组织为基础，其单项体育俱乐部与单项体育协会联网成为社会体育的一个重要组成部分。

2. 我国体育俱乐部现状

体育俱乐部教学模式是随着我国教育体制改革和体育教学改革的不断深化而产生的一种新的体育教学模式。它既是高校体育改革的产物，也是社会发展对高等教育培养人才提出的要求。

在我国，浙江大学、深圳大学是实施体育俱乐部制较早的大学，目前高校建立的体育俱乐部以单项形式出现得最多。学生参与体育俱乐部的动机是复杂多样的，主要有生理性动机（如增强体质、美容与减肥、缓解学习紧张情绪等）、交往性动机（如扩大交际范围、加深友谊、提高运动技术水平等）和成就性动机（如提高体育文化素养、展示健美体魄、体验体育乐趣等）。

3. 体育俱乐部的概念

体育俱乐部（Sport Club）原指一种群众性体育组织，是群众体育活动的场所。体育俱乐部既可作为一种组织，同时也可作为一种组织的活动形式或活动过程。

学校体育俱乐部是由体育教育行政或实施部门所组建的，指在设置体育课程的教学期间，将体育教学授课对象中具有共同体育锻炼爱好的学生，基于生理、心理、社会和自我完善等需要，以素质教育、健康教育和完成教学任务为目标，从大课程观出发，在任课单元内实施以专门体育项目的教学、训练、竞赛与能力培养为主要任务的教学活动或组织形式。在教学过程中它与课外体育锻炼、群体竞赛、运动训练有机地融为一体并纳入“体育大课程”之中，成为一种综合性的体育教学活动组织形式。

4. 体育俱乐部的特征

体育俱乐部是将传统班级上课制改革为由学生自主选择上课时间、上课项目、任课教师的教学俱乐部形式，且一般实行学年选课的管理制度。它规定上课时数，强调以学生“会学体育”为目的，一改传统的授课形式，充分体现“以学生为主体、以教师为主导”的指导思想。目前，在体育课程教学改革不断深化的前提下，其教学形式已经在国内许多高校实施并各具特色。

二、实施体育俱乐部的意义

1. 体育俱乐部模式是高校体育教育改革的产物

（1）体育俱乐部模式有利于将学生培养成为“现代人”。体育已成为培养和全面发展“现代人”的一种重要手段。

（2）随着社会的发展和生活水平的提高，大学生的健康观、体育观等意识不断增强。体育活动条件得到改善，体育锻炼项目呈现出多样性和新颖性，既追求锻炼的长期效益，也注重体育锻炼的健身、娱乐、休闲和社交的功能。

（3）体现家庭、学校、社会“三位一体”的立体式体育教育结构，深刻揭示了体育教育的“时代性”“永恒性”“多样性”等方面的特征。

2. 高等教育体制的改革为高校设立体育俱乐部奠定了思想基础

教育改革的根本目的在于提高全民素质。在加强科学与技术教育的同时，把组织、协调、协作、合作、竞争、创造等能力的培养和体质教育作为“21 世纪素质教育”的重要内容，寻找一个能够最大限度地提高教育效益，造就现代社会所需要的、具有全面素质的新一代人的最佳方案。体育俱乐部模式将具有共同兴趣、爱好、需要的学生自愿地组织在一起，不受传统体育教学“日历式”课时计划和“灌输式”教学方法的束缚，形式多样，内容丰富多彩，为培养和造就全面发展的人才提供了可能。

3. 我国经济的快速增长为高校开设体育俱乐部奠定了重要的物质基础

国外发达国家实施体育俱乐部已有近 200 年的历史，西方经济发达国家大学体育俱乐部之所以能够存在和快速发展，关键在于其市场经济发展为之奠定了雄厚的物质基础。当前我国人民生活水平日益提高，标志着社会发展进入一个良性循环。高等教育也向更高层次发展，教育行政部门和高校本身对体育设施的投入已大为改善，这些变化必将促进高校体育的改革，也为高校实施体育俱乐部奠定了坚实的物质基础。

4. 与时俱进，改革创新，体育俱乐部模式已成为高校体育教学改革的主导模式

传统的体育教学模式内容重复、陈旧，形式单一，使学生的学习状态处于被动。体育俱乐部以学生为主体，注重学生个体差异，教师起到重要的指导作用，学生成为学习的主体和教学的“中心”，这样极大地激发了学生参与体育活动的积极性，有利于培养学生体育意识和体育能力，发展个性。

三、高校体育俱乐部的作用

高校体育俱乐部是高等学校教育的重要组成部分。通过体育俱乐部不仅可以使学生掌握基本技术技能，提高运动技术水平，更重要的是可以使学生更好地参与锻炼，增强体质，培养良好的体育锻炼习惯和生活习惯。

（1）启发和引导学生用自己的智慧和能力进行体育学习。学生参与教学活动既反映出了一种主体的体育价值意识，同时也调动了教师教学的积极性，使体育教育过程向指导学习者自主性学习转化。

（2）有利于对学生体育生活进行引导和规范，使高校体育教学与课外体育锻炼保持连贯性和统一性。体育俱乐部的实施，既有利于学生参加体育活动，又可以通过体育俱乐部有目的、有计划、有组织地开展各项课外体育锻炼。

（3）以终身体育、素质教育为主线，使大学体育教育功能超越学制的限制，使学生终身受益。体育俱乐部的设置突破了高校体育教学课时和活动空间的限制，把学生体育教育延伸到高等教育和社会生活的全过程，促进了终身体育教育的发展。

第二节　体育俱乐部的组织与管理

【案例导入】

老师：同学们是否参加过俱乐部的活动？都参加了哪一类的体育俱乐部的活动？感受如何？

学生 A：我参加过篮球协会，每次由协会的负责人组织活动，每周一次，有的时候需要租借场馆的时候，费用大家平摊。

老师：这种不在体育教学期间，利用课余时间，将具有共同体育爱好的大学生，基于生理、心理、社会和自我完善等需要，以丰富业余体育文化生活、提高技战术水平、振奋团队精神以及实现自我设计等需要为目标，实施以专门项目的体育锻炼、运动竞赛与能力培养为内容的活动形式是课外体育俱乐部。

学生 B：我参加过院乒乓球运动队的训练，并代表学院参加市级比赛。我们称这个团队为“乒乓球高水平俱乐部”。

学生 C：我参加过健美操俱乐部，共同训练，一起参加表演。我能够感受到俱乐部中和谐和快乐的氛围，我们不分你我，互帮互助，不怕苦、不怕累，发扬集体主义精神、创新精神、挑战精神和团队精神。

老师：这种授课模式打破原有系别、班级制，重新组合上课，在教师的指导下，不受教学计划、教学大纲的束缚，形式多样，活动内容丰富多彩，为培养和造就全面发展的人才提供了可能，是一种新型的体育教学模式。

让我们了解一下体育俱乐部的设置、选报工作、教学形式、评价方式、组织管理、组织体系和俱乐部章程等内容。

一、体育俱乐部的管理

体育俱乐部打破原有系别、班级制，重新组合上课，以满足不同层次、不同水平、不同兴趣学生的需要。在教师的指导下，学生应具有自主选择课程内容、自主选择任课教师、自主选择上课时间的自由度。

（1）体育俱乐部的设置。体育俱乐部是以培养能力目标为依据，根据学校现有体育场馆设施条件、师资专业结构和学生体育需求等情况而设置的。

（2）体育俱乐部的选报工作。学生在选择项目前，通过校园网站和俱乐部实施部门网站等渠道能基本了解体育俱乐部的项目设置、组织形式、活动内容及教师基本情况。学生根据自己的兴趣和爱好，以及对体育课程的全面评价，自由选择和确定参加体育俱乐部，学生在每学期开始上课前，须按规定时间在体育俱乐部选课系统上进行体育俱乐部项目的选报。

（3）体育俱乐部的教学形式。以学生为主体的教学组织形式，教师依据学期教学计划，根据学生的实际情况，灵活实施。教师本着“以教促学、以学促练、以练促赛”的指导思想，采取引导、指导和辅导（集中与个别）相结合的教学方式，不断巩固学生对该项目的兴趣，促进技术和技能的提高，达到增进健康、享受娱乐、参与竞技的目的。

（4）体育俱乐部的评价方式。体育俱乐部与体育课堂教学一样，采用学期评价制，采取过程评价和结果评价相结合的方法，注重学生的实际参与过程，注重平时参与体育俱乐部活动时的具体表现和态度，注重学生个体的差异性，注重学生在运动竞赛中所取得的成绩与名次及进步情况，采用定量与定性相结合的评价手段，客观公正地评价学生的学习，最大限度地激发每一位学生学习体育的积极性。

（5）体育俱乐部的组织。学生选择体育俱乐部后，每周至少参加该俱乐部活动 1 次（含教学、训练和辅导课），每次不少于 90 分钟。体育部或体育教研室根据学校现有的场地、器材、师资、经费以及可设置的体育项目等具体情况，组建相应的体育俱乐部。体育俱乐部活动中，指导教师起到重要的指导作用。

（6）体育俱乐部的指导形式。

①体育教师组织指导。部分体育教师根据自己的专业特长，利用课余时间具体指导俱乐部的活动。

②学校指派教师指导。学校根据体育俱乐部的需求，指派具有一定专业技术水平的专职体育教师进行指导，此类指导工作多与学校体育工作任务相联系。

③学生社团聘请具有一定专业技术的人员进行指导。学生社团或学生自由组织的体育俱乐部依据学习与活动的需要，通过聘请方式来落实俱乐部技术指导工作。

④校内外具有一定技术水平的人员自愿参与辅导工作。

以上指导形式本着自愿的原则进行。

二、体育俱乐部的组织体系

学院成立体育俱乐部管理中心，并由体育教研室统一管理。中心负责指导各俱乐部开展教学、训练和竞赛等活动。体育俱乐部管理中心主任由基础部部长担任，副主任由体育教研室主任担任，委员由体育教师担任。体育教师同时担任各单项俱乐部的指导教师。各单项体育俱乐部在指导教师的指导下，采取自荐、推荐、选拔和竞选等方式产生体育俱乐部主任、副主任和教师助理人选，采取体育俱乐部主任负责制。由体育俱乐部主任具体负责，组建领导班子。各单项体育俱乐部负责人一般由俱乐部主任 1 名，俱乐部副主任 1～2

名，教师助理若干名组成，以上职位均由学生担任，各职位主要职责如下：

（1）指导教师职责。指导教师全面负责俱乐部工作，总体把握各单项体育俱乐部的发展方向和活动计划的安排，并具体负责技术指导、组织竞赛以及组建由运动技术水平较高的学生组成的院运动队的训练工作；组织策划、起草本俱乐部相关规定，对学院的规定做到上传下达及总结上报工作；负责组织管理、指导检查、监督监控和收集整理资料的工作；负责俱乐部活动过程中的安全监督和指导。

（2）俱乐部主任职责。俱乐部主任在指导教师的直接领导下，全面主持、开展、管理本俱乐部的工作，认真领会上级精神，领导本俱乐部积极开展活动，对俱乐部所有工作承担相应责任；定期组织俱乐部工作会议的召开及各项竞赛开展，解决俱乐部活动中存在的问题，提出俱乐部发展规划。

（3）俱乐部副主任职责。俱乐部副主任在俱乐部主任的领导下，认真开展各单项俱乐部的工作，积极组织本俱乐部的工作人员或管理人员完成所分管的训练或管理任务；认真总结训练管理中的经验和教训，为俱乐部主任出言献策，促进俱乐部活动更好地开展；定期检查学生骨干的工作情况、出勤情况、工作效果等，定期检查工作，推荐先进，鞭策后进；定期组织俱乐部工作会议，共同学习，提高训练管理水平；积极向主任汇报分管部门的工作情况、工作业绩及存在的问题。

（4）教师助理职责。教师助理在俱乐部主任领导下，认真做好每节课的组织管理工作，负责单项俱乐部的竞赛组织工作。

三、体育俱乐部章程

（1）体育俱乐部性质。在体育俱乐部管理中心的领导下，以学生为主体、以指导教师为主导和辅导，根据《全国普通高等学校体育课程教学指导纲要》的要求，结合学校实际情况，充分发挥学生体育骨干和积极分子的积极性、主动性和创造性，最大限度地推动体育教学、训练、竞赛和课余体育锻炼的“一体化”进程，最终实现大学体育教育教学目标的学校体育组织。

（2）体育俱乐部宗旨。“以人为本，健康第一”，发展校园体育运动，增强学生体质，培养终身体育意识和能力，提高学生学习体育的兴趣，营造健康的校园体育文化氛围。

（3）宣传和贯彻落实全民健身计划纲要，推动校园阳光体育工程，提高学生的身体素质、运动技术和战术水平，普及体育基础知识，增进同学间的交流合作，促进学生身心和谐健康发展。

（4）在体育俱乐部管理中心的领导和俱乐部指导教师的指导下，通过建立可持续的俱乐部教学、训练、竞赛和辅导等制度，有计划、有目的地组织各种俱乐部活动，引导学生科学健身，增强俱乐部团队的凝聚力。

（5）体育俱乐部在指导教师的指导下安排、开展俱乐部专项知识讲座、运动训练、体育竞赛、骨干培训、裁判员培训和大型表演等活动。

（6）充分依靠广大学生，集思广益，与指导教师共同制订俱乐部详细活动计划。学期结束时必须对一学期的工作进行总结，找出问题与不足，形成文字材料向俱乐部管理中心汇报。

（7）搜集并及时向俱乐部管理中心反映俱乐部学生的意愿；对俱乐部管理、教学、训练指导、辅导和竞赛组织工作进行监督，对俱乐部指导教师的教学质量进行评估。

（8）每个俱乐部设主任 1 名、副主任 2 名，教师助理若干名，均由学生担任，在指导教师指导下开展各项工作。俱乐部主任和副主任由各俱乐部单独选举产生，或由指导教师推荐。担任单项俱乐部主任和副主任及助理的学生必须严于律己，严格遵守俱乐部一切规定，无条件服从俱乐部管理中心的安排。

（9）凡热心俱乐部活动、支持俱乐部、为俱乐部的发展做出特殊贡献的学生可适当加分，加至体育课满分为止。

（10）凡对俱乐部的发展做出贡献的学生，可给予适当的奖励。

（11）学生在俱乐部教学中出现下列行为：不遵守俱乐部规定、不服从俱乐部管理、破坏俱乐部财物、打架斗殴、弄虚作假、不尊重其他学生和指导教师，做有损于俱乐部荣誉与形象的事等，将由指导教师给予口头批评或扣分，严重者将取消体育课考试资格。

（12）本章程自发布之日起实施。

四、体育俱乐部的具体组织与实施

本书从实践篇开始，依次介绍各个项目俱乐部的组织与实施，供参考。

（1）选择俱乐部。俱乐部的组成均以学生为主体，教师参与为辅。指导教师由对学生情况比较熟悉的任课教师担任，因此客观上有利于对学生进行专业技术和心理上的指导与帮助。开学初学生根据自身情况在选课系统上自由选择俱乐部、任课教师和上课时间，教师通过选课系统了解学生的选课情况，并提前做好相关准备。

（2）组织培训干部。经过前八周的课堂教学，教师将课程及俱乐部模式等情况向学生加以介绍，并通过有目的的观察和培养，了解学生的情况，为俱乐部的组建做好准备。课堂教学后期，学生报名参与俱乐部负责人职位的竞聘，通过面试和选拔，确认俱乐部主任 1 名、副主任 2 名及若干名教师助理。之后，由俱乐部管理中心组织对其进行培训。负责人第九周开始上岗，组织俱乐部的运营。期间管理中心将通过各俱乐部每周工作计划及完成赛事小结对所选干部的工作能力、沟通能力、协调能力进行指导和考核。

（3）俱乐部的实施和运行。实施和运行俱乐部首先是要了解打好或踢好一场比赛所涉及的各种因素，如队员的基本功和技术、战略战术的综合运用等。其次是教会成员如何欣赏高水平的比赛，欣赏的重点是什么，如高超球技的欣赏，团队精神、拼搏精神的学习等。最后结合以上两方面，由俱乐部自行策划、组织相应的比赛。此时要注意掌握竞赛规则和竞赛办法，比赛的性质、目的、任务分工、人员协调、场地器材和裁判规则等。

【相关知识链接】

赛事策划：指对整个比赛的各项事务所作的谋划。包括赛事的基本目标及经营目标、市场定位、宣传联络、门票和各种无形资产的销售、相关的保险、比赛的实施，以及对赛事的社会效益和经济效益的评价等。

赛事组织：是指对比赛各项事务的具体筹划和安排。包括比赛时间、地点、场地、项目等的确定，参赛运动员（队）、教练员、裁判员的接待、安排，以及与赞助商、媒体方面的联系等内容。

赛事管理：依据赛事活动的目标与计划，确定具体竞赛活动的组织方案，成立工作机构，协调赛事活动中的人、财、物的关系，保证赛事活动顺利进行的过程。分为赛前管理、赛中管理和赛后管理三个阶段。

【思考与练习】

（1）简述体育俱乐部的特征和实施的意义。

（2）简述体育俱乐部在高校体育教育中的作用。

（3）你在参加俱乐部活动时有什么建议和想法？

下　篇

实践篇

第五章　田径赛场

本章学习达成效果：学生掌握田径中的跑、跳、投等基本技术和比赛规则，了解田径运动的特点与发展，从而运用田径运动这种形式进行个人身体锻炼，促进个人身体素质发展，并培养学生基本的组织管理能力、沟通协调能力、领导指挥能力、团队协作能力，养成良好的体育锻炼习惯，提高体育文化素养，为学生走出教室、走出寝室、走向操场、奔向大自然提供有力的保障。

本章的重点和难点：基本技术和基本战术的掌握与比赛规则的运用；持续的练习时间，控制适当的运动强度和密度。

学习指导建议：采用自主学习法、合作学习法等方法，不断地加强练习，通过练习时间和练习次数的积累，巩固技术动作，不断提升技术水平。

如果你想强壮，跑步吧！如果你想健美，跑步吧！如果你想聪明，跑步吧！

——古希腊格言

田径运动是所有项目的基础，是所有运动之母。田径运动由走、跑、跳跃、投掷等动作组成，覆盖了人体的基本身体素质：力量素质、速度素质、耐力素质、柔韧性素质、协调性素质。

国际业余田径联合会章程第一条将田径运动定义为："田径运动是由田赛和径赛、公路赛、竞走和越野赛组成的运动项目。"现在人们通常把田径运动中不同距离的竞走、赛跑、跨栏跑、接力跑和越野跑、障碍跑等用时间计算成绩的项目称为径赛；把跳跃（跳高、跳远、三级跳远、撑竿跳高）和投掷（推铅球、掷铁饼、投标枪、掷链球）等用高度或远度计算成绩的项目称为田赛；把跑、跳、掷组成的竞赛项目称为全能运动。

田径运动的特点是项目多、影响大。现代奥运会田径项目是所有大项中包括小项最多的一个运动大项，共计包括47个小项。

经常系统地参加田径运动，能够促进人体的新陈代谢，改善整体功能，全面发展身体素质，培养意志品质，增强体质，有利于学习与工作。此外，由于田径运动的内容、方法、手段十分丰富，受限条件少，深受群众喜爱，在学校开展尤为普遍。

第一节　田径的基本知识

一、跑

【案例导入】

组织：将游戏者分成人数相等的两队，首尾相隔5米成一路纵队围成圆圈慢跑。听到哨音，排尾加速跑至本队排头，先到的队得一分，全部做完后以积分高的队为胜。

规则：队员加速跑时排头不得故意放慢速度。

（一）短跑

400 米（含 400 米）以下的竞赛项目称为短跑。短跑是人的快速能力的重要标志。短跑是在人体大量缺氧状况下持续高速跑的极限强度运动。规则规定短跑比赛必须采用蹲踞式起跑，并必须使用起跑器。起跑器的安装方法有“普通式”和“拉长式”两种。两种起跑器的安装都需根据参赛者的体型、训练程度和技术水平等条件来选定。无论采用哪一种方法都应以运动员“预备”时感到舒适而放松为宜，起跑后身体有较大的前倾角度，蹬离起跑器时能获得向前的最大初速，并为加速跑创造有利条件为宜。

1. 100 米跑的技术

100 米跑的技术可分为起跑、起跑后的加速跑、途中跑和冲刺跑。

（1）起跑。起跑过程包括“各就位”“预备”“鸣枪”。听到“各就位”口令后，下蹲，两手的四指并拢与大拇指成八字形置于起跑线后沿，两脚依次踏在前后起跑器上，脚掌紧贴起跑器，脚尖触地，背、颈部自然放松，两臂伸直同肩宽，后腿膝关节支撑身体。

听到“预备”口令后，臀部抬起，与肩同宽或稍高，肩部稍超出起跑线，重心主要落在两臂和前腿上，前后小腿趋于平行，两脚紧贴起跑器抵足板。整个动作要求连贯、协调而有力，注意力高度集中。鸣枪后，两手迅速推离地面。两臂屈肘有力地做前后摆动，两腿依次用力猛蹬起跑器，使身体向前上方运动，后腿迅速屈膝向前上方摆出，同时前腿快速有力地蹬伸髋、膝、踝关节，以较大的前倾姿势把身体向前推进，见图 5-1-1。

图 5-1-1 起跑

（2）起跑后的加速跑。起跑后的加速跑是从后腿蹬离起跑器，到途中跑之间的一个跑段。这段距离一般为 25～30 米。起跑后，两臂加速用力摆动，摆幅较大。两脚交替用力蹬伸，步长不断增加，步频逐渐加快。两脚的着地点逐渐合于一条直线上，上体逐渐抬起自然进入途中跑。

（3）途中跑。途中跑的任务是继续发挥和保持高速度到终点。在一个跑的周期中，包括后蹬与前摆、腾空、着地缓冲等动作阶段。

①后蹬与前摆阶段：当身体重心移过支点垂直面时，就进入了蹬地腿的后蹬与摆动腿的前摆阶段。这时，摆动腿的膝关节（大小腿折叠姿势）超越支撑腿，迅速有力地向前上方摆出，并且带动同侧骨盆前送，大腿与水平成 15°～20°。支撑腿在摆动腿积极前摆的配合下，快速有力地伸展髋、膝、踝关节，蹬离地面形成支撑腿与摆动腿协调配合动作，这是途中跑的关键。

②腾空阶段：当支撑腿结束后蹬，即进入腾空阶段。小腿随着蹬地后的惯性和大腿的摆动，迅速向大腿靠拢，形成大小腿折叠前摆的动作。与此同时，摆动腿以髋关节为轴积极下压，膝关节放松，小腿随摆动下压的惯性自然向前下方伸展，准备着地。

③着地缓冲阶段：当摆动腿的前脚掌着地的瞬间，即开始了着地缓冲阶段，着地位置约距身体重心投影点的一脚半处。着地动作应是非常积极的。腿部各关节（特别是踝关节）缓冲过程不应是消极的，应积极用力以加速身体重心的前移，随即转入后蹬。在途中跑时，头部正直，上体稍前倾，两臂以肩为轴，自然、轻快、有力地前后摆动。

（4）终点跑。终点跑包括终点线前 15～20 米的最后用力和上体撞线两个阶段。终点跑的技术是保持上体前倾角度，加快两臂摆动的速度和力量，保持或发挥最大速度。在距离终点线一步时，上体急速前倾用胸部或肩部撞终点线，跑过终点后逐渐减速，切勿忽然停下，见图 5-1-2。

图 5-1-2 终点跑

【相关知识链接】

刘翔，中国田径（110 米跨栏）奥运冠军。1983 年 7 月 13 日出生在上海，1998 年开始跨栏训练。2004 年雅典奥运会上，以 12.91 秒的成绩平了保持 11 年之久的世界纪录。同年在瑞士洛桑田径超级大奖赛中，以 12 秒 88 打破了保持 13 年的世界纪录。2009 年 12 月 11 日，在东亚运动会田径男子 110 米栏决赛中，以 13 秒 66 的成绩轻松夺得冠军，成就“三冠王”。2010 年 11 月 24 日，在第 16 届亚运会上，以 13 秒 09 打破 110 米栏亚运会纪录实现三连冠。

2. 200 米和 400 米跑的技术

200 米和 400 米跑的技术，与 100 米跑没有本质上的区别，不同的是有一半以上距离是在弯道上跑。为了适应弯道跑，必须改变跑的身体姿势和后蹬与摆动的方向。在比赛时，应合理分配体力。

（1）弯道起跑和起跑后的加速跑。为了便于加速，起跑后开始一段距离应沿着直线跑进，起跑器安装在跑道的右侧，正对弯道切点方向。

（2）弯道跑。进入弯道时，身体向内倾斜，后蹬时右腿用前脚掌的内侧用力，左腿用前脚掌的外侧用力，右肘内扣，右臂摆幅加大，前臂时稍向内，后摆时稍向外，左臂稍离开躯干。弯道跑的蹬地与摆动方向都应与身体向圆心方向倾斜一致。

【课堂练习 1】

练习内容：小步跑。

练习方法：两臂屈肘自然摆动，上体保持正直或稍前倾，大腿积极下压，膝关节放松，小腿顺惯性前摆，用前脚掌积极向后下力“扒地”。

（1）8 人一组两手扶器械或原地做脚尖不离地的交换支撑腿练习 30 秒。

（2）8 人一组从原地逐渐前移过渡到小步跑 20 ~ 30 米，要求动作由慢到快。

（3）8 人一组小步跑过渡到途中跑 40 ~ 60 米，要求大腿逐渐抬高，步幅逐渐加大，自然过渡到途中跑。

达成目标：体会跑时膝关节放松和脚“扒地”动作，改进落地技术，提高跑的频率。

【课堂练习 2】

练习内容：高抬腿跑。

练习方法：上体正直或稍前倾，一侧大腿向上高抬，脚跟向臀部方向收起，另一侧大腿积极下压，用前脚掌落地并充分蹬直，切勿屈髋，保证身体重心始终在较高部位30秒。

（1）8人一组原地或支撑高抬腿跑30秒。

（2）8人一组行进间高抬腿跑20~30米。

（3）8人一组高抬腿跑过渡到途中跑60~80米。

达成目标：增加抬腿肌群力量，纠正抬腿不高的缺点。

【课堂练习3】

练习内容：后蹬跑。

练习方法：跑时上体前倾，两臂自然摆动，支撑腿用力向后蹬地，腿蹬直后，迅速前摆（小腿不要后撩），并带动同侧髋关节前送。当大腿摆至适当高度时，大腿积极下压，用前脚掌向后下方落地。

（1）8人一组向前上方跨步跳20~30米。

（2）8人一组后蹬跑20~30米。

（3）8人一组后蹬跑过渡到途中跑60~80米。

达成目标：增强腿部力量，体会蹬摆技术，纠正后蹬不充分和坐着跑的缺点。

【课堂练习4】

练习内容：弯道途中跑练习。

练习方法：沿半径10~15米的圆圈跑，由慢到快。直道上跑15~20米接着弯道跑30~40米。在进入弯道前2~3步要有意识地加大右腿的蹬地力量和摆幅。弯道跑30~50米接着直道跑。在出弯道时身体逐渐正直。

达成目标：体会弯道跑技术，顺着惯性的自然跑技术。

【课堂练习5】

练习内容：折返跑练习。

练习方法：设定距离，然后练习者从一端开始，跑向另外对面的端线，手触及对面的端线，在迅速跑回，依次循环（根据练习者的身体素质情况进行设定跑动距离和来回的次数）。

达成目标：发展腿部、腰腹与上肢肌肉，提高制动、加速能力。

【课堂练习6】

练习内容：直腿跑练习。

练习方法：上体正直，目视前方，双手半握拳双臂弯曲近体侧，以肩为轴前后自然摆动，髋放松并积极发力，带动大腿积极向前上方高抬，膝关节伸直，髋、膝、踝自然放松前脚掌着地（练习时注意场地要选择在平坦的地方，安全第一，可采用不同距离和不同频度的练习方法）。

达成目标：发展胫前肌、腓肠肌、臀大肌、腰腹肌与上肢肌肉。增强髋、踝关节柔韧性，增强身体协调性。

【课后练习1】

练习内容：100米全程跑。

练习方法：8人一组蹲踞式起跑全程100米。

达成目标：增强爆发力和腿部力量，提高无氧运动能力。

【课后练习 2】

练习内容：200 米、400 米全程跑。

练习方法：8 人一组蹲踞式起跑全程 200 米和 400 米。

达成目标：增强爆发力和腿部力量，提高无氧运动能力和弯道跑的技术。

【课后练习 3】

练习内容：交叉步跑。

练习方法：上体正直，头颈自然放松，目视前方，侧对前进方向站立，双腿分别前后交替向一侧跑动，膝关节放松，并向前进方向摆髋提膝，前脚掌着地（练习时注意摆动腿和支撑腿及全身的协调配合，动作频率由慢到快。

达成目标：增强髋关节灵活性，发展大腿内收肌、骨外侧肌、腓肠肌、胫前肌等大腿肌群，并增强身体协调性和灵活性。

【课后练习 4】

练习内容：倒退跑。

练习方法：上体正直或略向前倾，头颈自然放松，目视前方，挺胸收腹立腰，双手半握双臂弯曲近体侧，以肩为轴前后自然摆动，腿放松，并积极向后抬腿摆动，前脚掌着地。进行练习时不准回头，加强身体平衡能力。

达成目标：发展下肢力量和腰腹肌力量，加强腰椎和颈椎的锻炼。改善身体的柔韧性和协调性。

（二）中长跑

【案例导入】

组织：将游戏者排成纵队并报数，由 1 人站在圆心充当呼号员，其他人均在内圆线外侧按逆时针方向慢跑。当呼号员喊出任意号数时，此人迅速沿外圆线内侧奔跑，其他人则必须在他跑完一圈时追上他，如未追上，这个人与呼号员互换，如谁追上这个人则由他与呼号员互换，游戏重新开始。

规则：追逐时均要在外圆线内侧上、不得斜线跑抄近路；追上后应拍击躯干。

800 米以上的竞赛项目常称中长跑。各种跑的技术基本相同，但由于距离长短和跑的强度不同，跑的动作有不同程度的差异。目前中长跑的技术动作以一定步长和高频率跑法为发展趋势。

中长跑一般采用站立式起跑法，根据规则要求，中长跑的起跑过程包括“各就位”“鸣枪”两个阶段。

（1）听到“各就位”令后，先做一两次深呼吸，然后走或慢跑到起跑线后，两脚前后开立，有力的脚在前面紧靠起跑线后沿，前脚跟和后脚尖之间的距离约为一脚长。两脚左右间隔约为半脚，重心落在前脚掌，后脚用前脚掌着地站立。两膝弯曲，上体前倾，眼看前下方 3～5 米处，身体保持稳定姿势。集中注意力听枪声或“跑”的口令。两臂体前自然下垂或前后放置。

（2）听到枪声或“跑”的口令时，两腿用力蹬地。后腿蹬地后迅速前摆，前腿迅速蹬直，两臂配合两腿动作做快而有力的摆动，使身体快速向前冲出，在短时间内获得较快的跑速。起跑后的加速跑应该迅速、积极，加速跑的距离主要根据项目、参加人数、个人训练水平、战术要求等情况而定。一般 800 米加速跑要到下一弯道才结束，1500 米加速跑到直道末端就结束，然后进入匀速而有节奏的途中跑。途中跑和终点跑与短跑要领类似，但强度不一样，见图 5-1-3。

图 5-1-3 中长跑的技术

中长跑的呼吸是很有讲究的。中长跑体力消耗大，对氧的需求量很高，必须有一定的呼吸频率和呼吸深度，一般是跑两三步一呼气，跑两三步一吸气，并有适宜的呼吸深度。随着疲劳的出现，呼吸的频率有所加快，应着重将气呼出，只有充分呼出二氧化碳，才能吸进大量新鲜的氧气。

【课堂练习 1】

练习内容：变速跑。

练习方法：有 50 米慢跑，50 米直道快跑，弯道慢跑；200 米慢跑；400 米快跑，200 米慢跑。可由长距离到短距离的快跑和慢跑，也可以由短距离到长距离的快跑和慢跑。

6 人一组 200 米变速跑（前 200 米快跑、后 200 米慢跑）。

达成目标：主要是用于发展速度耐力。

【课堂练习 2】

练习内容：重复跑。

练习方法：一般采用 100 米、150 米、200 米、400 米、600 米。每组间歇时间应掌握好。

（1）8 人一组 100 米、200 米×5 组，每组之间的间歇在 5 分钟。

（2）8 人一组 400 米、600 米×5 组，每组之间的间歇在 8 分钟。

达成目标：主要是发展速度和速度耐力。

【课堂练习 3】

练习内容：定时跑。

练习方法：一是只规定跑的时间，不要求距离；二是在规定时间内跑一定的距离。

（1）30 分钟慢跑。

（2）30 分钟内跑完 8 000 米。

达成目标：主要是用来发展一般耐力和跑的能力，掌握和改进跑的技术，增强内脏器官机能。

【课后练习 1】

练习内容：越野跑。

练习方法：在野外进行的一个竞赛项目。

达成目标：它不仅能发展耐力、灵敏、弹跳力等身体素质，以及培养勇敢、坚毅的品质，而且能利用充足的阳光和新鲜的空气等自然条件锻炼身体。越野跑时，由于跑的地点、地形复杂，环境变化大，因此跑的技术也要因条件改变而改变。进行越野练习时要特别注意安全。

【课后练习 2】

练习内容：间歇跑。

练习方法：跑动过程中采用口鼻呼吸方式，注意呼吸的转换，即有节奏、有深度，快速跑后尽可能地加强深呼吸力度，要用走的方式进行休息而非直接坐下。

达成目标：发展腿部、腰腹与上肢肌肉力量，加强心肺功能，提高有氧代谢能力和无氧代谢能力。

（三）接力跑

【案例导入】

组织：将游戏者分成人数相等的 4 组，划定直径 18 米和 20 米的同心圆，在通过圆心的直线上划 4 个直径 30 厘米的小圆做站位圈，站位圈均设在圆心两端的跑道上，各成纵队对应一个站位圈站立、排头站在站位圈，根据占位先后顺序记分。

规则：每轮比赛按占位顺序分别记 3 分、2 分、1 分，最后一名不得分；各组互换位置进行。

接力跑是队员之间相互配合的集体竞赛项目。接力跑成绩的好坏不仅取决于每个队员的单项成绩，而且在很大程度上取决于接力棒的传递方法和 4 个接力运动员跑的次序和相互间的配合。正式的接力跑比赛项目有：4×100 米接力跑和 4×400 米接力跑。

1. 4×100 米接力跑技术

（1）持棒起跑。第一棒采用蹲踞式起跑，其起跑技术与短跑弯道起跑相同。持棒方法一般采用右手的中指、无名指、小指握住棒的末端，用拇指和食指分开支撑地面。

（2）接棒队员起跑。接棒队员站在预跑区选定的地方采用站立式或半蹲踞式起跑姿势。第二、第四棒运动员站在跑道靠外侧，左脚放在前面，右手撑地，身体重心稍向右偏，头转向左后方，目视跑来的同队队员和起跑标志。第三棒运动员站在跑道靠内侧，右脚放在前面，左手撑地，身体重心稍向左偏，头转向右后方，目视跑来的同队队员和起跑标志。当传棒队员跑至标志线时，接棒队员迅速起跑。

（3）接力跑传接棒方法。

①下压式：接棒队员听到信号后，接棒手四指并拢，虎口张开，掌心向上见图 5-1-4，接力手自然向后伸出，并使上臂靠近身体。传棒队员将棒的前端向前下方将棒送入接棒队员手中，待接棒队员握紧后再松手。

②上挑式：接棒队员听到信号后，将接棒手自然向后伸出与臀部平齐，四指并拢与拇指分开，掌心向后，虎口向下。传棒队员将棒由下向前上方送入接棒队员手中，待接棒队员握紧后再松手，见图 5-1-4。

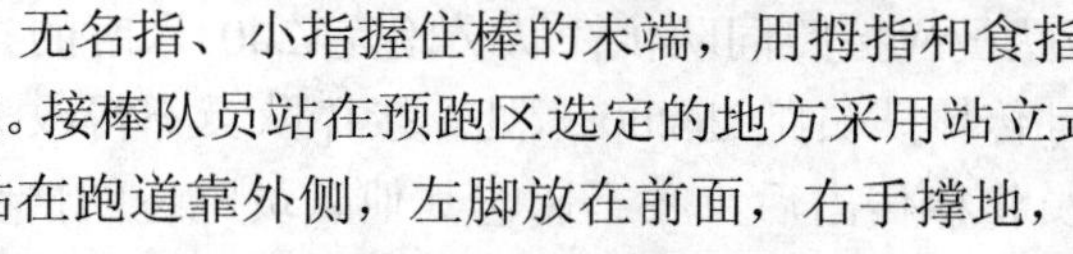

下压式　　上挑式

图 5-1-4　接棒方式

（4）传棒的位置。接棒队员待传棒队员到达标志线时，便迅速起跑，传棒队员跑进接力区后在离接力区的前端线约 4.5 米，离接棒队员约 1.5 米，将接力棒迅速无误地传给接棒队员。

传接棒过程通常是传棒队员跑到离接棒队员约 1.5 米处立即发出“接”的信号，接棒队员迅速后伸手臂接棒。

（5）标志线的确定。标志线离接棒队员起跑处的距离，是根据传接棒队员的跑速和传接棒技术的训练程度而定。如果接棒队员在接力区前 10 米预跑线处出发，在接力区末端约 27 米处传接棒，传接棒时两队员之间的距离为 1.5 米，则标志线的距离为：传棒队员最后 30 米平均速度乘以接棒队员跑 27 米所需时间再加 1.5 米。这个距离可以在实践中不断加以调整。

（6）接力队员的分配。接力跑全程是由 4 名队员共同完成的，因此，在安排各棒队员时，必须考虑能尽量发挥每个队员的特长。一般第一棒安排起跑和弯道技术掌握较好的队员；第二棒应是专项耐力好和熟练地掌握传、接棒技术的队员；第三棒除具备第二棒队员条件外，还应善于跑弯道；第四棒应是全队成绩最好、冲刺能力最强的队员。衡量一个接力队技术水平的高低，可用 4 个队员的个人 100 米成绩之和。

2. 4×400 米接力跑技术

4×400 米接力跑时，跑速在最后阶段明显降低，所以传接棒技术比较简单。接棒队员一般采用站立式起跑，头转向后方看自己的队员，根据传棒队员最后的跑速，确定各自起跑的时机。如传棒队员已筋疲力尽，接棒队员可主动将棒拿过来（棒一定要在接力区内交换）。第三、第四棒接棒队员应按照同队传棒队员跑完 200 米时的先后顺序由内到外地排列各自的接棒位置。一旦传棒队员跑过 200 米处，接棒队员不得改变在接力区起跑点处原来排列的顺序；传棒队员将棒传出后，在不影响其他队员跑进的情况下退出跑道。

【课堂练习 1】

练习内容：传棒、接棒技术练习。

练习方法：

（1）持棒原地摆臂做上挑或下压式传接棒练习。

（2）在走步中按同伴的信号做传、接棒练习。

（3）在慢跑中做传、接棒练习。

（4）在中速跑和快跑中做传、接棒练习。

达成目标：要求由静态到动态的变化，保证不要掉棒。

【课堂练习 2】

练习内容：在接力区内完成传、接棒技术的练习。

练习方法：

（1）接棒队员站立式或半蹲踞式起跑练习。

（2）用中速跑在接力区内做传、接棒练习。

（3）用快速跑在接力区内做传、接棒练习。

达成目标：在速度达到一定值时，保证顺利接棒，不犯规，不掉棒。

【课后练习 1】

练习内容：按照田径竞赛规则进行全程接力跑练习和比赛。

练习方法：两队一组全程 4×100 米接力练习。

达成目标：掌握高速奔跑时的接棒，不犯规，不掉棒。

【课后练习 2】

练习内容：按照田径竞赛规则进行全程接力跑练习和比赛。

练习方法：两队一组全程 4×200 米接力练习。

达成目标：掌握高速奔跑时的接棒，不犯规，不掉棒。

二、跳跃

【案例导入】

组织：将游戏者分成人数相等的两组，甲组一队员在横线后做单足跳后，乙组一队员在甲组落地最近点也做单足跳，如超越甲组（横线）则给乙组记一分，反之则给甲组记分，全部照此法进行，结束时以积分多的组为胜。

规则：单足跳时统一用一侧脚。

（一）跳远

跳远的完整技术由助跑、起跑、腾空、落地 4 个部分组成。决定跳远成绩好坏的因素主要是助跑起跑时的速度、腾空的角度，其次是平衡的空中姿势和正确落地的技术动作。

1. 助跑

助跑的距离是根据运动员的身体素质及技术水平来确定的。助跑的测定可从起跑板及延长线处开始，用助跑速度向反方向跑，最后一步踏点即为正向助跑起点。助跑的起动方式分为两种，即站立式起动和走或跑几步后踏标志线开始助跑。不管哪种方式的助跑都应用前脚起动，做到快速、准确、平稳、直线、轻松、有节奏、有弹性。助跑的最后几步要达到最高速度，倒数第二步步幅稍大，重心略低，踏跳步步幅稍短，重心稍上升，进入起跳状态。

2. 起跑

助跑最后一步，当摆动腿支撑时，应用力蹬地，使身体尽快向起跳板方向运动，起跳腿快速折叠前摆并积极下压大腿，使起跳腿快速以脚跟触板并滚动为全脚掌，重心移到支撑腿上，此时起跳腿蹬直髋、膝、踝 3 关节；同时，摆动腿的大腿积极向前上方摆至水平位置。小腿自然下垂，两臂协调配合。起跳腿同侧臂屈肘摆至身体前上方，异侧臂屈肘摆至身体侧上方，向上顶头，提肩、拔腰。

3. 腾空

正确的腾空姿势应上体正直，摆动腿保持起跳时的前摆，起跳腿自然弯曲留在体后。按空中不同的运动姿势分为蹲踞式、挺身式和走步式。

（1）蹲踞式：起跳后，当身体达到最高点时，留在身体后的起跳腿开始屈膝向前上方抬起，渐向摆动腿靠拢，形成蹲踞姿势。随后两腿向上收，上体前倾，两臂由前向下、向后摆动，同时向前伸小腿落地。

（2）挺身式：起跳后，摆动腿自然下放，小腿向后下方弧形摆动，两腿迅速靠近，形成挺身姿势，两臂配合腿做绕环摆动，然后收腹举腿，小腿前伸，准备落地。

（3）走步式：起跳后，摆动腿大腿下落时向后方摆动，起跳腿屈膝以大腿带动小腿前摆，形成空中“换步”，两臂积极配合腿做大幅度绕环摆动。同时摆动腿屈膝以大腿带动小腿前摆与起跳腿靠拢，然后收腹举腿，两臂由右上方向前下方摆动，小腿前伸，准备落地。

4. **落地**

当双脚即将着地时，应保持上体稍前倾，高抬大腿，前伸小腿，当脚触地的一瞬间，迅速向前屈膝缓冲，髋部前移，两臂屈胸前摆，向前或向侧倒，避免后坐，使身体尽量移过双脚的落脚点。

【课堂练习 1】

练习内容：五级蛙跳练习。

练习方法：5 人一组连续跳跃 5 次。

达成目标：增强腿部力量。

【课堂练习 2】

练习内容：提踵练习。

练习方法：双腿自然分开，两脚左右站立，双脚站在台阶上，尽量下落至最低点，后脚踝发力，脚跟快速提至最高点。身体始终保持直立，尽可能高地提起支撑脚的脚尖。

达成目标：增强下肢爆发力。

【课堂练习 3】

练习内容：纵跳练习。

练习方法：双腿伸直自然站立，两脚开立与肩同宽，收腹、紧腰、锁紧膝盖并提臀，膝盖伸直尽量不弯曲，脚踝积极蹬地向上跳起。跳跃过程中身体保持直立，跳跃方向为与地面垂直方向，着地时前脚掌落地并进行快速衔接。主要是发展脚踝力量，练习时注意脚掌的积极蹬地。

达成目标：增强腿部力量。

【课后练习 1】

练习内容：半蹲跳练习。

练习方法：双腿自然开立，约与肩同宽，下蹲时目视前方，上体正直，半蹲至 1/4 的位置，双手自然下垂，向上跳离地面最少 20 ~ 25 厘米。着地时前脚掌过渡到全脚掌落地，着地和起跳衔接尽量快，且在与地面垂直方向向上跳。

达成目标：发展快速力量和爆发力。

【课后练习 2】

练习内容：全蹲跳练习。

练习方法：双腿自然开立，双臂怀抱篮球于胸前；下蹲时目视前方，上体正直，大腿与地面平行，然后向高跳起。起跳时沿地面垂直方向向上，起跳高度要适宜，落地时需要完全下蹲，收腹、紧腰、夹腿，脚着地时前脚掌过渡到全脚掌缓冲落地。根据个人不同的能力决定跳跃的数量。

达成目标：发展绝对力量和爆发力。

【课后练习 3】

练习内容：进行全程跳远练习。

练习方法：进行 30 米助跑、起跳的全程跳远。

达成目标：掌握跳远的助跑和起跳、落地技术。

（二）三级跳远

【案例导入】

组织：分组每组人数相等，每队不得少于 10 人，成一路纵队站好。统一抬起一只脚由站在前边的队员用手夹住，第一个人可以两只脚向前前进，听到开始口令向前前进，到折返点队员统一换另外一只脚，回到起点第一个到达的为胜者。

规则：除第一名同学可以两只脚向前前进外，其余同学必须一只脚前进，队伍不能在前进中散掉。

三级跳远由助跑、第一跳（单脚跳）、第二跳（跨步跳）、第三跳（跳跃）、落地等部分组成。

三级跳远的成绩取决于由助跑获得的水平速度和起跳产生的垂直速度，同时与每一个动作完成的质量、维持身体平衡的能力和三跳的比例有关。在三跳的过程中，如何减少从助跑中获得的水平速度损失，而获得合理的垂直速度，是要解决的主要问题。

1. 助跑

三级跳远的助跑与跳远基本相似，不同之处在于助跑最后几步的节奏不改变。步长无明显变化，身体重心较高，踏跳点与身体重心更接近。

2. 第一跳（单脚跳）

第一跳与跳远的起跳不同之处在于踏跳几乎是伸直关节并稍放松，以全脚掌快速滚动着板，上体略前倾，摆动腿屈膝以大腿带动小腿快速向前上方摆动，向前顶膝带动髋部前送，起跳腿缓冲后，迅速蹬伸，双臂配合下肢摆动。身体重心沿长而平的轨迹运动。

腾空后，摆动腿自上而下地向后做弧形摆动，起跳腿屈膝向前上方提摆，做交换腿；双臂由前经下向侧后方摆动，配合腿部动作；主动交换腿后，起跳腿快速地做触地式下落动作。

触地式落地方法：起跳腿的大腿快速下压，小腿自然前伸，在大腿快速下压的带动下，起跳腿做由前向下向后的鞭打动作。脚的着地点靠近身体重心投影点。落地缓冲时，重心快速前移至支撑腿，两臂配合下肢动作快速摆动至身体稍后的下方。

3. 第二跳（跨步跳）

第一跳落地缓冲后，两臂继续积极向前上方摆动，起跳腿加速向前上蹬伸，腾空后，形成腾空步姿势，上体稍前倾，两臂由身体的下、后、侧向前摆动。在腾空时，摆动的小腿前伸，并在大腿主动下压的情况下做有力的触地式落地，两臂配合向前做有力的摆动，起跳腿积极屈膝前摆，为第三跳的起跳做准备。

4. 第三跳（跳跃）

第二跳落地后，支撑腿缓冲后迅速蹬伸，另一腿屈腿积极向前上摆动，两臂配合下肢用力地上摆，腾空后保持腾空步姿势，之后的空中动作、落地方式与跳远技术动作一样，见图 5-1-5。

三级跳远中三跳的节奏与远度的关系比较密切。三跳节奏比较均匀，才能保持身体的平衡，充分发挥运动员的速度、力量。

三跳中每一跳的远度主要是依据运动员的身体素质来确定的。按三跳中每一跳的远度来看，正确的是：第一跳远，第二跳近，第三跳较远。从普通大学生的基本身体素质情况来分析，前两跳低而平的水平运动速度的技术较为合理且适用。

图 5-1-5 第三跳（跳跃）

【课堂练习 1】

练习内容：速度练习。

练习方法：各种形式的短距离站立式起跑，60～80 米的加速跑；30～60 米的行进间跑；上坡、下坡加速跑和行进间跑；200～300 米的反复跑。

达成目标：各种距离的变速跑、间歇跑、追逐跑；牵引重物跑；单足跳（或跨步跳）接短距离跑；肩负杠铃半蹲（或蹲跳）接短距离跑。

【课堂练习 2】

练习内容：速度力量练习。

练习方法：

（1）20～30 公斤杠铃速推举。

（2）肩负 30～50 公斤杠铃半蹲跳 20～30 次。

（3）40～50 公斤杠铃快速提铃至胸 10 次。

（4）40～50 公斤杠铃弓箭步交换跳 20～30 次。

（5）负自身重量 50%～75%的杠铃，深蹲 5 次计时。

（6）肩负自身体重 100%～120%的杠铃，深蹲 5 次计时。

（7）40～50 公斤杠铃快速抓举 5 次。

达成目标：要求发展速度力量素质。

【课堂练习 3】

练习内容：绝对力量练习。

练习方法：

（1）肩负自身体重 85%～100%的杠铃，腿跨上 50 厘米的高台 5～10 次。

（2）提拉杠铃，从 75%到极限重量（5～6 个重量）。

（3）负重深蹲，从 75%到极限重量。

（4）负重半蹲，从 60%到极限重量。

达成目标：做大力量练习时，应保持上体正直。深蹲时，大小腿夹角在 100°～120°即可，蹲完接着做些跳跃、跑练习等，效果会更佳。

【课堂练习 4】

练习内容：技术练习。

练习方法：

（1）节奏练习。快节奏高重心跑；摆放标志进行踩点节奏跑等。

（2）助跑练习。半程、全程反复跑；全程加速跑。

（3）半程技术练习。半程助跑接第一跳练习；半程助跑完整技术练习。

达成目标：要求注意跑的节奏跑，半程跑、全程跑和加速跑。

【课后练习 1】

练习内容：收腹举腿跳练习。

练习方法：仰卧在垫子上，身体伸直处于水平位置上，两臂伸直自然置于体侧，然后收腹向上举起双腿至垂直部位，再慢慢放下恢复原来姿势。注意收腹举腿动作速度要快，放腿速度应慢，与呼吸节奏的密切配合。

达成目标：发展核心力量与大腿肌肉群力量。

【课后练习 2】

练习内容：立卧撑跳起练习。

练习方法：俯卧撑后结合抱膝跳起，然后再回到俯卧撑动作。注意抱膝跳起动作速度要快，与呼吸节奏密切配合。

达成目标：发展核心力量和全身协调性。

【课后练习 3】

练习内容：全程助跑完整技术练习。

练习方法：30 米助跑的三级跳远练习。

达成目标：掌握三级跳远的助跑和起跳、落地技术。

（三）跳高

【案例导入】

组织：将游戏者分成人数相等的两组，在平坦的场地，划一条起跳线，距起点 10 米处在相同高度上挂吊球，吊球间隔 5 米。各组队员成一路纵队在起跑线后站立。听到口令，排头做助跑后起跳用头顶球，头触球者为本组积一分，全部做完以积分高的组为胜。

规则：吊球下设观察员，确定是否得分；根据身高的不同调整吊球的高度。

完整的跳高技术由助跑、起跳、过杆和落地等部分组成。跳高的技术种类较多，现在我们着重介绍背越式跳高技术。通过助跑、起跳、腾空转体后背向横杆并越过横杆的跳高技术叫背越式跳高。

1. 助跑

背越式跳高是弧线助跑，用身体远离横杆的腿起跳。助跑距离一般为 6～8 步，也可以适当加长。前段是直线助跑，后段（最后 3～4 步）是弧线跑，见图 5-1-6。

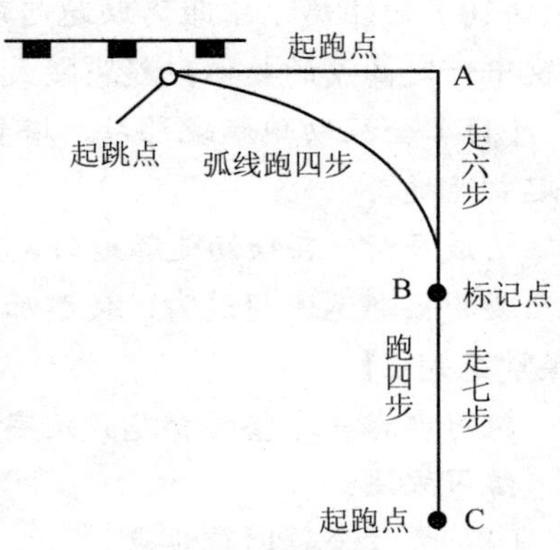

图 5-1-6　助跑

助跑的前段与普通加速跑相似。后段助跑时，身体向圆心倾斜，而且越到后面倾斜度越大，前脚掌弧线积极落地，步频快，有节奏，有弹性，身体重心稍高且平稳地向前移动。

2. 起跳

起跳点距横杆垂直面为 50～80 厘米，起跳脚顺弧线的切线方向稍外展，用脚跟外侧着地，着地后迅速滚动至全脚掌踏上起跳点，同时摆动腿积极屈膝内扣，向异侧肩上方摆动，并带动髋部向内转动。当身体重心移至起跳腿上方时，身体由倾斜转为正直，起跳腿快速向上蹬伸完成起跳动作。

3. 过杆和落地

由于髋部的转动，上体在腾空后继续转动成背对横杆，这时起跳腿自然下垂。摆动腿自然由上向下伸，向后仰带动上体向后仰展，髋部上挺充分展开，身体在空中形成反弓，头、肩、背、臀依次越过横杆。当臀部越过横杆后，以膝为轴、小腿为主上踢，并带动大腿向上摆动，同时低头、含胸、收腹，自然下落，以肩、背部落于海绵垫上。

【课堂练习 1】

练习内容：起跳技术练习。

练习方法：

（1）反复进行起跳技术模仿练习，大量、重复多次地进行起跳迈步、摆腿起跳等起跳技术的模仿练习和进行间练习。

（2）侧对横杆或肋木站立，起跳腿向前迈步放脚，接着上体前移，摆动腿屈膝上摆，起跳腿支撑，重心移到支撑腿上。

（3）侧向站立，摆动腿同侧手扶支撑物，做摆腿、送髋和起跳腿蹬伸的练习。

要求：在摆动腿屈膝内扣向异侧肩的方向摆动，同时骨盆跟着扭转，起跳腿蹬伸并提脚跟。

（4）走动中做摆腿、送髋和起跳腿蹬伸的动作，接着起跳腿蹬离地面完成起跳。

（5）起跳腿在前，两步助跑后做起跳练习。

（6）1～3 步助跑的起跳练习：短距离助跑起跳，改进和掌握最后几步助跑的节奏和起跳前的助跑技术，提高助跑与起跳结合的技术。

（7）中距离助跑跳起跳练习，培养正确掌握起跳技术的能力。

（8）杆前反复、连续进行起跳练习：短、中全程助跑，在杆前起跳（不过杆），巩固和提高正确起跳的技术，体会并掌握起跳的方向，培养快速起跳的能力。

（9）中距离助跑跳上高垫或骑卧上练习架：助跑速度加快，快速起跳后坐上高垫（用海绵垫堆起一定的高度）或卧在练习架上。

（10）短距离、中距离助跑起跳触高物：助跑起跳后，用头、手或摆动触及树枝或悬在空中一定高度的物体，起跳腿最好落在海绵垫或沙坑内。

（11）全程助跑起跳练习，培养快速助跑、快速起跳的技能。起跳时尽可能快地提高腾起初速度。

达成目标：在摆动腿落地时，身体内倾，上体正直，小腿不要前伸制动，要屈膝撑住，摆动腿的膝部迅速超过脚，使髋加速前移。

【课堂练习 2】

练习内容：完整的背越式跳高技术练习。

练习方法：

（1）丈量全程助跑步点。

（2）半程助跑背越式跳高练习。

（3）全程助跑背越式跳高练习。

达成目标：步点准确，起跳后身体充分向上腾起，过杆时身体舒展，与横杆大致成十字交叉，肩背先落在垫子上。

【课堂练习 3】

练习内容：完整技术练习注意事项。

练习方法：

（1）正——起跳用力方向要正，起跳脚落地要正；最后几步助跑的足迹要落在弧线上；起跳后，身体沿弧线方向飞进。

（2）直——起跳结束和上杆时，身体基本保持直立姿势。

（3）挺——过杆时，抬臀、展腹、挺髋，完成“桥”的动作。

（4）稳——跑一段直线后，进入弧线段跑 4 ~ 6 步做起跳练习。

（5）快——这是背越式跳高的技术特点，要做到助跑快、起跳快、整个动作完成快。

达成目标：要求正、直、挺、稳和快。

【课堂练习 4】

练习内容：弧线助跑与起跳相结合练习。

练习方法：

（1）以不同助跑速度进行弧线跑：绕半径为 5 ~ 8 米的圆周进行弧线助跑练习，体会和掌握在不同的助跑速度情况下，身体的内倾程度以及肌肉用力的感觉。

（2）“8”字形、蛇形跑：沿“8”字形和蛇形助跑路线加速助跑，培养对助跑速度和身体动作的控制能力。

（3）沿直径 10 米左右的圆周加速跑，改进弯道跑的技术。

（4）跑一段直线后，进入弧线段跑 4 ~ 6 步做起跳练习。

（5）不同距离助跑：分别采用短、中全程助跑，提高助跑技术。要求动作放松、有弹性。

（6）先跑一段直线，进入弧线后跑 4 ~ 6 步做起跳练习。

（7）弧线助跑起跳，手和头触高物（树枝、篮网、吊球等）。

（8）弧线助跑起跳，徒手做单手反手投篮动作。

（9）弧线助跑（4 ~ 8 步助跑）：在横杆前起跳，或老师和帮助者在海绵垫前双手扶起跳者的腰部顺势上提。

达成目标：弧线段跑时，身体向圆心倾斜，速度越快倾斜越大。采用较长的助跑时，要注意由直线跑进入弧线跑道，要柔和连接，弧线助跑身体向内倾斜，起跳腿踏上起跳点。身体快速由倾斜转为正直，摆动腿内转，向异侧肩摆动，并带动髋扭转，背对横杆，在横杆远端落地。

【课堂练习 5】

练习内容：过杆和落地技术练习。

练习方法：

（1）背对海绵垫站立，然后抬脚跟，挺髋向后引肩，倒落在海绵垫上。

（2）背对搭放垫子的跳马上站立，做上马练习并向后引肩。做背越式过杆动作，然后弹腿顺垫子向后落下。

（3）背对横杆站立，双脚屈膝，后蹬伸向上起跳，并向横杆后引肩，做背越式过杆动作。

（4）助跑 2～4 步，起跳后仰卧于高垫子上，小腿落在垫子下方，体会挺髋展胸的动作。

（5）助跑 2～4 步，在踏跳板上（或平地）起跳，越过低横杆。

达成目标：两腿屈膝半蹲，然后用力向上跳，两臂配合向上摆，肩向后伸展、抬臀、挺髋成背越式姿势，肩背先着垫。

【课后练习 1】

练习内容：换腿跳高台。

练习方法：双腿自然开立，前后站立，把一只脚放在高台上，呈 90°，双脚积极蹬地并尽全力地跳起，蹬伸充分，空中换脚，连续跳跃。尽量向上腾跃，落地时看准落地位置防止踩空，同时注意动作之间的衔接。

达成目标：发展群大肌和小腿爆发力。

【课后练习 2】

练习内容：负重深蹲起、负重半蹲起、负重半蹲跳起、负重深蹲跳起、负重提踵、快速挺举。

练习方法：

（1）负重深蹲起。负荷中等重量深蹲起，蹲起时速度应不断加快。

（2）负重半蹲起。负荷中等或较大重量半蹲起，蹲起时速加快，并快速提踵。

（3）负荷半蹲跳起。轻或中等重量负荷快速半蹲起并向上跳起，也可采用较轻重量做举腿半蹲跳起。

（4）负重深蹲跳起。采用小或中等重量的负荷（最大重量不超过运动员最大负荷量的 50%），深蹲快速跳起。

（5）负重提踵。采用大重量负荷，连续提踵起。练习时由水平提踵过渡到 5～10 厘米高的台阶提踵。

（6）快速挺举。以中等或较大重量负荷，快速挺举。

达成目标：增强腿部力量，提高弹跳能力。

三、投掷

【案例导入】

组织：将游戏者分成人数相等的两组，在平坦场地划一条限制线，在限制线后站立，然后依次去推实心球，按落地的得分区进行累积，最后分多的队获胜。

规则：推球不得踏线，每人只推一次。

铅球

现在有多种推铅球的技术，在这里只介绍背向滑步推铅球技术。推铅球的完整技术由握球和持球、预备姿势、滑步、最后用力 4 个部分组成。决定铅球投掷远度的主要因素是：铅球离手时的初速度、角度和高度。

1. 握球与持球

握球的方法是五指自然分开、手腕背屈，把球放在食指、中指和无名指的指跟上，拇指与小指自然扶于球的两侧；握好球后，屈肘把球放在肩上锁骨窝处，抵贴于颈部，手稍外转，掌心向前，肘低于肩。

2. 预备姿势（以右手为例）

（1）高姿势：持球后，背对投掷方向，两脚前后开立，相距 23～30 厘米。右脚尖贴近投掷圈后沿，脚跟正对投掷方向；左脚以前脚掌着地，自然弯曲。上体正直放松，左臂自然上举，身体重心落在右脚上，两眼看前下方 3～5 米处。

（2）低姿势：持球后，背对投掷方向，两脚前后开立，相距 50～60 厘米。右脚尖贴近投掷圈后沿，脚跟正对投掷方向；左脚以脚尖着地。左臂自然下垂，两腿弯曲。向前屈体，身体重心落在右脚上，两眼看前下方 2～3 米处。

3. 滑步

滑步前可先做 1～2 个预摆。当左脚收回靠近右脚预摆结束时，身体重心向后移离支撑点，这时向投掷方向摆伸左腿，右腿用力向后蹬伸，使身体向后快速平稳移动，此时迅速收拉右小腿。同时，右脚内旋、右膝内扣，以右脚前脚掌落地于投掷圈中心附近。这时，左脚要迅速以前脚掌内侧蹬踩着地于靠近抵趾板右侧处，重心落在右腿上。左脚、右脚着地时间间隔越短越好。

4. 最后用力

当左脚着地滑步结束的一瞬间，最后用力便开始了。右脚用力向投掷方向蹬转，带动髋关节也向同一方向转动。左臂由胸前向左上方快速摆动。此时身体稍抬起，胸和头转对着投掷方向，当左臂摆至体侧时，左腿向上蹬伸，右腿向前上方蹬伸，以左侧肩、髋、膝、踝为轴，身体快速转动至右肩对准投掷方向。抬头挺胸，右臂迅速有力地推伸；当球快离手时，手腕稍内旋，用手指拨球，做抖腕的动作，将铅球以与水平面成 38°～42°的方向推出。铅球离手后，两腿迅速换位，降低身体重心，维持身体平衡。

【课堂练习 1】

练习内容：卧推练习。

练习方法：仰卧推杠铃杆，将杠铃缓慢落到胸前，利用胸肌带动肱二头肌等肌肉将杠铃往上举，上举速度较快，下落速度较慢。

达成目标：发展上肢力量，提高上肢爆发力。

【课堂练习 2】

练习内容：持球、脚步练习。

练习方法：

（1）托球，持球，向下推球。

（2）原地正面向前上方推球，成“满弓”姿势推球。

（3）持球或徒手，做原地推球的预备姿势。

（4）徒手或持球，做滑步前的预摆、俯身屈膝动作。

（5）持球或徒手，屈膝俯身，做原地弓箭步交换跳或向后做单腿跳进。

（6）屈膝俯身，两手扶栏杆（低于肩处），做左腿向后伸摆和右腿相继蹬伸的摆、蹬动作。

（7）徒手或持球，做滑步后迅速蹬转右腿、右髋和送腕的动作。

（8）持球或徒手，侧对投掷方向站立，做原地推铅球的预备姿势，然后右脚离地，右脚向投掷方向连续侧跳。

（9）滑步推铅球，整个动作要连续加速，动作幅度要大，距离要长，用力顺序要正确。

（10）持球后，背对投掷方向站立，然后向前迈出两腿（先迈左腿）。待左脚一落地，立即做上体前俯并屈右膝成滑步前团身姿势。接着，做背向滑步推球动作。

（11）走步投球，即将球持于肩上，右腿向前迈出，重心落在左腿上。同时身体向右转，然后将球向前进方向投出。

（12）侧对投掷方向，将球持于肩上，右脚向前迈出，做交叉步后将球投出。

达成目标：掌握持球方法、滑步技术。

【课后练习 1】

练习内容：转肩练习。

练习方法：用木棍、绳或橡皮筋做直臂向前、向后的转肩（握距逐渐缩小）。

达成目标：加快转体速度，提高专项技术能力。

【课后练习 2】

练习内容：压肩练习。

练习方法：练习者面对墙站立，两臂上举扶墙，抬头挺胸压胸。要求让胸尽量贴墙，幅度由小到大。

达成目标：拉伸肩部肌肉群，提高专项技术能力。

【课后练习 3】

练习内容：拉肩练习。

练习方法：练习者并腿坐在垫子上，臂上举，同伴在背后一边向后拉其双手，一边用力向前推练习者背部，向后拉肩振胸。

达成目标：拉伸肩部肌肉群，提高专项技术能力。

【课后练习 4】

练习内容：背向滑步推铅球全部动作练习。

练习方法：用哑铃、杠铃等负重练习，以提高快速力量和绝对力量。

（1）上推杠铃练习，10 公斤连续推 5 次。

（2）上提哑铃练习，5 公斤连续推 5 次。

（3）深蹲杠铃练习，40 公斤连续蹲 5 次。

达成目标：提高上肢力量和下肢力量。

第二节 田径运动会

一、学校田径运动会的组织工作

（一）学校田径运动会的意义和要求

竞赛是体育运动的特点之一，学校举办田径运动会，能吸引广大学生积极参加田径运动锻炼，检阅学生田径锻炼和训练的效果，推动全校田径运动的开展，促进田径运动的普及和提高，丰富学校课余生活，培养学生的竞争意识和拼搏精神，发现有培养前途的运动员，同时也为参加校外运动会做准备。学校举办田径运动会属于群众体育竞赛，学校体育竞赛有其自身的特点和规律，其基本要求如下。

（1）学校举办田径运动会必须坚持“团结、文明、进步、育人”的宗旨。

（2）制定运动会方案和竞赛规程时，应考虑能让更多的学生参加比赛。

（3）在项目设置上，要从学校和广大学生体质和体育水平的实际情况出发，除设置正式比赛项目外，可以把一些《体育教学大纲》和《国家体育锻炼标准》规定的项目列为比赛项目。

（4）分组时，要尽量考虑学生的年龄和身体发育情况的差异，最好按年级分组进行比赛。

（5）在执行比赛规则时，应从学生实际情况出发，可适当降低对比赛规则的要求，从而充分调动学生参加比赛的积极性。

（6）学校运动会的时间，一般以一天半到两天为宜。

（二）学校田径运动会的筹备工作

学校田径运动会的筹备，应在分管校长的领导下，成立4个筹备委员会，其成员由办公室、体育教研室、教务处、宣传部、团委等部门负责人组成，负责运动会的筹备工作，讨论决定运动会的组织方案、竞赛规程、组织机构以及主要工作计划等问题。

1. 组织方案

组织方案是运动会一切筹备工作的依据。一般包括运动会的名称、目的任务，运动会的规模、日期、地点、组织机构、经费预算以及工作计划等。

2. 竞赛规程

竞赛规程是运动会最基本的文件，是参加和进行比赛的主要依据。通常包括以下方面的内容：运动会的名称、目的任务、主办单位、比赛日期及地点、参加单位及组别、比赛项目、参加比赛的办法、报名办法、计分及奖励办法、比赛规则、注意事项等。

【案例】

××学校××××年第××届田径运动会竞赛规程

为全面贯彻党的教育方针，推动群众性体育活动的开展，检查体育教学与课余体育活动的效果，提高田径运动成绩，选拔学生组队参加市大学生田径运动会，经研究，决定举行××学校××××年第××届田径运动会。具体事宜通知如下：

一、时间：××××年××月××日—××月××日

二、地点：学校田径场

三、组别：学生男子组、女子组，教工男子组、女子组

四、比赛项目：学生男子和教工男子100米、200米、400米、800米、3 000米、4×100米、4×400米、铅球、跳高、跳远、三级跳远；学生女子和教工女子100米、200米、400米、800米、1 500米、4×100米、4×400米、铅球、跳高、跳远。

五、参加办法：

（1）各系以专业团队为单位，每队限报领队1人（必须是教师）、教练员1人和运动员若干。

（2）每队每项限报3人，每人限报2项（另外可兼报接力），接力项目每队每项限报1队。

六、计分办法：

（1）单项比赛，集体项目均取前 6 名，单项按 7、5、4、3、2、1 计分。集体项目按 14、10、8、6、4、2 计分。两人名次并列者，每人的得分为两人得分之和的一半。破校纪录单项加 7 分，集体项目加 14 分。

（2）团体总分各组取前 3 名。团体总分各组按男、女积分总和排列名次，总分多者名次列前，如总分相等，则以破纪录多者名次列前，如仍相等，则按第 1 名多者名次列前。其余类推。

七、奖励办法：个人名次，颁发纪念品；团体名次，颁发奖状；破纪录者，颁发奖品。

八、报名日期和地点：各班将报名表填好后，经班主任签字，于××××年××月××日前送交体育组，过期作弃权处理。

九、比赛规则：参照中国田径协会 1998 年审定的《田径竞赛规则》和本次田径运动会的特殊规定执行。

十、裁判员：总裁判长由××担任，裁判员聘请有关老师担任。

十一、注意事项：本规程解释权属于学校体育运动委员会。未尽事宜另行通知。

××学校体育运动会委员会

××××年××月××日

3. 组织机构

（1）宣传组。负责宣传教育、会场布置、开幕式和闭幕式组织、奖品的发放等工作。该项工作一般由校长办公室、校共青团共同负责。

（2）竞赛组。负责编印秩序册，组织裁判员培训，以及竞赛裁判等工作。该项工作由体育组负责。

（3）后勤组。负责场地与器材的准备，奖品购置、赛会饮水供给和医务人员配备等工作。该项工作由体育组和校后勤部门负责。

4. 工作计划

筹备委员会应根据运动会的组织方案、竞赛规程等拟订运动会的主要工作日程计划和各部门具体的工作计划及分工，确保运动会按计划有条不紊地进行。

（三）学校田径运动会的编排和记录公告工作

编排和记录公告组的主要任务是：在运动会开始前编排比赛秩序册，准备比赛的各种表格，竞赛中及时公布比赛成绩，编排复、决赛的秩序，竞赛结束后统计和整理成绩记录，编印大会成绩册。

1. 田径运动会秩序册的编排

（1）学习竞赛规程、田径规则，了解裁判人数及水平、场地、器材等情况。

（2）准备各种用具、各种比赛表格。

（3）审查报名表。根据竞赛规程，认真审查参赛队的报名表，如发现问题应立即与有关单位联系，并及时解决。

（4）做好统计工作。统计各项目参加比赛的人数，统计运动员兼项人数。

（5）编号和编排运动员姓名号码对照表。

（6）单位编号：单位次序的编排一般按大会指定顺序排列，或按报名先后顺序编排，但学校运动会可按年级和班级顺序排列。

（7）填写检录单：根据报名表把参加各项目的运动员姓名、号码、单位、报名成绩等分别填入“径赛检录单”和“田赛检录单”。

2. 编印秩序册

秩序册是运动会各项竞赛进行的时间表，也是运动会各项竞赛工作的依据。其式样、规格和内容可以根据运动会的规模确定，一般应包括下列内容：

（1）封面（运动会名称、主办单位、竞赛日期）。

（2）目录。

（3）竞赛规程、竞赛须知、补充通知。

（4）组织委员会（主席团）人员名单。

（5）办事机构及工作人员名单。

（6）裁判员名单。

（7）代表队名单（运动员姓名、号码对照表）。

（8）竞赛日程。

（9）各项竞赛分组。

（10）有关最高纪录。

（11）比赛场地平面图。

3. 比赛期间的编排记录公告工作

比赛期间的编排记录公告工作，要做到准确、及时。根据人员情况可按场地联络、临场编排与复写、竞赛成绩公告、全能成绩记录、团体总分记录、文件资料整理等进行分工。

（1）编排记录组收到竞赛预、次、复赛的成绩结果后，应立即录取参加下一赛次运动员名单，并排出下一赛次的分组、分道表（编排原则和方法同前），并且一式五份，其中送交宣告一份、赛前控制中心（检录处）两份（起、终点），成绩公告处张贴一份，留底备查一份。

（2）将每项决赛的结果准确地填入总记录表和团体总分表，并将成绩报告表一式五份，其中一份留底备查，其他四份送交宣告、主席台、奖品组和成绩公告处张贴。

（3）及时整理每天比赛成绩及破纪录人数、项数、次数及达等级运动人员数，印制成绩公告。

4. 比赛结束后的工作

大会结束后，及时进行总结，编印大会成绩册，并将大会所有文件资料整理后交大会主管部门存档。

二、田径运动竞赛的裁判工作

田径运动竞赛的裁判工作是田径运动竞赛工作的一个重要组成部分。裁判工作的好坏，直接影响竞赛的进行及运动员的比赛情绪与运动技术水平的发挥，裁判员不仅是成绩、名次的判定者，同时也是比赛的组织者。因此，裁判员必须认真学习竞赛规则，熟练掌握裁判方法，工作中做到严肃认真、公正正确、谦虚谨慎、团结协作。

（一）田径竞赛的主要规则

1. 比赛通则

（1）参加比赛的运动员必须佩戴号码，否则不得参加比赛。

（2）运动员可以赤脚、单脚或双脚穿鞋参加比赛。

（3）完全在田径场内举行的各种比赛，不得男女混合参加比赛，否则所创成绩不予承认。

（4）如果一名运动员同时参加一项径赛和一项田赛或多项田赛，有关裁判长每次可允许该运动员在某一轮的比赛中，或在跳高和撑竿跳高的每次试跳中，以不同于赛前抽签排定的顺序进行试跳（掷）。如果该运动员后来又决定不参加试跳（掷）或轮到其试跳（掷）时不在场，一旦该次试跳（掷）时限已过，应视其试跳（掷）失败。

（5）在分道跑的比赛中，运动员应自始至终在自己的分道内跑进。如某一运动员在弯道跑出自己分道的左侧分道线，应取消该运动员的比赛资格。

（6）径赛运动员挤撞或阻挡别人，从而妨碍其他运动员跑进时，应取消其该项目的比赛资格。如发生此类情况，径赛裁判长有权令除被取消资格以外的运动员重赛。如发生在预赛，可允许受损失的运动员参加下一赛次的比赛。

（7）在所有田赛远度项目中，测量成绩应以厘米为最小单位，跳高比赛中从地面垂直测量至横杆上沿最低点。

（8）判定名次和成绩的方法：径赛项目中判定运动员到达终点的名次顺序，是以运动员躯干（不包括头、颈和四肢）的任何部位，到达终点线后沿垂直面的顺序为准。以决赛成绩作为该项最后名次成绩。

田赛项目中，远度项目以比赛的 6 次试跳或试掷中最好的一次成绩，包括第一名成绩相等决定名次时的成绩作为最后决定成绩，然后排列名次。全能项目以总积分排列名次。

2. 特殊情况

两人或两人以上成绩相等，应按下列规定处理：

（1）径赛的预、次、复赛中，出现成绩相等，如对下一赛次录取人数无影响，则成绩相等的运动员都应录取，如有影响，则由运动员抽签决定进入下一赛次。决赛中出现第一名成绩相等，有关裁判长有权令成绩相等的运动员重新比赛，如无法重赛，则名次并列，其他名次相等时，名次并列。

（2）田赛远度项目比赛中，如有成绩相等，应以其次优成绩判定名次，如次优成绩仍相等，则以第 3 较优成绩判定，与此类推。

（二）径赛主要规则

（1）计时应从发令枪闪光或烟开始，直至运动员躯干（不包括头、颈和四肢）的任何部位，到达终点线后沿垂直面瞬间为止。在 3 只正式计时表中，两只表所计时间相同，应以两只表所计时间为准；如 3 只表所计时间各不相同，应以中间成绩为准；如只有两只表所计成绩不同时，应以较差的时间为准。

（2）400 米及 400 米以下（包括 4×400 米接力）各项目，运动员必须采用蹲踞式起跑，并使用起跑器。在“各就位”口令后，运动员双手和膝必须触地，双脚必须接触起跑器，但不得触及起跑线或线前的地面。“预备”口令后，运动员应立即抬高身体重心做好起跑姿势。鸣枪前，如运动员的手或脚离开原位置，即判为犯规。单项比赛 2 次起跑犯规取消其比赛资格，全能比赛 3 次起跑犯规取消该单项比赛资格。

（3）接力跑时，运动员必须手持接力棒跑完全程。运动员必须在接力区内完成传接棒，是否在接力区内完成传接棒应以接力棒的位置为准。如发生掉棒，必须由原掉棒运动员捡起，如果捡棒时缩短比赛距离或阻碍其他运动员跑进，则取消比赛资格。比赛中如运动员有抛掷棒行为，或接棒人得到助力后跑进，或未持棒跑完全程，或交棒后离开跑道时阻挡他人跑进等，均应判为犯规。

（三）田赛主要规则

（1）田赛项目的比赛，应在总裁判长的监督下，由编排记录组抽签确定运动员的比赛顺序。

（2）跳高比赛时，运动员必须用单脚起跳。试跳中将横杆碰掉，则应判试跳失败。在越过横杆前，运动员身体的任何部位触及立柱前沿垂直面以外的地面或落地区，也应判试跳失败。运动员可以在任何一高度上开始试跳，也可以在任何一高度上请求免跳，请求免跳后，不准在该高度上恢复试跳。在任何一高度上，只要运动员连续 3 次试跳失败，即失去继续比赛的资格。

（3）所有田赛远度项目的比赛，参赛运动员超过 8 人时，应允许每人试跳（掷）3 次，有效成绩最好的前 8 名运动员可再试跳（掷）3 次，其试跳（掷）的顺序与他们前 3 次试跳（掷）的排名相反。当比赛人数只有 8 人或少于 8 人时，每人均可试跳（掷）6 次。

（4）在跳远比赛时，如出现下列情况之一，则判为试跳失败。

①助跑或起跳时，运动员身体任何部位触及起跳线以外地面或在橡皮泥显示板（或沙台）上留有痕迹。

②从起跳板两端之外的起跳线的延长线前面或后面起跳或跑过。

③在落地过程中触及沙坑以外的地面，而沙坑以外的触地点较沙坑内最近触地点更靠近起跳线。

④完成试跳后，向后走出沙坑。

⑤采用任何空翻姿势。

注意事项：测量成绩时，应从运动员身体任何部位触及沙坑的最近点垂直丈量至起跳线或起跳线的延长线。

（5）三级跳远比赛时的三跳顺序：第一跳是单足跳（起跳腿落地），第二跳是跨步跳（摆动腿落地），第三跳是跳跃（双脚落入沙坑）。其他规定同跳远。

（6）推铅球比赛时，运动员应从静止姿势开始试掷。推铅球时，应将铅球抵住或靠近下颚用单手从肩上推出，不得将铅球移至肩下或肩后抛掷。运动员开始试掷后，身体任何部位触及投掷圈外地面或触及铁圈和抵趾板上面，或以不符合规定的方式将铅球推出，均判为一次试掷失败。运动员必须在器械落地后，方可离开投掷圈。离圈时，必须在圈的后半部走出，否则判为试掷失败。

【拓展练习】

（1）某校共有 32 人参加男子 100 米比赛和 28 人参加女子 100 米比赛，请进行分组和时间安排。

（2）某校有 34 个人参加男子跳远比赛，请安排赛程。

（3）某校有 33 个人参加女子跳高比赛，请安排赛程并设定起跳高度。

（4）请自行编排本人所在系别、专业、年级的小型运动会，项目自行拟定（要求不得少于 8 项）。

【思考与练习】

（1）简述短跑技术与长跑技术的区别。

（2）简述背向滑步推铅球的基本技术动作。

（3）简述背跃式跳高的基本技术动作。

（4）在田径比赛中你认为最重要的是什么？谈谈你对田径运动的了解。

第六章　篮球天地

本章学习达成效果：通过篮球比赛作为项目导引，专项技术案例作为案例导引，学生掌握篮球基本技术、基本战术和比赛规则，了解篮球运动的特点与发展，促进个人身体素质发展，并培养学生的组织管理、沟通协调、领导指挥和团队协作等实践能力，养成良好的体育锻炼习惯，提高体育文化素养，为学生走出教室、走出寝室、走向操场、奔向大自然提供有力的保障。

本章的重点和难点：篮球基本技术和基本战术的掌握与比赛规则的运用；持续的练习时间，控制适当的运动强度和密度。

学习指导建议：采用自主学习法、合作学习法等方法，不断地加强练习，通过练习时间和练习次数的积累，巩固技术动作，不断提升技术水平。

篮球运动具有很强的参与性、趣味性、应变性、娱乐性和竞技性，能够满足不同人群的多种需求。“高”是篮球竞技的运动目标，“准”是篮球运动的目的，由此在高速度、高强度的对抗条件下争高、求准是篮球运动的最大特征。篮球运动可以进行速度、弹跳、耐力、反应、爆发力及身体协调性练习，还可以培养团队意识，培养自己的思考等能力。

【章前案例】

“冠军杯”项目导引

“冠军杯”全校学生男子篮球赛以篮球理论知识传授，技、战术实践能力及身体素质为目标，以篮球俱乐部为依托，以“做中学”为手段，以赛促学、以赛促练、以赛促用，创设和谐氛围，关注个性发展，提供展示空间，以分班、分组为组织方式，使学生能够自行起草篮球比赛策划方案、自行组织和参与一场有 12 支队伍百人以上参与的篮球比赛。

一、“冠军杯”项目总体设计

1．比赛主题：“冠军杯”全校学生篮球赛

2．比赛时间：××××年××月××日

3．比赛地点：户外篮球场或体育馆

4．参赛人员：篮球俱乐部学生及全校篮球爱好者

5．主办单位：体育与心理健康教育管理团队

6．协办单位：篮球俱乐部和篮球社团

项目内容	具体目标
理论知识	通过篮球理论知识的传授，了解篮球的起源和特征，为掌握及运用技战术打下坚实基础。用理论指导实践，用实践证明理论，以此达到锻炼身体的目的
专业技能	从学生兴趣爱好出发，使学生能够掌握和运用基本运球（原地和行进间运球）、防守姿势、基本防守、投篮、上篮、进攻战术、掩护战术、突分战术、防守战术、人盯人战术、联防战术、竞赛规则、裁判方法等知识，增强实战经验，了解、掌握并运用其基本规则和裁判方法。加强学生身体素质的练习，提高学生篮球基本功。内容的学习随着时间的推移，由浅入深，由易到难（具体内容见正文）
职业道德	通过篮球理论知识与实践技能的学习，学生养成良好的锻炼习惯，培养学生参与体育锻炼、积极乐观的生活态度与学习态度

二、“冠军杯”项目能力培养

“冠军杯”全校学生篮球赛策划、组织与实施，为所有篮球俱乐部的学生及爱好篮球运动的学生提供一个平台，让大多数学生参与；分组式和自组织培养学生团队合作与沟通交流能力、实战能力、终身自主学习能力，培养学生学习的态度与体育锻炼习惯。

三、“冠军杯”项目策划方案

（一）“冠军杯”全校学生篮球赛前期准备工作

序号	前期准备工作	负责人	提交成果物	完成时间
1	拟定并下发“冠军杯”全校学生篮球赛竞赛规程	俱乐部主任 篮球社团	竞赛规程文档 （详见第四节内容）	赛前 25～30天
2	招募比赛裁判员及其培训工作		竞赛规则和裁判法资料及裁判员名单	
3	完成条幅、海报和赛事宣传设计、制作、悬挂、张贴工作	俱乐部副主任 篮球社团	条幅、海报及赛事宣传相关资料制作好、悬挂好	赛前 3～5天
4	制作对阵表、比赛用表及签到表		比赛对阵表、裁判员签到表、比赛用表	
5	统计报名表，编排比赛日程		各参赛单位报名表 赛程的悬挂和张贴	
6	采购奖品和裁判饮用水， 设置广播站及成绩公告点	俱乐部副主任及助理	奖品等级及预算文档 主持人名单及成绩公告单	赛前 1～2天
7	租借比赛场地及比赛用篮球		借用场地申请单和篮球	

（二）“冠军杯”全校学生男子篮球赛组织实施流程

1．所有工作人员和裁判员准时到场，做好任务分工，各司其职，各负其责。

2．比赛场地布置完毕。

3．比赛正式开始。

赛制为淘汰赛。

根据比赛实施的总体情况总结做得比较好的方面，发现组织过程存在的问题，提出改进的措施与方法。

项目单元

（1）定点罚篮比赛

比赛方法：罚球线上定点投篮，单人进行试投 10 个球，计进球个数。

达成目标：要求至少进球个数达到 2 个。

（2）计时定区域投篮比赛

比赛方法：三秒区域外投篮，单人进行试投并抢篮板球，继续投篮，1 分钟进球个数。

达成目标：要求至少进球个数达 2 个。

（3）三分远投比赛

比赛方法：三分线以外五个点（90°角、45°角两侧、0°角两侧各两球）单人进行试投 10 个球，计进球个数。

达成目标：要求至少进球个数达到 2 个。

（4）四人一组对面传球计时比赛

比赛方法：四人一组，两人一组分别站到三秒区两侧边线外，计时 30 秒，然后进行跑动传球，以传球次数的多少定胜负。

达成目标：要求至少传球次数达到 18 次，并且要求必须接到球后才可以跑动，并且接球时必须在三秒区线后。

（5）半场折返上篮计时比赛

比赛方法：单人进行半场折返上两次篮，球不进补篮，计完成所耗费的时间。

达成目标：要求在 18 秒内完成。

（6）全场折返上篮计时比赛

比赛方法：单人进行全场折返上两次篮，球不进补篮，计完成所耗费的时间。

达成目标：要求在 16 秒内完成。

第一节 兴趣篮球

【案例导入】

视频播放：2017 年辽宁省大学生男子篮球比赛大连赛区大连东软信息学院 VS 大连海事大学精彩视频

老师：比赛非常激烈和精彩，请大家谈一下，你看了这场比赛，对篮球的印象、理解或亲身感受。

学生 A：看完篮球比赛后充满激情，大家都愿意欣赏，更愿意实践，真想马上上场打一打。

学生 B：篮球规则一定很多，裁判的判罚也很重要。

学生 C：篮球个人技术很重要，基本功一定要很扎实，场上才能不失误。

老师：篮球运动紧张、刺激，充满着迷人的魅力。它不但要求有速度，还要求有高度；不但要求进攻凌厉，还要求防守坚固；不但要求有默契的集体配合，还要求有高超的个人技术。所以，只有全面均衡发展的球队才能在日益激烈的抗衡中应付自如、战胜对手。任何人要想学会篮球，要想在球场上一显身手，只有从最基本的脚步、运球、投篮、突破和防守等学起，通过一步步的努力，付出辛勤的汗水，才能实现自己的目标。那怎样才能打好篮球呢？

一、篮球运动的起源与特征

（一）篮球运动的起源

篮球运动起源于美国，由当时的基督教青年会干部学校的体育教师詹姆士·奈史密斯博士于 1891 年设计发明。他受当地儿童从树上摘桃子扔入桃筐的启示而设计了一种向桃筐内投皮球，并按投掷的准确性来计算得分和胜负的游戏。由于最初使用的是装桃子的篮子，故取名为“篮球游戏”。1891 年 12 月 21 日，奈史密斯博士在体育馆做了第一次篮球游戏的试验。他把 18 名学生分成两队，分别横站在场地两端界线外，当主持比赛者在两边线中心点将球抛进场地中间，双方队员同时跑进场内抢球，通过攻守对抗，争取将球投入对方挂在馆内柱子上、离地面 10 英尺（3.05 米）高的桃筐内。试验进行得非常成功，此后这种游戏活动在美国得到广泛开展，并迅速发展到国外。进入 21 世纪，国际篮球联合会（International Basketball Federation，FIBA）的会员单位已达 190 多个，有近 12 亿球民，是国际体育社会成员最多的体育组织之一。

（二）篮球运动的基本特征

1. 时空性和复杂性

由于竞赛规则对进攻队在一次进攻中的不同区域有 3 秒、5 秒、8 秒和 24 秒的要求，因此，抓紧时间、捕捉战机就成为攻守双方的关键。篮球运动是向悬挂于高空的篮圈内做投球，比赛双方必然要在空间和时间上展开争夺，因此篮球运动的制空权就具有特殊的意义。由于篮球比赛时各种情况瞬息万变，不确定的因素很多，因此要求运动员不仅要有良好的身体素质和技术水平，而且需要具备随机应变的能力，以应对复杂多变的局面。

2. 对抗性和合作性

篮球运动是在攻守双方对抗的情况下进行的高速运动，几乎所有的技、战术都是在身体接触中完成的，在争夺篮板球、抢占位置和强攻篮下等方面尤其明显。同时篮球运动又是一项集体运动项目，篮球比赛是队与队之间的集体对抗，它要求每个队员在比赛中必须统一思想、齐心协力、密切配合，才能发挥集体的优势，提高技术和战术质量。

3. 健身性和增智性

篮球运动是一项充分活动人的四肢、躯体和头脑的体育运动，是在身体接触的对抗中进行的运动。篮球运动的复杂性和多变性促进了人的神经系统的健康发展，促进了人的观察力与分析能力的提高。

4. 趣味性和观赏性

篮球运动作为一项历史文化发展至今，已成为一项综合性的竞技艺术。空间与地面的结合、时间与速度的结合、技术与战术的结合、拼搏与智谋的结合，使篮球赛场上千变万化、扣人心弦、高潮迭起。

二、篮球场地与器材

（一）比赛场地及器材

国际篮联规定的篮球场的尺寸是长 28 米、宽 15 米，也可以是符合下列尺寸范围的现有球场，长度减 4 米，宽度减 2 米，外侧界线着色必须和中圈、限制区的颜色相同。天花板或最低障碍物的高度至少 7 米，三分线为 6.75 米。现代篮球场地的三秒区由原有的梯形变为现在的长方形，三秒区的尺寸长为 5.8 米、宽为 4.9 米，罚球线长为 3.6 米。

（二）篮板、球篮、比赛用球

篮板的尺寸为：横宽 1.8 米，竖高 1.05 米，下沿距地面 2.9 米，篮板的支柱要距端线外 2 米。

球篮一般包括篮圈和篮网。篮圈离地面 3.05 米，篮网长度在 0.4～0.45 米。

篮球必须是用过的球，从 1.8 米的高度落在比赛场地上，反弹高度应在 1.2～1.4 米。主队至少要准备 2 个用过且符合规格的球，主裁判是确定球合乎标准与否的唯一鉴定人。如果主队提供的球经鉴定不适宜做比赛用球，主裁判可以选择客队提供的球，也可以从两队比赛前准备活动使用的球中进行选择。画场地的应是白线条，其宽度为 0.05 米，限制区内部可以不着色。如果要着色就必须同中圈颜色相同。

三、篮球基本技术

篮球技术是队员在比赛中为攻守目的所运用的各种专门动作的总称，是队员进行比赛的主要手段，基础阶段基本技术掌握的好坏，直接影响着队员在提高阶段技术的提高和高难度技术动作的掌握。因此在基础阶段打好基本技术的基础，对于竞赛取胜有着重要的意义。篮球技术的分类，见图 6-1-1。

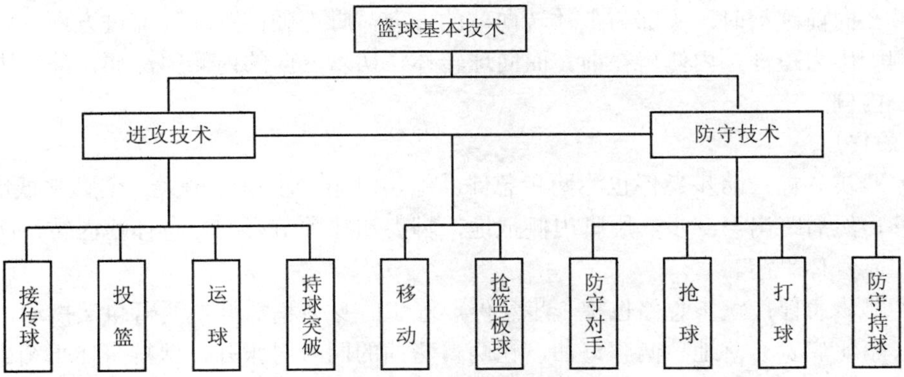

图 6-1-1 篮球基本技术

本章图例，见图 6-1-2。

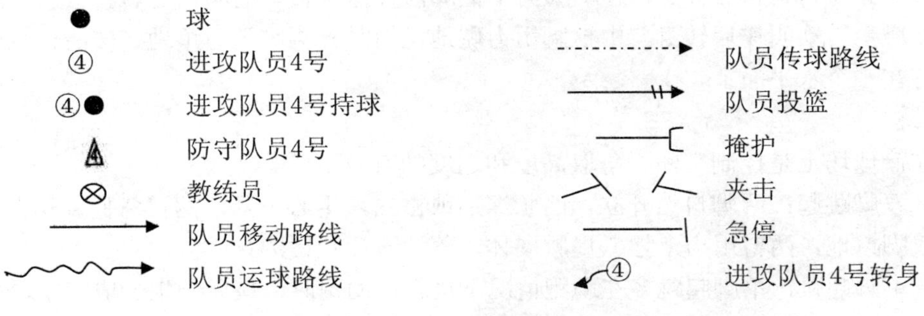

图 6-1-2 本章图例

（一）脚步动作

【案例导入】

“之”字形路线追逐跑。

组织：两人一组，一人做变向跑，一人跟随滑步防守。沿一侧边线按照“之”字形路线练习。

规划：前脚蹬地后撤要快，后脚碾地扭腰转髋要猛。

1. 基本姿势

两脚前后或左右开立，两脚与肩同宽或稍宽，两膝微屈，重心保持在两脚之间，上体略向前倾，两臂自然屈肘下垂，置于体侧，抬头、收腹、含胸，两眼注视场上情况。

2. 起动

在基本站立姿势基础上，以后脚前脚掌短促有力地蹬地，同时上体迅速前倾或侧转，向跑动方向移动重心，手臂快速摆动，两脚连续交替蹬地，在最短的距离内把速度充分发挥出来。

3. 变向跑

变向跑时（以从右向左变向跑为例），在最后一步屈膝着地的同时，脚和膝关节指向跑动方向，并以右脚前脚掌内侧用力蹬地，右脚迅速向左侧前方跨出一大步。

4. 侧身跑

侧身跑是队员在向前的跑动中，为观察场上的情况，侧转上体进行攻守行动的一种方法。队员在向前跑动时，头部与上体转向球的方向，脚尖朝向跑动的前进方向，内侧腿深屈，外侧脚用力蹬地，内侧肩在前。面向球转体，切入方向的内侧腿深屈，外侧脚用力蹬地，重心内倾。

5. 急停

（1）跨步急停：跨步急停也称两步急停。停步时第一步跨出稍大，全脚掌抵地屈膝，重心后移，然后跨出第二步，用脚内侧抵地，脚尖和膝关节内扣，身体略内转，两臂屈肘张开，控制身体平衡。

（2）跳步急停：跳步急停也称一步急停。停步时身体稍后仰，两臂自然摆动，两脚同时平行（略比肩宽）落地。两膝弯曲，在两臂弯曲的同时肘张开，保持身体平衡。

6. 转身

转身时，重心移向中枢脚，另一只脚的前脚掌蹬地，同时中枢脚以脚前掌为轴用力碾地，上体随着移动。在身体移动过程中，要保持身体重心平稳，转身后重心应转移到两脚之间。转身分前转身和后转身，移动脚向中枢脚前方撤步转动的叫作前转身；移动脚向中枢脚后方撤步转动叫作后转身。中枢脚用力碾地，同时异侧脚用力蹬地、转胯，身体重心始终保持在一个水平面上。

7. 跳

跳在篮球场上是控制空间、争取高度和远度的有效手段。

（1）双脚跳起：两脚自然开立，两膝深屈或微屈，重心下降，两臂弯曲并稍向后摆。起跳时双脚蹬地，两臂用力上摆，提腰展体，落地时屈膝缓冲。

（2）单脚起跳：单脚起跳多在助跑情况下进行。助跑时，最后一步一般较小，用脚跟先着地过渡到前脚掌蹬地，两臂上摆提腰，另一腿屈膝上提，当身体到达最高点时，摆动腿自然下放，落地时屈膝缓冲。

8. **滑步**

滑步是防守移动的一种主要方法。它易于保持身体平衡，可向任何方向移动，滑步可分为侧滑步（横滑步）、前滑步和后滑步。侧滑步的动作方法是：滑步前，两脚左右开立约肩宽，膝微屈，上体稍前倾，两臂侧伸，目平视盯住对手。向左滑步时，右脚前脚掌内侧用力蹬地，同时左脚向左跨出，在落地的同时，右脚迅速随同滑行，然后依次重复上述动作，滑步时身体要保持平稳，见图 6-1-3。重心平稳。移动时做到异侧脚先蹬，同侧脚同时跨出，异侧脚再跟，保持原来姿势。

图 6-1-3 滑步

9. **后撤步**

后撤步是变前脚为后脚的一种起步方法。队员为了保持有利位置，特别是当进攻队员从自己前脚外侧持球突破或摆脱时，常用后撤步移动，并与滑步、跑等动作结合运用。撤步时，用前脚掌内侧蹬地，腰部用力向后转体，前脚后撤，同时后脚的脚前掌碾地，当前脚后撤着地后，紧接着滑步，保持身体平衡与防守姿势，后撤角度不宜过大，动作要迅速，身体不要起伏。

10. **交叉步**

交叉步是移动的一种方法。向右移动时，左脚前脚掌内侧用力蹬地从右脚前向右侧横跨出，同时右脚碾地，上体随之右转，左脚落地后，右脚迅速向右侧方继续跨出，抢占有利的防守位置。

【课堂练习 1】

练习内容：

（1）滑步练习。

（2）转身结合滑步消极对抗练习。

练习方法：

（1）两人一组，互相面对面，做滑步练习，互相检查和纠正动作。

（2）两人一组，进攻队员左右变向消极跑动，防守队员用滑步和半转身后退防守。

达成目标：两人面对面全场折返滑步行进，16 秒内完成。突出体现脚步动作的灵活性、突然性、快速性、稳定性和大幅度的特点。

【课堂练习 2】

练习内容：按指令进行 10 种移动练习。

练习方法：教师发出指令，然后学生按照之前教师说好的指令，进行移动练习。

达成目标：提高和应变能力，10 种移动运用自如。

【课后练习】

练习内容：脚步动作技术分析和组合练习。

练习方法：以全场边线和底线为路线，沿底线侧身跑，边线倒退跑，中途转身，另一侧边线滑步行进。

达成目标：组合练习一圈为一组，完成三组，每组步法移动 35 秒内完成，要求动作规范。

（二）运球

【案例导入】

运球抢球：在半场范围内每人一球运球移动，另设两个学生进场抢球，被抢球的学生继续抢别人的球。或者把学生分成人数相等的两个组，一组在场内运球移动，另一组一对一抢球，抢到球后两人交换攻守。

持球队员在原地或移动中，用手连续按拍使球借助地面反弹起来的动作叫作运球。运球是篮球比赛中个人进攻的重要技术，是控制球、支配球、组织战术配合及突破防守的重要手段。运球主要靠手指、手腕对球的控制与支配。运球时，五指自然分开，掌心空出，用手指和指根以上部位控制球，以肩为轴，上臂带动小臂，最后作用于手腕，手指用力向下按拍球，并随球有迎送球动作。运球的方向和速度的不同，要求按拍球的部位和力量也不同。运球时球的落点要有利于自己控制球和保护球。运球技术的关键就是运球队员对球的控制能力、支配能力、脚步动作的熟练程度以及手、脚、躯干的协调配合。

1. 高运球

运球时，两腿微屈，目平视，手用力向前下方推按球，球的落点在身体侧前方，使球反弹的高度在腰腹之间，手脚协调配合，使球有节奏地向前运行，见图 6-1-4。

动作要点：运球的手虎口向前，注意球的落点。

图 6-1-4 高运球

2. 低运球

两腿弯曲，重心下降，上体前倾，用上体和腿保护球的同时用手短促地拍按球使球从地面向上反弹的高度在膝部以下。

动作要点：控制好反弹高度，短促地按拍球。

3. 运球急停急起

在快速运球中，突然急停时，手拍按球的前上方，运球急起时，要迅速起动拍按球的后上方，要注意用身体和腿保护球。

动作要点：运球急停急起时，要停得稳、起得快。

4. 体前变向换手运球

运球队员从对手右侧突破时，先向对手左侧变向运球，然后突然改变方向向右侧运球。变向时，右手拍按球的右后上方，把球从自己的右侧拍按到左侧前方，同时，右脚向右前方跨出，上体左倾，用以保护球，然后换手运球加速前进。

动作要点：降低重心，脚下有明显制停动作，右手变左手运球时，手球配合要合理，变向及时。

5. **背后运球**

以右手运球、向左侧变向为例，变向时，右脚在前，右手将球拉到右侧身后，迅速转腕拍球的右后方，将球从身后拉按至身体的左侧前方，然后按左手运球，左脚向前，加速前进。

动作要点：右手将球拉至右侧身后时要以肩关节为轴，并迅速转腕拍接球的右后方。

6. **转身运球**

以右手运球为例。变向时，左脚在前方为轴，做后转身的同时，右手将球拉至身体的左侧前方，然后换手运球，加速前进。

动作要点：运球转身时要降重心，拉球运作和转身动作连贯。

【课堂练习】

练习内容：手感球性训练。

练习方法：

（1）环绕头、颈、腰腹、腿交接球。两脚并立，双手持球置于面前，围绕头、颈、胸、腰、腹、腿交接球，从上到下，再从下环绕到上做数次后换方向。

（2）每人依次全场折返进行高、低运球，急停急起，提前变向，背后、转身运球练习。

（3）设置障碍，随机运用运球动作进行演练。

达成目标：逐渐提高交接的速度，动作娴熟。

【课后练习 1】

练习内容：运球专项技术练习。

练习方法：从底线开始全场快速运球折返练习，不投篮。一次折返记为一组，完成三组。

达成目标：12 秒内完成一组练习，要求左右手均衡控球，上下肢协调。

【课后练习 2】

练习内容：按指定线路过标志物以练习 6 种运球方法。

练习方法：全场设定运球路线，并设计 6 种运球方法，指定每种方法的路线，然后持续运球全场一个来回。

达成目标：提高 6 种运球技术，达到熟练程度。

（三）投篮

【案例导入】

投篮比赛：在半场范围内罚球线依次定点投篮，要求相互观察、模仿和交流，见图 6-1-5。

在全场场范围内，把学生分成人数相等的两个组，一组在篮筐 80°位置，另一组在篮筐 160°位置，先跑动到罚球线位置，上方学生传球然后向篮下跑，接到罚球线学生的传球后上篮，见图 6-1-6。

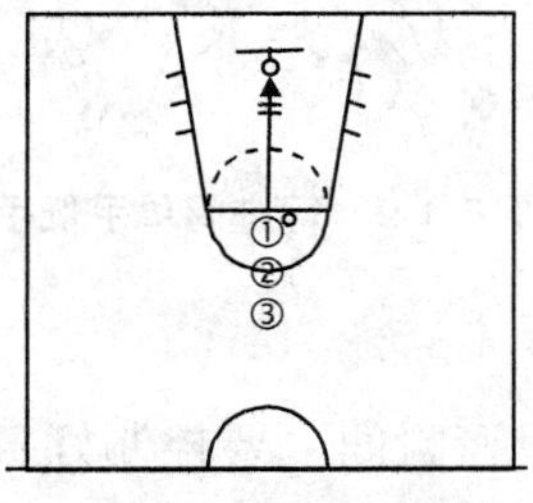

图 6-1-5 定点投篮

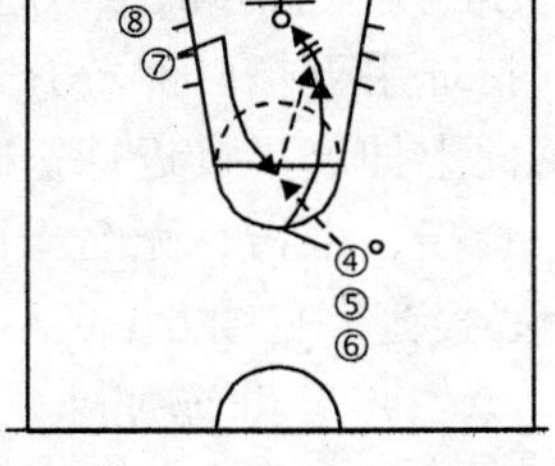

图 6-1-6 接传球后上篮

投篮是篮球比赛中，持球队员将球从篮圈上面投进球篮所采用的专门技术动作方法的总称。篮球比赛的胜负是由得分多少决定的，而投篮是唯一的得分手段。篮球比赛双方一切技、战术的目的都是投篮和防守投篮，所以，投篮是篮球运动的核心技术。

1. 双手胸前投篮

双手持球于胸前，肘关节自然下垂（不要外展），上体稍前倾，两膝微屈，身体重心放在两脚之间，目视投篮目标。投篮时，两脚蹬地，腰腹伸展，两臂上伸，拇指向前压送，两手腕同时外翻，指端投球，用拇指、食指、中指投出，腿、腰、臂自然伸直，见图 6-1-7。

动作要点：动作的关键在于掌握好屈膝蹬地、腰腹伸展。手臂上伸和球出手时手腕、手指用力动作的连贯性、协调性和一致性。

图 6-1-7 双手胸前投篮

图 6-1-8 单手肩上投篮

2. 单手肩上投篮

右手五指分开，向后屈腕，屈肘持球肩上（或高些），左手扶球，右脚稍前，左脚稍后，重心放在两脚之间，上体稍前倾，两膝微屈，上体肌肉放松，目视投篮目标。投篮时，用力蹬地，伸展腰腹，抬肘，手臂上伸，手腕、手指前屈，指端投球，用中指、食指将球投出，手臂向前自然伸直，见图 6-1-8。

动作要点：投篮时要自下而上发力，抬肘、手臂上伸，接近垂直时，屈腕投球，将球投出。

3. 行进间单手高手投篮

接球时的第一步要大，接到球后的一步要小，以便起跳时把向前冲的力量变为向上起跳的力量。腾空后，上体稍后仰，投篮手把球送到最高点时，手腕前屈，食指、中指、无名指用力将球投出。

动作要点：接球后的一步要小，同时举球于肩上，投篮手在球到最高点时出手。

4. 行进间单手低手投篮

右手投篮时，一般右脚腾空接球落地，接球后的第一步稍大，然后第二步稍小继续加速，降低重心，用左脚向前上方起跳。腾空时间要短，持球手五指自然分开，托球的下部，手臂向上伸展，接近球篮时，手腕柔和上摆，食指、中指、无名指向上拨球，碰板或空心投篮，见图 6-1-9。

图 6-1-9 行进间单手低手投篮

动作要点：第二步要继续加速，腾空时间短，投篮瞬间，要控制好身体平衡。

5. 原地跳起投篮

以右手投篮为例。双手持球于胸前，两脚前后或左右自然开立，两腿微屈，重心放在两脚之间。起跳时两脚迅速屈膝，脚掌用力蹬地向上起跳，双手举球至额头前上方，视线从两手中间注视篮筐上沿，右手扶球，左手扶球的左侧方。当身体接近最高点时，左手离球，右臂向前上方伸直，手腕前屈，食指、中指投球，通过指端将球投出，落地时，屈膝缓冲，准备下一个动作。

动作要点：跳投的关键是向上举球和起跳动作保持一致，利用身体在空中最高点刹那间的稳定迅速出手。

【课堂练习】

练习内容：

（1）原地徒手模仿投篮练习。

（2）罚球线投篮练习。

（3）全场运球折返行进间高手、低手随机进行投篮动作演练。

练习方法：

（1）两人一组，对面站立，做原地或跳起投篮徒手模仿动作。

（2）每人一球在罚球线上排成一路纵队，自投自抢篮板球，依次反复进行。

（3）每人一球，底线开始，间隔 6 米依次进行，行进间高手、低手随机进行投篮动作。

达成目标：定点有球试投演练，10 次试投，至少有 3 个进球。要求手型准确，动作稳定。

【课后练习 1】

练习内容：全场折返上篮。

练习方法：单人底线起跑运球全场折返上篮，球不进补篮，一次全场折返为一组，完成三组。

达成目标：每组全场运球上篮，在 16 秒内完成，要求提升投篮信心，调整脚步，把握最佳投篮时机。

【课后练习 2】

练习内容：半场折返上篮。

练习方法：单人底线起跑运球半场折返上篮，球不进补篮，分别到达半场的左右端各一次折返为一组，完成三组。

达成目标：每组半场运球上篮，在 18 秒内完成，提高对三步上篮技术的掌握。

（四）传接球

【案例导入】

传球抢球：把学生分成人数相等的两个队，限定一个区域。游戏开始时，攻方用一个球在同伴之间传递，守方断球、抢球。要求进攻方不得运球、带球走、使球出界和被守方触摸到球，否则攻守交换。以一方一次进攻中累积传球次数多者为胜。

传接球是篮球比赛中进攻队员有目的地转移球的方法，是进攻队员之间相互联系和组织进攻的纽带，是实现战术配合的桥梁。传接球技术质量的好坏，决定着战术配合的效果和进攻的质量。

1. **双手胸前传球**

两手手指自然分开，拇指相对成八字形，用指根以上的部位持球，手心空出，两肘自然弯曲在体侧，将球置于胸腹之间的位置。身体成基本站立姿势，两眼注视传球目标。传球时，后脚蹬地身体重心前移的同时前臂迅速向传球方向伸出，拇指用力下压，手腕前屈，食指、中指用力推球将球传出，传出球后身体迅速调整成基本站立姿势。传球距离越近，前臂前伸的幅度越小，见图 6-1-10。

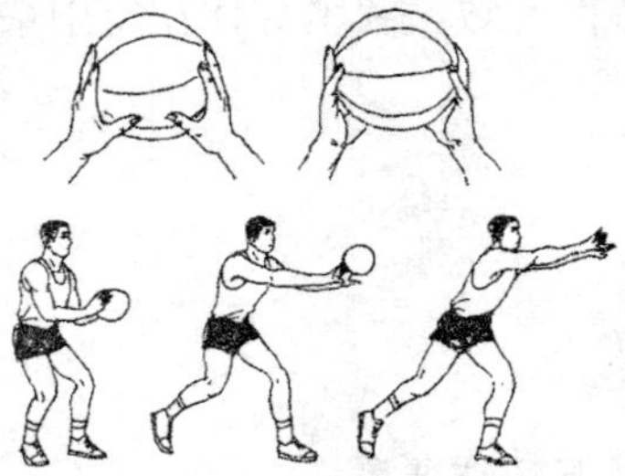

图 6-1-10　双手胸前传球

图 6-1-11　双手反弹传球

2. **双手反弹传球**

反弹传球的击地点一般应在离接球人 1/3 处，如防守人离传球队稍远或防守人反退协防内线队员，则球可在防守人脚侧击地反弹。球向后旋转击地反弹后，减速向斜上方弹起，为便于接球，传球手法与双手胸前传球相同但腕指用力要大，如用力不够，反弹高度就低，不利于接球，见图 6-1-11。

动作要点：腕指急促抖动用力，出球快，击地点适当。

3. **单手体侧传球**

双手胸前持球，右手传球时，左脚向左跨出一步，右手引球至身体右侧。出球前的一刹那，持球手的拇指向上，手心向前，手腕后屈，上臂稍向前拉，急促用力向前扣腕，手指用力投球，将球传出，见图 6-1-12。

图 6-1-12　单手体侧传球

动作要点：跨步与传球的配合要协调、迅速，腕指急促用力拨动，小臂摆动幅度要小。

4. **单手背后传球**

原地背后传球时，双手持球摆至体侧，如用右手传球，扶球的左手离开，右手引球继续向前后摆，前臂摆球至臀部的一刹那，向传球方向急促扣腕，食指、中指、无名指用力拨球。球离手越早，传球的高度越低；球离手越晚，则传球的高度越高。

动作要点：持球手后摆至臀部，急促扣腕，手指用力拨球，摆臀与脚步动作的配合要协调。

5. **接球技术**

手指张开成勺形，对准来球方向，伸臂迎球。指端接触球后，顺势后引，用手指、手腕控制好球。两手握球，保持身体平衡，及时做下一个进攻动作。

【课堂练习】

练习内容：

（1）原地传球练习。

（2）跑动中传球练习。

练习方法：

（1）两人一组一球，面对面相距 3～4 米，做原地双手胸前反弹，单手体侧、背后传球练习。身体稍前倾，重点体会伸臂翻腕拨指动作。上下肢动作协调配合，传球手法准确。

（2）6～8 人一组，分成两纵队站立，距离 4～6 米，相互传球后跑至对方排尾。传球手法准确，动作协调，传球后要迅速起动。

达成目标：两人互传练习，要求 3 分钟内，每人至少完成 150 次传接球。

【课后练习 1】

练习内容：四角传球。

练习方法：四角相距 6 米，以向右方向传球和跑动为例，先是传球给右侧相邻的一角，然后沿着右手边，向前方的左上方跑（弧线跑）接这个相邻角传来的球，再传给对角的队员，然后跑到对角的队伍后面，相邻角传完球后，也是沿着右手边，向前方的左上方跑（弧线跑），接对角的传球，以此类推。

达成目标：四角移动传球 5 分钟内，无失误，不掉球。提高移动中传接球的能力，增强对移动球的观察、判断及临场处理能力。

【课后练习 2】

练习内容：三人“8”字绕环传球。

练习方法：三人一组。三人分别站在场地左、中、右，然后中间的练习者拿球，球传给哪一个练习者，传球者就要像被传球者的后方跑动，其余练习者正常向前跑动，直到另一侧端线结束。

达成目标：提高跑动中传、接球能力，提升实战传、接球能力。

（五）持球突破

【案例导入】

防持球突破：前后两人面对面站立为一组，一人以持球突破姿势进攻，另一人防守。做完一次互换。到达边线回返，速度快者为胜。

持球突破是持球队员运用合理的脚步动作与运球技术相结合，快速超越防守队员的一项攻击性很强的进攻技术。在比赛中，及时地把握突破时机，合理地运用突破技术，是直接切入篮下得分的重要手段。持球突破还可打乱对方的防御部署，为同伴创造更多更好的投篮机会。突破若能巧妙地与投篮、传球等结合运用，使突破技术灵活多变，就能更好地发挥突破技术的攻击力。

1. 交叉步突破

以右脚做中枢脚为例。两脚左右开立，两膝微屈，身体重心降低，持球于胸腹之间，突破时，左脚前脚掌内侧迅速蹬地，上体稍后转，左肩向前下压，重心向右前方移动，左脚向右侧前方跨出，将球引于右侧，接着运球，中枢脚蹬地向前跨出迅速超越防守

（图 6-1-13）。

图 6-1-13 交叉步突破

动作要点：蹬跨积极，转体探肩保护球。

2. 顺步突破

准备姿势和突破前的动作要求与交叉步相同，突破时，右脚向右前方跨出一步，向右转体探肩，重心重移，右手运球，左脚前脚掌迅速蹬地，向右前方跨出，突破防守。

动作要点：蹬跨积极，转体探肩保护球，第二次加速蹬地积极。

3. 后转身突破

以左脚作中枢脚为例，背向球篮站立，两脚平行开立，两腿弯右手向右脚前方放球，左脚前脚掌内侧迅速蹬地，向球篮方向跨出，运球突破防守。

动作要点：要控制重心平稳。右脚向右侧后方跨出时的脚尖方向要正确，左脚前脚掌内侧蹬地积极有力。

4. 前转身突破

以左脚作中枢为例，突破前的准备动作与后转身准备动作相同，突破时重心移至左脚上，右脚前脚掌内侧蹬地，左脚为轴，右脚随着前转身而向球篮方向跨出，左肩向球篮方向压，右手运球后左脚蹬地，向前跨出，突破对手。

动作要点：移重心，蹬地运球动作连贯。

【课堂练习】

练习内容：

（1）在无防守情况下持球突破练习。

（2）在有防守情况下持球突破练习。

练习方法：

（1）无防守

①每人一球，做原地持球交叉步、同侧步的动作练习。体会突破动作的技术要领以及身体各部位的协调配合。

②两人一组一球，相距 2 米面对面站立。轮流做交叉步、顺步突破练习，相互检查中枢脚是否移动，跨步、转体探肩是否正确，推按球是否及时。

③每人一球，向前上方抛球后，迅速移动去用单手或双手接球急停，做交叉步或同侧步持球突破动作。

④接球急停突破练习。两人一组一球，无球队员向有球同伴示意接球方向，然后移动接球急停做交叉步或同侧步突破，轮流进行。

（2）有防守

①接球急停突破练习，面前设一人防守。防守由消极到积极。

②一对一接球急停突破练习。接球急停与假动作结合，突破要果断，速度要快。

③转身突破练习。转身突破前应有假动作。

④在对抗情况下持球突破练习。半场二对二、三对三攻守。防守队员固定盯人，进攻队员不准运用掩护，持球队员运用投、传、突结合进攻。持球队员要大胆运用突破技术，防守队员不允许交换防守。

达成目标：无防守 5 组练习，要求动作迅速，接球急停突破上篮得分命中率要求 100%；有防守二对二 5 次攻守转换练习，要求运用动作得分。

【课后练习】

练习内容：三对三半场实战。

练习方法：攻防转换后，出三分线，得分后对方中圈发球。参照三人制篮球赛规则。

达成目标：三分线外得分记 2 分，三分线内得分记 1 分，先到 6 分获胜。

（六）抢篮板球

【案例导入】

篮板球卡位抢球：半场二对二或三对三的卡位抢球游戏。

攻方只许传球、投篮，投篮后，进攻方积极摆脱对手，冲抢篮板球。抢到球继续进攻，守方则积极挡人抢篮板球。最先抢到五次篮板球方获胜。

抢篮板球是在投篮不中时，攻守双方重新争夺控制球权的技术。它是攻守矛盾的焦点，是构成一个球队综合实力的重要组成部分。在比赛中，一个队篮板球的优势如何对比赛胜负的影响至关重要。即使是在一场高水平的篮球比赛中，一个队的投篮次数大约在 100 次，投篮命中率只有 50%左右，因此，双方都有近 100 次左右的抢篮板的机会。这些争抢篮板球的机会显然是争夺控制球权的主要来源。如果进攻队抢篮板球占优势，不仅可以增加本队的进攻次数和篮下得分机会，而且还可以增强队员的投篮信心和减少对方发动快攻的机会。如果防守队抢篮板球占优势，不仅可以中断进攻队的进攻，而且可以造成攻方外线投篮的顾虑，削弱其攻击力量，从而为本队由守转攻、发动快攻反击创造有利条件。

抢篮板球技术可分为抢进攻篮板球（亦称前场篮板或二次篮板）和抢防守篮板球（亦称后场篮板）。但无论哪种抢篮板球技术，都由抢占位置、起跳动作、空中抢球动作和得球后的处理动作这四个环节组成。

1. 抢占位置

抢占位置是抢篮板球的前提，它对能否获得篮板球起着决定性的作用，抢不到有利位置是很难抢到篮板球的。在抢占位置的时候，要根据对手和投篮队员的位置，正确判断篮板球的反弹方向、距离和落点，及时、合理地利用抢步、上步、挤位抢占有利位置。其中判断篮板球的反弹力方向和反弹范围是抢占位置的依据。篮板球的反弹方向和反弹范围是根据投篮距离、方向的不同而有不同的变化。就一般规律而言，投篮距离与反弹距离成正比，距离越远，球的反弹越远，反弹范围也越大。距离越近，反弹距离也越近，反弹范围也越小。而球的反弹方向是根据投篮方向变化的，在 0°位置投篮时，球的反弹方向多是在对侧的底线区域。

当队员在与球篮成 45°的区域内投篮时，球的反弹方向多在另一侧 45°的区域。

当队员在中间区域投篮时，球的反弹范围在正面限制区一带，见图 6-1-14。

以上仅就一般规律而言，有些情况球的落点也常常会因为投篮的力量、角度、旋转和弧度的不同而有所变化，这就需要根据当时的具体情况灵活抢占有利位置。

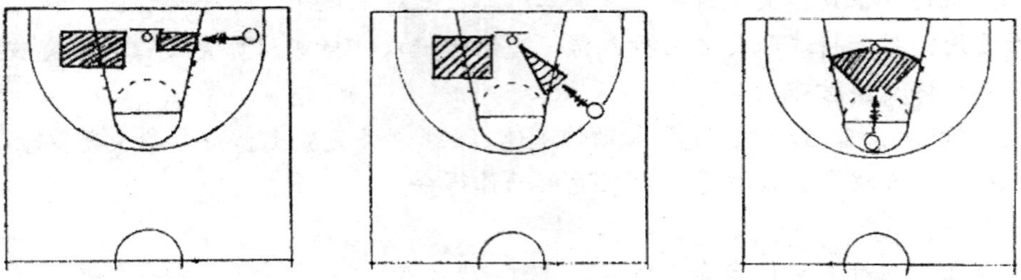

图 6-1-14 不同角度抢占位置

防守队员抢占位置时，主要是保持在对手与球篮之间球的反弹范围内，准确判断进攻队员向篮下的冲抢路线，及时运用前、后转身以及上步方法把进攻队员挡在自己的身后，使其处于被动地位。由于防守队员抢篮板球是背对球篮，所以在抢占位置时一定要判断好球的落点范围和时间，转身动作既不要过早也不要过晚，以免进攻队员乘虚而入。转身后，两脚左右开立要宽于肩，两膝弯曲，重心降低，两臂自然弯曲于身体两侧，随时准备起跳。

进攻队员抢占位置时，要及时改变自己的不利位置，利用面对球篮便于观察判断的有利条件，用假动作调动防守者改变位置，或防守者转身过早背对进攻队员时，迅速、突然地摆脱防守的堵截，冲向篮下或绕步抢占有利位置，将防守者置于被动地位。

2. **起跳动作**

抢篮板球的起跳动作有双脚起跳和单脚起跳两种，防守队员抢篮板球时多采用原地上步、撤步或跨步的双脚起跳方式。进攻球员抢篮板球时多采用助跑单脚起跳，或上步后双脚起跳的方法。

抢篮板球的起跳动作要快速、突然，要掌握好起跳时间，做到在最高点处人、球相遇。为了做到及时起跳，在抢占位置的同时，就应该做好起跳准备，起跳时，腰腹要充分伸展用力，两臂要快速、有力上摆，腾空后身体要充分伸展。

3. **空中抢球动作**

空中抢球时，根据本人所处的位置以及与对手和球之间的关系。抢球动作分双手抢球、单手枪球和点拨球三种方法。

（1）双手抢球。双手抢球动作制高点低，控制范围小，但这种抢球动作控制球稳定，握球牢，不易被对手打掉，而且球抢到手之后容易做下一个动作。所以，双手抢球动作主要在抢篮板球队员占据了非常有利的位置，或制空高度远远超过对手，并具有绝对获球把握时采用。双手抢球动作的方法很简单，身体跳起腾空后，两臂充分伸直，腰腹充分伸展，双臂张开迎向来球。当身体到达最高点时，人、球相遇，双手将球握住，并迅速曲臂将球收到体前并远离防守者。

（2）单手抢球。单手抢球的制高点比双手高，控制范围较大，在与对手争抢比较激烈时，多用这种抢球动作。缺点是控制球不如双手稳定，抢到球后的处理动作没有双手迅速。

单手抢球动作又有手心朝上抢球法和手心朝下抢球法两种形式之分。手心朝上抢球法中手臂的横向伸展范围大，所以多是在抢球队员处于对手身后或与对手并肩争抢时采用。这种抢球的动作方法是，队员在腾空后，手臂充分向来球方向伸展，身体侧对球并向球的方向倾斜。五指充分张开成勺状，手心朝上插进球的底部。当手指触球的一刹那，迅速向上曲腕、曲肘将球从最高点处收到胸前，同时用另一只手扶住球的另一侧成双手持球姿势。当双脚落地后准备下一个动作。

手心朝下抢球法是抢篮板球的队员手臂垂直制空高度高，横向范围小，所以多是在抢篮板球队员身处弱势情况下采用，见图6-1-15。

图 6-1-15 单手抢球

这种抢球动作的方法是，队员跳起腾空后，手臂垂直伸向球的下落方向，身体正对或略侧对球，五指张并成勺形，手心朝下伸向球的上部，当手指触球的一刹那，迅速向下曲腕、曲肘，将球收到胸前，另一只手扶住球的另一侧成双手持球姿势。当身体落地后，立即做好下一个动作准备。

（3）点拨球。这是在球距离抢篮板球队员较远，或争抢的难度较大，用双手或单手无法抢球时，可采用指端将球点拨到有利于自己队友得到球的位置。这种争抢球方法制定点高、范围大，但准确性、稳定性没有保证，多在攻守双方空中争抢势均力敌时采用。

4. 得球后的处理动作

如果进攻队员抢到篮板球时，应该及时进行连续投篮，若没有投篮机会，应迅速转移或将球传给同伴，重新组织进攻。防守队员抢到篮板球时，应迅速传球给接应队员发动快攻，或自己突破防守者直接创造快攻机会。

在空中的球落地时，由于身处防守者跟前，所以，身体落地后一定要注意保护好球，要将球置于防守者触及不到的位置。最好通过上步、跨步、转向等方法使球远离防守者。在得球之前就要观察好周围的情况，得球落地之后，要根据防守者的情况迅速做出相应的进攻动作，要加强得到篮板球后快速攻击的意识，使防守者防不胜防。

【课堂练习】

练习内容：

（1）无球篮板球练习。

（2）有球篮板球练习。

练习方法：

（1）无球练习。

①虚晃变向，一队员在三分线附近，利用假动作摆脱防守，冲向篮下。

②绕步、跨步一队员在限制区外，利用脚步动作绕过防守队员，冲向篮下。

③转身一队员在罚球线前或限制区两腰（指中锋）利用前、后转身，摆脱防守，冲向篮下。

（2）有球练习。

①判断：让队员在不同角度连续投篮，体会、判断反弹方位的一般规律并做出反应。

②自抛自抢：队员将球向空中抛出约3米高，原地或绕步侧身起跑做单、双手抢球。

③自投自抢：队员投篮出手后，采用假动作虚晃变向或绕步冲向篮下抢篮板球。

④单手拨球补篮：队员将球打板后，冲向篮下，跳起用单手拨球或空中托球补篮。

达成目标：及时抢占位置，强化对时间、空间的判断。

【课后练习】

练习内容：实战中篮板球数据统计。

练习方法：全场比赛实战演练，10 分钟一节，四节比赛，查看和分析中锋和前锋的篮板球次数。

达成目标：要求中锋位置每节至少 3 个篮板球，前锋 2 个。

（七）防守对手

【案例导入】

半场二防二：学生四人一组一球，两人持球进攻，两人进行防守，球未投中，双方抢篮板球继续进行攻防，球投中后，攻守交换，先进五球者获胜。

防守队员不准换位防守，要及时调整防守位置，合理运用防守动作，积极进行防守。

防守队员合理运用各种防守动作，积极抢占有利位置，阻挠和破坏对手的进攻意图和进攻行为，限制对手在有威胁的区域随意活动，并以争夺控球权为目的的动作方法叫作防守对手。防守对手是一项综合性的个人防守技术，它不仅需要快速的脚步动作和灵活多变的攻击动作，而且还要具备良好的观察、判断和敏锐的反应能力。防守的核心就是干扰和破坏对手的投篮并以夺回控球权为目标：对手控球的一瞬间就是自己（或本队）进攻的结束和防守的开始，而获得控球权也意味着防守的结束，同时也标志着进攻的开始。防守位置选择的正确与否是防守成功的关键所在。防守者必须时刻明确对手、球、篮圈等的位置，并在此基础上依据对手、球、篮圈等的具体位置，积极移动和调整防守的选位，抢占最有利的位置；同时，还应充分利用“堵、抢、打、断、抹、封、盖”等具有攻击性的防守技能，时刻给对手施加压力，以夺取和破坏对方的控球权为核心展开争夺；而且，对无球队员的防守能力更能体现出防守者的水平与防守质量。防守对手可分为防定有球队员和防定无球队员。

1. 防守无球队员

防守队员为了做到人球兼顾，应与球和对手保持一定的角度和距离，站位于对手与球篮之间偏向球一侧的位置上。与对手的距离要看对手与持球人距离而定，一般离球近则近，离球远则远，如对手离球近又在篮上，要贴近对手防守，还可采用绕前防守（图 6-1-16）。

要抢占“人球兼顾”的有利位置。防守时要做到“内紧外松，近球紧，远球松，松紧结合”，防止对手摆脱空切，随时准备协防补防。

图 6-1-16　防守无球队员

2. 防守有球队员

（1）防守位置的选择。应站位于对手与篮之间的位置上，一般对手离篮近则应靠对手近些，离篮远则靠对手远些。特别要根据对手的技术特点（或善投、善传或善突）以及防守战术的需要，调整防守位置。

（2）防守动作。平步防守时，两脚平行站立，两手臂侧伸不停地挥摆，适合于防运球和突破。采用斜步防守时，两脚前后站立，前脚同侧手臂向前上方伸出，另一手臂侧伸，适于防守投篮。

动作要点：要及时抢占对手与球篮之间有利的防守位置。

【课堂练习】

练习内容：单个人攻防练习。

练习方法：全场一对一攻防演练。时刻考虑到“人、球、区”等因素，及时移动，抢占有效的防守位置。对手运球前要保持一定距离，对手运球后要逼其停止、减速或变向。一旦对手结束运球，一定要贴身紧逼。时刻保持警惕，随时注意抢、打、断球。

达成目标：全场一对一攻防，一次攻防为一组，做三组练习，要求流畅，无失误。

【课后练习】

练习内容：半场一对一斗牛。

练习方法：半场一对一攻防实战，三分线外得分记 2 分，三分线内得分记 1 分，得分后对方中圈发球，先得到 11 分获胜，三局两胜制。

达成目标：强化防守动作的要领，有效地阻止对方得分，每局至少 3 次有效的成功防守。

（八）抢球、打球、断球

【案例导入】

三人传接球两人断球：五人一组一球，攻方三人站成三角形，相距 4 米左右，相互传球，防守者两人站在三角形内练习断球，攻守交换，10 分钟规定时间内断球成功次数多的获胜。

一防守者紧逼持球者，另一防守者站在两无球队员中间，准确断球，断球时机要判断准确，断球动作要突然，不准走步。

抢球、打球、断球可以夺走对手的进攻机会，可以带动一次快速反击，可以使自己的球队打出一轮高潮。如果技术运用成功，将会强力打击对手气势。

1. 抢球动作

抢球动作可分两种：一种是拉抢，防守队员看准对手的持球空隙部位，迅速用两手抓住球后突然猛拉，将球抢过来；另一种是转抢，防守队员抓住球的同时，迅速利用手臂后拉和增加转动的力量，将球从对方手中抢过来。

动作要点：要看准对方持球转身、跳起接球下落、运球停止时的瞬间机会果断快速地抢球。

2. 打球动作

打持球队员手中的球时要根据持球人持球部位的高低。持球高时，打球时的掌心向上，用手指和指根击球的下部；持球低时，打球时的掌心向下，用手指和手掌外侧击球的上部。

打行进间投篮队员手中的球，当进攻队员运球上篮时，防守队员要伴随移动。运球队员在跨出第一步按球时，防守队员要主动靠近他（她），当跨出第二步起跳举球时，应迅速移动到他（她）的侧稍前方，将球打掉。

动作要点：打球时动作不可过大，用力不可过猛。

3. 断球动作

横断球时，屈膝身体重心下降，当球刚由传球队员手中传出的一瞬间突然起动，单脚或双脚用力蹬地跃出，身体伸展，两臂前伸，将球截获，如距离较远，可加助跑起跳。

纵断球时，当防守队员从接球队员的右侧向前断球时，右脚先向右侧前方跨出半步，然后侧身跨左脚绕到接球队员的前方，左脚或双脚用力蹬地向前跃出，身体伸展，两臂前伸，将球截获。

封断球是当持球队员暴露了自己的传球意图，或传球动作较大或慢，防守者可在对方球出手的一瞬间，突然起动，伸臂封盖或将球截获。

动作要点：掌握好断球时机，动作突然快速。

【课堂练习】

练习内容：

（1）打运球练习。

（2）全场二攻二守抢、打球练习。

（3）横断球运球投篮练习。

（4）纵断球运球投篮练习。

练习方法：

（1）三人一组一球，后半场一攻一守，过中线时另一防守者进行打运球练习。防守者在进攻队员运球时伺机打运球，打球动作强调准确，并尽量减少犯规。

（2）两人进攻，两人防守，进行全场抢打球练习。防守者要随时调整防守位置，手脚配合协调伺机抢球和打球。

（3）分成两组，每人一球，将球递交给对方队员，然后断球运球接投篮练习。保持一定的断球距离，断球时起动要突然，动作要充分伸展，断球后要注意不要走步，要及时控制好身体重心。

（4）每人一球成一路纵队，将球传给对方队员，然后进行纵断球运球投篮。断球时要掌握好起动时间，动作要果断突然，要控制好身体平衡，断球后顺势运球投篮。

达成目标：全场二攻二练习，一次来回记为一组，完成三组，要求每组有一次抢断。

【课后练习】

练习内容：行进间三传两抢断球练习。

练习方法：三人相距 4 米行进间传球全场折返，不运球，两名队员防守，跑动中预判与逼近对手，伺机跃起抢断球。

达成目标：一去一回记为一组，完成三组练习，要求每组有一次成功的抢断球。

【力量素质练习】

最大力量练习：采用本人最大极限负重的 85%以上负重强度，进行力量练习，每组 1～3 次，可做 5～8 组。

速度力量练习：采用本人最大极限负重的 40%～60%的负重强度，进行力量练习，每组 5～10 次，可做 3～6 组。注意动作的频率及准确度。

力量耐力练习：采用本人最大极限负重的 35%以上的负重强度，进行力量练习，单个动作持续 30 秒以上。

【速度素质练习】

反应速度练习：采用追逐球、启动跑、抢篮板球后第一传启动跑、运球启动、各种防守步法和变向启动的方法进行反应速度练习。

动作速度练习：在距离墙 3 米处 1 分钟内完成传球 60 次以上；两点原地运球，运动员两脚开立比肩稍宽，运球至左右脚的外侧，30 秒完成 30 次以上等方法。

移动速度练习：直线运球往返上篮（28 米）10 秒内完成。

【耐力素质练习】

采用 50%的负荷强度，三人直线快攻 3 个或 4 个往返为一组完成 5～10 组；两点移动快速投篮中 10 个为一组完成 5 组；连续一打一或者一打二进 10 个球。

【相关知识链接】

比赛中基本技术的运用

1. 如何运球

运球在篮球训练或比赛中相当重要，它允许球员：

在不能传球给队友时可以自己带球向前进攻；带球移动至更有利的位置以传球给队友；等待队友到位接传球时控制住球；自己向篮筐方向运球并完成投篮或上篮。然而不要过多的运球也很重要。如果你在比赛中过多的运球，会使其他四位队友只能站在那儿看你，从而失去了篮球运动所提倡的团队合作精神，而且运球比较慢。你应该学会怎样运球，更应该学会什么时候该运球、什么时候该传球。

应该用手指运球，而不是手掌。运球高度最好不要超过腰部，这样比较容易控制球。运球时手腕要放松，用向下挤压动作拍球，而不是抽打动作。要训练两只手都能熟练地运球。开始先学习在原地运球，熟练后可以一边运球一边走动。不要过多考虑运球时的移动速度，先掌握好运球技术。走动中的运球技术掌握好以后，再开始逐渐增加移动速度，直至全速，速度以能舒服地运球为标准。

运球时应该抬头，时刻观察场上情况。如果运球时只顾低头看球，很容易被对手盗球，而且也看不到处于有利位置的队友，甚至之间处于容易投篮的位置也不知道。

（1）控制性运球。运球时当你感到既难以传球，又不可能快速向前时，或者你在观察场上形势准备传球或投篮时，应该采用控制性运球。在膝盖到腰部的高度运球。双膝微屈，身体前倾，这样使你容易控制好球，也容易快速变速。不参与运球的那只手臂应该弯曲肘部并向外伸，保持平衡，也阻止对手靠近。

（2）快速运球。在你要带球快速冲向前场时当然要快速运球。此时身体也要前倾，将球稍微拍向前方，运球高度稍高，在胸部与腰部之间。身体正对移动方向，眼睛观察全场。

（3）变速运球。运球队员要突破对手防守可以采用变速运球，当然也可以采用突然变向或其他假动作。变速运球要求除了改变运球速度，还要改变运球高度。用小的步幅接近对手，然后突然加速，步幅也加大，并把运球高度降至膝部位置，快速突破向前。变速运球需要很多练习才能有效地使用。

2. 如何跳投

跳投的好处是不像原地投篮那样容易被对手封盖。双手持球，非投篮手置于球前方或侧方。投篮手置于球的后部，双膝微屈，双手持球从胸部上移到眼睛上方，然后双脚向上弹跳。跳起时，屈肘，手腕也向后翻。跳至最高点时，前臂前伸，手腕向前、向下将球投出，随球动作要充分，眼睛要始终盯住篮筐。

3. 怎样提高投篮命中率

篮球是一项技术综合性较强的运动项目，投篮得分的多少，决定着比赛的胜负。那么，如何创造更多的得分机会，提高投篮的命中率，下面是在教学和训练中的一些方法：

（1）加强规范化投篮动作的练习。投篮的动作有单手和双手，不论采用哪种方式，都要严格地按规范化动作去做。培养和掌握投篮时的肌肉感觉是优先于一切的先决条件，这就应加大规范化投篮动作的练习，最终达到动力定型。

（2）提高身体的训练程度。身体训练程度是完成各种技术动作的基础，对投篮命中率有明显的影响。如身体训练较差的队员，运动量增大时，命中率就明显下降。因此，应把投篮与身体训练结合起来，在一定强度下限时限数进行投篮训练，以便在紧张激烈的比赛中，有足够的体力保证投篮命中率。

（3）选择良好的投篮时机，果断出手。良好的投篮时机，是提高投篮命中率的关键，一次好的得分机会是靠个人和全队配合来创造的，要善于捕捉投篮的时机。投篮者要观察防守队员的重心、位置、防距，一旦防守者失掉了正常的防位、不能干扰投篮时，或投篮者利用假动作诱使防守者失掉重心、位置和防距时，投篮者创造了投篮机会，果断出手。利用全队战术创造出来的机会或利用攻防双方出现的暂时的时间差和空间差立即投篮。

（4）要有强烈的投篮欲望和信心。强烈的投篮欲望和信心是提高投篮命中率的前提，对投篮起着重要作用。在教学中要使投篮者得到全面锻炼，掌握各种投篮技巧，发挥主观能动性。在平时应对学生多一些关心和帮助，多一些鼓励和表扬，培养投篮者的自信心。

（5）加强全身协调性和出手动作稳定性的训练。比赛中，常看到有些投篮者，在突然受到外力作用失去身体平衡时，仍能将球投进，这说明投篮者身体协调性好，在球出手的瞬间，身体和手是相对稳定的，投篮者的时空感强、手感好、自信心强，使整个投篮动作力量均匀、柔和，动作自然、连贯、流畅。

（6）选择合适的投篮出手角度和球的飞行路线。据理论和实践证明，球的出手角度影响着球的飞行路线，球的飞行路线一般有低弧线、中弧线和高弧线三种，一般以中弧线为最佳。但由于投篮距离的远近、队员身材的高矮和弹跳素质的不同，因而在投篮时，球的飞行路线也就有所不同，在训练中要根据实际情况来定。同时，稳定的心理因素也是至关重要的，学会自我调节和自我心理暗示，不要受裁判、场地、观众、气氛和比分的影响，采取合理、果断的行动进行投篮。

【思考与练习】

（1）简述篮球运动需要哪些基本技术。

（2）简述你认为篮球运动战术在比赛过程中应如何运用。

第二节　爱好篮球

一、篮球运动的发展

篮球运动经过100多年的发展，从最初的“游戏”逐步发展成一项雅俗共赏、老少皆宜的体育运动项目，并形成了一套包含专项身体素质、专项技战术和规则、裁判法等内容的完整体系，其发展过程大致可分为几个阶段：

初创阶段（1891—1930年），形成了初级阶段的篮球技术（如单、双手低手传球，双手胸前投篮）和战术（长传快攻，盯人防守）。篮球竞赛规则也初步形成。

推广阶段（1932—1940年），1932年6月18日，国际业余篮球联合会在瑞士日内瓦成立。篮球运动进入推广时期。出版了第一本国际篮球比赛规则；国际比赛不仅推动了篮球技、战术水平的提高，更使篮球运动向世界更多的国家传播和推广。

普及阶段（1940—1960年），1849年以后，篮球运动在世界各地广泛普及，世界篮球运动开始形成以美国队为代表的高度与技巧结合的美洲型打法，以苏联队为代表的高度与力量结合的欧洲型打法和以韩国、中国队为代表的快、灵、准结合的亚洲型打法，篮球运动进入普及、发展与提高的新时期。

提高阶段（1960—1990 年），1960 年后，世界篮球运动进入全面发展与提高的新时期，篮球运动的技、战术朝着高度、高技巧、高速度、高强度、多变化、高比分的方向发展，特别是高空技术的进一步发展，显示出当代篮球运动发展的新趋势、新特点。通过对进攻时间、犯规罚则、增加 3 分球等条款促使攻、守平衡，使篮球运动向既重进攻又重防守、既重高度又重速度、既重力量又重技巧的方向发展。

攀高阶段（1990 年以来），篮球运动进入了融竞技化、智谋化、技艺化于一体的新时期，篮球运动正朝着“高、快、全、准、变”和技战术运用技艺化的方向发展。

二、战术基础配合

（一）进攻战术基础配合

（1）传切配合，见图 6-2-1。⑤传球给④后，立即摆脱对手向篮下切入，接④的回传球投篮。

要点：切入队员要掌握好切入时机；传球队员注意用假动作吸引牵制对手。

（2）突分配合，见图 6-2-2。⑤从防守者的左侧突破，防守协防封堵⑤向篮下突破的路线，此时④及时跑到有利的进攻位置，接⑤的传球投篮。

要点：突破动作快速突然，既要做好投篮的准备，也要随时准备分球。

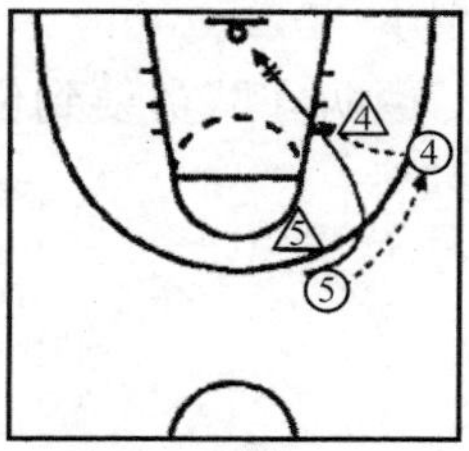

图 6-2-1 传切配合

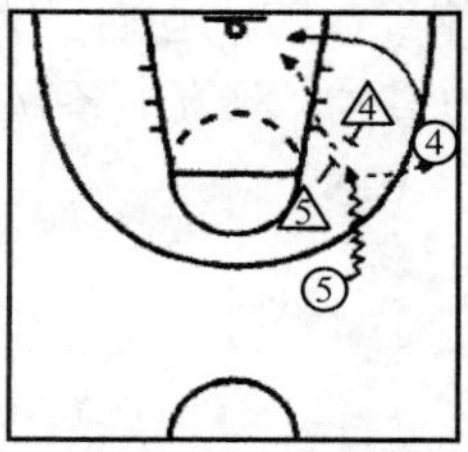

图 6-2-2 突分配合

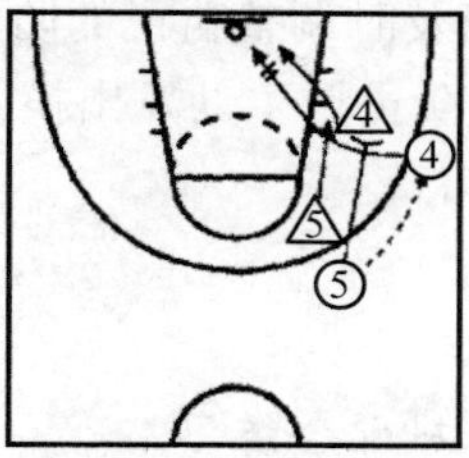

图 6-2-3 掩护配合

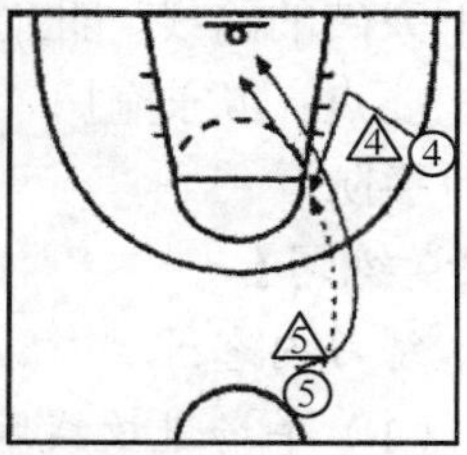

图 6-2-4 策应

（3）掩护配合。以持球队员做侧掩护，见图 6-2-3。⑤传球给④后跑到其侧面做掩护，④接球后做投篮或突破的动作，吸引防守，当⑤到达掩护位置时，④持球从防守右侧突破投篮。⑤掩护后及时移动到有利的位置去接球或抢篮板球。

要点：掩护队员的行动要隐蔽快速；被掩护队员要注意用假动作吸引对手，当同伴到达掩护位置时，摆脱对手动作要突然、快速。

（4）策应，见图 6-2-4。④摆脱防守插到罚球线做策应，⑤传球给④并立即空切篮下，接④的策应传球投篮。

要点：策应者要及时抢位，传球人要及时地将球传到策应者远离防守的一侧。

（二）防守战术基础配合

（1）“关门”配合，见图 6-2-5。当⑤从正面突破防守时，防守的两个同伴进行“关门”配合。

要点：在防守队员积极堵截持球队员的突破路线的同时，临近突破一侧的防守队员要及时快速地向同伴靠拢进行“关门”配合。

（2）挤过配合，见图 6-2-6。④传球给⑤后跑去给⑥做掩护，防守发现后要及时提醒同伴，在④临近的瞬间，迅速抢在④之前继续防守⑥。

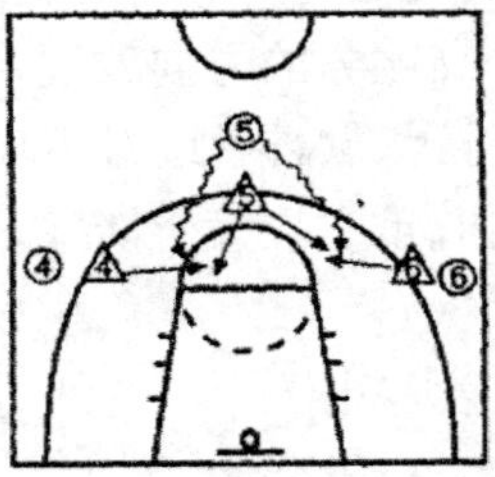

图 6-2-5 “关门”配合

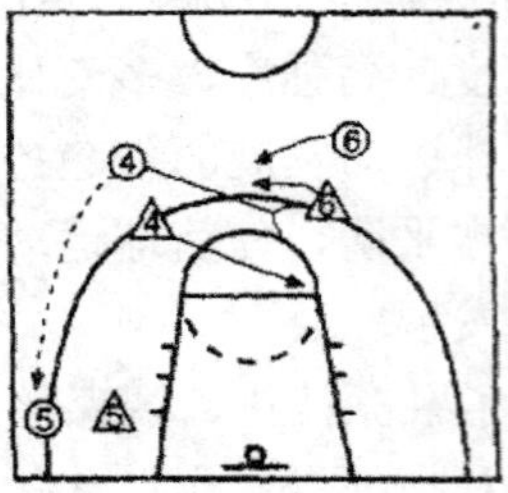

图 6-2-6 挤过配合

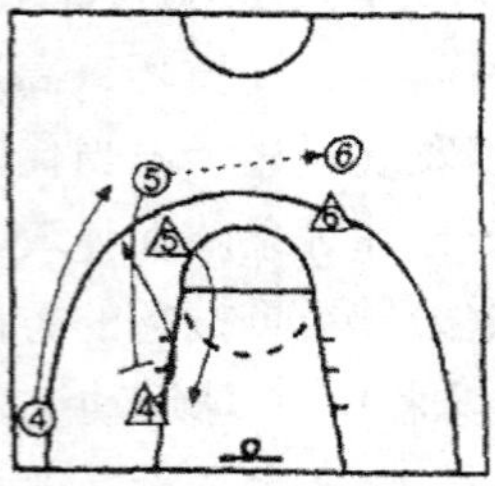

图 6-2-7 穿过配合

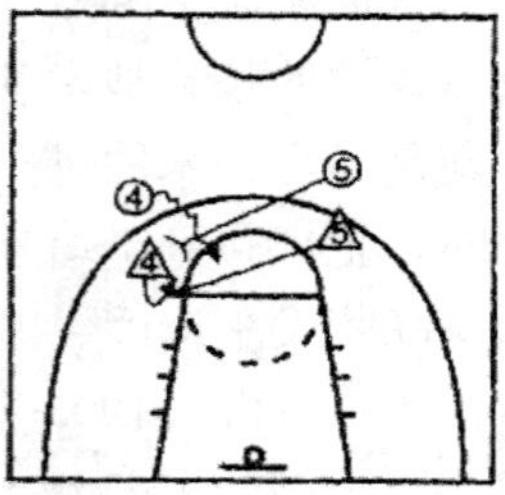

图 6-2-8 交换配合

要点：挤过时，要贴近进攻者，上前抢步的动作要及时，要主动说话联络。

（3）穿过配合，见图 6-2-7。⑤传球给⑥后去给④做掩护，防守者要提醒同伴，并离⑤远一点。当⑤掩护到位前一刹那，防守主动后撤一步，从⑤和同伴的中间穿过，继续防守④。

要点：防守掩护的队员要及时提醒同伴并主动让路，穿过队员要迅速穿过，并立即调整防守位置的距离。

（4）交换配合，见图 6-2-8。⑤去给④做掩护，防守要主动发出信号，及时封堵④向篮下突破的路线，此时应及时调整自己的防守位置，防止⑤向篮下空切。

要点：防守掩护者的队员要主动发出换人的信号，双方准备换防。两防守队员要到位，及时换防。

【课堂练习】

练习内容：

（1）半场进攻战术基础配合练习。

（2）半场防守战术技术配合练习。

练习方法：

（1）三人一组，半场两组攻防转换，重点强调进攻战术基础配合演练。

（2）三人一组，半场两组攻防转换，重点强调半场防守战术技术配合演练。

达成目标：成功演练一次进攻战术配合，要求明确动作路线和时间的变化。

【课后练习】

练习内容：三对三半场实战演练。

练习方法：攻防转换后，出三分线，得分后对方中圈发球。参照三人制篮球赛规则。运用进攻战术基础配合、半场防守战术技术。

达成目标：要有成功的战术配合，要求善于观察场上情况，明确位置、移动路线、配合时间。

【弹跳素质练习】

提高踝关节弹速：根据 ATP-CP 供能系统，发挥瞬间产能最大的特点。在方法上多用大强度、多组数的方法，如双脚颠跳、两脚交换跳和深跳等。

加强大腿和腹背肌爆发力：采用各种大强度、多组数半蹲力量训练，如半蹲跳、壶铃跳、立卧撑等类型的练习方法。

改善协调能力的训练：采用台阶跳、蛙跳、跨步跳、收腹跳，以及在篮球专项训练中采用中场跨三步上篮、连续抢篮板球、扣篮等方法。为了发展和改善跳跃的协调性和弹力，安排8~15次为宜；为了发展长时间跳跃能力，训练安排15次以上，组数通常超过6组。

【柔韧素质练习】

被动性练习：同伴协助或者助力，维持某种动作姿势。如做“桥”的练习；又如一人靠墙站立或者平躺在地上，另一人用肩扛进行直角压腿。

主动性练习：利用各种摆动和振动，如各种踢腿、绕环、推墙等。

【思考与练习】

（1）简述传切、突分的要点。

（2）简述防守战术基础配合的种类。

（3）简述“关门”配合的要点。

第三节 特长篮球

一、中国篮球运动的发展

现代篮球运动是满清末期（1895年）由美基督教青年会传教士传入我国天津基督教青年会，传播人为青年会第一任总干事来会理（Willard Lyon），因此，天津市是我国篮球运动的起源地。1896年，天津基督教青年会举行了我国第一次篮球游戏表演，此后逐步由天津向全国传播、推广。一百多年来，篮球运动逐渐成为广大人民群众喜闻乐见的体育运动项目。

篮球运动在我国的传播、普及、发展、提高受不同时期政治、经济、文化、教育等各方面因素的影响和制约。为了便于了解篮球运动在我国的发展历史，通常可以按篮球运动传入中国后的社会变迁，篮球运动及其技、战术在中国的发展和重大国内外竞赛活动、事件等综合（或分别）将中国篮球运动发展分成3个时期、7个不同阶段。

1895—1948年为第一时期：传播缓慢普及时期，期间包括三个阶段。

第一个阶段为1895—1918年的初始传播阶段；

第二个阶段为1919—1936年的缓慢推广阶段；

第三个阶段为1937—1948年的局部普及阶段。

1949—1995年为第二时期：有限推广、停滞困惑、复苏发展时期，期间包括三个阶段。

第一个阶段为1949—1965年的普及、发展阶段；

第二个阶段为1966—1978年的徘徊、困惑阶段；

第三个阶段为1979—1995年的复苏、提高阶段；

1996年至今为第三时期：即中国篮球运动随着国家政治、经济体制的改革，进入总结经验、深化改革、解放思想、更新观念、创新攀登的新阶段。

【相关知识链接】

姚明：1980年9月12日生于上海，是中国篮球的标志和骄傲，曾为中国国家篮球队队员，曾效力于上海大鲨鱼篮球俱乐部和美国NBA休斯敦火箭队。2009年，姚明全资拥有的上海泰戈鲨客投资管理有限公司与上海东方篮球俱乐部的股东就俱乐部股权转让事项达成一致，并正式签署俱乐部股权转让的“框架协议”，姚明成为上海东方篮球俱乐部老板，2010年5月4日再次入选国家队集训名单。他出色的表现和随时听从祖国召唤的爱国精神，使他带给人们的思考已经远远超过了体育本身。对祖国的情感、对现在的把握和对未来的期待，都将使他成为中国体育和NBA的历史人物。

乔丹：迈克尔·杰弗里·乔丹（Michael Jeffrey Jordan，1963年2月17日—）是前美国NBA职业篮球运动员，身高6英尺6英寸（1.98米），主打位置为得分后卫或小前锋，球衣背号为23号。1984年毕业于美国北卡罗莱那州的北卡罗来纳大学教堂山分校，在NBA选秀中以第一轮第三顺位被芝加哥公牛队选中。在15年的NBA篮球职业生涯中获得6次总冠军。他在NBA篮球职业生涯中创造了刷屏般不胜枚举的纪录，被多数人认为是全世界最优秀的篮球运动员，也是NBA历史上第一位拥有“世纪运动员”称号的巨星。NBA官方网站称：“就受到的赞誉而言，迈克尔·乔丹是NBA史上最伟大的篮球运动员”。他在2009年入选篮球名人堂。

二、基本规则与裁判法

（一）篮球比赛时间

篮球规则规定篮球比赛时间为四节，每节12分钟，第一节和第二节、第三节和第四节之间的时间间隔为2分钟，半场之间的休息时间为15分钟。一个决胜期为5分钟。必要时可延长几个这样的5分钟，直到分出胜负为止。

（二）暂停和犯规次数

对于4×12分钟的比赛，每队前3节每1节的比赛时间都可以允许请求1次要登记的暂停，第四节可以允许请求2次要登记的暂停；每一决胜期允许一次暂停；每节（12分钟）一个队的全队人犯规和技术犯规累计达4次后，所有以后发生的队员犯规均要处以罚球两次，除非发生了控制球队犯规和更为严重的罚则；每一名队员无论侵人犯规还是技术犯规，犯规达5次时，必须退出比赛。

（三）掷界外球

从罚球线的两端引出两条假想的线，与两端和边线的两个交点相连，就构成了一个梯形区域，这个区域内发生的违犯，均由对方队员在距违犯地点最近的端线外掷界外球，但不要在靠篮板后面的端线外掷界外球。裁判员必须将球直接递交给掷界外球的队员和将球置于该队员可处理处，掷界外球队员在球离手前不得从裁判员指定的地点沿边线方向移动超过1米的距离，或向不止一个方向移动。该队员还必须在5秒内将球掷入场内，否则违例。

（四）替换

暂停或经过犯规后，双方均可以换人。发生违例后，只有掷界外球的队可请求替换队员。替换被允许后，对方可以要求替换。

（五）违例

违反规则叫作违例。某队发生违例后的判罚是该队失去球权，将球交给对方在距违例地点最近的界线外掷界外球。

1. **带球走违例**

要判断队员是否带球走违例，首先要确定队员的中枢脚：

队员双脚着地接到球，可以用任何一脚做中枢脚。一脚抬起的一刹那，另一只脚就成了中枢脚。队员在移动或运球中接到球，可以按下列情况停步并确定中枢脚：

（1）队员一脚接触地面，另一脚一接触地面时，原先那只脚就成为中枢脚；如果队员可以跳起那只脚，并双脚同时落地，则哪只都不是中枢脚。

（2）队员双脚同时离地，并且是双脚同时着地，则任一脚都可以是中枢脚。一脚抬起地一刹那，另一只脚就成为中枢脚；如果两脚分先后着地，则先接触地的脚是中枢脚；确定中枢脚后，在传球或投篮时，中枢脚可以抬起，但在球离手前不可落回地面，运球开始时，在球离手前中枢脚不可以抬起。哪只脚都不是中枢脚时，在传球或投篮中，一脚或双脚都可以抬起，但在球离手前不可以落回地面，运球开始时，在球离手前哪只脚都不可以抬起。

2. **扰球违例**

控制球的一方进攻投篮，当球在篮圈水平面上下落时，进攻和防守队员都不得触及此球，如果进攻队员触及此球，不能得分，由防守队员在就近的端线掷界外球。如果防守队员触及此球，无论中篮与否，判投篮队员得 2 分或 3 分。

3. **非法运球违例**

当已获得控制球的队员将球掷、拍或滚在地面上，并在球触及另一队员之前再接触球为非法运球。

在运球过程中，手控制球的时间稍长，只要掌心与球接触时始终向着地面，都是合法的；投篮“三不碰”后可再次进行运球。只要确认队员是投篮，即使球没有触及球篮或篮板，该队员也可直接去触及此球并再次运球。

4. **拳击球和脚踢球违例**

从 1891 年篮球运动诞生起，就明确篮球是用手进行的活动，并严格限制粗暴动作，所以比赛中如出现用拳头击球、故意用膝或膝以下腿的任何部位或脚击球或阻拦球，均为违例。

5. **球回后场违例**

规则规定，位于前场的控制球队的队员不得使球回后场，构成球回后场的违例具备下列 3 条特征，缺一不可：队员在前场已控制了球；最后触球回后场的是该队队员；该队队员首先接触回到后场的球。

6. **球出界违例**

当队员身体的任何部分与界线上、界线下或界线外的地面或队员以外的任何物体接触时，即队员出界。当球触及界外的队员或任何其他队员，界线上、界线上方或界外的地面或任何物体，篮板的支柱或背面，即为球出界。

7. **3 秒钟违例**

某队控制球后，该队队员在对方限制区内停留不得超过 3 秒钟。限制区的各线都属于限制区的一部分，队员触及任何一线都算位于限制区内。队员在限制区内停留接近 3 秒钟时，可默许运球投篮。宣判无球队员 3 秒钟违例的 3 个原则为：该队员接球；同伴开始运球或持球突破；同伴试图投篮。

8. 5 秒钟违例

除前面提到的掷界外球和罚球时要受 5 秒钟的限制外，还有一种情况也要受 5 秒钟的限制，即被严密防守的持球队员要在 5 秒钟内传球、投球、滚球或运球，否则违例。

9. 8 秒钟违例

当一名队员在后场控制活球时，该队必须在 8 秒钟内使球进入前场，否则违例。

10. 24 秒钟违例

当一名队员在场上控制一个活球时，该队员必须在 24 秒钟内完成投篮，否则违例。24 秒连续计算的 3 种情况：

（1）因防守队员使球出界，原控制球队重新掷界外球时。

（2）因控制球队本身原因中断比赛时。

（3）裁判员中止比赛以保持控制球队的受伤队员时。

（六）犯规

1. 撞人与阻挡

撞人是指与不持球的队员推动或移动到对方人员躯干上的身体接触。阻挡是防止对方队员行进的身体接触。

防守队员在持球队员做虚晃突破时，只能做滑步或后撤步，在发生身体接触前的一瞬间，必须面对对手，双脚同时着地，并采取正常的跨立姿势，这样发生的冲撞，应判带球撞人犯规。防守队员为了保护自己，将双臂抱至胸前，只要没有推人动作，这是允许的，属于合理的动作。

防守队员双脚同时着地，也面对对手，但两脚距离过宽，如持球队员撞到防守队员的胸部（躯干部位），是带球撞人犯规；如持球队员撞在防守队员的腿部，应判防守队员阻挡犯规。

持球队员突破腾空时，关键是看腾空的一瞬间，防守队员是否已经占据了起跳点到落地点之间的通道。如果防守队员在持球队员腾空前已占据了通道，那么持球队员腾空过程中撞了防守队员，应判撞人犯规。反之，如果防守者还没有占据通道，待持球队员腾空后才移动至通道，如发生冲撞，应判防守队员阻挡犯规。

2. 对盖帽球时犯规的处理

“盖帽球”是高水平的防守技术。一个好的盖帽球不仅会增加防守队员的斗志，也会提高观众的情绪。因此，对盖帽球时发生的犯规一定要力求判准，以保护这种高难度技术的发展。

正面“盖帽”犯规可能性极小，只要防守队员在打球时，手部仅接触球与双方手腕以上（如手指）的部位，都应视为合法，如打到手腕一下（如前臂）部位则视为犯规，如防守队员用手打投篮队员的腕部、前臂或用手顺势捕投篮队员的肘部，均为犯规。

侧面“盖帽”时要注意防守队员用哪一个手去“盖”，是否用手臂挤、压或躯干去顶投篮队员而影响进攻队员投篮。

后面“盖帽”时，防守队员容易发生撞、顶、压对方后再“盖帽”，这种“盖帽”的犯规可能性较大，应从严判定。

3. 对抢篮板时犯规的处理

抢占位置时，用臂、胸、背推挤顶靠原先已站立篮下有利位置的队方队员，应判该队员推人犯规。双方队员在抢占位置时，因距离较近，有一些身体接触，但没有其他附加动作，这是正常的，一般可以不判。

三、三人制半场地篮球比赛的特殊规则

（1）运动员人数。比赛双方可报名4～5人，上场队员为3人。

（2）比赛时间。初赛、复赛不分上下半时，全场比赛时间为10分钟（组织者可根据参赛队数多少修订时间为12分钟或15分钟）。比赛进行到5分钟和9分钟时，记录员各宣布一次时间。如果只有10分钟比赛时间，则双方队都不得暂停（遇有队员受伤，裁判员有权暂停比赛1分钟）。如比赛安排为12分钟或15分钟，则分别允许请求一次或两次暂停，每次暂停时间为30秒。

（3）决赛分上下两个半时，每半时8分钟，上半时与下半时之间休息3分钟。

（4）比赛中除在罚球、暂停、球员受伤及比赛结束等情况下停止计时表外，其余情况均不停表。

（5）比赛开始：双方以掷硬币的形式决定发球权，然后在发球区掷界外球开始比赛决赛阶段，上半时获发球权的队，下半时不再获发球权，由对方队在发球区掷界外球开始比赛。

（6）发球区：中圈不在场地中的半圆叫作发球区，发球区的地面（包括线）算界外。

（7）发球：在发球区掷界外球叫作发球。

（8）攻守转换：每次投篮命中后，都由对方发球。

（9）所有交换发球权的情况（如违例、界外球及投篮命中后），均为死球，在发球区掷界外球继续比赛。所有不交换发球权的情况（如不执行罚球的犯规），则在就近的三分线外发球。在这种情况下，发球前必须由裁判员递交球。

（10）守方队员断球或抢到篮板球后，必须将球运（传）出三分线外（持球队员必须双脚踏在三分线外），才可以组织进攻，否则判进攻违例。

（11）争球时，在罚球圈跳球，任何一方得球都必须将球运（传）出三分线（持球队员必须双脚踏在三分线外），才可以组织进攻，否则判进攻违例。跳球中的意外投中无效，重新跳球。

（12）20秒规则：24秒规则改为20秒。

（13）犯规法则：比赛中，每个队员允许三次犯规，第四次犯规罚出场。

（14）任何队员被判取消比赛资格的犯规，则取消该队比赛资格。

（15）每个队累计犯规达5次后，该队的第6次以后的侵人犯规由对方执行2次罚球。前5次犯规中，凡对正在做投篮动作的队员犯规：如投中，记录得分、对方个人和全队犯规次数，不追加罚球，由守方发球继续比赛；如投篮不中，则判给攻方被侵犯的队员1次罚球，如罚中得1分，并由攻方继续掷界外球，如罚不中，仍由攻方掷界外球。

（16）在使用小篮架的比赛中，不允许队员出现扣篮动作，也不允许队员将身体的任何部位悬挂于篮圈或篮架上，否则，可被判罚离场并不能再被替换上场，且该队失去球权。

（17）替换：只能在比赛计时钟停止的情况下替换，被换下的队员不能再被替换上场（场上队员不足3人时除外）。

（18）得分相等和决胜期：比赛时间终了，以得分多者为胜方。初赛及复赛阶段，比

赛时间终了，如得分相等，执行一对一依次罚球，只要出现某队领先 1 分即为胜方，比赛结束。在决赛阶段，比赛时间终了，如得分相等，则增加 3 分钟决胜期，发球权仍以掷硬币的形式决定。如果决胜期得分仍相等，执行一对一依次罚球，只要出现某队领先 1 分即为胜方，比赛结束。

四、全队战术配合

1. 半场人盯人防守

强侧防守的方法：球在正面罚球圈一带时，要错位防守，防守人站在能够控制对手接球的路线上，积极阻拦对手接球。

球在 45°角一带时，要侧前或绕前防守，防守对手接球，可以回缩到罚球线延长线上进行协防。

弱侧防守的方法：球在正面罚球圈顶一带时，注意“关门”协防，要向罚球线移位，注意对手和篮下。球在弱侧 45°角一带时，可以回缩到罚球线的位置，注意到篮下进行防守，防对方篮下进攻。

要点：半场人盯人防守要从由攻转守时开始，此时每个队员要快速退回自己的后场，立即找到对手，形成集体防守；要根据对手、球、球篮选择有利位置，做到球、人、区兼顾，与同伴协同防守（图 6-3-1）。

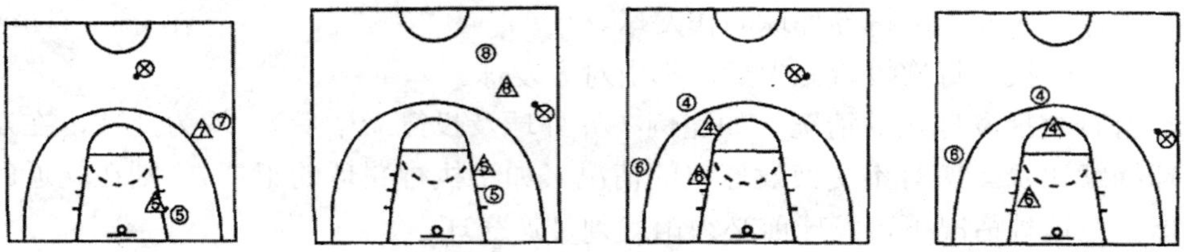

图 6-3-1 半场人盯人防守

2. 2—1—2 区域联防

球在外围弧顶时的防守配合，应根据对方的进攻阵型和对方中锋的位置决定两人的防守配合，分为球在两侧时的防守配合和球在底角时的防守配合。

要点：每个队员必须认真负责自己的防区，并以防球为重点，做到人球兼顾；要严防进入罚球区附近的发球区的进攻队员。彼此要相互呼应，随时准备协防、换位、越区、“护送”等防守配合（图 6-3-2）。

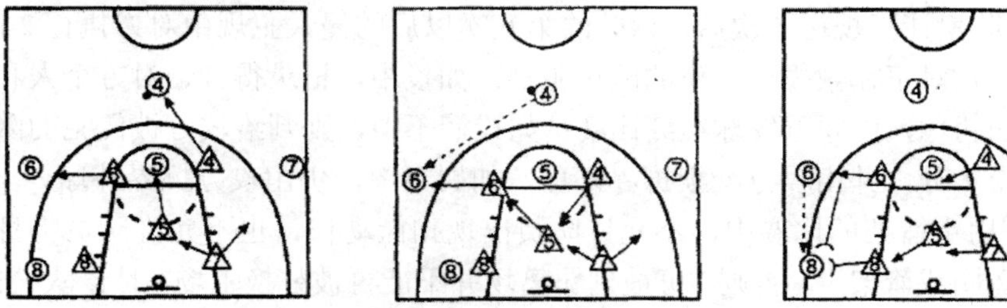

图 6-3-2 2—1—2 区域联防

【课堂练习】

练习内容：全场的防守无快攻练习。

练习方法：五人制阵地落位，全场攻防转换演练。

达成目标：一次进攻，必须采用人盯人或者 2—1—2 区域联防的防守，要求选择有利的防守位置，与同伴密切配合。

【课后练习】

练习内容：全场实战演练。

练习方法：运用有效的半场人盯人和 2—1—2 区域联防配合，上下半场各 20 分钟。

达成目标：全场比赛结束，分数领先的一方获胜，灵活运用防守战术，要求具有针对性和抓住良好的时机。

【比赛心理训练】

赛前心理训练：赛前心理训练的任务是为比赛做好心理准备，克服心理的不适应性，提高比赛的自我调节能力，为比赛打好心理基础。赛前训练，让队员了解比赛双方球员技术、战术、个性和心理状态的基本特点，制订赛前心理训练实施大纲，进行赛前模拟比赛。

赛中心理训练：对运动员进行精神放松和注意力转移训练，提高心理调节的能力，在比赛中充分发挥运动员的个人水平。

赛后心理训练：引导运动员进行紧张情绪的解除，赛后自我形象的修整，充分恢复身心的疲劳，提升个人自身的恢复能力。

【思考与练习】

（1）试分析标准国际篮球比赛和“三人制”篮球比赛规则有哪些不同。

（2）简述半场人盯人防守配合要点。

（3）简述 2—1—2 区域联防配合要点。

第四节　篮球俱乐部的组织与实施

一、篮球运动的锻炼价值

经常参加篮球运动，可以提高跑、跳、投等基本活动能力，发展灵敏、速度、力量和耐力等身体素质，促进青少年的身心正常生长发育。

（1）培养团队精神。篮球运动能培养团结、协作的团队精神和集体荣誉感，增强球员的组织纪律性，这种团队精神对个人和社会的发展都具有十分积极的意义。

（2）增进身心健康。篮球运动对力量、速度、耐力、灵敏等素质的全面发展，分配和集中注意力能力的提高，神经中枢的灵活性、协调支配各器官能力的提高，内脏器官的生理机能的改善，良好的心理素质、坚强的意志品质的形成具有十分积极的作用。

（3）促进人际交往。篮球运动不仅可以相互切磋球艺，也可以为广大青少年之间相互了解、增进友谊、友好交往提供有效的途径，对青少年正确认识与处理人与人之间的关系，更好地融入社会，促进青少年健康人格的发展具有积极的作用。

二、篮球竞赛方法与编排

篮球竞赛通常采用下列几种竞赛编排方法，可根据不同情况选用不同的方法。

（一）循环制

循环制是指所有参赛队均轮流相遇，最后按各队在全部比赛中的胜负场次和得失分情况排列名次。这种竞赛制度比赛机会多，有利于相互学习和提高，能较合理地排定各参赛队的名次，它是篮球比赛中最常用的竞赛方法。根据参赛队的多少和赛期的长短，可分别采用下列几种循环制：

1. 单循环

单循环是所有参赛队均相互比赛一次，最后按各队在全部比赛中胜负场数、得分多少排列名次。这种方法一般在参赛队伍不太多（通常为 8 队以下）而赛期又相对较长时采用。单循环制的编排可按以下程序进行：

（1）竞赛场数计算公式。$N(N-1)/2=X$，即队数（队数−1）/2=竞赛总场数。

（2）计算竞赛轮次。每个参赛队打完一场比赛为一轮，如果每天进行一轮比赛，竞赛轮数也就是实际比赛的天数。其计算方法为：参赛队数是偶数时，竞赛轮数为队数−1。如 6 个队参赛，竞赛轮数为 6−1=5（轮），每个队每天打一场比赛，需 5 天打完全部比赛。参赛队数是奇数时，因每天有一个队轮空，竞赛轮数等于队数。如 5 队参赛，竞赛轮数为 5 轮，也需 5 天完成比赛。

（3）编排竞赛轮次。将参赛队从 1～N 编号，并将其平均分成两半，前一半号数由 1 号起自上而下列在左侧，后一半号数自下而上列在右侧，然后用横线将相对的号数连结起来，这就是第一轮的比赛（表 6-4-1）。若遇参赛队为奇数时，则采用“补 0”的方法使之成为偶数。遇到 0 的队该轮轮空（表 6-4-2）。第二轮及以后轮次的排法是，1 号位置固定不变，其余的号码按逆时针方向移动一个位置再用横线连接。

表 6-4-1　6 个参赛队竞赛轮次表

第一轮	第二轮	第三轮	第四轮	第五轮
1—6	1—5	1—4	1—3	1—2
2—5	6—4	5—3	4—2	3—6
3—4	2—3	6—2	5—6	4—5

表 6-4-2　5 个参赛队竞赛轮次表

第一轮	第二轮	第三轮	第四轮	第五轮
1—0	1—5	1—4	1—3	1—2
2—5	0—4	5—3	4—2	3—0
3—4	2—3	0—2	5—0	4—5

（4）编排竞赛日程表。轮次表排定后，按各队抽签号码将队名填入轮次表，即可据此排出竞赛日程表。在编排竞赛日程表时，应注意各队机会均等的原则，如比赛时间、比赛场地的安排均应考虑这一原则。

（5）计分方法和名次排列。单循环制确定比赛名次时，以积分多少排列名次。即胜一场得 2 分，负一场得 1 分，弃权得零分，积分多者名次列前。若遇两队积分相等，按两队相互间比赛的胜负决定名次，胜者名次列前；若遇三队或三队以上积分相等，按积分相等各队相互间比赛的胜负场数多少决定名次，胜场多者名次列前；若相互间的胜负场数再相等，则按相互间的得失分率决定名次（得失分率 = 总得分/总失分），得失分率高者名次列前；若仍相等，则按在单循环赛中所有比赛的得失分率排列名次（表 6-4-3）。

表 6-4-3 循环赛成绩记录表

成绩 队名 / 队名	A	B	C	D	E	F	积分	相互间			名次
								胜场	负场	得失分率	
A											
B											
C											
D											
E											
F											

2. **双循环**

双循环是所有参赛队均相互比赛两次，最后按各队在全部比赛中胜负场数、得分多少排列名次。一般在参赛队伍较少而竞赛时间较长时采用。

双循环制的竞赛场数和轮次均为单循环制的倍数；比赛轮次的编排与单循环编排相同，但要分别排出第一循环轮次表和第二循环轮次表；计分方法和名次排列也和单循环制相同，但遇两队积分相等且相互间胜负场次也相等的情况，则按两队间比赛的胜分多少来确定名次，胜分多者名次列前。

3. **分组循环**

分组循环是把参赛队分成大致相等的若干组，分别进行单循环比赛，排出小组名次后再进行第二阶段比赛。一般在参加比赛的队数多而竞赛时间有限时采用。

分组循环排出小组名次后，可采用下列方法进行第二阶段比赛：单循环比赛的方法。按小组赛成绩重新编组进行单循环赛。如预赛分两个小组，可将各小组第一、第二名编组循环决出 1～4 名，小组第三、第四名编组循环决出 5～8 名；如预赛分四个组，可将各小组第一名编组循环决出 1～4 名，小组第二名编组循环决出 5～8 名。

为了减少轮次，通常可将小组赛中相关成绩带入第二阶段，即小组赛中相遇过的球队在第二阶段不再比赛。

（二）淘汰制

淘汰制是通过比赛逐步淘汰失败者，最后决定优胜者的比赛方法。一般在参赛队数多而时间紧的情况下采用，它的不足是不能合理地确定参赛队的名次，且实力较弱的队实际参赛场次很少。因此，单纯的淘汰制目前在篮球比赛中很少采用，但近来风行的“三对三”篮球比赛中大多采用淘汰制。

在编制淘汰轮次表时，如果参赛队数不足 2 的乘方数时，则有的队在第一轮比赛中应安排轮空，或者在第一轮比赛前加赛，使比赛队数为 2 的乘方数。

为不使强队过早相遇而被淘汰，可将最强的两队定为种子队分列上下半区最靠两头的位置，如有轮空机会，应先让强队轮空，其余各队按抽签排定。

以下为 8 个参赛队的淘汰轮次表，见图 6-4-1。

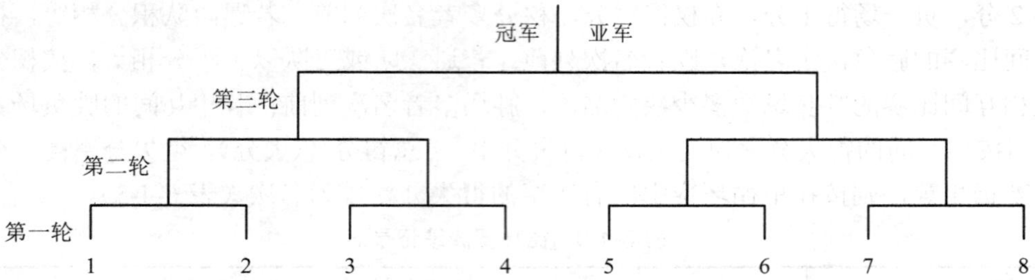

图 6-4-1

（三）混合制

混合制是同时使用两种以上赛制的竞赛制度，它一般将比赛分成两个阶段。在篮球比赛中通常采用先分组循环后交叉淘汰或同名次赛来决定最后排名。

三、如何策划、组织篮球比赛

【案例一】

“冠军杯”全校学生篮球赛策划方案

一、比赛目的、时间和地点

为了弘扬校园篮球活动氛围，丰富大学生业余生活，推广篮球运动，加强篮球体育爱好者的交流与进步，增强各系各班级的凝聚力和个人的集体荣誉感，发扬参赛者的友好合作、协作的体育精神，学校篮球社团举办此次“冠军杯”全校学生篮球赛。

比赛时间：××××年××月××日

比赛地点：户外篮球场或体育馆

报名方法：各系专业团队为单位报名，填写报名表

二、宣传工作

（一）冠名宣传

如果有公司或单位作为本次活动的赞助商，可为本次活动加以冠名，如××××年“冠军杯”全校学生篮球赛。

（二）横幅宣传

横幅数量为 2 条，横幅规格为 1 m×10 m，赞助商的名称以鸣谢的方式出现。

悬挂时间：在比赛之前 3 ~ 5 天挂好

悬挂负责：学校篮球社团

悬挂地点：信管系、计算机系、校学生会宣传栏或大学生服务中心等地点

（三）海报宣传

内容与横幅基本相同，篮球社团的宣传部制作，贴在宣传栏上，吸引眼球。

（四）赛程宣传

初赛宣传、复赛宣传、决赛当天宣传，并在赛场道路两旁贴上印有赞助公司标识的指示路标，决赛开始及结束时鸣谢公司对本次活动的大力支持。

三、寻找赞助商

高校是人才的发源地，学生对以后的社会发展起着关键的作用，向学生宣传，商家的影响将是长久的；以往的校内活动中，学生积累了不少的宣传经验，所以寻找赞助商对学校和商家是双赢。

四、赞助方案

我校篮球社团会根据实际情况为赞助公司设计最合适的宣传计划，投入足够的人力资源完成赞助公司的定制宣传，获得本次活动的冠名权，在活动结束后致谢；活动现场宣传标识，列出赞助公司的名称等。

【案例二】

第 *N* 届体育活动月“冠军杯”篮球竞赛规程

一、活动目的

为了弘扬篮球文化，丰富校园文化生活，满足广大篮球爱好者交流竞技的欲望，某校定于××月中下旬举行第 *N* 届体育活动月“冠军杯”篮球赛。

二、活动主题：第 *N* 届体育活动月全校学生“冠军杯”篮球赛

三、主办单位：基础教学部

四、参赛单位

信息与建筑工程学院，机电工程学院，会计学院，能源工程学院，工商管理学院，汽车工程学院，旅游航空学院，学前教育学院。

五、比赛时间、地点

时间：××××年××月××日（每天中午 12：20—13：20）

地点：学校篮球场

六、竞赛办法

（一）参赛的每位运动员只能代表 1 个队伍参赛。

（二）各参赛队必须备有两套不同（深、浅）颜色的比赛服装，号码 4 ~ 15 号。

七、报名事项

（一）报名截止时间：各参赛队纸版报名表须盖章后于××月××日下午 5 点以前送交体育与心理健康教育管理团队。逾期不送者或未发邮件者，视为自动弃权。

（二）各领队于××月××日中午 12 点 30 分抽签分组，不到者由协办单位决定。

注：报名表上报后一律不得更改。比赛的赛程表请在宣传栏查看。

八、报名资格与处罚

（一）报名参赛本着自觉自愿的原则，所有的安全措施必须在比赛之前落实到位。身体各关节、各部位、脑电图、心电图、脉搏、血压等有异常者不能参加任何比赛，否则后果自负。

（二）报名名单确认后由各系辅导员签字确认运动员参赛资格，赛中判罚和每场结果均以临场裁判判罚为准，每场比赛记录表裁判员签字后生效，赛中若发生不良事件或不尊重裁判事件，追究到个人，交各学院处理。

九、录取名次与奖励：团体前 3 名，运动会时颁发奖杯。

注：比赛获奖个人只颁发证书。

十、竞赛方法

（一）比赛报名：男队、女队每队 12 人，上场队员为 5 人。

（二）比赛时间：上、下半时，每半时 20 分钟，全场比赛 40 分钟（遇有球员受伤，裁判员有权暂停比赛 1 分钟）。上半时之后休息 2 分钟再进行下半时。

（三）各代表队、运动员必须严格遵守有关规则，按照指定的时间及地点参赛，迟到 5 分钟的代表队、运动员作弃权处理。

（四）如遇雨天或其他原因造成比赛不能进行，则按赛程上排列的秩序往后推移。不论当时该比赛进行的时间多少，记录表一律有效，重新比赛时，按记录表继续进行。

十一、比赛规则

以国际篮球联赛规则为准。

十二、其他

本次比赛的仲裁由体育与心理健康教育管理团队选派；本规程的解释权属于体育与心理健康教育管理团队。

【课堂练习 1】

练习内容：全场比赛裁判实践。

练习方法：组织和演练一场篮球比赛，上、下半时，每半场各 20 分钟，全场比赛 40 分钟，三名裁判进行临场判定。

达成目标：裁判员跑位及时，手势准确，要求无漏判、误判，临场应变能力强。

【课堂练习 2】

练习内容：半场三对三比赛裁判实践。

练习方法：组织和演练一场三对三半场篮球比赛，上、下半时，每半场各 10 分钟，全场比赛 20 分钟，两名裁判进行临场判定。

达成目标：裁判员跑位及时，手势准确，要求无漏判、误判，临场应变能力强。

【课后练习】

练习内容：新生力量策划比赛材料。

练习方法：联络与外校进行友谊比赛，书写策划案、组织和布置场地等系列流程。

达成目标：上交策划案一份，要求合理安排时间和场地，无遗漏事项。

【拓展练习】

1. 现有 15 个队伍报名参加篮球比赛，以淘汰赛形式组织编排。

2. 某校有 6 个学院，每个学院限报名 2 队，共有 12 支队伍参赛，以循环赛形式安排赛程。

【思考与练习】

（1）举例说明比赛成绩排列的方法。

（2）试分析策划、组织比赛过程中，相关安全问题提前声明的重要性和措施。

第七章　空中飞球

本章学习达成效果：通过排球比赛作为项目导引，学生掌握排球基本技术、基本战术和比赛规则，了解排球运动的特点与发展，促进个人身体素质发展，养成良好的体育锻炼习惯，提高体育文化素养，为学生走出教室、走出寝室、走向操场、奔向大自然提供有力的保障。

本章的重点和难点：排球基本技术和基本战术的掌握与比赛规则的运用；持续的练习时间、控制适当的运动强度和密度。

学习指导建议：采用自主学习法、合作学习法等方法，不断地加强练习，通过练习时间和练习次数的积累，巩固技术动作，不断提升技术水平。

排球运动是普及性较强的运动，它与足球、篮球并称为世界三大体育运动。排球运动是由两支人数相等的球队，在被球网隔开的两个均等的场区内，根据规则以身体任何部位，将球从网上击入对方场区，而不使其在本方场区内落地的、集体的、攻防对抗的体育项目。

【章前案例】

“精英杯”项目导引

“精英杯”全校学生排球赛以排球理论知识传授、技战术实践能力及身体素质提升为目标，以排球俱乐部为依托，以“做中学”为手段，以分组式为组织方式，最终使学生能够自行起草排球比赛策划方案、自行组织一场有八支队伍参加的排球比赛。

一、“精英杯”项目总体设计

1．比赛主题：“精英杯”全校学生排球赛

2．比赛时间：××××年××月××日

3．比赛地点：排球场或体育馆

4．参赛人员：排球俱乐部学生及全校排球爱好者

5．主办单位：体育与心理健康教育管理团队

6．协办单位：排球俱乐部和排球社团

项目内容	具体目标
理论知识	通过排球理论知识的传授，了解排球的发展史，为掌握及运用技战术打下坚实基础。用理论指导实践，用实践证明理论，以此达到锻炼身体的目的

项目内容	具体目标
专业技能	从学生兴趣爱好出发，使学生能够掌握和运用准备姿势、站位、脚步移动、垫球、传球、扣球、拦网、跑位和“心跟进”战术、“边跟进”战术等技战术的知识点和技能点，加强学生身体素质的练习，提高学生排球基本功。内容的学习随着时间的推移，由浅入深，由易到难（具体内容见正文）
职业道德	通过排球理论知识与实践技能的学习，学生养成良好的锻炼习惯，培养学生参与体育锻炼的习惯、积极乐观的生活态度与学习态度

二、“精英杯”项目能力培养

“精英杯”全校学生排球赛的策划、组织与实施，为所有排球俱乐部的学生及爱好排球的学生提供一个技术交流平台，让大多数学生参与；分组式和自组织培养学生团队合作与沟通交流能力、实战能力、终身自主学习能力，培养学生良好的学习态度，养成健康的锻炼习惯。

三、“精英杯”项目策划方案

（一）“精英杯”全校学生排球赛前期准备工作

序号	前期准备工作	负责人	提交成果物	完成时间
1	拟定并下发“精英杯”全校学生排球赛竞赛规程	俱乐部主任 排球社团	竞赛规程文档 （详见第四节内容）	赛前 25～30天
2	招募比赛裁判员及其培训工作		竞赛规则和裁判法资料及裁判员名单	
3	完成条幅、海报和赛事宣传设计、制作、悬挂、张贴工作	俱乐部副主任 排球社团	条幅、海报及赛事宣传相关资料制作好、悬挂好	赛前 3～5天
4	制作对阵表、比赛用表及签到表		比赛对阵表、裁判员签到表、比赛用表	
5	统计报名表，编排比赛日程		各参赛单位报名表 赛程的悬挂和张贴	
6	采购奖品和裁判饮用水、广播站及成绩公告点	俱乐部副主任及助理	奖品等级及预算文档、主持人名单及成绩公告单	赛前 1～2天
7	租借比赛场地及比赛用排球		借用场地申请单和排球	

（二）“精英杯”全校学生排球赛组织实施流程

1．所有工作人员和裁判员准时到场，做好任务分工，各司其职，各负其责。

把所有裁判员分成两个大组或四个小组，做到每个球台有两个裁判员。裁判员要听从领导，服从指挥，做到“准确、无误、公平、公正”。

2．比赛场地布置完毕。

3．比赛正式开始。

4．为获奖学生颁奖（邀请学长或历届冠军学生）。

5．比赛圆满落幕，总结比赛。

项目单元

1．传、垫球比赛（两人相距5米）

比赛内容：传、垫球比赛（两人相距5米）。

比赛方法：两个学生一组，相距 5 米进行传、垫球练习。

达成目标：要求两人连续 10 次传球和 10 次垫球，球不落地。

2．团体传、垫球比赛

比赛内容：8 人一组通过传球或垫球技术围绕成圈进行比赛（圆圈半径至少为 2 米）。

比赛方法：8 人一组围绕成圈，运用传球或垫球技术，进行比赛。看哪个团队垫球或传球个数累计相加最多者为胜。

达成目标：一个人不能连续进行垫球或传球，而且每个队员在本队其余 7 个人都触及球后才可以再次触球。在此基础上看哪个队连续传球或垫球的个数多。

3．接发球比赛

比赛内容：接发球比赛。

比赛方法：两组学生进行接发球淘汰比赛，要求每组选派 1 名学生发直线球、斜线球，然后对方接发球。

达成目标：每组发球同学发 3 个直线球、3 个斜线球看哪组学生接起的发球多，进行接发球比赛。

4．扣球拦网比赛

比赛内容：扣球拦网比赛。

比赛方法：两组学生进行扣球拦网淘汰赛，要求每组派 5 名同学进行比赛，其中 2 名同学进行传球、扣球，其余 3 名同学进行单人拦网、双人拦网、集体拦网各两次。

达成目标：看能够拦网得分几分，决出胜负。

第一节　兴趣排球

【案例导入】

视频播放：2016 年里约奥运会女子排球决赛中国 VS 塞尔维亚的精彩视频

老师：比赛非常精彩，请大家谈一下对这场排球比赛的印象，然后谈谈你对排球运动的理解或亲身感受。

学生 A：这场比赛非常精彩，女排队员在落后的情况下，没有放弃，战胜了自我、战胜了对手。

学生 B：排球运动体现出整个团队的合作精神，在场上的每个人都很重要。

学生 C：排球比较容易学一些，身体任何部位都可以击球，大家可以进行全身的运动，对抗性还不算太强，适合人群很广。

老师：看来大家对排球运动已经有了一定的了解，排球这项运动学起来还是很容易的，只要会垫球和发球就可以活动起来，但想学精很难，因为每项运动都需要大家大量的付出和努力练习才能学好，所以必须下苦功夫，并坚持练习。

一、排球运动的起源与发展

（一）排球运动的起源

排球运动源于美国。1895 年，美国马萨诸塞州霍利沃克城基督教青年会干事威廉•摩根发明了排球游戏，这种游戏是将网球网挂在高处，用球胆从网上弹来弹去，不使其落地。

排球运动由此诞生。最初，排球的名称为“Mintonette”，意为“小网子”。1896 年，霍尔斯特德教授根据这项运动的特点，将其改名为“Volleyball”，即“空中击球”，并一直沿用至今。

（二）排球运动的传播

排球运动在美国问世后，由美国的教会、传教士和驻外军官、士兵带到了世界各地。由于地理位置的原因，排球运动传入美洲和亚洲的时间较早（大约在 1900 年），传入欧洲较晚（大约在第一次世界大战时）。1913 年，排球被列为第一届远东运动会比赛项目。此后，排球运动在亚洲先后经历了 16 人制、12 人制、9 人制和 6 人制的赛制演变过程。

但排球运动在欧洲却没有经历这么复杂的演变过程。自 1917 年排球运动传入欧洲后，便以 6 人制的比赛方式被列为正式比赛项目。此后，排球运动在欧洲发展迅速，技、战术水平不断提高。

由于欧洲排球参数人数不同，规则也不尽相同，排球始终被限制在不同地域范围开展。1947 年 4 月 20 日，国际排球联合会（Federation International Volleyball，FIVB）在巴黎成立，并制订了统一的比赛规则。此后，FIVB 通过举办一系列的国际比赛，使得排球运动逐渐演变为需要强壮体能和高超技、战术的运动项目。1964 年，排球被列为奥运会正式比赛项目。

（三）排球运动的发展

世界排球运动的发展主要可分为三个阶段：娱乐排球、竞技排球和现代排球。

（1）娱乐排球（1895—1936 年）。排球运动从开始的娱乐游戏性质，逐渐地向竞技对抗方向发展。这时，世界上没有统一的国际组织，没有统一的竞赛制度和竞赛规则，也没有正式的国际比赛。

（2）竞技排球（1947—1980 年）。第二次世界大战时期，世界排球运动一度停滞不前。1947 年 7 月 FIVB 的成立，标志着排球运动从娱乐游戏时代进入了竞技时代。这一阶段，在众多大型比赛和广泛的国际交往的促进下，排球运动得到了蓬勃发展。

（3）现代排球（1980 年至今）。随着排球技、战术水平的不断提高，竞技排球向着全攻全守的方向发展。同时，排球运动的社会化、商业化和职业化倾向日益明显，形式多样的大众排球得到了更为广泛的传播，排球运动进入了竞技排球与大众娱乐排球共存的新时代。

二、排球运动的特点与价值

（一）排球运动的特点

1. 形式的多样性和广泛的群众性

排球运动的形式多种多样。按参加的人数分类有 9 人制排球、6 人制排球、4 人制排球和 2 人制排球；按参加的对象分类有妈妈排球、坐式排球和盲人排球；按活动场地分类有室内排球、沙滩排球、雪地排球、水中排球和泥地排球等；按活动用球分类有气排球、软式排球、羽毛排球和小排球等。排球运动对场地设备要求简单，比赛规则容易掌握。既可在球场上比赛和训练，也可以在一般空地上活动，运动量可大可小，适合不同年龄、不同性别、不同体质、不同训练程度的人。

2. **技术的全面性和高度的技巧性**

在大多数形式的排球比赛中，规则规定每个队员都要进行位置轮转，既要到前排扣球与拦网，又要轮到后排防守与接应。因此，要求每个队员必须全面地、熟练地掌握各项技术，能在各个位置上比赛。规则规定，比赛中球不能落地，不得持球和连击。击球时间的短暂、击球空间的多变，决定了排球的高度技巧性。

3. **激烈的对抗性和严密的集体性**

排球比赛中，双方的攻防转换始终是在激烈的对抗中进行的。高水平比赛中，对抗的焦点在网上的扣拦上。在一场比赛中，夺取一分往往需要经过多个回合的交锋。水平越高的比赛，对抗争夺也越激烈。排球比赛是集体项目，除发球外，都是在集体配合中进行的。没有严密的集体配合，再好的个人技术也难以发挥，更无法发挥战术的作用。水平越高的队，集体配合就越严密。

4. **攻防技术的两重性**

排球运动技术的攻防界线比较分明，进攻就是进攻，防守就是防守。隔网攻防构成了排球比赛的基本内容和形式。“每球得分制”的实施，使得所有的技术动作都可能得分，也可能失分，这就要求排球技术动作既有攻击性，又有准确性，即技术运用成功就得分，技术运用失误就失分。任何失误都会导致失分，这就是每球得分制区别于发球权得分制的主要特点。

（二）排球运动的价值

根据排球运动的特点，参加排球运动不仅能提高人们的力量、速度、灵活、耐力、弹跳、反应等身体素质和运动能力，并能改善身体各器官、系统的机能状况，而且还能培养机智、果断、沉着、冷静的心理素质。

同时，排球运动也会促进精神文明建设。排球比赛和训练可以培养团结战斗的集体主义精神；培养胜不骄、败不馁，勇敢顽强，克服困难和坚持到底的精神品质。

总之，排球运动是一项具有广泛群众基础的体育项目，它对提高参与者的综合素质，活跃社会文化生活，促进世界各国的文化交流，都有一定的意义。

三、排球竞赛规则

（一）场地与器材

1. **比赛场地**

排球比赛场区为长 18 米、宽 9 米的长方形。其四周至少有 3 米宽的对称，从地面量起至少有 7 米的无障碍空间。比赛场地所有的界线宽均为 5 厘米，并且线宽均包括在场区内。其颜色应是与地面和其他项目划线不同的浅色。不能用任何坚硬的物体作为场地界限。

2. **器材与设备**

（1）网柱。网柱为两根高 2.55 米，最好是可以调节高度的圆柱。固定在边线外 0.5～1 米的中线延长线上。

（2）球网。球网为黑色，长 9.50 米，宽 1 米，架设在中线中心线的垂直平面上。球网的高度因性别、年龄、比赛层次而异。成年男子网高 2.43 米，女子网高 2.24 米；少年男子网高 2.35 米，女子网高 2.15 米。

（3）标志带。标志带是宽 5 厘米、长 1 米的白色带子，分别系在球网的两端，垂直于边线。标志带紧贴球网，被认为是球网的一部分。它们是球网上的两条边界。

（4）标志杆。标志杆是两条有韧性的杆子，长 1.80 米，直径 0.01 米，由玻璃纤维或类似质料制成。标志杆高出球网 80 厘米，高出部分每 10 厘米应涂上红白相间的颜色。两根标志杆分别设在紧贴标志带外沿球网网面的不同侧。标志杆也被认为是球网的一部分。两条标志杆之间与球网上沿构成了“过网区”，标志杆还被视为是向无障碍空间无限延长的。

（5）球。比赛用球可以是一色的浅色，或经国际排联批准的多色球。球的圆周为 65～67 厘米，重量为 260～280 克，气压为 0.30～0.325 千克/厘米^2。

（6）裁判台。裁判台是一个长约 80 厘米、宽约 70 厘米，调节高度为 1.10～1.30 米的升降台。基层比赛可用跳箱、课桌等代替，但宽度不宜过长，以防止运动员撞伤。高度应以裁判员的水平视线高出球网上方 50 厘米为宜。

（二）比赛方法

比赛开始由后排的右边队员在发球区内用一只手或手臂将球击过网，以后每方最多击球 3 次（拦网触球除外）使球过网，不能持球和连击。比赛应不间断地进行，直至球落地、出界或某队犯规。

发球队胜一球后，该队发球的队员继续发球。接发球队胜一球后，场上队员先按顺时针的方向轮转一个位置后再由后排右边的队员发球。目前比赛采用五局三胜制、三局两胜制、一局胜负制（沙滩排球）。当前国际 6 人制排球比赛采用五局三胜制的每球得分制，每局先获得 25 分并超出对方 2 分的队为胜一局，胜三局为胜一场。决胜局的比赛是首先获得 15 分并超出对方 2 分的队为胜队。

四、准备姿势与移动

准备姿势和移动是排球基本技术的内容之一，又称为无球技术。正确的准备姿势和移动是打下坚实基本功的前提。同时，它们在比赛中的运用也最多，对技术效果影响也最大。

（一）准备姿势的作用和特点

1. 准备姿势的作用

正确的准备姿势能保证快速起动、移动去接近球，规范地完成各种击球动作。同时，正确的准备姿势便于应付突发的情况，能适应攻防节奏快速变换的需要，保证技术动作的协调性和完整性，使单项技术动作规范化，从而提高技术质量，减少不必要的失误。

2. 准备姿势的特点

（1）运动员在比赛场上每次做准备姿势后不一定都能击球。据统计，比赛中做各种准备姿势的次数，要比实际击球次数高 4～6 倍。即使如此，在比赛与训练中也必须养成认真、适时地做好准备姿势的习惯，才能做到有备无患，减少失误。

（2）正确的准备姿势和动作应使肌肉保持适度的紧张，这比肌肉完全放松和过度紧张更有利于起动。

（3）准备姿势应包括动作上的准备和心理上的准备两方面内容。只有身体动作上的准备而无注意力高度集中的精神状态，同样会影响判断和起动的速度。因此，运动员在完成动作准确的同时要集中注意力，重视注意力的分配和转移，提高判断的准确性，及时做出合理的应答动作。

3. **准备姿势的分类**

准备姿势为移动和击球做好充分准备，为达到更好的移动和击球创造条件。按身体重心的高低，可分为稍蹲准备姿势、半蹲准备姿势和低蹲准备姿势，见图 7-1-1。

（1）稍蹲准备姿势：两脚左右开立与肩同宽，两脚稍分前后，两膝微屈，身体重心位于两脚之间，并稍靠前脚，脚跟稍提起，上体稍前倾，两臂放松，自然弯曲置于腹前。两眼注视球并兼顾场上的各种情况，两脚保持微动状态。

实际运用：用在扣球、二传传球前和接速度较慢、弧度较高的来球时。由于身体重心较高，双手靠近身体，便于进行距离较远的移动和快速移动。因此，准备时应根据球的飞行情况，随时调整身体的位置、方向和重心的高度，这样有利于快速地向需要移动的方向做出相应的动作，但要注意两膝不宜过度弯曲，上体前倾也不要过大。

（2）半蹲准备姿势：两脚左右开立略比肩宽，两膝弯曲，脚跟自然提起，上体前倾，重心靠前，膝部的垂直线应在脚尖前面，两臂放松，自然弯曲置于腹前，两眼平视，注意来球，两脚始终保持微动。

实际运用：主要是为短距离移动和防较低的来球做准备。接发球时，双手置于腹前略向前伸，这样有利于对准快速的来球和缓冲重球的反弹力。

（3）低蹲准备姿势：身体重心比半蹲准备姿势更低、更靠前，两脚左右、前后的距离更宽一些，膝部弯曲的程度大于半蹲准备姿势，肩部的垂直线过膝，膝部垂直线过脚尖，两手臂置于胸腹之间。

实际运用：主要用于后场防守与前场保护以及接低远的球和倒地。由于重心低，便于做短距离移动和插入球下进行低姿垫球，不便于做距离较长的移动，所以防守时的判断取位更为重要。在选择防守位置的同时降低身体重心，在尚未判清来球情况前不能过早失去身体的平衡。

图 7-1-1　准备姿势

（二）移动

从起动到制动之间的位移动作称为移动。移动的完整过程包括起动、移动和制动三个环节。起动是移动的开始，它是在准备姿势基础上交换身体重心的位置，破坏准备姿势身体重心的稳定，使身体便于向某一方向移动步法；移动则是在起动的基础上，利用脚步动作来改变运动员在场上的位置，完成技术动作和战术配合的行动；制动是移动的结束，要及时克服身体的惯性冲力，保持好击球前的身体姿势。移动的目的是迅速占据场上有利位置，争取时间和空间。

1. **并步与滑步**

动作要领：以向前并步为例。其方法是后腿先蹬地，前脚向前跨出一步，后脚再迅速跟上，做好击球前的准备姿势。若向体侧连续快速做两次以上的并步，则称为滑步。

实际运用：主要用于短距离移动。其特点是转身变向快，容易保持身体平衡，便于制动和完成击球前的准备动作，向各个方向移动均可采用。当来球较远，使用并步不能接近球时采用滑步，它只宜于向左右侧做短距离移动，其特点是便于制动。故并步和滑步主要用于传、垫一般高球和拦网时。

注意事项：移步“快”，转身“活”，重心稳，对准球。

2. **跨步**

动作要领：跨步时，一腿用力蹬地，另一腿向来球方向跨出一大步，膝部弯曲、上体前倾、身体重心移至跨出腿上。

3. **交叉步**

动作要领：若向右移动时，右脚向右迈出一小步，屈膝降重心。上体应稍向右转，左脚从右脚前向右交叉迈出一步，然后右脚再向右跨出一大步，落在左脚右侧，同时身体转动对准来球方向，保持出球前的准备姿势。

实际运用：当来球在体侧 2～3 米距离时，采用交叉步去接近球最为适宜。它只适于向体侧移动，特点是步子大、速度快、制动好，便于观察及对准球，故二传手和拦网者在网前移动及防守两侧来球时采用较多。

交叉步在起动时（以向右移动为例），除身体应稍向右转动和倾斜外，右脚尖也应自然向右转动，这样便于左脚的交叉和右腿的蹬地发力。

注意事项：屈膝交叉步子大，弯腰移动重心稳。

（三）制动

制动是移动的结束，也是击球动作的开始。在快速移动后，至击球动作前，必须经过制动，以使身体有一个相对稳定的击球准备姿势，以利于完成击球动作，提高击球质量。制动不单是为了克服身体移动的惯性，同时也是为了与下一个动作进行衔接和做好准备姿势。

动作要领：

（1）一步制动法。在移动最后跨出一大步，同时降低重心，膝部和脚尖适当内转，全脚掌横向蹬地，以抵住身体重心继续移动的惯性，并以腰腹力量控制上体，使身体重心的垂直线停落在脚的支撑面以内。

（2）两步制动法。即以最后第二步开始做第一次制动，紧接着跨出最后一步做第二次制动，同时身体后倾，两膝弯曲，降低重心，双脚用力蹬地，使身体处于有利于做下一个动作的状态。

实际运用：移动最后跨出一大步制动的同时，上体要后仰，屈膝并降低重心，使身体重心后移，这样可以减小制动腿的蹬地角，利于制动。也就是说，制动步的着地点距身体重心越远，支撑蹬地力量越大，向后的水平分力也越大，制动效果也就越佳。

一步制动法是在移动距离短，前冲力不大时采用；两步制动法则是在快速移动后，冲力较大的情况下采用。

注意事项：制动步应跨大，膝部脚尖要内转；两膝弯曲，重心降低，上体后倾。

【课堂练习 1】

练习内容：脚步的起动和制动。

练习方法：听老师说出移动脚步的口令后进行启动和制动的练习。

达成目标：要求掌握正确的准备姿势和脚步移动的要点。

【课堂练习 2】

练习内容：前进和后退移动练习。

练习方法：在中线和进攻线之间连续做前进和后退移动。

达成目标：要求掌握前进和后退移动步法，保持重心平稳。

【课堂练习 3】

练习内容：左右并步移动练习。

练习方法：在中线和进攻线之间连续做左右并步移动。

达成目标：要求掌握并步移动步法，保持重心平稳。

【课后练习 1】

练习内容：听口令进行各种移动步法练习。

练习方法：两人一组，一人打手势；一人做不同方向并步、交叉步、滑步、跨步移动。

达成目标：要求掌握并步移动步法，保持重心平稳。

【课后练习 2】

练习内容：身体灵活性练习。

练习方法：

（1）跳绳 100 个/组，共 3 组。跳绳时有变化地进行单脚、双脚配合练习。

（2）垫上前滚翻练习 3 次/人。

达成目标：锻炼身体的灵活性，能够很快做出相应动作的反应。

五、传球

【案例导入】

学生每人一球，做一次高的自传球和一次低的自传球，高低传球要有明显的差别。以交替时间次数累计，次数多的获胜。

要求：运用正确的手型保持好的击球点做自传；传球高度须超过 30 厘米。

（一）正面双手传球

见图 7-1-2。

（1）技术要领口诀：

蹬地伸臂对正球，额前上方迎击球。

触球手型呈半球，指腕缓冲反弹球。

（2）准备姿势。传球的准备姿势与稍蹲准备姿势相似，但上体稍挺起，抬头看球，两手自然抬起，屈肘仰腕，放松置于脸前。

图 7-1-2 正面双手传球

（3）迎球动作。当来球接近额前时，开始蹬地、伸膝、伸臂，手指微张从脸前向前上方迎球，全身各部位动作应协调一致。

击球点：在脸额前上方约一球距离处击球。

（4）手型。手触球时，十指应自然张开成半球状，拇指和食指之间形状看似桃形。手腕稍后仰，以拇指内侧、食指全部和中指的二指节、三指节触球的后下部，无名指和小指在球两侧辅助控制传球方向，两拇指相对近“一”字形，两手间要有一定距离，两手击球点保持触击球的两侧。见图 7-1-3。

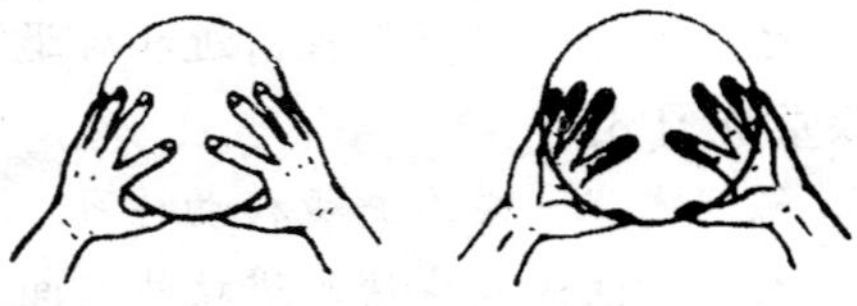

图 7-1-3　正面双手传球手型

（5）用力方法。传球动作首先是由伸膝、伸腰使身体重心升高开始的；紧接着再屈踝、抬臂、伸肘、送肩，在身体重心上升的同时两手迎向来球；在手和球即将接触前，手腕和手指有前屈迎球的动作；手和球接触时，各大关节继续伸展，手指手腕最后用力将球传出。在上述用力顺序中，下肢蹬地和伸臂动作应贯穿整个传球动作的始终，最后通过手指、手腕动作将全身协调力量作用于球体。

（6）传球后动作。两臂伸直，向出球方向做伴送动作，之后身体重心随即下降，两手自然下放，准备做其他动作。

（二）正面双手传球技术分析

（1）击球点。初学传球时，击球点必须保持在前额的正前上方约一球处。在这一位置击球时，便于全身协调用力，击球点与两肩能保持相等的距离，使两臂用力均匀，有利于提高传球的准确性和稳定性。此外，在这一位置击球时，肘关节尚有一定弯曲度，便于继续伸臂用力，有利于变化传球方向。若击球点过高或太偏前方，两臂不便于向前上方做伴送动作；若击球点过低，则不便于运用全身协调力量传球。

（2）手指、手腕的击球动作。手指、手腕灵巧的击球动作是学习传球技术的难点，也是进一步提高控制球能力的关键。虽然在一般情况下不是靠主动屈指、屈腕的动作来传球，但它对完整的传球技术来讲，就像是最后一道精雕细琢的加工过程，对传球的质量影响很大。触球前，手指、手腕与其他关节一样应有一个前屈的迎球动作，由于这一动作很小，所以做得要及时。其动作顺序应由手腕的前屈带动手指的前屈迎球。此时手指、手腕应根据来球的速度和传球的距离，保持适宜的紧张度。来球轻时，手指、手腕的迎球动作应相对柔和些；来球急时，手指、手腕要紧张些，动作要快些，用力也应大些。

（3）全身协调动作。传球是依靠下肢蹬地、伸臂、手指、手腕的反弹力和主动屈指、屈腕的力量及球体自身反弹力等所产生的合力来击球的。而其中主要是伸臂和手指、手腕的反弹力，并辅之以蹬地力量。这个传球的用力过程体现了从大肌肉群到小肌肉群，从大关节到小关节，从下肢蹬地到最后手指击球的合理用力顺序。整个动作要连贯协调，才能清晰地将球传出。如果忽视了全身协调动作，单纯以手臂或指腕动作来传球，或全身用力不及时，动作不连贯，用力与来球方向不一致时，将会直接影响传球的质量。所以初学者必须重视用全身协调的伸展力量来迎击球，养成蹬地、展体、伸臂传球的习惯。在这个基础上不断提高手指、手腕控制球的能力，才能学好正确的传球技术。

【课堂练习 1】

练习内容：对墙传球练习。

练习方法：面对强墙站立，距离 2~3 米，然后进行传球练习。

达成目标：要求掌握正确的击球点，传球手型。

【课堂练习 2】

练习内容：个人抛接球练习。

练习方法：个人传球准备姿势站立，然后将球向上抛起，传球者用传球的姿势将球接住，回到准备姿势站立。

达成目标：要求掌握用正确的击球点，传球的手型不变。

【课堂练习 3】

练习内容：原地做徒手模仿传球技术（传抛来的球、传固定球）。

练习方法：两人或多人一组进行垫球、传球练习。传球要有一定弧线，随时准备移动，对准来球。

达成目标：要求掌握正确的击球点，传球手型。

【课后练习 1】

练习内容：自传球练习。

练习方法：个人成传球姿势站立，然后向上将球抛起，进行个人自传球练习。

达成目标：完成传球技术的学习，体验手臂肘关节和腕关节的发力。

【课后练习 2】

练习内容：抛接球练习。

练习方法：两人一组，面对面站立，一人抛球，另外一个人距离抛球者 3~5 米，然后将抛起的球用双手将球接住，保持住传球的手型。

达成目标：完成传球技术的学习，体验触及球一瞬间手臂曲肘和腕关节向上翻转的感觉。

【课后练习 3】

练习内容：两人对传球练习。

练习方法：传球的距离要逐渐加长，体会腿蹬地的用力动作；在头额上面做自传球。两人一组，相距约 5 米，要求传球有一定弧线，随时准备移动，对准来球。

达成目标：完成传球技术的学习，注意易犯错误纠正，使技术动作尽量完美。

（三）传球易犯错误与纠正方法

易犯错误	纠正方法
1. 击球点过高或过低	一人抛球，一人用传球手型在额前将球接住；向远处传球
2. 手型不正确，拇指朝前，手型不是半球状，手指触球部位不准	反复观看正确的动作示范；多做传球的模仿练习；对墙近距离传球；用拇指、食指两个手指传球
3. 手指、手腕缺乏弹击力，拍打动作	两人近距离传足球或篮球；距墙 4～5 米做对墙传
4. 取位不及时，对不准来球，人与球的位置关系不合理	结合移动步法接球；学会上体移动重心，上体能前、后、左、右倾斜的传球；多做平传练习，保持正面击球

六、垫球

【案例导入】

将学生分成人数相等的若干队，面对距离目标（筐）10米，列队站好。游戏开始，排头做自垫球移动前进，至距离筐3米处时将球垫向筐内，然后徒手跑回击下一人的手掌，第二人做同样的动作，全队依次进行。速度快、入球多的队名次列前。

要求：必须用垫球的方式垫球入筐；中途球落地应在落地点捡起球再接着做；可用藤条圈或呼啦圈代替筐。

垫球是排球的基本技术之一，最常用的是前蹲垫球。垫球主要用于接发球、接扣球、接拦回球，以及防守和处理各种困难球。

（一）正面双手垫球

见图7-1-4。

图7-1-4 正面双手垫球

（1）准备姿势。面对来球，成半蹲或稍蹲姿势站立。

（2）垫球手型。两手掌根相靠，手指重叠，手掌互握，两拇指平行前伸，手腕下压，即叠掌法。

（3）垫球动作。来球力量小、速度慢，击球主要靠手臂上抬力量，以增加球的反弹力。当球飞到腹前约一臂距离时，两臂夹紧别伸，插入球下，向前上方蹬地抬臂，以全身协调动作迎向来球，身体重心随击球动作稍向前移。

（4）击球点。腹前高度。

（5）击球部位。利用前臂手腕关节以上10厘米左右的两小臂桡骨内侧所构成的平面击球的后下部，见图7-1-5。

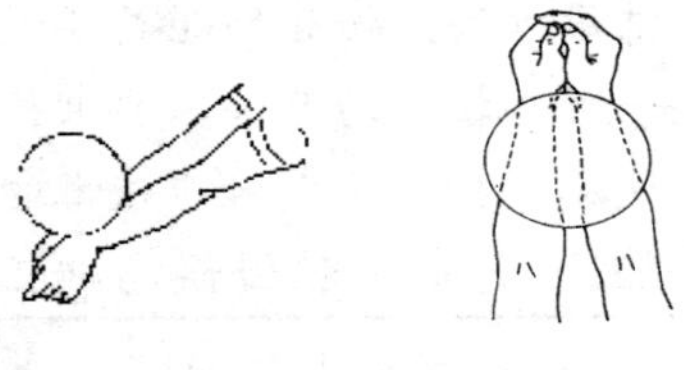

图7-1-5 正面双手垫球手型

（6）击球后动作。在击球瞬间，两臂要保持稳定，身体重心继续向抬臂方向伴送球，使整个动作协调自然，动作结束后，立即做好下一动作的准备。

此外，如果来球有一定力量，准备姿势重心应适当降低，两臂迎球动作的速度不宜太快，主要靠来球本身的反弹力将球垫起，并以手臂和手腕动作来控制出球的方向和角度。同时应运用蹬地伸腰、提肩压腕、向前抬臂的动作击球后下部。

当击球点较高并靠近身体时一般仍可用前臂垫球；如来球低而远时，有时就要屈肘腕，用手腕部位的虎口处垫球。

（二）正面双手垫球技术分析

（1）准备姿势的运用要根据不同情况而有所变化。初学垫球时，由于是垫击一般的轻球，身体重心可稍高。在比赛中接扣球和吊球时，应采用半蹲或低蹲准备姿势，两膝的弯曲度和重心的高低应根据来球的高低和角度以及队员腿部力量大小而定。要求在不影响快速起动的前提下，重心适当降低，这样有利于快速插入球下垫低球，也便于高点挡球。

垫球除单手击球和挡球外，常用的双手垫球手型有三种。前面已介绍了叠掌式，现在再介绍抱拳式和互靠式。

①抱拳式：十指交叉抱拳互握，两拇指平行向前，两掌根和小臂外旋紧靠，手腕下压，使前臂形成一个垫击平面，见图 7-1-6。

②互靠式：两手腕紧靠，两手自然放松，两臂外翻，手腕下压，见图 7-1-7。

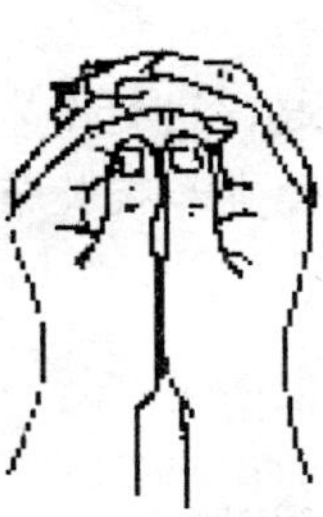

图 7-1-6　抱拳式

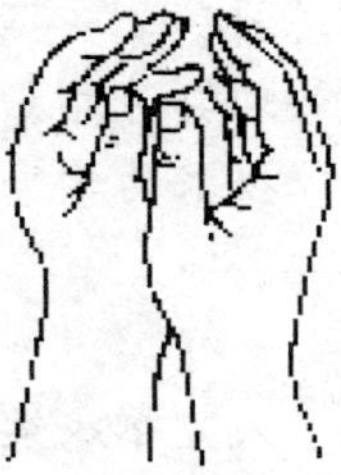

图 7-1-7　互靠式

（2）正面双手垫球的击球点位置应尽量保持在腹前高度，离身体距离要适宜。这样便于控制用力和调整手臂的角度及控制垫出球的落点和方向。如来球高于腰部以上时，可用高位正垫，垫击时利用伸膝蹬地提高身体重心，必要时还可跳起，使球仍保持在腹前用小臂垫击。此时，手臂与地面角度约为 60°，以提肩、顶肘的协调动作，给球以一定的力量。

（三）垫球技术易犯错误及纠正动作

错误动作	纠正方法
1. 手型及击球部位不正确	模仿练习、垫固定球
2. 屈肘，两臂不平	垫固定球、自垫练习
3. 移动慢，对不正球	前后左右移动练习（一抛一垫）要求正面垫球
4. 两臂用力不当，臂摆动过大，用力过猛，动作不协调	徒手练习，垫固定球，体会用力和协调发力，或对墙练习

【课堂练习】

练习内容：正面双手垫球。

练习方法：

（1）两人一组一球，乙持球置于甲腹前，甲半蹲姿势，用垫球手型在腹前位置垫球（球不离臂），乙轻轻用力下压，甲利用提肩压腕、蹬地抬大臂的力量做垫球动作，动作要柔和、协调。

（2）两人一组一球，相距 4～5 米，甲平抛球至乙脸前位置，乙半蹲练习挡球。

（3）两人一组一球，甲准确地把球抛到乙的体前，弧度稍高，球速不要快，乙垫球给甲，连续抛垫10次后交换。

（4）两人一组一球，相距7~8米，一抛一垫，一定次数后交换。

达成目标：要求掌握正确的击球点，击球时机。

【课后练习1】

练习内容：对墙垫球练习。

练习方法：徒手练习全身协调用力垫球动作；单人以垫球手型对墙进行近距离（离墙50~100厘米）垫球；单人对墙进行较远近距离（离墙2~3米）连续垫球。

达成目标：完成垫球技术动作的学习，注意易犯错误纠正，使技术动作尽量完美。

【课后练习2】

练习内容：自垫球练习。

练习方法：个人成垫球姿势站立，然后向上将球抛起，进行个人自垫球练习。

达成目标：完成垫球技术的学习，保持手臂肘关节伸直和腕关节下压，大臂带动小臂发力。

【课后练习3】

练习内容：两人或多人互垫球练习。

练习方法：两人一组对面站立或多人一组围成一个圈站好，进行互相垫球练习。

达成目标：完成垫球技术的学习，注意脚步移动与上肢垫球技术的结合。

【拓展练习】

练习内容：传垫球练习。

练习方法：

（1）两人一组，相距4~5米连续对垫。

（2）两人一组一球，相距4~5米，一人固定，一人移动。固定者把球垫向另一个人两侧1.5米左右，另一人移动将球垫回，连续不断地练习至少10次。

（3）多人为一个圈进行垫球练习，保证连续球不落地，垫10次以上。

（4）两人一组，相距4~5米连续对传。

（5）两人一组一球，相距4~5米，一人固定，一人移动。固定者把球传向另一个人两侧1.5米左右，另一人移动将球传回，连续不断地进行练习至少10次。

（6）多人围一个圈进行传球练习，保证连续球不落地，传10次以上。

（7）两人一组，相距4~5米，一人垫球，一人传球连续传、垫练习10次以上不落地。

达成目标：强化传球、垫球技术动作，完善基本功，为下一步技术动作的学习做好铺垫。

（四）传、垫结合练习易犯错误及纠正动作

错误动作	纠正方法
1. 手型及击球部位不正确	模仿练习，脚步快速移动垫、传单个球练习
2. 选择采用垫球还是传球时机不恰当	对各种不同高度和不同速度单个球进行练习

【力量素质练习】

①握网球或传足球；②用小哑铃或杠铃做腕屈伸；③手指俯卧撑或卷重物；④提抓铅球或沙袋。

【肌肉耐力练习】

①俯卧撑或击掌俯卧撑；②双人推小车；③仰卧起坐、仰卧举腿、肋木举腿、腹卧体后屈；④坐地双腿夹实心球，坐地举腿或双脚夹球跳起，将球向上抛出。

【速度练习】

反应速度练习：看手势做各种折回跑或折回动作；面对墙做各种反弹接球的练习，也可结合球做各种不同落点、不同节奏的防守练习；看别人的动作起动：两人相对，一人向左右任意移动，另一人力争与他（她）保持相对，不使对方把自己晃开。

移动速度练习：3 米侧向或前后快速往返移动；结合排球场地练习各种移动步伐（向前做小跑步或小碎步跑；向两侧做侧滑步或侧交叉步；向后做后退跑或结合视、听觉信号做各种移动的互变）。

动作速度练习：垫球双手抬臂速度练习；快速传球练习；扣球挥臂速度练习。

【思考与练习】

增强传球和垫球准确性的要点有哪些？

第二节　爱好排球

【案例导入】

视频播放：2013 年世界女排大奖赛总决赛中国 VS 巴西的精彩视频

老师：请大家谈一下中国队为什么会在这场比赛中失利。

学生 A：这场比赛中国队在一传成功率方面做得很差，接发球不到位，组织不了有效的进攻，不能得分，所以这个是失利的主要原因。

学生 B：这场比赛的团队合作不周密，失误太多。

学生 C：在比赛遇到困难时，中国队员没能及时调节好自己的情绪。

老师：大家说得很准确，看来大家已经认识到一传的重要性了，那么我们这节课的主要任务就来解决一下如何提高接发球到位率的这个问题。

一、背面、侧面传球

1. 背后传球

背对传球目标的传球动作叫作背传。

动作要领：传球前身体背面要对正传球目标，上体保持正直或稍后仰，身体重心在两脚之间，双手自然抬起，放松置于脸前。迎球时，抬上臂、挺胸、上体后仰。击球点保持在额上方，比正传稍高、稍后。触球时，手腕后仰并适当放松，掌心向上，击球的下部，手型与正面传球相同。背传用力要靠蹬地、展腹、抬臂、伸肘和手指手腕的弹力，把球向后上方传出。

实际运用：传球前上体保持正直或稍后仰，有利于蹬地、抬臂等动作向后用力，使球向后传出。击球点保持额上方，比正传稍高、稍后，有利于向后用力。

2. 侧面传球

身体侧对传球目标，并将球向体侧方向传出的传球动作叫作侧传。

动作要领：准备姿势、迎球动作、手型与正面传球相同，击球点应偏向传球目标一侧，上体和手臂应向传球方向伸展，传球方向异侧手臂的动作幅度、用力距离和动作速度要大于同侧手臂。

实际运用：击球点偏向传球方向一侧，有利于达到向侧向传球。上体和手臂向传球方向伸展，异侧手臂的动作幅度、用力距离和动作速度要大于同侧手臂，有利于向侧向发力，并保持良好的手型向侧向传球。

【课堂练习 1】

练习内容：侧面传球和背面传球练习。

练习方法：

（1）原地做徒手模仿传球技术，领悟动作过程。

（2）传抛来的球。两人一组，一人抛球，一人传球。要求抛球人尽量把球抛准，距离可由近至远。

（3）传固定球。两人一组，一人按传球手型持球于额前、另一人用手压住球，传球者按传球用力方向，体会传球手型和身体的协调用力。

达成目标：完善传球技术，可以根据一传，自如地进行传球。

【课堂练习 2】

练习内容：结合脚步移动的侧面传球和背面传球练习。

练习方法：听教师口令，然后进行脚步移动，移动到指定位置快速进行传球练习。

达成目标：完善传球技术，可以根据一传，自如地进行传球。

【课后练习 1】

练习内容：背向和侧向传球。

练习方法：

（1）背向、侧向行走，体验背向和侧向的感觉。

（2）两人一组或多人进行侧向和背向跑动传球游戏。

达成目标：掌握背向和侧向传球技术，运用自如。

【课后练习 2】

练习内容：3 号位背向和侧向传球练习。

练习方法：练习者站在 3 号位，然后一名陪同者站在同一块场地的 4 号、5 号和 6 号位，然后将球抛给 3 号位，练习者运用背向和侧向传球技术，将球传到 2 号、4 号位。

达成目标：掌握实战中背向和侧向传球技术，并且达到运用自如。

二、背面、侧面垫球

1. 背垫球

背对出球方向的垫球方法叫作背垫球。大多用于接应同伴垫飞的球或将球处理过网，其特点是击球点较高。由于背对垫球方向，不便于观察目标和控制击球的方向和落点。

动作要领：背垫时，首先判断来球的落点、方向和离网的距离，迅速移动到球的落点处，背对出球方向，两臂夹紧伸直、插到球下。击球时，蹬地、抬头挺胸、展腹，直臂向后上方摆动击球。在垫低球时，也可以利用屈肘、翘腕动作，用虎口处将球向后上方垫起。

实际运用：背对出球方向使背垫的方向准确。两臂夹紧伸直插到球下及蹬地、抬头挺胸、展腹等，使向后的力击球。垫低球时的屈肘和翘腕也是便于使向后的力击球。

2. 体侧垫球

体侧垫球简称侧垫，是在身体侧面垫球的一种垫球方法。其特点是控制面宽，但较难把握垫击的方向、弧度和落点。

动作要领：以左侧垫球为例。右脚前脚掌内侧蹬地，左脚向左跨出一步，身体重心随即移至左脚，并保持左膝弯曲，两臂夹紧向侧伸出，左臂高于右臂，右肩向下倾斜，再用向右转腰和收腹的力量，配合两臂在体侧截击球的后下部。切忌随球摆臂。

实际运用：左脚向左侧跨出一步，是为了扩大控制面积，更接近球，采用近于正面垫球的方法垫击球，以便更好地控制球。左臂高于右臂，右肩向下倾斜，是为了使双臂组成的平面与水平面成一定合适的角度，以便截击来球。切忌随球摆臂，以保证侧垫动作的稳定。

【课堂练习 1】

练习内容：侧面垫球和背面垫球练习。

练习方法：

（1）原地做徒手模仿侧面、背面垫球技术，领悟动作过程。

（2）垫抛来的球。两人一组，一人抛球，一人传球。要求抛球人尽量把球抛准，距离可由近至远。

达成目标：完善垫球技术，可以垫从各种方向抛来的球。

【课堂练习 2】

练习内容：结合脚步移动进行侧面垫球和背面垫球练习。

练习方法：听教师口令，然后进行脚步移动，移动到指定位置快速进行传球练习。

达成目标：完善传球技术，可以根据一传，自如地进行传球。

【课后练习 1】

练习内容：背向、侧向垫球练习。

练习方法：

（1）背向、侧向行走，体验背向和侧向的感觉。

（2）两人一组或多人进行侧向和背向跑动垫球游戏。

达成目标：掌握背向、侧向垫球技术，运用自如。

【课后练习 2】

练习内容：6 号位背向和侧向垫球练习。

练习方法：练习者站在 6 号位，然后一名陪同者站在另外一块场地将球抛给本场地的 6 号位，练习者运用背向和侧向垫球技术，将球垫到 3 号位。

达成目标：掌握实战中背向和侧向垫球技术，并且达到运用自如。

三、发球

【案例导入】

在一平整的平地上画一标志线，作为发球线，距该线 10～12 米处画为 1 区，12～14

米画为 2 区，14～16 米画为 3 区，16～18 米画为 4 区。每个人做发球练习，要求第一球落在 1 区，第二球落在 2 区，第三球落在 3 区，第四球落在 4 区，依次完成则为上完台阶。

要求：发球方法不限，以球的落点为准；发球不能踏线，球压线可随意选择区域。

发球是排球技术中唯一不受他人制约的技术。发球是比赛的开始，也是进攻的开始。它在比赛中占有重要地位，准确而又有攻击性的发球，是决定比赛胜负的关键因素之一。

（一）发球

发球技术有正面上手发球、正面下手发球、侧面下手发球、正面上手飘球和勾手飘球。用表格形式对各技术的作用、特点、动作要点及在比赛中的使用情况进行比较说明。

名称	作用	动作特点	动作要领	实际运用
正面上手发球	面对球网站立，利用收腹转体动作带动手臂加速挥动，在头的右前方用全手掌击球过网的发球方法	力量大、速度快，弧线平，准确性高，易于控制落点	抛球位于右肩前上方，右臂屈肘后引，肘于肩平，身体由下而上协调用力；击球时蹬地，使上体向左转动，带动手臂向前上方快速挥动	最基本、运用最多的发球方法
正面下手发球	面对球网站立，手臂由后下方向前摆动，在体前腹部高度击球过网的一种发球方法	失误少，准确性高，但威力小，高球速慢，攻击性差	左手将球轻轻抛起在右肩前下方，离手约一球的高度，同时右臂伸直后摆。击球时右脚蹬地，手臂以肩为轴向后摆动，身体重心随之前移，击球点在腹前	在比赛中用得较少，一般适用于初学者和儿童排球、娱乐排球
侧面下手发球	侧对球网站立，以转体带动手臂，由体侧后下方向前挥动，在体前腹部高度击球过网的一种发球	动作简单，容易掌握，比较省力，稳定较大，但攻击性小	抛球同时击球手摆至右侧后下方利用右脚蹬地向左转体的力量，带动右臂向前上方摆动，在体前腹部高度用全掌、虎口或掌根击球后下方	适用于初学排球的女队员
正面上手飘球	采用近似正面上手发球的形式、击球力量通过球体重心，使发出的球不旋转且不规则地飘晃飞行的一种发球方法	易于控制方向，准确性高，有较大威力	在抛球的同时，右臂上举后引，肘部适当弯曲，并高于肩，两眼盯住球的击球部位；与近似正面上手发球一样做鞭甩动作，但击球前手臂的挥动轨迹不呈弧形，而是自后向前做直线运动。击球时，五指并拢，手腕稍后仰，用掌根的坚实平面击球的中下部，使作用力通过球的重心。击球用力要快速，击球面积要小，触球瞬间，手指、手腕要紧张，不加推压动作。击球结束，手臂要有突停动作	在比赛中接发球者不容易控制、难以垫接，能争取比赛的主动权，也可直接得分
勾手飘球	侧对球网站立，利用转体动作带动手臂挥摆，使发出的球不旋转且飘晃不定地向前飞行的一种发球方法	便于发力，对肩关节负担较小，有较强的攻击性	当左手快要抛起球时，右臂已经自然放松向身体右后侧方向摆去，上体也随之略向右转动，当抛球手快要离开球之前，右脚掌蹬地用脚尖旋转并以腰带动放松的肩和伸直的手臂，身体重心随之向前移，右臂向身体的前上方挥动，挥臂的轨迹在快要击中球的前一段是直线加速运动；球刚抛出离手，球在零点时，右臂以加速和闪击突停的动作，用右掌根坚硬的平面击球体的后中下部；直线穿过球体重心	适合于各种距离的发球，接发球者不容易控制、难以垫接，能争取比赛的主动权，也可直接得分

名称	作用	动作特点	动作要领	实际运用
跳发球	在端线后，利用助跑起跳在空中，像扣球似地将球击入对方场区的一种发球方法	攻击性很强，但技术难度大，体力消耗也较大	发球队员面对球网，站在离端线3～4米处，以右手或双手持球于体侧或腹前；用右手或双手将球抛至右肩前上方，抛球高度一般为肩上2米左右，落点在短线附近；随着抛球动作，队员迅速向前做2～3步助跑起跳。起跳时，两臂要协调积极地摆动，摆幅要大；挥臂击球动作似正面扣球；击球后，尽量使双脚同时着地，两膝顺势弯曲缓冲，迅速入场	近年在世界性比赛中采用比较多，接发球者不容易控制、难以垫接，能争取比赛的主动权，也可直接得分

（二）发球技术易犯错误及纠正动作

错误动作	纠正方法
1. 抛球不好，抛球过高过低、时前时后或忽左忽右	反复讲清抛球动作要领，并示范；设置固定目标，要求进行专门性练习，固定抛球的位置与高度，使抛球动作正确、熟练
2. 击球点不好，击球点偏前、偏后、偏侧；击球点过低，形成击球时手臂挥不直、用不上力量等	多击固定球；反强调击球时，眼睛要盯住击球部位，及时挥臂击球
3. 击球时手掌控制不住球，击不准球	提醒学生要看准击球部位击球，抛球后先不用全力击球，用较轻的力量击中球；多击固定球，提高其击球时手掌的感觉，从而不断改进击球动作；提醒注意全身的协调动作和正确的用力方法，多做徒手练习
4. 发球时紧张或思想不集中，不加思考随便将球发出	引导学生对待发球应有认真负责、一丝不苟的态度；每次发球前要稳定自己的情绪，调整好呼吸，把精力集中在抛球和挥臂击球上

【课堂练习】

练习内容：正面上手发球、正面下手发球、侧面下手发球、侧面上手发飘球、勾手发飘球、跳发球。

练习方法：

（1）不隔网两人相距10米左右发球练习。

（2）两人一组近距离隔网的发球练习，离隔网5～6米，互相对发要求动作正确，用力不要过大，弧度适中。

（3）站在端线外发球过网要求用力适当，击中球的固定部位。

（4）站在端线后轮流发球要求互相观察，注意抛球与挥臂击球之间的节奏，固定抛球高度和挥臂路线，发球离手后迅速入场做好防守准备姿势。

达成目标：掌握上手、下手共四种发球技术，了解勾手发飘球和跳发球技术。

【课后练习】

练习内容：手臂力量练习。

练习方法：做双杠臂屈伸，举哑铃和做俯卧撑，然后进行技术练习。

（1）先做双杠比屈伸5次，然后进行徒手模仿练习。

（2）先举哑铃5公斤5次，原地抛球手法练习。

（3）俯卧撑 10 个，然后对墙发球练习。

达成目标：提高手臂力量，增强发球威力。

四、扣球

【案例导入】

将学生分成人数相等的若干队，分别从 4 号、3 号、2 号位做扣球练习，并且把球抛向端线处。在端线处分别放置 3 个实心球，如击中实心球即为打击成功，得 1 分。每人依次做 3 次扣球，全队做完看累积分数。得分高的队名次列前。

要求：持球做抛扣球起跳和挥臂动作要正确；用非扣球的方法打击目标，则不能计入成绩。

扣球是队员起跳，在空中用一手臂做鞭甩式挥动，将本方场区上空高于网球上沿的球击入对方场区的一种击球方法。扣球的成败体现了一个队进攻战术质量和效果的优劣，是争取主动、摆脱被动最积极有效的武器。重点掌握正面扣球、小抡臂扣球和勾手扣球。

（一）正面扣球

正面扣球是排球基本技术中攻击性最强的一项技术，是得分、得发球权的主要手段，也是进攻中最积极有效的武器，可使对方难以防守和组织反击，从而掌握比赛的主动权。

动作要领：在助跑跨出最后一步的同时，左脚迅速跟上，踏地制动过程中，两臂由后向前摆动，随双腿蹬地向上起跳，两臂向上积极摆动，动作应具爆发力；起跳后挺胸展腹，上体随右臂向后上方抬起，身体呈反弓形，挥臂时靠转体、收腹动作发力，手臂包满球体，保持紧张；球落地时，缓冲下落力量。

正面扣球便于观察，准确性较高。挥臂动作灵活，便于控制击球落点，因此进攻效果好。

（二）扣球技术易犯错误及纠正动作

错误动作	纠正方法
1. 助跑起跳动作不连贯，起跳点不准，起跳时间不合适	多做徒手向各个方向的两步助跑起跳；在地上画出起跳点和落点，按标记做助跑起跳练习；扣固定球；以口令、信号限制助跑起动时间；固定二传的弧线、高度练习扣球
2. 击球手法不对，全掌包不住球，扣不出上旋球	扣固定球；连续对墙扣球；抵网原地自抛自扣球
3. 挥臂动作不正确，不能保持在最高点击球	扣固定球；在低网前原地直臂扣球过网；将网升至队员起跳后能扣过球的高度，练习扣球

【课堂练习 1】

练习内容：2 号、4 号位正面扣球技术。

练习方法：

（1）两人一组，一人持球举至击球点位置，另一人挥臂击固定球。体会击球点和手型。

（2）网上扣固定球。体会网上扣球击球点和手型。

（3）在 4 号位连续扣抛球。

（4）在 4 号位扣传球。

（5）在 4 号位和 2 号位扣直线、斜线球。

达成目标：掌握2号、4号位正面扣球技术。

【课堂练习2】

练习内容：对墙扣球练习。

练习方法：两脚前后开立，身体距墙保持3～4米，连续对墙扣球。

达成目标：掌握扣球挥臂击球技术。

【课堂练习3】

练习内容：自抛扣球练习。

练习方法：两脚前后开立，身体原地不动，然后将球抛起，挥臂击打下落的来球。

达成目标：掌握球在下落过程中的击球时机。

【课后练习1】

练习内容：弹跳练习。

练习方法：

（1）原地双脚起跳练习10次。要求两脚用力蹬地，两臂划弧摆动配合起跳，在空中扣球手臂抬起并后引成扣球前的动作，落地要双脚前脚掌着地，屈膝缓冲。

（2）一步助跑起跳练习10次。要求手脚配合协调。

（3）待手挥臂甩腕练习10次。体会鞭甩动作。

（4）对墙连续扣球15次。体会挥臂动作和击球手法。

达成目标：增强弹跳能力，加强扣球高度。

【课后练习2】

练习内容：挥臂练习。

练习方法：将一根有弹力的橡皮筋，绑到一处固定的位置，然后将击球手抓住皮筋的另一侧，进行手臂挥臂击球练习。

达成目标：增强上肢力量，练习挥臂的速率。

五、拦网

（一）拦网的作用与特点

靠近球网的队员，将手伸向高于球网处阻挡对方的来球，并触及球，称为拦网。拦网是排球技术中一项重要的防守技术。随着排球运动的发展，拦网已由被动的防御性技术转化为具有强烈攻击性的技术。现代的拦网技术不仅是能与扣球相抗争的第一道防线，而且已成为得分和得发球权的重要手段。

1. 拦网的作用

拦网是排球运动的基本技术之一。它与扣球是比赛双方在网上近距离争夺的一对矛盾。拦网可以直接拦死、拦回对方的扣球，也可以将对方有力的扣球拦起，以减轻后排防守的压力。在当前高水平的排球比赛中，如果没有拦网，后排防守是非常困难的。此外，拦网不但起着干扰和破坏对方扣球的作用，而且拦网技术发挥得好，能削弱对方进攻的锐气，动摇对方的信心，给对方造成心理上的威胁。因此，拦网技术水平的高低，直接影响着比赛的胜负。拦网技术水平的提高，使网上争夺更加激烈，这对促进排球运动的发展有着重要的作用。

2. **拦网的特点**

（1）拦网动作简单易学，但要在比赛中很好地运用拦网技术，并取得良好的效果，其难度是比较大的。因为双方网上扣球和拦网之间的抗争，实质上是时间和空间的争夺。在这一争夺中，拦网者必须掌握正确的起跳时机和占据最有利的拦截面，以变应变，主动拦击，才能奏效。

（2）在一个拦网动作中，允许连续多次触及身体各部位，并不算连击。比赛中，拦网既可原地起跳，也可移动助跑起跳；可以单人拦网，也可双人或三人集体拦网。在集体拦网中，球允许触及多人次，只算一次击球。拦网后，队员可以再次击球。队员应充分利用上述特点，不断提高拦网水平。

（二）单人拦网

准备姿势：队员面对球网，两脚左右开立，与肩同宽，距网 30～40 厘米。两膝微屈，两臂屈肘置于胸前，随时准备起跳或移动。

移动：为了对正对方的扣球点起跳，需要及时移动，常用的移动步法有并步、交叉步、跑步等。移动结束要做好制动动作，以避免触网及冲撞同队队员。

起跳：原地起跳时，两腿先屈膝下蹲，随即用力蹬地。两臂以肩发力，大臂为半径，在体侧近身处做划弧或前后摆动，迅速向上跳起。

空中动作：起跳时，两手从额前沿球网向上方伸起，两臂伸直并保持平行，两肩上提。拦网时，两臂应尽量向前伸直，既不能触网，又要尽量去接近球。两手自然张开，屈指屈腕呈半球状。当手触球时，两手要突然紧张，手腕下压盖住球的前上方。

落地：拦网后，要做含胸动作，以保持身体平衡。手臂不能放松和随球下拖。要先使手臂后摆或两臂上提，然后再屈肘向下收臂，以免触网。与此同时，屈膝缓冲，双脚落地，见图 7-2-1。

图 7-2-1 单人拦网

（三）拦网的技术要求

1. **拦网的取位**

在拦网的预判阶段，拦网队员站位可稍离网远些，约距网 50 厘米。一旦判断对方扣球位置或助跑最后一步制动时，腰迅速移动取位，使起跳点距网近些，这样便于集中力量向上跳起，争取拦网的高度和避免漏球。左右站位应考虑对方的战术特点，采取相应的集中和分散。

2. **拦网的移动**

拦网的移动方向主要是向两侧和斜前方。移动时采用的步法可归纳为："前一步、近并步、中交叉、远跑步"。此外，在原地起跳拦网时，若时间允许，也可根据个人习惯在原地垫步后再起跳，以利于增加起跳的高度和保持身体的平衡。

（1）一步移动。在拦网准备时，站位可以离球网一臂距离。在该位置上便于向前或向斜前方作一步助跑起跳，有利于增加弹跳高度。

（2）并步移动。向两侧近距离移动时采用。其特点是能保持面对球网，便于观察，动作简单，利于及时起跳，但移动速度较慢，见图 7-2-2。

（3）交叉步移动。适用于中、远距离的移动，如 2～4 米。其特点是移动速度快、距离远、制动能力强、控制范围大。在交叉步移动后两脚着地时，脚尖应转向球网，便于制动和面对网起跳，见图 7-2-3。

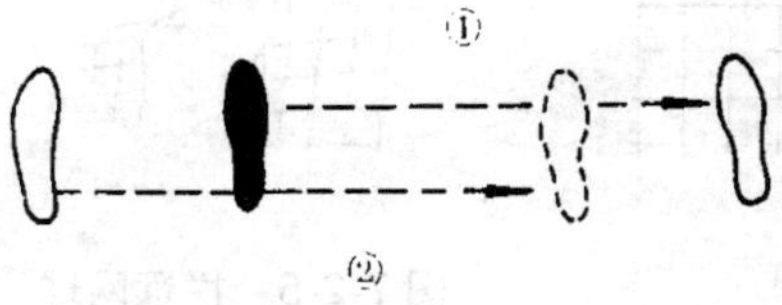

图 7-2-2 并步移动

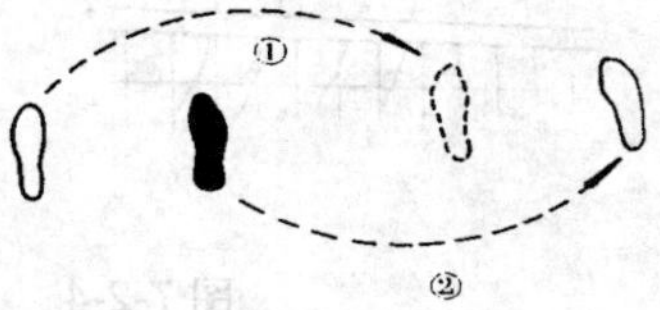

图 7-2-3 交叉步移动

（4）跑步。移动距离较远时采用，其特点是移动距离远、速度快、控制范围大，但对制动技术要求高。例如，向右侧跑动时，身体先右转，顺网跑至起跳位置前，应先跨出左脚制动，接着右脚再向前迈出一步，使两脚平行站立，脚尖转向球网，随即屈膝起跳。若脚尖来不及转向球网进行拦网时，应在起跳过程中，边跳边转身，以保证空中能面向球网进行拦网。在助跑过程中，身体重心要逐步降低，起跳前下蹲不能太浅，以免影响弹跳高度。

3. **拦网的起跳**

（1）起跳的位置。起跳位置选择的关键是对对方扣球路线的正确判断。拦网队员应选择能拦住对方主要进攻路线的位置起跳。

（2）起跳的时间。掌握正确的起跳时间是拦网成功的基础。只有及时地起跳，才能有效地发挥起跳高度的作用。拦网队员起跳的时间，应根据二传球的高度、离网的远近、扣球者起跳的快慢、扣球动作幅度的大小以及扣球者的个人特点而定。如果二传球是远网高球，起跳应迟一些；如果是近网低球，起跳应早些。但一般情况下拦网者应比扣球人晚跳。如果是拦快球，拦网队员应与扣球队员同时起跳。

（3）起跳的动作。拦网起跳前，要充分利用手臂的摆动帮助起跳。如来不及，可在身体前方划小弧用力上摆，以带动身体垂直向上起跳。一般拦快球起跳时采用快速起跳的方法，跳时应以小腿发力为主，做到浅蹲快跳；拦对方高举强攻球时，采用深蹲高跳的方法，起跳时必须深蹲、全力起跳。

4. **拦网的方法**

（1）伸臂动作。拦网击球时两臂应尽力伸直，前臂要靠近球网，两手间距不能大于球体的直径，以防止漏球。拦网时的伸臂动作要及时，过早容易被对方打手出界或避开拦网扣球，过晚不易阻拦扣球，失去拦网的效果。一般在对方扣球瞬间伸臂较好。拦网击球时，两手腕应主动用力罩住球，如果球反弹角度小，那么对方保护的难度就大（图 7-2-4）。

（2）拦球方法。拦网要注意手指尽量张开增大触球面积，两拇指及手臂距离不能太远，以防漏球。为了防止对方打手出界，2 号、4 号位队员的外侧手掌应稍向内转。

拦远网球时，为了升高拦网点，可不采用压腕的动作，而是尽量向上伸直手臂和手腕；如对方击球点高，不能接近球进行拦网时，可以采用手腕后仰的方法，堵截扣球路线，以便将球向上拦起（图 7-2-5）。

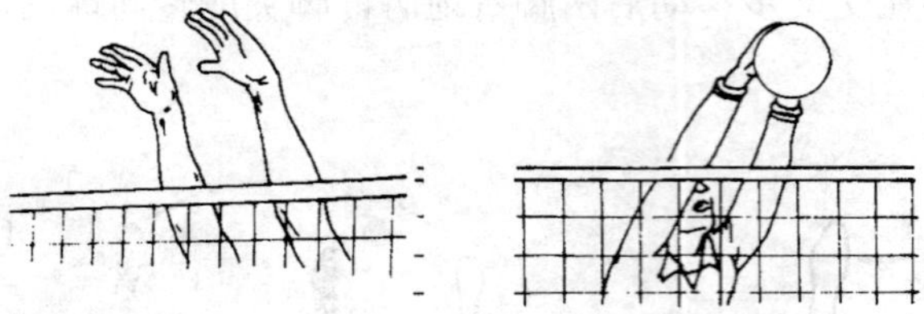

图 7-2-4 拦网击球

图 7-2-5 拦远网球

此外，拦网队员虽然在助跑起跳时已做了起跳位置的选择，跳起后仍须根据扣球人的位置和挥臂方向，来最后选定两手在空中堵截的位置。当发现对方改变扣球方向时，两臂应随球转移拦截。如向左拦截，用腰部动作来控制上体，将两臂向左侧方向伸去，左臂斜向伸直，右臂屈肘，在额部上方与球网上沿平行，两手间距应小于球体直径，以手掌、手臂堵截左侧的扣球路线。如向右拦截，则动作方向相反。

（四）拦网的判断

判断是拦网技术的关键环节，在拦网的全过程中都要贯穿着判断能力，应从以下几个方面进行判断：

（1）判断对方的战术打法。

（2）判断对方一传情况。

（3）判断对方二传的方向、弧线、速度和落点。

（4）判断对方扣球队员的助跑方向、起跳时间以及起跳后人与球的关系和空中挥臂击球动作。

（5）判断对方扣球队员的个人技术特点。

（五）注意事项

要熟练掌握拦网技术；多做移动拦网练习；要结合各种扣球进行拦网练习，提高拦网的判断能力。

【课堂练习】

练习内容：单人拦网。

练习方法：

（1）徒手进行拦网移动练习。要求：正确使用步法。

（2）原地练习拦网手型。要求：手指尽量张开，指间距和两臂间距小于排球直径。

（3）移动起跳拦网练习。要求：预判准确，整体姿势正确。

达成目标：掌握单人拦网技术。

【课后练习】

练习内容：原地起跳高度练习。

练习方法：面对球网进行深蹲起跳练习 10 次为一组，共练习 3 组。

达成目标：增强拦网高度，提高拦网能力。

【拓展练习】

练习内容：接发球练习。

练习方法：

（1）两人一组一球，相距 4～5 米，一人固定，一人移动。固定者把球抛向另一个人，另一人移动将球垫回，连续不断地进行练习至少 10 次。

（2）两队一组一球，一队站到端线发球。另外一队 6 个人在网的另外一侧按位置站好进行接发球练习，连续不断地进行练习至少 12 次。

达成目标：采用不同的接发球方法接各种不同的发球，注意接球前的准备。

【灵活性练习】

（1）两足开立和并拢连续跳跃，双手从体侧平举至头上击掌，最后还原，10 次为一组。

（2）分足跳时，双手头上击掌，并足跳时双手侧平举，10 次为一组。

（3）将球用力向地面击打，待其反弹后钻过。反弹 1 次钻 1 次，力争钻的次数多一些。

【柔韧性练习】

（1）屈腿坐下，两脚掌心相对，双手将膝关节向下弹压。

（2）脚放在高约 10 厘米的木板上，足跟着地，做负重全蹲练习。

（3）两人背向站立，双手上举互握，一人向前拉肩。

【弹跳力练习】

（1）助跑起跳摸篮圈或篮板。

（2）原地起跳收腹。

（3）在由低到高的橡皮筋上连续向上起跳。

【思考与练习】

发飘球的要点有哪些？

第三节　特长排球

【案例导入】

视频播放：2008 年奥运会中国队—俄罗斯队的比赛录像

老师：请大家注意看一下这场比赛运用的战术和扣球、拦网基本技术的运用。

一、小抡臂扣球、勾手扣球

名称	作用	动作特点	动作要领	实际运用
小抡臂扣球	以肘关节围绕肩关节做回旋加速、挥臂击球的一种技术动作	手臂的挥动始终是沿着圆弧形运动，整个轮臂动作无停顿连续进行	助跑起跳与正面扣球相同；起跳后，屈肘摆臂至胸腹间不再向上，而以肩关节为轴心，由后下方向前上方做回旋挥臂动作	用于击球点距离球网比较近时
勾手扣球	队员起跳后侧对球网，手臂由体侧下方通过转体动作发力，经头前上方做抡摆式挥动击球动作	可以扩大击球范围，能弥补起跳过早或冲在球前起跳的缺陷	扣球时两脚应侧对球网，使左肩对网完成起跳动作，或起跳后在空中使左肩转向球网；起跳后上体略后仰或略向右转，右肩下沉，右臂迅速引至体侧，掌心向上，手呈勺形，同时挺胸展腹。击球后面向球网落地	适合远网扣球和后排调整过来的球

【课堂练习】

练习内容：小抡臂扣球、勾手扣球。

练习方法：

（1）两人一组，一人持球举至击球点位置，另一人挥臂击固定球。体会击球点和手型。

（2）网上扣固定球。体会网上扣球击球点和手型。

达成目标：掌握小抡臂扣球、勾手扣球技术。

【课后练习 1】

练习内容：弹跳练习。

练习方法：原地双脚起跳练习。要求两脚用力蹬地，两臂划弧摆动配合起跳，在空中扣球手臂抬起并后引成扣球前的动作，落地要双脚前脚掌着地，屈膝缓冲。

达成目标：增强弹跳能力，加强扣球高度。

【课后练习 2】

练习内容：徒手挥臂练习。

练习方法：原地运用小抡臂和勾手手型进行扣球练习。

达成目标：强化小抡臂和勾手扣球技术动作，使其进行动作定型。

二、基本战术

排球战术是指运动员在比赛中，根据排球竞赛规则和排球运动的规律、比赛双方的具体情况和临场竞赛的变化，合理地运用个人技术和集体配合所采取的有意识、有组织的行动。

排球战术分为个人战术和集体战术两大类。个人战术又分为发球战术、一传战术、二传战术、扣球战术、拦网战术和后排防守战术等。集体战术可分为集体进攻战术和集体防守战术两类。

（一）个人战术

个人战术是不依靠与同伴的配合、单靠自己的带有战术目的的行动。发球、一传、二传、扣球、拦网和防守都可以体现个人战术。

1. 发球个人战术

利用发球落点，发向对方空当或一传差的队员；利用不同性能发球的变化，使对方难以判断和适应；利用自然条件，如光线、风向对比赛的影响等。

2. 一传个人战术

利用低平球一传加快快攻的节奏；利用垫高球制造两次球的机会；利用对方的空当，直接垫到空当中去等。

3. 二传个人战术

利用假动作，声东击西；利用传球的速度，加快或减慢进攻的节奏，造成对方拦防的不适应；乘对方不备，突然二次吊球。

4. 扣球个人战术

利用扣球线路的变化，避开拦网；利用重扣球的假动作，进行轻打或吊球；利用对方防守薄弱地区或空当，控制球的落点；利用传球的假动作，突然进行扣球；利用对方拦网手，制造打手出界；利用在空中的短暂停留时间来选择扣球时机，造成拉网难以奏效等。

5. **拦网个人战术**

利用判断拦网对方变化的扣球路线，有意暴露自己拦网的部位，当对方扣球时，突然改变原来的部位，拦住对方原以为是无人拦网的部位；有意给对方打手出界的机会，当对方扣球时，突然撤手，造成对方扣球出界等；比赛中也可以通过语言来达到拦网的效果，例如，说准备拦第一点，其实拦第二点，迷惑对方二传队员。

6. **防守个人战术**

利用判断，随时取好最有利的防守位置，有意让出空当，诱使对方向空当进攻，再突然主动去防住原来的空当等。

（二）集体战术

1. **进攻战术**

进攻战术是指在接对方发过来、扣过来、拦过来和传、垫过来的球后，全队所采取的有目的、有组织的配合进攻行动。

进攻战术的阵形主要有“中一二”进攻战术、“边一二”进攻战术和“插上”进攻战术。

进攻战术的打法又包括强攻、快攻和立体攻等。每种打法中又有若干不同战术配合。而所有这些打法又都可以在“中一二”“边一二”“插上”三种进攻战术阵形中具体运用。

【课堂练习 1】

练习内容：前场区接抛球进攻跑位练习。

练习方法：三人一组，站到 2 号、3 号和 4 号位，对面场地陪练者抛球抛给两位攻手，接到球的练习者将球抛给二传，二传组织进攻，攻手跳起完成进攻，将球抓住。

达成目标：掌握“中一二”“边一二”进攻战术的跑位和接发球换位。

【课堂练习 2】

练习内容：“中一二”“边一二”进攻战术练习。

练习方法：

（1）徒手站位，轮转六轮，明确轮转到各个位置的接发球站位及换位方法。

（2）组成“中、边一二”进攻战术练习。由教师站在对方场区抛球，接球队员根据来球情况，迅速移动，将球传给二传队员，二传队员组织“中一二”“边一二”进攻技术。

（3）接教师抛球，后排“插上”，前排成三点进攻及后排进攻。

（4）三人一组接发球，接球后由二传组织进攻，做完后轮换。

（5）接教师抛球后组成“梯次”进攻战术。

达成目标：掌握“中一二”“边一二”进攻战术。

【课后练习】

练习内容：个人进攻战术练习。

练习方法：

（1）两人一组练习发球个人战术。

（2）两人一组练习传球、扣球练习。

达成目标：掌握个人进攻战术，在比赛中学会灵活运用。

2. **防守战术**

排球的防守战术是组织进攻或反攻或反攻战术的基础，没有严密的防守，进攻就无从组织。而一切防守战术都应从积极为进攻和反攻创造条件的角度进行设计和考虑。

(1)“心跟进”防守战术。所谓的“心跟进”，就是说本方的 6 号位队员（后排三个队员的“心”）在防守时跟上前面的拦网队员防守吊球，所以也叫“6 号位跟进”。这种防守阵形，多在对方以扣吊结合为主的进攻战术时使用，目的是为了解决心空问题，特点是加强了网前的防守，但后场防守人少，空隙较大，力量相对有所减弱。

当对方 4 号位队员进攻时，本方由 2 号和 3 号位队员拦网，封住中区，4 号位队员后撤 4 米左右防守，6 号位队员跟至拦网队员身后 3 米附近，1 号和 5 号位队员防守后场，每人负责一个防区，见图 7-3-1。

(2)“边跟进”防守战术。由 1 号或 5 号位队员（后排三个队员的“边”）跟进防吊球及前区球，称为“边跟进”防守，也称为“1、5 号位跟进”防守。这种阵形一般在对方进攻力量比较强、战术变化较多、吊球较少时采用，是目前国内外强队广泛采用的一种阵形。

“边跟进”防守阵形有“死跟”和“活跟”两种不同的运用形式。以对方 4 号位队员进攻为例：“死跟”的基本站位，见图 7-3-2。1 号位队员跟进到拦网队员身后防吊球及前区球。如果他（她）是二传队员，则便于随时插上接应防起的球，组织反攻。6 号位队员向右移位补防扣向 1 号区的直线球。5 号位队员防后场 6 号区，4 号位队员后撤防斜线球。

“活跟”的基本站位，见图 7-3-3。1 号位队员防后场直线球，当判断对方吊球或拦网后球落在前区，则及时跟进防守。同时 6 号队员注意弥补 1 号区的空档。4 号、5 号位队员防斜线。4 号位队员还要负责防守吊到前场左区的球。这种“活跟”防守需要灵活准确的判断能力，能扩大队员的防守范围，也有利于二传插上，适合水平高的队采用。判断能力差的队运用不当时，容易造成前场出现空档。

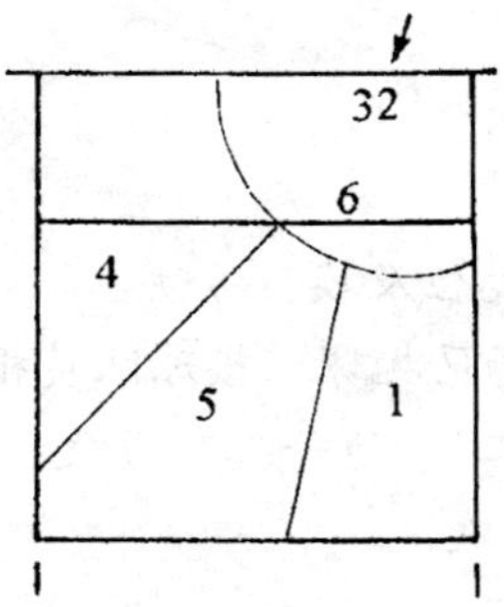

图 7-3-1 “心跟进”战术

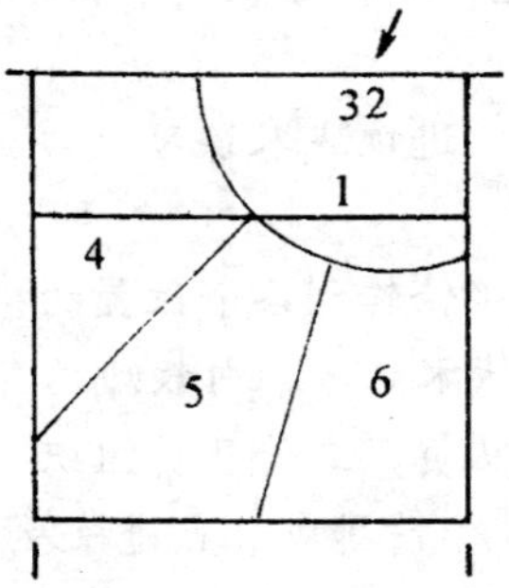

图 7-3-2 “死跟”战术

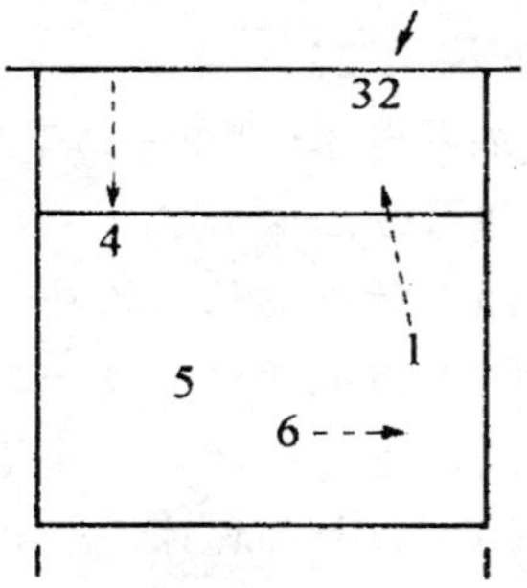

图 7-3-3 “活跟”战术

【课堂练习】

练习内容：“心跟进”“边跟进”防守战术练习。

练习方法：

(1) 组成“心跟进”“边跟进”防守战术练习。由教师站在对方场区抛球，接球队员根据来球情况，迅速移动，“心”进行两种战术的练习。

(2) 三人一组接发球，组织防守，做完后轮换。

达成目标：掌握“心跟进”“边跟进”防守战术。

【课后练习】

练习内容：个人防守战术练习。

练习方法：

（1）六人一组练习“心跟进”防守战术。

（2）六人一组练习“边跟进”防守战术。

达成目标：掌握个人防守战术，在比赛中学会灵活运用。

【拓展练习】

练习内容：扣球拦网练习。

练习方法：分两组共同练习，每组三人，一组进行扣球，一组进行拦网。

达成目标：掌握二传与攻手间的进攻配合，掌握拦网队员之间的配合。

【比赛心理素质训练】

模拟比赛环境：模拟比赛比分落后情景，进行比赛仿真练习。

模拟突发事件：模拟比赛场上有队员受伤情景，让队员进行处理练习。

【思考与练习】

简述进攻和防守战术的要点。

第四节　排球俱乐部的组织与实施

【案例导入】

视频播放：大学生排球队比赛录像

老师：请大家谈一下这场比赛，看看大家应该从什么角度去观看这场比赛。

学生 A：应该重技术的运用和技术的掌握程度观看。

学生 B：还应该看看他们是如何运用战术的。

学生 C：还应该看看教练员和队员之间对竞赛规则的理解，是如何运用规则的。

老师：大家说得很准确，但还有重要的一点没有想到，那就是临场裁判员的裁判。

一、如何欣赏排球比赛

常言道：“外行看热闹，内行看门道”。通过接下来的学习，学生应能从一个看热闹的“门外汉”，成为一个会看门道的观众。那么排球应该从哪些方面来欣赏？怎样才能领略这项运动的魅力呢？

1. 欣赏排球运动员的精彩表现

在排球比赛中，运动员在场上各司其职，共同奋战，我们首先应学会从其所扮演的角色的角度欣赏比赛。

2. 欣赏二传手

侧重欣赏二传手传球稳定性与准确度、动作的隐蔽性与攻击性、正确选择进攻突破口、运用有效地战术打法、善于发挥进攻队员的作用等战术组织能力。

3. 欣赏扣球手

重点欣赏扣球手有效突破对方防守进攻时的扣球技术、技巧和智慧。

4. **欣赏全队协调配合**

把全队运动员在战术组织与运用中各项技术上相互弥补与适应、协同配合以及其中所显示出相互鼓励与支持的精神力量作为欣赏的重点。

5. **欣赏排球技术**

排球赛由多种技术组成，技术是欣赏的重要内容。从欣赏与评价的角度来讲，排球运动技术之美，最主要的就是看运动员所完成的技术动作是否“合理、有效”。可以从“三性一感”（准确性、协调性、连贯性和节奏感）入手，对单个排球技术进行独立欣赏。

6. **欣赏排球战术**

观看比赛时，我们应重点领略不同球队各自的战术风格、策略与战法以及整个球队所显示出来高度进攻能力和顽强防守的信心与气概。因此，排球战术欣赏可算是排球比赛欣赏的一大看点，是领略排球运动魅力的精髓所在。

（1）领略战术阵型的变化。识别赛场上两支球队的排兵布阵和阵势变化，领略比赛不同阶段双方战术指导思想，明确进攻和防守战术的目标与策略，从而为及时欣赏和评判球队双方战术运用效果打下基础。

（2）领略战术谋略的运用。世界上没有一种包打百队、万应灵验的战术。排球战术的组织和运用千变万化，并且比赛双方每一次战术组织与运用的调整都是有其缘由和目的性的。从中观众可以领略到战术组织者们（教练和队员）完整的战术意图和策略，领略到其中所蕴含的战术智慧。

（3）领略战术组织的精密。再好的战术意图也必须通过高质量的战术组织才能在实践中得以完整显现，才能发挥其最大的功效。通过欣赏场上两队各自队员间默契的配合和高超的个人战术发挥，可以充分欣赏到球队集体和个人的智慧、技术以及高度协同配合的集体精神。

二、排球竞赛的裁判方法

（一）比赛行为

1. **比赛开始**

裁判员鸣哨后允许发球，发球队员击球时比赛开始。

2. **比赛的中断**

裁判员鸣哨中止比赛。但如果裁判员是由于比赛中出现犯规而鸣哨的，则比赛的中断实际上是由犯规的一刻开始的。

3. **界内球**

球触及比赛场区的地面包括界线为界内球。

4. **界外球**

球接触地面的部分完全在界线以外；球触及场外物体、天花板或非场上比赛的成员等；球触及标志杆、网绳、网柱或球网标志带以外部分；球的整体或部分从过网区以外过网；球的整体从网下穿过。

5. **球队的击球**

每队最多击球三次（拦网除外），将球从球网上击回对方，超过规定次数的击球，判为“四次击球犯规”。无论是主动击球或被动触及，均作为该队击球一次。

6. 连续击球

一名队员不得连续击球两次（除拦网等）。

7. 同时触球

两名或三名队员可以同时触球。

（1）同队的两名（三名）队员同时触到球时，被记为两次（三次）击球（拦网除外）。如果只有其中一名队员触球，则只记为一次击球。队员之间发生碰撞不算犯规。

（2）两名不同队的队员在网上同时触球，比赛继续进行，获得球的一方可击球三次。如果球落在某方场区外，则判为对方击球出界。

（3）如果双方队员同时触球造成“持球”，则判为“双方犯规”，该球重新进行。

8. 击球的犯规

（1）四次击球：一个队连续触球四次。

（2）借助击球：队员在比赛场地以内借助同伴或任何物体的支持进行击球。

（3）持球：没有将球击出，造成接住或抛出。

（4）连击：一名队员连续击球两次或球连续触及其身体的不同部位。

9. 发球犯规

（1）球被抛起或持球手撤离后，必须在球落地前，用一只手或手臂的任何部分将球击出。

（2）球只能被抛起或撤离一次，但拍球或在手中移动球是被允许的。

（3）发球队员在击球时或击球起跳时，不得踏及场区（包括端线）和发球区以外地面。击球后可以踏及或落在场区内或发球区以外。

（4）发球队员必须在第一裁判员鸣哨后8秒钟内将球击出。

（5）裁判员鸣哨前的发球无效，重新发球。

10. 拦网的犯规

（1）在对方进攻性击球前或击球的同时，在对方场区空间拦网触球。

（2）后排队员或后排自由防守队员完成拦网或参与了拦网。

（3）拦对方发球。

（4）拦网出界。

（5）从标志杆以外伸入对方空间拦网。

（6）后排自由防守队员试图进行个人拦网，或参加集体拦网。

（二）比赛间断与延误比赛

1. 正常的比赛间断

正常的比赛间断有“暂停”和“换人”。正常间断的次数：每局比赛中，每队最多请求两次暂停和五人次换人，所换队员不受限制。

2. 请求间断

在比赛死球时，裁判员鸣哨发球前，教练员或队长用正式手势，请求换人或暂停；一局开始前允许请求换人，应计入换人次数。

3. 间断的连续

一次或两次暂停与双方的各一次换人相连续，中间无须经过比赛过程；同一队未经过比赛过程不得连续提出换人请求。但在同一次换人请求中可以替换两名或更多的队员。

4. **暂停**

暂停时间为 1 分钟；暂停时，比赛队员必须离开比赛场区到球队席附近的无障碍区。

5. **换人**

换人必须在换人区内进行；请求换人时，队员必须站在换人区附近并做好进场准备；如果要替换一名以上的队员，则必须在提出请求换人的同时用手势表明换人的人数。替换时，队员一对对相继进行。

6. **不符合规定的请求**

（1）在比赛进行中或裁判员鸣哨发球的同时或之后提出请求；无请求权的成员提出请求；同一队未经过比赛过程再次请求换人；超过所规定正常间断次数的请求。

（2）在比赛中第一次没有影响和延误比赛的不符合规定的请求应予拒绝但不进行判罚。

（3）同一场比赛中再次提出不符合规定的请求应判延误比赛。

7. **延误比赛**

（1）延误比赛的类型。一个队拖延比赛继续进行的不正当行动为延误比赛，包括以下行为：

①换人延误时间。

②在裁判员鸣哨恢复比赛后，拖延暂停时间。

③请求不合法的替换。

④再次提出不合法的请求。

⑤球队成员拖延比赛的继续进行。

（2）对延误比赛的判罚。对延误比赛的判罚为延误警告和延误判罚；延误判罚对全场比赛有效；所有延误判罚都要记录在记录表上；在一场比赛中，对一个队的第一次延误比赛给予“延误警告”的判罚；在一场比赛中，同一队任何一名队员或其他成员造成任何类型的第二次以及其后的延误犯规，则给予“延误判罚”，失去一球。

8. **例外的比赛间断**

（1）受伤。比赛中出现严重伤害事故，裁判员应立即中断比赛，允许医务人员进入场地，该球重新进行；如受伤队员不能进行合法替换和特殊替换，则给予受伤队员 3 分钟的恢复时间。一场比赛中同一队员只能给予一次恢复的时间。3 分钟后仍不能进行比赛，该队被宣布阵容不完整。

（2）外因造成的比赛间断。比赛中出现任何外界干扰，都应停止比赛，该球重新进行。

（3）被拖延的间断。任何意外的情况阻碍比赛进行时，第一裁判员、比赛组织者和主管委员会成员共同研究决定，采取措施使比赛恢复正常；一次或数次间断时间累计不超过 2 小时；如果比赛仍在原场地进行，间断的一局应保持原比分、原队员和原场上位置，已结束的各局保留比分；如比赛改在另外场地进行，则间断的一局应取消，但保持该局开始的阵容和位置，重新比赛，已结束的各局比分保留；一次或数次间断累计超过 2 小时，则全场比赛重新开始。

9. **局间休息与交换场区**

（1）局间的休息。第一局结束后休息 2 分钟，决胜局前休息 5 分钟。

（2）交换场区。一局结束后，比赛队交换场区（决胜局除外）；决胜局中某队获得 8 分时，两队交换场区，不休息，队员在原来的位置继续比赛；如果没能及时交换场区，应在此错误被发现时立即进行交换，保留交换场区时两队已得比分。

（三）后排自由防守队员

（1）球队可以没有自由球员，但最多只登记两人。

（2）一队在比赛时只能有一位自由球员在场上。

（3）自由球员必须身着与其他同队球员明显不同颜色的球衣。

（4）自由球员的替补不计入普通球员的替换次数（不记录）。

（5）自由球员的替补必须于一球落地之后至第一裁判发球哨音响起前完成（教练无须请求自由球员的替补或使用号码牌）；并只限于替换同一人，且同一自由球员的替换至少须以一球的往返为间隔（即一次死球）。

（6）记录表须注明自由球员。

（7）自由球员不得列于轮转表上，但可于比赛前替换上场。

（8）自由球员的轮转只限于后排。不得发球或轮转至前排，并不得拦网或企图拦网。

（9）如球的位置高于网高，自由球员不得于场上任何位置将球处理过网至对方场地。

（10）如第二传球为自由球员于前排以高手将球传出，则第三球攻击高度不得超过网高。

（11）自由球员不得为球队队长。

三、如何策划、组织一场排球比赛

【案例一】

“精英杯”全校学生排球比赛策划书

一、活动目的

为了丰富我校同学们的课余生活，增强同学们的团体意识，加强同学们户外锻炼的意识，增进各系各专业之间的交流，院学生会体育部特策划举办男女生混合排球赛。

二、比赛流程

拟于××月××日正式进行比赛，具体安排如下：

（1）××月××日进行报名通知。

（2）××月××日各专业交上报名表并进行抽签。

（3）××月××日比赛正式开始。

比赛地点：排球场

三、参赛单位

每中队各出一代表队参加比赛。各专业各自选拔，每支队伍由6名队员组成，其中4男2女。

四、比赛办法

（1）比赛分两个阶段。第一阶段分A/B两个组，比赛采用单循环，取小组前两名；第二阶段小组交叉淘汰。

（2）第一阶段计分办法：胜一场得3分，负一场得1分，弃权得零分，对方积3分。小组赛中积分多者名次列前。

五、比赛规则

（1）比赛采用三局两胜制，前二局每局25分，第三局15分。

（2）其他根据最新排球比赛规则执行。

六、赛场职责

（1）赛前器材组。做好比赛场地、器材及比赛用球等准备工作，并负责保管这些器材。具体器材：一个记分牌，2个比赛用球，如当天同一时间有两场比赛则器材加倍。

（2）竞赛组。安排记录、翻分工作，负责记录比赛队双方的姓名、队号，并审查资格，发现问题及时汇报处理。

（3）赛事发布组。负责每场比赛的赛前通知以及整理记录赛后的比分情况。

（4）裁判组。负责每场比赛的裁判安排及裁判器材的保管。

七、经费预算

（1）设计、打印、印刷等费用。

（2）海报、横幅、比赛流程单广播等宣传费用。

（3）器材使用、裁判、记录员等补贴费用。

（4）奖金。一等奖奖金、二等奖奖金、三等奖奖金、优秀奖奖金。

（5）机动费用。

【案例二】

“精英杯”全校学生排球竞赛规程

一、比赛时间：××××年××月××日

二、比赛地点：排球场

三、竞赛项目：男子排球和女子排球

四、比赛规则

1. 本规则根据排球比赛规则并结合我校实际情况而制定。

2. 比赛方法

比赛采用25分制，每球得分制，并领先对方2分获胜。比赛采用五局三胜制，决胜局无论哪方先得13分后即交换场地；第五局15分制，无论哪方先得8分后即交换场地。得发球权的队须按顺时针轮转一次位置后再发球。

五、比赛名次

取前三名给予奖励，并设优秀组织奖若干名。

六、本规定解释权属排球竞赛组。

【相关知识链接】

袁伟民：原国家体育总局局长。生于1939年7月，江苏苏州人，毕业于南京体育学院。入选2007年度排球名人堂，袁伟民是该年入选的唯一的亚洲人。美国排球协会对袁伟民的评价是：“他把全部生命都贡献给了体育事业，他带领中国女排获得了1982年世锦赛冠军、1983年世界杯冠军和1984年洛杉矶奥运会冠军。”袁伟民是我国体育史上首位由运动员、教练员出身的体育最高级官员，他于2000年4月被正式任命为国家体育总局局长，并于同年开始担任第5任中国奥委会主席。他至今仍是中国排球协会的主席。

郎平：奥运冠军，中国著名女子排球运动员和教练员，1960年12月10日生于天津市。

1973年开始练习排球，1978年入选国家队。她是中国女排三次蝉联世界冠军的核心队员，也是20世纪80年代世界女子排球界“三大主攻手”之一，有“铁榔头”之称。郎平于1980年被国家授予“运动健将”称号，1985年获“国家级运动健将”称号，此后多次当选“全国十佳运动员”，并四获国家体委颁发的体育运动荣誉奖章。1994年被评为“建国45周年体坛45英杰”之一，1996—1997年两次率领中国女排获得世界亚军，1997年被国际排联评为年度女排“最佳教练”，1999年当选“新中国体育五十星”。2002年以全票入选排球名人堂，成为亚洲排球运动员中获此殊荣的第一人。2008年北京奥运会，郎平率领美国女排夺得银牌。2009年，郎平回国执教广东恒大女排。2013年4月郎平再度担任中国女排主教练。

【思考与练习】

（1）如何策划、组织一场排球赛？

（2）简述排球竞赛规则和竞赛办法。

第八章 驰骋绿荫

本章学习达成效果：学生通过足球理论知识的学习，了解足球的发展、起源及竞赛规则，为掌握及运用技战术、裁判组织工作打下坚实基础。从学生兴趣爱好出发，使学生能够了解、掌握和运用足球的基本技术和战术，使学生养成良好的锻炼习惯，培养学生积极乐观的生活态度和养成团队协作的习惯。

本章的重点和难点：掌握和运用基本技术和基本战术，对竞赛规则的了解和运用。

学习指导建议：根据自身情况采用自主学习法、合作学习法等方法，不断地加强练习时间、强度等手段，不断提升自身技术和战术水平。

独木不成林，要没有同伴的帮助和全队努力，光我是不行的。所以，我不是什么救世主，我只是上场时总想踢好，全力以赴。——意大利足球运动员　罗西

足球是以脚为主支配球的一项球类运动。现代足球运动是世上开展得最广泛、影响最大的运动项目，有人称它为“世界第一运动”，一直深受人们的喜爱。一场精彩的足球比赛，吸引着成千上万的观众和数以亿计的电视观众，当今足球运动已成为人们生活中不可缺少的组成部分。

【章前案例】

“学院杯”项目导引

“学院杯”全院学生足球比赛以足球理论知识传授，技、战术实践能力及身体素质为目标，以足球俱乐部为依托，以“做中学”为手段，以分组式为组织方式，最终使学生能够自行起草足球比赛策划方案、自行组织有十支代表队参加的足球比赛。

一、“学院杯”项目总体设计

1．比赛名称：“学院杯”全院学生足球比赛

2．比赛时间：××××年××月××日

3．参赛人员：全院学生

4．比赛地点：足球场

5．主办单位：院团委学生会体育部

6．协办单位：可口可乐公司

项目内容	具体目标
理论知识	通过足球理论知识的传授，学生了解足球的发展、起源及竞赛规则，为掌握及运用技战术、裁判组织工作打下坚实基础。用理论指导实践，用实践证明理论，以此达到锻炼身体的目的
专业技能	从学生兴趣爱好出发，使学生能够掌握和运用基本踢球技术、接球技术、守门员技术、头球技术、“二过一”战术、整体防守战术、整体进攻战术等技战术的知识点和技能点，加强学生身体素质的练习，提高学生足球基本功。内容的学习随着时间的推移，由浅入深，由易到难（具体内容见正文）
职业道德	通过足球理论知识与实践技能的学习，学生养成良好的锻炼习惯，培养学生参与体育锻炼的习惯、积极乐观的生活态度与学习态度和养成团队协作的习惯

二、“学院杯”项目能力培养

提高学生对足球的热爱，达到锻炼身体的目的。在比赛中能够让学生了解团队协作的意义和锻炼学生组织比赛的能力及沟通协调的能力。

三、“学院杯”项目策划方案

1. 比赛前 25～30 天进行赛前宣传、报名工作。
2. 比赛前 25～30 天进行裁判的竞赛规则的学习及体能练习。
3. 比赛前 3～5 天进行分组和竞赛规程公布。
4. 比赛前 3～5 天进行裁判器材的准备。

四、“学院杯”项目组织实施流程

1. 布置场地。
2. 裁判员和工作人员准时到达指定位置。
3. 比赛：一共报名 32 支队伍，把队伍分成八组，每组四支队伍。先进行小组赛：进行单循环比赛，小组前两名进入淘汰赛。淘汰赛分为 1/8、1/4、半决赛、三四名比赛、决赛。
4. 在竞赛中维持秩序和出现意外情况时及时沟通协调：如下雨、比赛中有队员受伤的处理等。
5. 颁奖：冠军、亚军、季军、最佳射手、最佳运动员、最佳裁判员和最佳教练员。
6. 总结。

项目单元

1. 颠球比赛

比赛内容：颠球比赛。

比赛方法：一人一组，用身体各个部位进行颠球。

达成目标：要求球不能落地，数量达到 20 次以上。

2. 两人对颠比赛

比赛内容：两人对颠比赛。

比赛方法：两人一组进行各个部位的互相颠球。

达成目标：要求球不能落地，数量达到 10 次以上。

3. 传球、接球比赛（5 米、25 米）

比赛内容：传球、接球比赛（5 米、25 米）。

比赛方法：两人或多人一组进行 5 米（25 米）间传球。

达成目标：要求必须是地滚球（高空球），连续传接 10 次以上

第一节 兴趣足球

【案例导入】

组织学生观看一场足球比赛，重点观察比赛中裁判员的跑位、基本手势、旗势、哨声和判罚尺度等问题，使学生能够了解判罚的基本原则、跑位路线等基本裁判法和竞赛规则。通过教学比赛了解规则重点：基本手势、旗势、哨声，直接、间接任意球判罚，红、黄牌的判罚。

一、足球起源与发展

足球运动是一项古老的运动项目。早在宋朝时期，中国就有了用脚踢球的游戏。

公元 16 世纪以后，足球游戏在欧洲一些国家盛行起来。1857 年，英国成立了第一个足球俱乐部——谢菲尔德足球俱乐部。1863 年，英格兰足球协会成立。因此，后来一般都把 1863 年作为现代足球运动的开端，并且认为现代足球运动起源于英格兰。1863 年以后，欧洲一些国家纷纷成立足球协会。1885 年英格兰首创了职业足球俱乐部。1904 年 5 月 21 日，在巴黎成立了国际性的足球组织——国际足球联合会（Federation International of Association Football，FIFA）。

1846 年，第一个足球规则在英国剑桥大学诞生。1863 年的伦敦会议以后，修改了《剑桥大学规则》，制订了最早的足球竞赛规则，它是现代世界足球史上第一部统一的足球竞赛规则。

1928 年，国际足联在荷兰首都阿姆斯特丹举行会议，决定每 4 年举行一届世界足球锦标赛（后更名为世界杯赛），并设立一座流动奖杯——金女神杯，奖给锦标赛的冠军。同时，还规定哪个国家获得三次冠军，便可永久地拥有这座奖杯。1970 年第 9 届世界杯赛上，巴西队第三次获得冠军，该奖杯便归巴西永远保留。现在世界杯使用的是意大利艺术家设计的大力神杯。

1875 年，“越位”规则的产生在足球史的特定时期起了很大的作用。目前，除世界杯足球赛和奥运会足球赛这两项规模庞大的国际比赛外，各大洲都举办名目繁多的区域性国际比赛。

当今世界足坛的三大流派都朝着技能、体能和心智能等高度全面发展的方向前进，片面强调技能或体能的时代已经结束。攻守平衡是现代足球运动重要发展趋势之一。在重大比赛中，任何一个重攻轻守或重守轻攻的队都不会取得优异成绩，而攻守兼备则是衡量当代优秀球队的重要标志之一。因此，整体而快速的攻守，也是现代足球运动的发展趋势之一。

【相关知识链接】

足球运动中的重要赛事：足球运动在世界范围内最受关注的主要赛事有：世界杯、欧洲杯、美洲杯、西班牙甲级联赛、英格兰超级联赛等，其中世界杯、欧洲杯、美洲杯都是

每四年举办一次。

一届世界杯进球最多的球员：法国人方丹是世界杯比赛纪录中进球最高纪录保持者。他在1958年第六届世界杯比赛中，共踢进13个球。

世界杯进球最多的球员：德国队米洛斯拉夫·克洛法是世界杯进球最多的纪录保持者。他在2006年、2010年、2014年三届比赛中共踢进16个球。

二、颠球

颠球是一项提高球性的重要方法，要想踢好球，第一项任务就是把球颠好。能颠好球的人，球不一定踢得多么好，但是颠不好球的人，球肯定踢不好。

颠球不仅仅是对球性提高的方式、方法，也是对自身协调能力、学习态度等的一个体现，同时也是获得足球乐趣的来源。对于初学者来说，用正确的部位踢球是非常重要的，我们开始练习时先把重点放在反弹颠球上，从反弹颠球再一点点过渡到正常的颠球。

（一）颠球技术要领

（1）双脚脚背颠球：脚向前上方摆动，用脚背击球，击球时踝关节固定，击球的下部。两脚可交替击球，也可一只脚支撑，另一只脚连续击球。击球时用力均匀，使球始终控制在身体周围。脚背是最重要的触球部位，用正确的部位练习可以保证日后颠球的稳定性。

（2）双脚内侧、外侧颠球：抬腿屈膝，用脚的内侧或外侧向上摆动，击球的下部，两脚内侧或外侧交替击球。

（3）大腿颠球：抬腿屈膝，用大腿的中前部位向上击球的下部，两腿可交替击球，也可一只脚做支撑，用另一侧的大腿连续击球。

（4）头部颠球：两脚开立，膝盖微屈，用前额部位连续顶球的下部。顶球时，两眼注视球，两臂自然张开，以维持身体平衡。

（5）各部位连续颠球：根据上述单一颠球技术动作要领，用各部位配合连续颠球，配合的部位越多，难度越大。颠球的部位有脚背、脚内侧、脚外侧、大腿、头部、胸部、肩等。

（二）颠球易犯错误

（1）脚击球时踝关节松弛，造成用力不稳定。

（2）击球时脚尖向下或向上勾，造成球受力后向前或向后触碰身体，使球难以控制。

（3）颠球时身体其他部位不够放松，以至于动作僵硬。

（4）头部颠球时腿部、躯干、颈部配合用力不协调，仅靠颈部力量。

（三）颠球注意事项

颠球是提高足球基本功的重要方法，要想学好，务必要苦练，同时要注意一些问题：

（1）必须全身放松，千万不要让脚僵硬。

（2）颠球的时候要击球的底部中央。

（3）颠的球最好不要高于膝盖。

（4）颠球的时候一定要集中注意力，用力要适当。

（5）坚持，坚持，再坚持。

先只练最擅长的脚，颠的时候每颠一下脚都要踩一下地，不要脚不落地连续颠。用脚面搓球，不要使劲，触球的时候腿脚放松，脚踝发力。等到擅长脚练到可以连续颠 30 个以上后，再加入不擅长的脚颠。需要慢慢体会脚感。可以结合球星颠球的视频，还有多接触球，这样才能有球感，这非常重要。

【课堂练习 1】

练习内容：颠球（一人一球，两人一球，四五人一组）。

练习方法：

（1）一人一球颠球：体会触球的时间、触球的部位、触球的力量和整个动作的协调配合。

（2）两人一球颠球：用脚背、大腿、头部以及身体各部位触球，掌握好触球的力量，尽量不让球落地。每人可触球一次颠给对方，也可触球多次互颠。

（3）四五人一组，围圈用两球颠球：可规定每人触球的次数与部位，也可自由掌握触球的次数与部位。

达成目标：颠传时要注意观察，防止两个球同时颠传给同一伙伴。

【课堂练习 2】

练习内容：初学者颠球练习。

练习方法：

（1）踢用细绳系着的毽子：让学生一手握着绳子的一端，用两脚面交替踢系着毽子的绳的另一端。要求动作做法同脚部颠足球。这样做的目的，一是发展下肢与脚部动作的灵活性和协调性，为脚部颠足球建立初步的动作条件反射；二是增加学生的有效练习时间，提高练习兴趣，活跃课堂教学气氛。

（2）踢毽子练习：在学生能熟练踢用绳系着的毽子后，取掉绳子，用两脚面交替踢毽子，动作同颠球。目的是提高下肢和脚步协调交替用力和随机控毽的能力，初步建立动力定型。

（3）踢沙包练习：在能灵活自如踢毽子的重要条件下，换小沙包，动作同上。目的是增加脚步上踢的力量，刺激下肢增重和脚部神经肌肉协调运动能力。

（4）颠手球练习：在熟练掌握踢沙包的基础上，让学生改换颠手球。目的是在与脚部接触面变大时，提高脚面与下肢和神经系统协调控球能力，为接着颠足球练习建立牢固的动力定型，同时为脚部颠球动作自动化顺利过渡做合理的技术铺垫。

三、踢球——脚内侧踢球（又称脚弓踢球）、脚尖踢球

【案例导入】

组织：将学生平均分成几组，进行颠球接力比赛或围成圈，圈外学生进行传球，圈里安排 2 名学生抢球，抢到球的学生下来传球，被抢到球的学生进圈抢球。

要求：学生必须遵守规则，球落地之后，必须在球落地的地点重新开始颠球；传球不准或者接球不到位者进圈抢球。

（一）踢球的作用

踢球是运动员有目的的用脚的某一部位将球踢向预定目标的技术动作，它是足球运动中最主要、运用最多的一种基本技术，是足球比赛中的“常规武器”。踢球主要是用于传球和射门，是组织进攻与防守的主要手段，因此掌握好踢球技术是非常重要的。

（二）踢球的种类及动作结构

踢球的方法很多，根据踢球时脚与球的接触部位不同，可分为脚内侧踢球、脚背正面踢球、脚背外侧踢球、脚背内侧踢球、脚尖踢球等几种主要形式。踢球由助跑、支撑脚的站立、踢球腿脚摆动、脚触球和踢球的随前动作 5 个环节组成。在这 5 个环节中又以支撑脚站位、踢球腿的摆动和脚触球 3 个环节为决定踢球的力量、性质及准确性的重要环节。

1. 助跑

助跑可以调整人与球之间的相对位置，使踢球时有一个理想的支撑点，因为在比赛中球可能从任意方向飞来，这样就必须调整人和球的相对位置，使支撑点与所选用的踢球技术相适应；通过助跑使身体获得一定的速度，以增加踢球的力量。

2. 支撑脚的站立

支撑脚的站立应以能使踢球脚最便于准确触球和发挥踢球腿的最大速度为原则。一般都是踢在球的侧方或侧后方，支撑腿的膝关节应微屈，以便稳固地支撑体重，起到踢球时的固定支点作用。

3. 踢球腿的摆动

踢球腿的摆动是踢球力量的主要来源。球的运行速度取决于踢球腿的摆幅与摆速。摆速快，踢球力量就大，球的运行速度就快。

踢球腿的摆动是以髋关节为轴，大腿带动小腿，小腿加速前摆。同样在不加大摆幅的情况下，利用肌肉的强烈收缩也可以增加触球部位的速度。

4. 脚触球

脚触球决定了踢出球的性质和形式（地滚、低平、半高、旋转、高球等），它综合体现了踢球技术的前几个环节的作用。

踢球时，脚与球的接触部位应符合动作的要求，并保持功能性的紧张使脚型固定。脚与球的接触部位正确，才能保证踢球的力量通过球的中心，使球成直线运行。另外，膝关节弯曲，膝盖应在球的上方或倒上方，以便保持脚触球部位的正确和控制出球高度。

5. 踢球的随前动作

当脚触球结束，球已离开脚时，身体及各部位的任何动作已不影响踢出的球，而随前动作的目的是为了保证前四个环节顺利正常地进行。

（三）常用踢球技术的动作要领及特点

1. 脚内侧踢球（又称脚弓踢球）

脚内侧踢球是足球比赛中运用较多的踢球技术，由于脚内侧接触球的面积大，容易控制出球的方向，故准确性较强。常用于近距离的传球和射门，以及“二过一”的战术配合。

动作要领：踢球时，支撑脚踏在球的侧后方 15 厘米左右处，膝盖稍弯曲，踢球脚稍向后提起，膝盖外转，脚尖稍跷起，前摆时小腿加速，脚迅速外转 90°，脚掌与地面平行，脚腕要用力，用脚内侧（踝骨下面、跟骨前面）触球的后中部，将球向正前方踢出，见图 8-1-1。

易错动作：容易出现踢球腿膝部外转不够、脚尖没有跷起或脚部过度放松，未能用脚内侧的正确部位触球，或踢球腿过分紧张而导致动作变形等不良动作。这样往往会使踢出的球方向不准、力量掌握不好，或应用小腿加速前摆踢球变成了直腿扫球。因而在练习中要特别注意动作的正确性。

图 8-1-1 脚内侧踢球

2. 脚尖踢球

脚尖踢球分为脚尖捅射和脚尖传球。脚尖捅射的方法：不用摆动大腿，直接摆动小腿，脚面于小腿呈直角，用脚尖捅射足球的中部，在脚尖于足球接触的时候，可以稍微向上、左、右稍微改变一下脚腕的方向。在小腿于大腿绷直的过程中发力，这样足球在捅射出去后会随着脚腕改变的方向有一个飘逸的弧线，这样的捅射很不利于守门员的防守。

脚尖传球的方法：摆动小腿踢球的中部，这里要记住的是，同脚尖传球一样，只需要用脚尖对准传球的方向就可以了，千万不要改变脚腕的方向，这样球才不会飘，有利于队友的接球。另外还需要说明的是，用脚尖传球一般只是适合距离比较近的传球，一般不能超过 10 米，因为脚尖踢出的球力量不如脚弓和脚背，长距离的传球容易被对方断下，而且脚尖传球时脚腕很难保持死死的固定，足球运行线路的稳定性跟脚弓和脚背传球差了很多。

【课堂练习】

练习内容：脚内侧传球。

练习方法：单人面对墙壁或几人一组，做脚内侧传球练习，左、右脚反复进行练习。两人面对面做脚内侧传球练习，左、右脚反复进行练习。

达成目标：动作流畅，双脚可以连续不断地进行脚内侧传球。

【课后练习】

练习内容：无球模仿脚内侧踢球练习。

练习方法：单人或者两人进行动作要领体会，主要是摆腿和身体协调动作。

达成目标：每天进行练习，每次练习时间不少于 15 分钟，次数不少于 30 次。

四、接球——脚内侧接球（脚内侧接地滚球、脚内侧接空中球）、脚底接球（脚底接地滚球、脚底接反弹球）

【案例导入】

组织：将学生平均分成几组，一名学生负责踢地滚球，其他学生依次进行各部位接球练习，或一名学生负责抛空中球，其他学生依次进行各部位接球练习。

要求：接球时动作连贯到位，身体要协调。

（一）接球的作用

接球是指运动员有目的地用身体的合理部位触球，以改变运动中的球的力量、方向。在比赛中运动员要根据临场情况完成各项技术动作，如射门、传球、运球等，其先决条件是要获得并控制住球。比赛中运动员只能通过两种途径得到球，一是抢断，二是接同伴的传球，以后者为得球的主要形式。

（二）接球的种类及动作结构

接球的方法有脚内侧接球，脚背正面接球，脚背外侧接球，脚底接球，大腿、腹部、胸部、头部等部位的接球等。

尽管接球技术多种多样，但其动作结构大多由移动与选择接球方法、改变运行中球的力量和方向、随球移动等三个环节所组成。

1. 移动与选择接球方法

当准备接球时，必须根据球的速度、运行轨迹（地滚球、低平球、半高球、高球及旋转与否等）及时移动到位，并根据临场情况，选择接球方式和部位及接成什么样的球。有时在做出判断后再移动；有时是先移动，临近接触球一瞬间再做出决定；有时移动、判断、选择交错进行。

2. 改变运行中球的力量和方向

对于接球者来说，并非所有的来球的力量都是适宜的，即有时完全依靠运行中球的力量不能将球接到所需要的位置，如来球的力量很大时，如果完全依靠反射，尽管反射的方向可以很准确，但反射出的球力量太大，不能按要求落在预定的地点，此时要减小反射后的力量，即缓冲。反之则要给球加大力量。足球比赛中，接球的缓冲基本是以两种形式进行的：一种是以丰满的肌肉接触球时，吸收来球的部分能量以达到缓冲的目的；另一种则是尽量减少来球对接触部位的作用力。一般接球缓冲多用前迎后撤的方法。

3. 随球移动

为了使接球动作与处理球动作之间尽可能连贯，最理想的是在接球时就考虑如何处理好，因为在触球的一瞬间，身体重心是向接球后球运行的方向移动的。但也有特殊情况，即为避开对方的猛扑冲撞，将球接在一侧而身体向另一侧闪开，避开对方的冲撞再去控球或处理球。接球后随球移动时，与球的相对位置根据下一个动作所需而定。

（三）常用接球技术的动作要领及特点

1. 脚内侧接球

由于脚触球面积大、准确性强，动作简单、较易掌握，所以在比赛中经常使用这种技术去接各种地滚球、平球、反弹球和空中球。

2. 脚内侧接地滚球

脚内侧接地滚球时，支撑脚脚尖正对来球，膝关节微屈，同侧肩正对来球。接球腿提膝，大腿外展，脚尖微跷，脚底基本与地面平行，脚内侧正对来球并前迎。当脚内侧面与球接触的一刹那迅速后撤，把球接在脚下，见图 8-1-2。

图 8-1-2　脚内侧接地滚球

若需将球接在侧面时，支撑脚脚尖应向同侧斜指，使脚内侧与来球方向成一定角度去触球，同时支撑脚提踵，以前脚掌为轴做适当转动并带动身体移动。当来球力量不大时，只需将脚提到一定的高度，并使脚内侧与地面形成锐角轻触球，也可在触球时用下切动作使球前进之力部分转变为旋转力，而将球接在脚下，见图 8-1-3。

图 8-1-3 控制接球方向

3. **脚内侧接空中球**

脚内侧接空中球时，要根据来球的速度及运行轨迹，及时移动到位，若为抛物线较小的平空球，则应根据临场的实际情况选择适当高度的接球点，将接球腿抬起，使脚内侧部位对准来球的方向并前迎，在接触球的一瞬间后撤，将球接在所需要的位置上，见图 8-1-4。

图 8-1-4 脚内侧接空中球

4. **脚底接地滚球**

脚掌停地滚球时，支撑脚站在球的侧后方，膝关节微屈，脚尖正对球，同时停球脚提起，膝关节自然弯曲，脚尖翘起高过脚跟（脚跟离地面稍低于球），踝关节放松，用脚前掌触球的中上部。

5. **脚底接反弹球**

脚底接反弹球时，支撑脚踏在球落点的侧后方。当球着地一刹那，用脚前掌对准球的反弹路线，触球的后上部。如需要把球停到身后时，在脚掌接触球的刹那，脚尖稍大压并做回拉，并以支撑脚为轴快速转身。

脚底接球易犯错误：

（1）停球脚抬起过高，用脚掌踩球，使球漏过或停球不稳。

（2）踝关节过于紧张，停球不稳。

（3）停反弹球时，落点和落地时间判断不准确，使球漏过。

【课堂练习】

练习内容：脚内侧接地滚球练习。

练习方法：两人一组，一人踢地滚球，一人用脚内侧接球练习。

达成目标：要求能够熟练运用双脚进行脚内侧接球。

【综合练习】

练习内容：传球准确性练习。

练习方法：

将队员分成 4 人 1 球，相隔 20 米摆 3 个标志物成一条直线，共 4 组，每组四名队员，一名队员传球给中间的队员，然后跑到该队员所站位置，接球队员用脚底、脚内侧、脚外侧等部位进行停球转身，然后传给另外一面的队员，快速跑到队尾，以此类推。

达成目标：传球准确；停球的合理性；身体重心要跟上；停球的方向、力量；第二动作连接要快；传完球快速跑动。

【课后练习】

练习内容：脚内侧接高空球练习。

练习方法：两人一组，一人抛球，一人用脚内侧进行接球练习。

达成目标：可以掌握脚内侧接高空球的动作要领。

五、运球——脚内侧运球

（一）运球的作用

在足球比赛中，要想达到射门得分的目的，双方必然会在规则允许的范围内，运用各种可以运用的方法去争夺对球的控制权。在取得对球的控制权后，又要想尽一切办法来冲破对方防守，以达到射门得分的目的。为此经常需要适时的个人控制球以寻找进攻机会，或者一对一的突破对方的防守制造射门机会，这些都需要运用运球和过人技术来完成。

运球是个人控制球能力和个人进攻能力的集中体现，是完成战术配合和个人突破的主要技术之一。

（二）运球的种类及动作结构

在比赛中常用的运球技术有脚内侧运球、脚背正面运球、脚背内侧运球和脚背外侧运球等几种形式。运球技术动作通常是由运球方法的选择、准备，跑动中间断触球，为了下一动作的连接做好准备等 3 个环节组成。

（三）常用运球动作要领及特点

1. 脚内侧运球

要求在运球前进时支撑脚始终位于球的侧前方，肩部指向运球方向，支撑腿膝关节微屈，重心放在支撑脚上，另一只腿提起屈膝，用脚内侧推球前进，然后运球脚着地（图 8-1-5）。

图 8-1-5 脚内侧运球

2. 运球中易出现的问题

（1）眼睛只盯着球（低头），不能随时观察场上情况（这主要是控球能力差和习惯低头）造成视野狭窄。应学会用眼睛的余光去观察或用脚去“感觉”球，这样就把眼睛“解放”出来。

（2）身体僵硬影响动作的协调自如，造成不恰当的触球，结果往往是触球时力量过大。其原因多为运球技术生疏、思想紧张，以致动作失误。

（3）运球技术运用不合理，造成运球失误。如高速运球时使用脚内侧运球，向右转弯时使用脚背正面或右脚脚背内侧、左脚脚背外侧等，初学者易出现这些错误。

（4）运球时步幅过大，重心偏高，不能随心所欲地触球、控球。

（5）由于触球部位不恰当，运球对球不能按运球者的意图运行。

（6）球离运球者过远，不能随心所欲地接触或控制球。

以上问题多发生在初学阶段，随着练习时间和练习次数的增加，这些问题是会逐步解决的。

【课堂练习】

练习内容：脚内侧运球练习。

练习方法：单人练习，在走与慢跑中分别用单脚内侧运球，运球方向沿直线进行，注意动作规范化。

达成目标：要求能够熟练掌握、运用主力脚进行脚内侧运球。

【课后练习】

练习内容：脚内侧运球练习。

练习方法：用脚内侧滑中圈线做顺、逆时针运球练习，注意使用合理的运球方法，左右两脚交替使用。

达成目标：要求能够达到双脚熟练进行脚内侧运球。

六、足球竞赛规则

（一）比赛场地与器材

（1）场地。比赛场地应为长方形，其中两条长边为边线、两条短边为球门线（包括其延长线）。长边长度在 90～120 米，短边长度在 45～90 米（国际比赛的场地长度在 100～110 米，宽度在 75～84 米）。

（2）球门区。在比赛场地两端距球门柱内侧 5.50 米处的球门线上，向场内各画一条长 5.50 米与球门线垂直的线，一端与球门线相接，另一端连接后形成与球门线平行的线段，这三条线与球门线范围内的地区叫作球门区。

（3）罚球区。在比赛场地两端距球门柱内侧 16.50 米处的球门线上，向场内各画一条长 16.50 米与球门线垂直的线，一端与球门线相接，另一端相连接后成与球门线平行的线段，这三条线与球门线围成的区域叫作罚球区，在两球门线中点垂直向场内量 11 米处各做一个清晰的标记，叫作罚球点。以罚球点为圆心，以 9.15 米为半径，在罚球区外划一段弧线，叫作罚球弧。

（4）角球区。以边线和球门线交叉点为圆心，以 1 米为半径，向场内各画一段 1/4 的圆弧，这个弧内地区叫作角球区，4 个交叉点为角旗点。

球门应设在每条球门线的中央，由两根相距 7.32 米、与西面角旗点相等的直立门柱、一根下沿离地面 2.44 米的水平横木连接组成，为确保安全，无论是固定球门或可移动球门都必须稳定地固定在场地上。

（二）球

正式比赛用球的颜色应与场地颜色有区别，夜间灯光场比赛须用白色或黑白色球。比赛开始时，球的圆周、重量及气压须符合规则规定。

（三）队员人数

（1）上场比赛的两个队每队队员人数不得超过 11 人。

（2）每队必须有一名守门名。

（3）每队在比赛时可有1～3名替补队员，如果是“友谊比赛”，可按双方事先约定人数换人，一般以5名以下为宜。球员替换时要注意以下事项：

①经裁判员同意后，在比赛暂停时，替补队员可替换队员。

②只有在被替补队员下场后，替补队员才能上场。

③未经裁判员同意，任何队员不得上场或下场。

（四）队员装备

（1）上场队员必需的装备是：运动上衣、短裤、护袜、护腿板和足球鞋。上场队员不得穿戴能危及其他运动员的任何物件。

（2）护腿板必须由护袜全部包住，而且应是由适当的材料制成（橡胶、塑料、聚氨酯或其他类似的材料）。

（3）守门员的服装颜色必须有别于其他上场队员。

（五）裁判员

每场比赛应委派一名裁判员执行裁判任务。在裁判员进入比赛场地时，即开始行使规则赋予的职权。

在比赛暂停或比赛成死球时出现的犯规，裁判员均有判罚权。裁判员在比赛进行中，根据比赛实际情况做出判决，所做的判决应为最后判决。

（六）助理裁判员

每场比赛应委派两名助理裁判员，他们的职责应为示意（判决由裁判员决定）：

（1）何时球出界成死球。

（2）应由哪一队踢角球、球门球或掷界外球。

（3）当球队要求替补时，应协助裁判员按照规则控制过程。

（七）比赛时间

比赛时间应分为两个相等的半场，每半场45分钟，并按下列规定执行：

（1）在每半场中由于替补、处理伤员、延误时间及其他原因损失的时间均应补足，这段时间的多少由裁判员根据现场情况和记录决定。

（2）在每半场时间终了时或全场比赛结束后，如执行罚球点球，则应延长时间至罚完为止。

除经裁判员同意，上下半场之间的休息时间不得超过15分钟。

（八）比赛开始

比赛开始前，应用投币方式选定开球或场地，先挑的一方应有开球或场地的选择权。比赛应在裁判员发出信号后，由开球队的一名队员将球踢入（即踢动在比赛场地中央的球）对方半场开始。在球被踢出前，每个队员都应在本方半场内，对方队员还应当保持距球不少于9.15米；球被踢出后，才应认为比赛开始，开球队员在球经其他队员触或踢及前不得再次触球。

在进一球后，应由被进球方一名队员以同样方式，重新开球继续比赛。下半场开始时，两队应互换场地，并由上半场开球队的对方开球。

（九）比赛进行及死球

下列情况下成死球：

（1）当球无论在地面或空中全部越过球门线或边线时。

（2）当比赛已被裁判员停止时。

（3）自比赛开始至比赛终了时，比赛均应在进行中，包括：

①球从球门柱、横木或角旗杆弹回场内。

②球从场上的裁判员或助理裁判员身上弹落于场内。

③场上队员犯规而裁判员并未判罚。

（十）计胜方法

除规则另有规定，凡球的整体从门柱间及横木下越过球门线，而并非攻方队员用手掷入、带入，故意用手或手臂推入球门（守门员在本方罚球区内除外），均为攻方胜一球。

（十一）越位

（1）进攻队员较球更接近于对方球门线者，即为处于越位位置。下列情况除外：

①队员在本方半场内。

②至少有对方队员两人比该队员更接近于对方的球门线。

（2）队员处于越位位置本身不是犯规。

（3）下列情况，队员不应被判为越位：

①队员仅仅处在越位位置，而没有得到利益。

②队员直接得球门球、角球或界外球。

（4）队员被判越位，裁判员应判由对方队员在越位地点踢间接任意球。如果该队员在对方球门区内越位，那么这个任意球可以在越位时所在球门区内任何地点执行。

（十二）犯规与不当行为

（1）队员故意违反下列九项中的任何一项者：

①踢或企图踢对方队员。

②绊摔对方队员，即在对方身后或身前，伸腿或屈体绊摔或企图绊摔对方。

③跳向对方队员。

④猛烈地或带有危险性地冲撞对方队员。

⑤除对方正在阻挡外，从背后冲撞对方队员。

⑥打或企图打对方队员，或向对方吐唾沫。

⑦拉扯对方队员。

⑧推对方队员。

⑨用手触球，如用手或臂部携带、推击球（守门员在本方罚球区内除外）。

以上情况都应判由对方在犯规地点踢直接任意球。如犯规地点在对方球门区内，该任意球可以在球门区内任何地点执行。

如果守方队员在本方罚球区内故意违反上述九项中的任何一项者，应判罚球点球。

在比赛进行中，如守方队员在本方罚球区内故意违反上述九项中任何一项时，则无论当时球在什么位置，都应判罚球点球。

（2）队员犯有下列犯规中的任何一项者：

①裁判员认为其动作带有危险性，如企图去踢守门员已接住的球。

②当球并不在有关队员控制范围之内时，目的不是为了争球而用肩部去做所谓的合理冲撞。

③队员不去踢球而故意阻挡对方者，如在球与对方之间跑动或用身体阻挡对方。

④冲撞守门员。

⑤比赛中守门员在本方罚球区内时。

⑥以手控制球后，持续 8 秒钟以上而未使球进入比赛状态。

⑦同队队员故意将球踢给守门员后，守门员用手触球。

⑧裁判员认为由于战术上的目的，有意停顿比赛，延误比赛时间而使本队获得不正当的利益。

以上情况都判由对方在犯规地点踢间接任意球。

（3）队员出现下列情况时，应被警告并出示黄牌：

①比赛开始后，队员进场或重新进场加入比赛或在比赛进行中离场，意外事故除外，不论哪一种情况，事先未经裁判员示意允许者。

②如果裁判员暂停比赛执行警告，则由对方在暂停比赛时，根据球的所在地点的具体情况，踢间接任意球恢复比赛。

③如犯规队员另有更严重的犯规情节时，则应按规则的有关规定判罚。

④队员连续违反规则。

⑤用言语或行动对裁判员的判决表示不满者。

⑥有不正当行为者。

除发生更严重的犯规，队员的行为属上述最后三项中的任何一项者，应给予黄牌警告，并判由对方在犯规地点根据具体情况踢间接任意球。

（4）裁判员认为队员出现下列情况时，应罚令其出场并出示红牌：

①犯有暴力行为。

②严重犯规。

③用污言秽语或进行辱骂。

④经黄牌警告后，因犯规又被给予第二次黄牌警告。

（十三）任意球

任意球分两种：直接任意球（这个球可以直接射入犯规队球门得分）及间接任意球（踢球队员不得直接射门得分，除非球在进入球门以前曾被其他队员踢或触及）。

（1）队员在本方罚球区内踢直接或间接任意球时，在球被踢出罚球区前，所有对方队员都应站在该罚球区外，并至少距球 9.15 米。

（2）队员在本方罚球区外踢直接或间接任意球时，所有对方队员在球被踢出前应至少距球 9.15 米，除非他们已站在自己的球门线上，当球滚动时，比赛即为恢复。

（3）如果对方队员在任意球踢出前，进入罚球区或距球少于 9.15 米，裁判员应令其退到规定的位置后，方可执行罚球。

（十四）罚球点球

罚球点球应从罚球点上踢出，必须明确主罚队员。踢球时除主罚队员和对方守门员外，其他队员均应在该罚球区外及比赛场内，并至少距罚球点 9.15 米处。对方守门员在球被踢出前，必须站在两门柱间的球门线上（两脚不得移动）。主罚队员必须将球向前踢出；在其他队员踢或触及前不得再次触球。当球滚动时，比赛即为恢复。罚球点球可直接射门得分。

对违反本章任何规定者，应作如下处理：

（1）如守方队员犯规，则球未罚中应重罚。

（2）如踢罚球点球队员以外的攻方队员犯规，则球罚中无效，应重罚。

（3）如踢罚球点球队员在比赛恢复后犯规，则应由对方队员在犯规地点踢间接任意球。

（十五）掷界外球

当球的整体不论在地面或空中越出边线时，应由出界前最后触球队员的对方队员，在球出界处掷向场内任何方向。掷球时，掷球队员必须面向球场，两脚均应有一部分站立在边线上或边线外，不得全部离地，用双手将球从头后经头顶掷入场内。球一进场内比赛立即恢复。掷球队员在球被其他队员踢或触及前，不得再次触球。掷界外球不得直接掷入球门得分。

（十六）球门球

当球的整体无论在空中或地面从球门外越出球门线，而最后踢或触球者为攻方队员时，由守方队员在球门区内任何地点直接踢出罚球区恢复比赛。

（十七）角球

当球的整体无论在空中或地面从球门外越出球门线，而最后踢或触球者为守方队员时，由攻方队员将球的整体放在离球出界处较近的角球区内踢角球。踢角球时，不得移动角旗杆。角球可直接胜一球。踢角球队员在球被其他队员踢或触及前，不得再次触球。

【课堂练习 1】

练习内容：隧道球（每组 1 分钟，计 4 组）。

练习方法：一半队员叉开双腿站在训练区域内，另一半队员带球，在一定的时间内使球穿过尽可能多的“隧道”（站立的队员两腿之间的空隙），到时间后队员互换角色和任务。

达成目标：带球和方向感。

【课堂练习 2】

练习内容：撕布条（每组 30 秒，共 6 组）。

练习方法：一半队员在后腰掖一块布（布有一部分露在外面），另一半队员则要抢走布。有布队员身上的布都被抢走后，双方互换角色继续练习。

达成目标：反应能力。

【课堂练习 3】

练习内容：听喊声传接低平球（每组 1 分钟，计 3 组）。

练习方法：所有队员站在训练区域内，每两名队员为一组，每组一名队员持球。无球队员在训练区域内无球跑动，有球队员喊出无球队员的名字后向其传低平球（短传），无球队员必须立即将球传给传球者。

达成目标：方向感和沟通能力。

【课堂练习 4】

练习内容：听喊声顶球（传接球）。

练习方法：所有队员站在训练区域内，每两名队员为一组，每组一名队员持球。无球队员在训练区域内无球跑动，有球队员喊出无球队员的名字后向其抛高空球（或向其传低平球），无球队员必须立即用头将球顶给传球者（或用身体某一部位直接将球传回给传球者）。

达成目标：头球的时机选择；传接球能力，方向感、沟通能力和调整能力。

【思考与练习】

（1）简述脚内侧踢球的动作结构。

（2）简述脚内侧停球的动作结构。

（3）什么情况判罚间接任意球？

第二节　爱好足球

一、如何欣赏足球比赛

（一）从不同方面了解比赛情况

（1）要了解比赛规则。国内外比赛规则的执行大体分为两类：一类是由国际足联统一组织的比赛，如世界杯、亚洲杯等。另一类则属于双边友好往来所进行的比赛，这类比赛在每方上场的替补队员人数、比赛时间、最后决胜的方式上可经双方协商，自定一些相对来讲有所变通的规则，以期达到增进感情、切磋球技的目的。

（2）赛前了解清楚比赛双方的技术风格会使观球的乐趣更大。两支不同流派的球队交锋，比同属一种流派两支球队的对垒要精彩得多。摸清参赛双方过去交锋的成绩也是必要的。还有，本场比赛是否重要，是否关系某一对垒双方或者是影响到第三方、第四方的前景等，这些情况最好也能掌握。

（3）了解目前世界足坛的各种流派和打法。现今，足球各种流派的形成，有很强的地域性。既有其地域文化特点的影响，也有民族特征的渗透。南美国家，在足球运动上表现出注重培养球员的个性特点，注重意识的培养，鼓励球员在场上的即兴发挥，具有很强的观赏性。而要想做到这一点，就需有扎实的技术功底作保证。

不同流派自然会有其不同的特点，在战术打法上的表现也不尽相同。欧洲拉丁派，既讲究整体性，也注重对队员技术的培养。在场上的表现是攻防转换灵活，传接球的质量高，队员个人突破能力较强。这一流派以意大利、南斯拉夫、西班牙和葡萄牙队为典型代表。

南美技术派打法，极具欣赏性，其精彩的盘带、精神的配合及令人眼花缭乱的即兴发挥，让人陶醉。南美技术派极重视球员的意识及即兴发挥能力的培养与建立。相对来讲，南美技术派的防守显弱，整体协调性尚需磨练，全队成绩受球员情绪影响较大。

全攻全守流派，是荷兰队在20世纪70年代率先推出的一种先进的打法，并一举震惊世界足坛。全攻全守的打法，要求队伍的整体水平平均，各个环节上不能有明显的漏洞，因而一般球队很难做到。

（4）了解对阵双方的球星情况。一支球队中有无球星助阵，有时直接关系比赛的上座率及比赛的精彩程度。同时，真正的世界级球星也会以自己出众的球技使他（她）所在的球队在竞争中处于有利的位置。所以，看一个队中有无球星，将是衡量一场比赛精彩程度的一个重要因素。

（5）赛前提早入座。去球场看比赛，最好能提前进场，先感觉一下场面和气氛，那是一种绝妙的享受。另外，现代足球节奏加快，每每出现开场仅几十秒钟便攻陷城池的镜头。

（二）从不同角度去欣赏比赛

足球比赛战术变化繁多，球星表演引人入胜，教练员临场指挥斗智斗谋，裁判员执法如山，阵型布局捉摸不透，一场高水平的足球赛，将给球迷带来全方位的享受。怎样从各不相同的角度去品味足球比赛，里面确实大有学问。

1. 排兵布阵

看双方排出的阵型，这对了解双方的攻防意图、整队的实力及战术风格大有好处。

2. 看球星的表演

一场比赛开始后，静静地去欣赏一下球星的高超球技，那种感觉是非常绝妙的。四年一度的世界杯之所以有那么大的吸引力，很重要的一点就是每每有足坛的新星涌现出来。他们球感极强，球技出众，作风过硬，风度倾人。贝利、马拉多纳和C罗等，无不是在世界杯上大放异彩的。世界杯造就了球星，为球星提供了表演舞台；球星塑造了世界杯，为大赛增光添彩。

3. 看教练员的临场指挥水平

一个球队的实力和好成绩的取得，与教练员的水平有极大的关系。教练员在比赛中的指挥，从某种意义上讲，比主力队员在场上的作用还重要。因此，衡量一名教练的水平，临场指挥能力的高低是一个重要参考依据。教练员的临场指挥水平主要反映在临场战术的改变及场上队员的调遣上。

4. 看裁判员执法是否合理

一场比赛能否顺利进行、双方的技术和战术水平能否得到最大限度的发挥，裁判员的水平高低和执法是否合理将起到至关重要的作用。一名高水平的、执法公正的裁判员，他（她）应是一名善于处理赛场复杂情况的能手，能控制双方的过激情绪，及时惩罚严重违章的球员，而不管球员名气有多大。在对关键球，特别是有争议的球的处理上，果断、准确，手势清晰，语言简洁，让人心服口服，经得起推敲。可以说有一名好的裁判，比赛就成功了一半。另外，他（她）还应该是一名心理学家，能及时洞察犯规队员是有意还是无意，在执法的同时，会用自己的魅力去征服球员，收到红、黄牌所达不到的判罚效果。球迷在观察的时候，不要忘了观察一下裁判员的执法是否合理，起到一个舆论监督的作用。

（三）做出自己的评价，提高观赏水平

欣赏足球比赛，观看比赛的精彩场面固然是一种奇妙的享受，而赛后如能融入自己的观点去品味、评论，也是一件有趣的事。有人曾说：真正的球迷，足球给他带来的乐趣，1/3在赛前，1/3在赛中，还有1/3是在赛后。

一场激烈、精彩的比赛结束后，对输赢双方得失的因果关系作出判断，对双方技战术特点谈谈自己的看法，会使观察的档次提高。

赛前，展望双方的获胜前景；赛中，细心观察双方的水平发挥；赛后，大胆预测双方下一轮的比赛情况，如能这样，你就不再是一个简单的观众。球迷朋友们不要把自己对足球的热情局限在球场上一时的宣泄，不妨把它的内涵引申出来，赛后和你的家人、朋友甚至是素不相识的人谈谈感受，既可是人生大角度的，也可是局部细微之处的感触。再注意下赛后报刊的评论文章，逐步提高自己的分析、观摩水平。

二、足球运动锻炼价值

（1）促进身体健康。经常参加足球运动能全面地发展体能。具体而言，更能有效地改善心肺系统的功能、提高肌肉力量和耐力。人的身体是由神经、运动、呼吸、消化、循环、免疫、内分泌、排泄、生殖九大系统组成，经常参加足球运动锻炼身体，能够使新陈代谢得到加强，身体成分得到改善，保证身体各系统正常运转，促进身体健康。

（2）培养健康心理。经常参加足球运动对心理健康有着积极的促进作用。足球活动和比赛，能提高人的自信心，改善人的心理素质。现代人具有追求成功、甘愿冒险、依靠努力和奋斗赢得胜利、超越现状的心理倾向，由于足球运动的特点正迎合了人们的这种心理倾向，从而使世界上很多人都抱有浓厚的兴趣，愿意关心和参与这项活动。

（3）提高社会适应能力。经常参加足球运动能增加人与人接触和交往的机会，帮助人更好地融入社会环境，增强对社会的适应能力。合作能力既是足球参与者必备的素质，也是在足球活动中需要发展的一种能力。经常参与足球运动，有助于加强合作意识，培养团队精神。现代社会竞争日趋激烈，努力培养竞争意识与合作精神有助于学生走出校门、走向社会后更好地适应社会。

三、踢球——脚背正面踢球（正脚背踢球）、脚背内侧踢球（里脚背踢球）

1. 脚背正面踢球（正脚背踢球）

因为腿的摆动与髋、膝关节的结构相适应，便于加大摆幅和加快摆速，且脚与球的接触面积大，踢出的球准确有力，所以在比赛中常用于中、远距离传球，踢任意球、角球和射门。

动作要领：正脚背踢球时采用直线助跑，支撑脚踏在球侧 10～15 厘米处，踢球腿后摆要放松，前摆时大腿带动小腿，脚面绷直，脚趾扣紧。当大腿前摆至垂直地面位置时，小腿加速前摆，稍收腹，以正脚背部位（即穿鞋带的地方）触球的后中部。踢球后，腿随球前摆，见图 8-2-1。

图 8-2-1 脚背正面踢球

2. 脚背内侧踢球（里脚背踢球）

踢球腿的摆幅大，出球有力，并能踢出各种旋转球及远距离球。在比赛中常用于中、远距离传球，发球门球、角球、边线传中和中远距离的射门。

动作要领：在里脚背踢球时，应采用与球成 45°角的斜线助跑，见图 8-2-2。支撑脚踏在球侧 25～30 厘米处，以脚掌外侧着地支撑体重，上体稍向支撑脚一侧倾斜，踢球腿自然后摆，脚稍向后外转，脚面绷直，脚趾扣紧，脚尖斜指前下方。踢球时大腿带动小腿，小腿加速前摆，以里脚背部位触球的后中部。踢球后，脚随球前摆，见图 8-2-3。

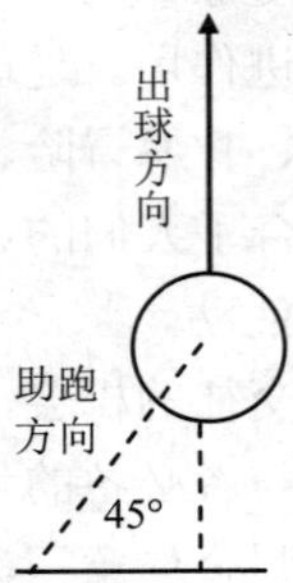

图 8-2-2 角度

图 8-2-3 脚背内侧踢球

【课堂练习】

练习内容：脚背内侧传球练习。

练习方法：单人面对墙壁或两人一组做脚背内侧传球练习，单脚反脚反复进行练习。两人面对面做脚背内侧传球练习，左、右脚反复进行练习。

达成目标：要求主力脚连续不少于15次地进行脚背内侧传球。

【课后练习】

练习内容：脚背正面传球练习。

练习方法：单人面对墙壁或两人一组做脚背正面传球练习，单脚反复进行练习。

达成目标：要求主力脚连续不少于10次地进行脚背正面传球。

【相关知识链接】

足球的质量为 398～453 克。运动员踢球时，球速为 80～120 千米/小时。在距球 10 米处助跑，用中等力量踢球，球速约为 82.3 千米/小时，其撞击力相当于 118 千克。如用大力踢球，其撞击力可达到 200 千克。通过力量测定器测定，杰出的运动员一脚有力的射门，力量确定可达到 200 千克。

四、接球——脚背正面接球、大腿接球

1. 脚背正面接球

多用来接有较大抛物线的来球。接球时根据来球的落点，及时移动到位，脚背正面上迎下落的球，当球与脚面接触的一瞬间，接球脚与球下落的速度同步下撤，此时膝关节、踝关节、脚趾均保持适度的紧张，脚尖微跷将球接到需要的地方，见图 8-2-4。

脚背正面接较高的来球时，可以将脚微抬起，并适度背屈，当球接触脚背的瞬间，踝关节放松将球接到身体附近，见图 8-2-5。

2. 大腿接球

一般可以用来接略高于膝的低平球或抛物线较大的高空球。大腿接抛物线较小的低平球时，面对来球方向，根据球的落点迅速移动到位，接球腿略抬起，当球与大腿接触的瞬间大腿下撤，用大腿中部将球接到需要的位置上，见图 8-2-6。大腿接高空球时，面对来球方向，接球腿大腿要比接低平球抬高一些，并送髋前迎来球。当球与大腿接触瞬间收撤大腿，让球落在所需要的位置上。

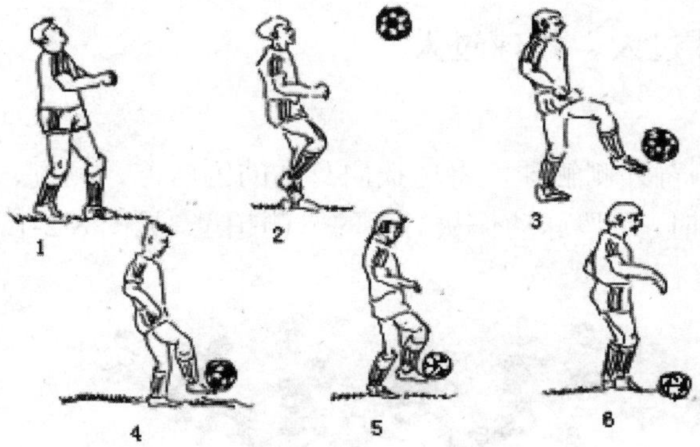

图 8-2-4　脚背正面接球

图 8-2-5　脚背正面接较高球

图 8-2-6　大腿接球

【课堂练习】

练习内容：脚背正面接球练习。

练习方法：两人一组，一人抛球，一人用脚背正面进行接球练习。

达成目标：要求掌握脚背正面接球的动作要领。

【课后练习】

练习内容：大腿接球练习。

练习方法：两人一组，一人抛球，一人用大腿进行接球练习。

达成目标：要求可以熟练地运用大腿接难度不高的球。

五、运球——脚背正面运球、脚背外侧运球、脚背内侧运球

1. 脚背正面运球

运球移动时与正常跑动时姿势相同，上体稍前倾，步幅不宜过大，运球腿提起，膝关节稍屈，髋关节前送，提踵，脚尖下指，在着地前脚背正面部位触球后中部推送前进。

2. 脚背外侧运球

运动时的身体姿势与正常跑动时相同，上体稍前屈，步幅不宜过大，运球腿提起，膝关节稍屈，髓关节前送，提踵，脚尖向内转，使脚背外侧正对运球方向，在运球脚落地前用脚背外侧推拨球的后中部。

3. 脚背内侧运球

身体稍侧转，膝微屈外转，提踵，脚尖外转，使脚背内侧正对运球方向，在运球脚落地前用脚背内侧推拨球，使球随身体前进。

六、运球过人——拨球过人、拉球过人、扣球过人

1. 拨球过人

利用脚腕的排拨动作，以脚背内侧或脚背外侧触球，将球拨向身体的侧前方、侧方、侧后方。一般是在正面运球中对手伸腿抢球时，用拨球动作从对手的一侧超过，见图 8-2-7。拨球后身体应立即跟上，使球按预定方向运行。

图 8-2-7 拨球过人

2. 拉球过人

触球脚的前脚掌放在球的上部或倒上部，另一脚在球的侧后方支撑，然后触球脚向后下方用力，将球拉回。向回拉球一般都是在躲开或逗引对方出脚抢球的瞬间将球拉回使对方抢球落空、重心前移，将球迅速推进，越过防守者，见图 8-2-8。拉球时，除了往回拉以外，还可以向左、右侧拉球。

图 8-2-8 拉球过人

3. 扣球过人

这种方法与拨球相同，但用力方法不一样，它的用力是突然地并伴随着突然地转身或急停，使对手在来不及调整重心的瞬间突然从反方向推送球超过对手的防守，见图 8-2-9。

扣球过人的特点是动作突然、变换方向速度快，比赛时往往在行进中突然采用，甩掉对手。

图 8-2-9 扣球过人

【课堂练习】

练习内容：脚背正面、脚背外侧运球。

练习方法：在走与慢跑中分别用脚背正面、脚背外侧运球，运球方向沿直线进行，注意动作规范化。

达成目标：要求能够熟练运用主力脚进行脚背正面、脚背外侧运球。

【课后练习】

练习内容：拉球练习。

练习方法：在一定范围内，自由运球，听信号后用一只脚做支撑，另一只脚用前脚掌触球顶部，拉球绕支撑脚做圆周运动，一步一步拉球。

达成目标：要求熟练运用主力脚进行拉球。

七、抢截球——正面跨步抢球、侧面冲撞（合理冲撞）抢球

抢截球技术是指运动员在规则允许的范围内，利用身体的合理部位，把对手的球夺过来或破坏掉。

（一）抢截球的种类及技术结构

抢截球包括抢球（铲球）和截球两种不同动作。前者是指防守一方用规则允许的条件和动作，将对手的球抢下来（或破坏掉）的积极的防守行动；后者则是指防守者为了获得球，在对方传接时将球截获或封堵掉。

抢球包括正面抢球和侧面抢球；铲球包括正面和侧后面倒地铲球；截球包括截断球和封阻球。

抢截球技术的动作结构通常是由选位、实施抢截动作的动机、实施抢截动作后与下一动作紧密衔接这 3 个环节组成。

（二）常用抢截球技术的动作要领

1. 正面跨步抢球

抢球者两脚前后开立，迎着运球者面站，两膝微屈，身体重心下降并置于两脚间，当运球者与抢球者间的距离缩小到一定范围（即抢球者向前跨一大步可触及球），运球者脚触球后即将落地或刚刚落地时，抢球者后脚用力蹬地并跨步向前，以脚内侧去堵截球，另一脚迅速上步，重心迅速跟上，见图 8-2-10。

图 8-2-10 正面跨步抢球

图 8-2-11 侧面冲撞（合理冲撞）抢球

2. 侧面冲撞（合理冲撞）抢球

当与持球对手平行跑动或从侧后方追成平行跑动时，可采用侧面冲撞抢球。当与对手并肩跑动时，身体重心稍下降，靠近对方一侧的手臂要紧贴自己的身体。当对手靠近自己一侧的脚窝地时，用肩以下的部位冲撞对手的相应部位，使其失去平衡而离开球，抢球者同时将球控制在自己脚下继续前进，见图 8-2-11。

在进行合理冲撞抢球时，若对手有准备，则防守者应掌握好时机，在即将与对手接触

的一瞬间，身体向前探，肩部沿对方胸前滑过，使对手不能与你接触却由于自身的惯性失去平衡；或是在接触的瞬间上体闪身后，使对手因惯性失去平衡，而抢球者再绕过进攻者去控制球。

【课堂练习 1】

练习内容：正面脚内侧堵抢练习。

练习方法：两人一组，相距 2 米站立，一人控制球，一人上步做正面脚内侧堵抢，体会上步动作及触球部位，两人轮换练习。

达成目标：要求能够进行正面的拦截球。

【课堂练习 2】

练习内容：合理冲撞练习。

练习方法：甲、乙两人相距 2 米站立，甲控运球，乙上步做合理冲撞。两人轮换练习。

达成目标：要求能够掌握合理冲撞的尺度。

【课后练习 1】

练习内容：脚内侧拉球。

练习方法：两个队员对面站立或者找一个固定物（如墙、桌子、砖头），将球顶住后，触球脚向上提拉，使球能够离开地面，且触球脚能够很好地控制住足球。

达成目标：在进行此项练习的时候要注意踝关节保持紧绷，向上拉球的速度要快，脚不能离开球。

【课后练习 2】

练习内容：原地上步抢球。

练习方法：将球放在中间，两名队员距离足球 1 米左右的距离，在听到“口令”后，快速按照“技术介绍”中的方法进行抢球练习。

达成目标：在练习中要注意保持注意力的高度集中，支撑腿的发力和触球脚的伸脚速度一定要快，抢球时身体的重心要跟随动作前移。

【思考与练习】

（1）简述脚背正面接球的动作结构。

（2）简述拨球过人的动作结构。

（3）简述正面跨步抢球的动作结构。

第三节　特长足球

一、足球比赛注意事项

（1）比赛之前做好热身活动，避免受伤。

（2）在未听到裁判哨声之前，比赛都在继续，不能无故停止比赛。

（3）尊重裁判判罚，不得有任何疑义，特殊情况可通过队长与裁判做适当的解释。

（4）比赛中任何情况不得与队友或对方球员发生争执，有任何问题，场下交流。

二、接球——胸部接球

胸部接球由于接球部位较高，加之胸部面积大、肌肉较丰满等特点，易于掌握，故是接高球的一种好方法，有挺胸和收胸两种接球方法。

（一）挺胸式接球

挺胸式接球时，面对来球站立（两脚左右或前后开立），两膝微屈，重心置于支撑面内，主体后仰，下额微收，两臂自然张开。接触球瞬间，两脚蹬地，膝关节伸直，用胸部轻抚球的下部，使球微微弹起于胸前上方，见图 8-3-1。对于较高的平直球也可采用这种方法将球接于胸前。接球瞬间膝关节由直变曲，脚由提踵状态变全脚掌落地，整个身体保持接球时姿势下撤将球接在胸前。

图 8-3-1　挺胸式接球

图 8-3-2　收胸式接球

（二）收胸式接球

收胸式接球多用于接齐胸高的平直球。面对来球，两脚开立（左右或前后开立），两臂自然张开，主体稍前倾。触球瞬间收胸、收腹，臀部后移将球接在体前，见图 8-3-2。若需将球接在体侧时，则触球瞬间转体将球接在转体后相近的一侧。

【课堂练习】

练习内容：收胸式接球练习。

练习方法：两人一组，一人抛球，一人用胸部进行收胸式接球练习。

达成目标：要求能够熟练掌握收胸式接球。

【课后练习】

练习内容：挺胸式接球练习。

练习方法：两人一组，一人抛球，一人用胸部进行挺胸式接球练习。

达成目标：要求能够熟练掌握挺胸式接球。

三、头顶球——前额正面头顶球

（一）头顶的作用

头顶球是指运动员有目的地用前额将球击向预定目标的动作，它是足球运动中一项重要的技术。

（二）头顶球技术的种类及动作结构

根据球与头部接触的位置，头顶球可分为前额正面顶球和前额侧面顶球两类。由于运动员在比赛中的运动形式不同，又有原地、跳起、跑动中顶球等几种方法。

头顶球技术的动作结构大多由移动选位、身体的摆动、头触球、触球后的跟随移动等四个环节所组成。

（三）常用头顶球技术要领及特点

前额正面头顶球是用额骨正面部分去击球的一种动作方法，其接触部位见图 8-3-3 中前额的阴影部分。

1. 原地顶球

身体正对来球方向，眼睛注视运动中的球，两脚左右开立（或前后开立），膝关节微屈，重心置于两脚间的支撑面（或后脚）上，两臂自然张开，触球前一刹那，两腿用力蹬地，迅速向前摆体，稍收下额，在触球前瞬间颈部做爆发式振摆，用前额正面击球中部，上体随球前摆，见图 8-3-4。

图 8-3-3 前额正面头顶球

图 8-3-4 原地头顶球

2. 跑动顶球

跑动头顶球的动作要领与原地顶球基本相同，只是需对来球跑出抢点。球顶出后，由于跑动速度较快，为保持平衡须随球向前移动。

3. 跳起头顶球

跳起头顶球又分为原地和跑动中头顶球两种，一般多用在本方传来过顶球或对方进攻传来过顶高球时。

在做原地跳起顶球时，多用双脚起跳，两膝微屈，重心下降，然后两脚用力蹬地起跳，同时两臂屈肘上摆，在身体上升阶段展腹挺胸，两臂自然张开，眼睛注视来球，身体自然成背弓。当球运行至身体额头正前方时，迅速收腹，上做前摆，触球前瞬间头部做爆发性振摆，用前额正面将球顶出，球顶出后两腿屈膝屈踝落地，见图 8-3-5。

跑动、跳起头顶球多以单脚起跳。根据来球的速度、运行轨迹，选好起跳位置，及时跑到起跳点。起跳前一步稍大些，起跳脚用力蹬地跳起，同时另一腿屈膝上摆，两臂屈肘自然上提。其他各环节与原地跳起头顶球相同，见图 8-3-6。

图 8-3-5　跳起头顶球

图 8-3-6　跑动、跳起头顶球

【课堂练习】

练习内容：原地头顶球练习。

练习方法：

（1）两人一组，一人抛球，一人进行原地头顶球练习。

（2）三人一组，站成三角形，各相距 10 米，一抛，一顶，一接，连续循环。

（3）接抛球或角球，顶球射门。

（4）三人一球一组，甲抛高球，乙丙争顶。

达成目标：要求能够熟练掌握原地头顶球。

【课后练习】

练习内容：跳起头顶球练习。

练习方法：两人一组，一人抛高球，一人进行跳起头顶球练习。

达成目标：要求能够简单掌握跳起头顶球。

四、掷界外球

（一）掷界外球的特点

掷界外球是唯一允许除守门员以外的运动员用手触球的一种技术动作。由于规则规定，掷界外球时不管在任何场区都没有越位限制，这样就给了进攻队员充分活动的自由。

（二）掷界外球的方法与技术要领

掷界外球的方法有原地掷界外球和助跑掷界外球两种。

1. 原地掷界外球

面对场内出球方向，两脚左右开立，膝关节适当弯曲，或两脚前后开立，后腿弯曲，上体后仰展腹背弓，两手自然张开拇指相对，持球的侧后部，屈肘将球置于头后。掷球时，两脚用力蹬地（或后脚用力蹬地），两膝伸直收腹并伴随两手持球，由后向前摆动，当球摆过头顶时，用力甩腕将球掷入场内。掷球时脚可沿地面向前滑动，但不得离开地面，见图 8-3-7。

2. 助跑掷界外球

双手持球于胸前，在助跑迈出最后一步时，两手持球至头后，同时身体后仰展腹成背弓，其余动作均与原地掷界外球动作相同。

图 8-3-7 原地掷界外球

掷界外球应注意：一是要按规则的要求进行，即掷球队员必须面向球场，两脚均应有一部分站在边线上或边线外，并未得全部离地，用双手将球从头后经头顶掷入场内；二是注意动作的连贯协调，两臂用力应一致，否则会影响掷球准确性。

【课堂练习】

练习内容：原地掷界外球练习。

练习方法：两人一组进行原地掷界外球练习。

达成目标：要求熟练掌握原地掷界外球的动作要领。

【课后练习】

练习内容：助跑掷界外球练习。

练习方法：两人一组进行助跑掷界外球练习。

达成目标：要求熟练掌握助跑掷界外球的动作要领。

五、守门员

（一）守门员的作用

守门员处于全队的最后一道防线上，主要任务是把守住球门，不让对方踢进球。由于守门员的位置在全队最后，便于观察场上情况，因此守门员有时还应当成为本队防守的组织者（如对方罚任意球、角球等时）。守门员在接获对方射来的球后，又要及时传给有利于发动进攻的同伴，这时守门员又成为全队进攻的发动者。

（二）守门员常用技术

在比赛中守门员常用的技术有接球、扑球、拳击球、运球、掷球和踢球。在接球和扑球前，守门员还要正确选择位置、做好准备姿势和快速合理地移动。

选位：对方射门时，守门员一般应站在射门点与两球门柱形成角的分角线上，这样可以缩小射门角度。对方远射时，可适当靠前站，但要防备对方吊球进门。总之，守门员站位以能及时回防的距离为宜。

接球前的准备姿势和脚步移动：两脚自然开立与肩同宽，两膝微屈，身体重量放在两脚脚掌上，脚跟略微提起，两臂微屈置于胸前，手指自然张开，两眼注视来球，见图 8-3-8。

一般接两侧低平球时用侧滑步移动；接两侧高球或扑球时，为了便于蹬地跃起多采用交叉步移动，见图 8-3-9。

图 8-3-8　接球前的准备姿势和脚步移动

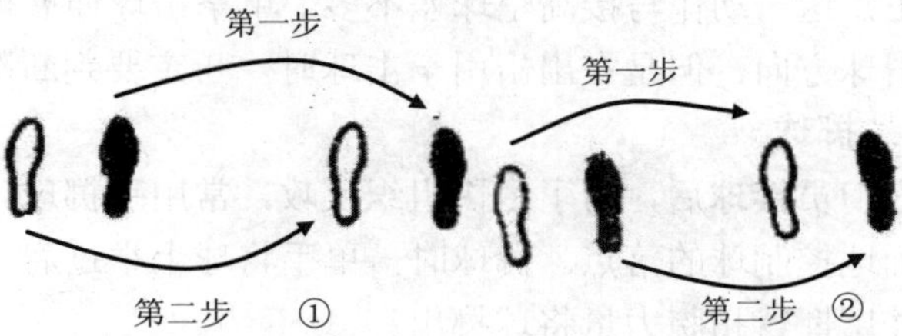

图 8-3-9　脚步移动

1. **接球**

（1）接地滚球。有直腿式和屈膝半跪式两种方法。第一种方法接球时，两脚左右分开约 10 厘米，两腿伸直，上体前屈，两臂自然下垂，两手小指相对掌心向前，以手指先接触球，然后迅速屈肘把球抱于胸前，见图 8-3-10。另一种方法是向着来球两脚前后开立，前腿屈膝支撑身体重心，后腿屈膝斜向前脚跟靠拢，成半跪姿势，两臂下伸，掌心对球，手一接触来球就迅速屈肘，把球抱于胸前，见图 8-3-11。

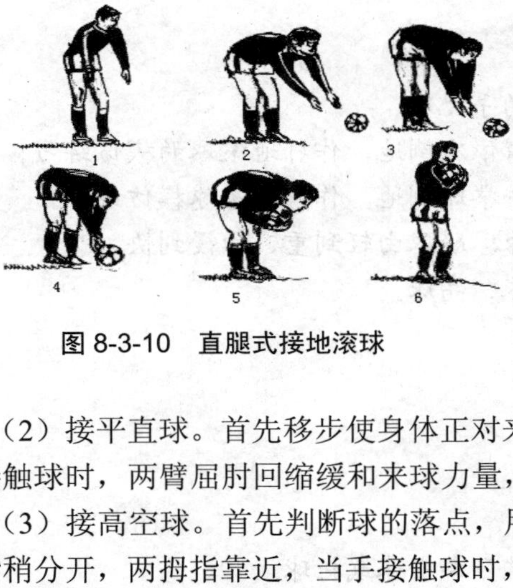

图 8-3-10　直腿式接地滚球

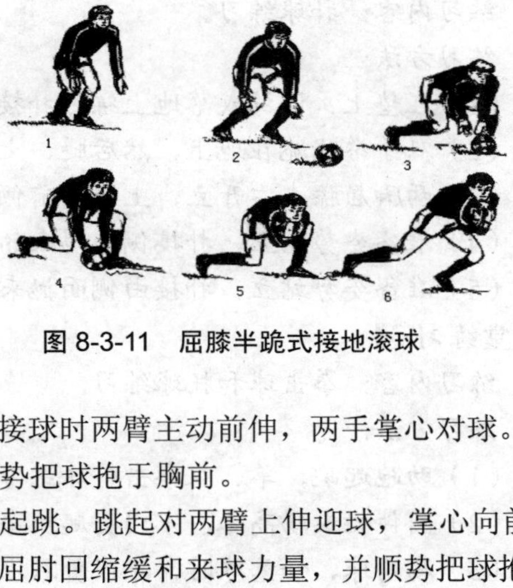

图 8-3-11　屈膝半跪式接地滚球

（2）接平直球。首先移步使身体正对来球。接球时两臂主动前伸，两手掌心对球。在手接触球时，两臂屈肘回缩缓和来球力量，并顺势把球抱于胸前。

（3）接高空球。首先判断球的落点，用单脚起跳。跳起对两臂上伸迎球，掌心向前，手指稍分开，两拇指靠近，当手接触球时，两臂屈肘回缩缓和来球力量，并顺势把球抱在胸前，然后两腿稍屈同时落地。

2. **扑球**

（1）扑两侧的低球。扑接左侧低球时，用右脚迅速蹬地，左腿屈膝向左跨出一步，身体向左侧倒，左脚着地后，由小腿、大腿、臀部、上体和手臂的外侧依次着地，同时两臂向球伸出，左手掌心正对来球，右手在左手前侧上方，两拇指靠近，两手腕稍向里弯，接球后把球收回胸前，然后赶快站起。

（2）扑两侧平高球。以靠近来球方向的脚用力蹬地向侧面跃起，使身体与地面接近平行，两臂伸出将球接住。落地时，由前臂、肩、主体、下肢的侧面依次着地，两臂弯曲，同时把球收到胸前。

3. **拳击球**

在球门前有对方冲抢高空球时，往往不能用手把球接稳，守门员经常用单拳或双拳将球击出，这一动作与接高空球差不多。单拳击球伸展控制的面积广、击球力量大，并易于改变击球方向，但是在出击用拳击球时，一定要判断准确，起跳的一瞬间应迅速敏捷。

4. **掷球**

守门员接球后，为了尽快组织反攻，常用手掷球。掷球动作快，便于改变方向，也能较准确地控制球的落点。掷球时，单手将球上举过肩，身体侧转，利用后脚蹬地，迅速转体，并用挥臂扣腕力量将球掷出。

【课堂练习 1】

练习内容：接球练习。

练习方法：

（1）接同伴抛来或踢来的各种地滚球、平直球和高空球。开始可接距离较近、力量较轻的球，注意体会动作要领，逐步过渡到距离较远力量较大的球。

（2）接自己对墙掷或踢出的反弹球。

（3）在移动中接同伴踢来的各种不同性质的球。

【课堂练习 2】

练习内容：扑球练习。

练习方法：

（1）在垫上、沙坑或草地上练习扑接同伴的手抛球。

（2）双手举球跪在地上，然后腿、上体手臂依次倒地，作扑地滚球的模仿练习。

（3）两脚屈膝左右开立，上体稍前倾，双手举球倒地，作扑地滚球模仿练习。

（4）准备姿势站立，扑接侧面踢来的地滚球。踢球由轻到重，由慢到快。

（5）准备姿势站立，扑接由侧面抛来的平球、高球。

【课堂练习 3】

练习内容：拳击球和托球练习。

练习方法：

（1）助跑起跳，单、双拳击吊球练习。

（2）同伴抛或踢高球，守门员起跳拳击球。

（3）踢角球、任意球时，守门员在人丛中练习拳击球或托球。

【课后练习】

练习内容：左右移动接球。

练习方法：

一名门将在门内，两名陪练门将各持一球，相距 5 码，站在 6 码线上。接球门将开始时和其中一个陪练门将相向而立，陪练突施冷箭将球抛出，门将接住后将球抛回给陪练，然后快速侧向移动到另一个陪练处准备下一次反应。20 次之后和其中一个陪练交换角色，直到每个人都完成训练。训练节奏要快，同时还要保证训练的质量。

达成目标：提高守门员的抓球能力。

六、足球的基本战术

足球运动是一项对抗性的项目，它是由进攻和防守这对矛盾动作所组成。足球战术是指比赛双方为了充分发挥个人与集体的特长，进攻对方弱点，取得比赛胜利所采用的手段和方法。根据攻防的基本特点，足球战术可分为进攻战术、防守战术、比赛阵型三大部分。在进攻和防守战术中，又分别包括个人、集体与全队的攻防战术。在这里我们只选择其中的部分内容加以简要介绍。

在一场 90 分钟的比赛中，每个队的控球时间大约为 30 分钟，每个队员的控球时间大约为 3 分钟。一名优秀的足球运动员在场上的跑动距离在 10 000 米左右，体重下降 3～5 公斤，要进行上百次冲刺、快跑，并完成各种技战术动作。

（一）集体的局部配合进攻战术

集体战术是指两个或两个以上队员在比赛中为了完成全队攻防任务而采用的局部协同作战的配合方法。

局部进攻战术是指进攻中两个或几个队员之间的配合方法。

1. “二过一”战术配合

“二过一”是两个进攻队员，通过传球配合突破一个防守队员。“二过一”是集体配合的基础，可以在任何场区、任何位置上运用这种方法来摆脱对方的抢截或突破防线。“二过一”是进攻的两个队员之间相距 10 米左右，进行一传一切的配合。要求传球平稳及时，一般多用脚内侧、脚外侧等脚法，传地平球为主。传球的位置，尽可能是接球人脚下或前面二三步远的地方。

“二过一”方式很多，比赛中常用的有：

（1）斜传直插“二过一”，见图 8-3-12。③号持球斜传给⑦号，③号直插防守队员 4 号身后，接⑦号斜传球（图中③、⑦为进攻队员，4 为防守队员，直线为传球路线，虚线为跑动路线，以下均同）。

（2）直传斜插“二过一”，见图 8-3-13。⑦号持球斜传给③号，③号直传，③号斜插边线控球。

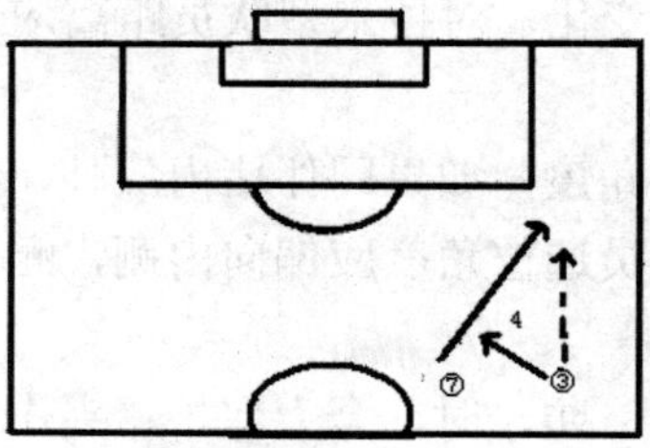

图 8-3-12 斜传直插“二过一”

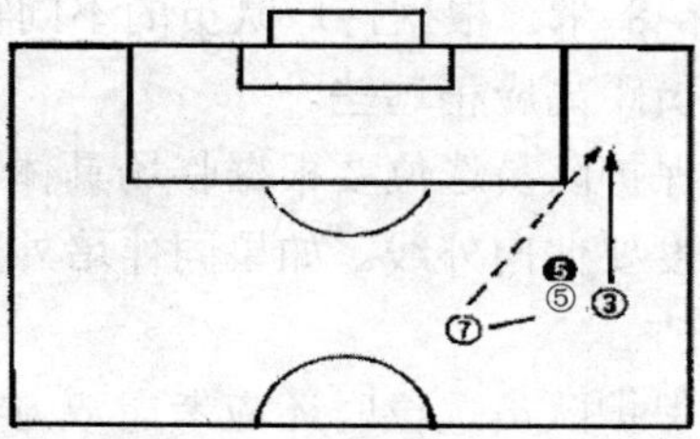

图 8-3-13 直传斜插“二过一”

2. 交叉掩护配合

交叉掩护配合是指在局部地区两名进攻队员在运球交叉换位时，以自己的身体掩护同伴越过防守队员的配合方法。

交叉掩护配合成功的要素：

（1）运球队员必须用自己的身体护住球，并挡住两名防守队员，将球传给同伴后，要继续向前跑动。

（2）接球队员必须主动迎面跑向运球同伴，交叉距离贴近，接球后快速向前运球。

（二）整体进攻战术

整体进攻战术是指为了完成进攻战术任务所采用的全局性的配合方法。整体进攻战术涉及的人员比较多，是全队协调一致的行动，体现了一个队的进攻实力和配合能力。一次完整的整体进攻是由发动、发展和结束三个阶段完成的。

1. 边路进攻

边路进攻一般是指进攻的最后阶段发生在前场罚球区线以外靠近边线区域的进攻。边路进攻的发起、推进通常有两种渠道：一是进攻过程始终沿边路而行；二是通过中路转移至边路。边路进攻打法的主要目的在于充分利用“宽度”原则，拉开防守面，削弱中路的防守力量，创造中路破门得分的有利战机。

2. 中路进攻

中路进攻通常是指进攻最后阶段发生在前场中间区域的配合。中路进攻一般有中路直向推进和边中转移两种形式。中路进攻一般说来比边路进攻更具有威胁性和直接性。由于中路防守人员密集，所以进攻的难度较大，但若一旦成功，则威胁效果也很大。

3. 快速反击

快速反击是指防守方在获得球权后，在对方尚未形成稳固防守态势时快速攻击对方，从而创造射门机会的配合。

（三）局部配合防守战术

局部防守战术是指两个或两个以上防守队员之间的配合方法，它是集体防守战术的基础，其基本配合形式有保护、补位和围抢。

1. 保护

保护是指给逼抢持球队员的同伴以心理和行动上的支持，使其无后顾之忧，全力以赴紧逼对手。一旦被持球队员突破，保护队员可及时补防，堵住进攻路线或夺回控球权。如果逼抢队员夺得了控球权，保护队员可以及时接应发动进攻。进行保护时的要求如下：

（1）保护队员与逼抢队员的距离是动态变化的，不同场区应有所不同：后场 3～5 米，中前场 4～8 米。根据持球队员的不同特点也应有所变化，对技术型队员距离应近些，对速度型队员距离应稍远些。

（2）保护队员选位要根据临场具体情况随时调整角度，如果同伴堵内放外，则保护队员选位角度要偏向外线。如果同伴堵外放内，保护队员选位角度应偏向内侧，配合同伴形成夹击之势。

（3）保护队员选位时还应考虑双方人数的对比。二防一时，全力保护、夹击。二防二时，既要保护同伴防突破，又要兼顾自己应盯防的对方接应队员。二防三时，主要是延缓对方的进攻速度，为其他队员争取回防的时间。

（4）保护队员还要通过语言指挥同伴抢截和选位，同时让同伴知道自己的保护位置，使防守配合更加协调、有效。

2. 补位

补位是指防守队员弥补同伴在防守中出现漏洞时所采取的相互协助的战术配合。在比赛中，通过同伴间的相互补位，可以有效地遏制和破坏对方的进攻行动，变被动为主动。

补位的形式：当前卫或后卫队员插上进攻、退守不及时，临近的队员应暂时弥补空位，以防对方利用这一空当进行快速反击，见图 8-3-14。当同伴被突破后，保护队员要及时补位防守，将球夺回来或阻断其进攻路线。被突破的队员应立即后撤，选择适当位置转化为保护队员。守门员出击时，后卫队员要及时回撤到球门线附近，弥补守门员的位置，防止守门员出击失误，对方突然射空门。

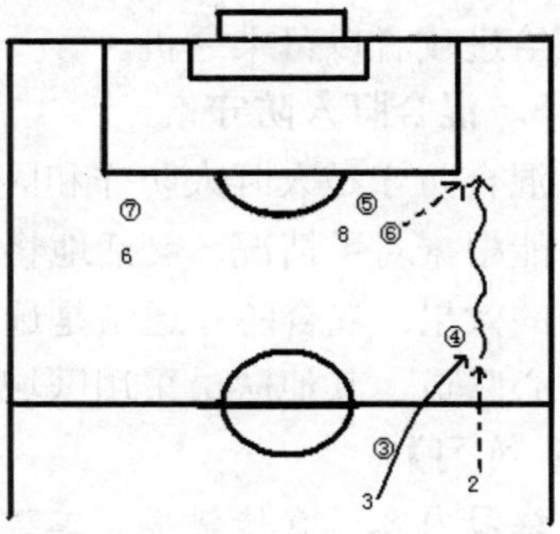

图 8-3-14　补位

补位注意事项：防守队员能追上自己的对手时，一般不要交换防守和进行补位；需要补位时，以邻近位置的两名队员之间进行相互补位，尽量避免牵动更多的防守队员交换位置，以免打乱防守队形。要保证罚球区及附近的危险区域不出现空当。

3. **围抢**

围抢是指两个以上的防守队员从多方位夹击对方的控球队员，把球抢回来或破坏掉的战术配合。

围抢要求：在围抢的局部地点守方人数占有优势，而且距离较近，思想统一；被围抢的队员尚未控制好球，附近又没有接应队员或传球路线时应及时围抢；一般应在边、角场区，对方身体方向和观察角度较差时或在守方门前接球、运球、射门时，坚决展开围抢封堵。

围抢注意事项：务求围抢成功，不可疏漏，避免被突破而造成被动；围抢时应贴身逼抢，但切不可犯规，特别是在门前，一旦犯规被罚点球将造成不可挽回的损失。

（四）整体防守战术

整体防守战术是指全队所采取的防守配合。整体防守战术按形式分为人盯人防守、区域盯人防守和混合盯人防守；按打法分为向前逼压式打法、层次回撤式打法和快速密集式打法。

1. **人盯人防守**

人盯人防守是一种除自由人以外，其他每个队员都有固定盯人对象的防守形式。这种打法突出的特点是，在全场攻守的每一个时间和空间，两两对垒的情况总是使每一个进攻队员始终处于压力之中。人盯人防守时应注意下列要求：

（1）要求每一个队员必须具有较强的个人作战能力。

（2）要求同伴之间要相互协作。当同伴盯人失误时，邻近队员根据场上情况，进行迅速补位，以保整体人盯人防守的严密性。

（3）要求每一防守队员必须有较强的体力素质。因为在全场范围内，防守队员需始终不停地奔跑和逼抢。

2. **区域盯人防守**

区域盯人防守的基本含义是，每一防守队员占据一定的活动区域，当进攻者进入该防区时，区域防守队员实施严密盯人，以控制进攻者在此区域的一切有效行动。区域盯人打法规定了每一个防守者的明确任务，但同伴之间仍需必要的协作，当某一区域盯人防守失败时，邻近队员应及时补位，被突破防守队员应及时与之换位，以求整体防守的有效性。

区域盯人防守要特别注意各区域间交界处的防守。因为这些交界处常常由于防守职责不明确而给进攻者以可乘之机。

3. 混合盯人防守

混合防守是人盯人防守和区域盯人防守两种形式交织在一起的防守打法。它的最大特点是能根据对手情况，灵活地将人盯人防守和区域盯人防守的优点充分运用，以提高全队防守的效果。混合防守通常是选择体力好、个人作战能力强的队员以人盯人防守盯住对方的核心队员，其他队员采用区域盯人防守。

【课堂练习】

练习内容：直传斜插“二过一”练习。

练习方法：两人一组或四人一组进行直传斜插“二过一”练习。

达成目标：要求在比赛中可以恰当运用直传斜插“二过一”战术配合。

【课后练习】

练习内容：斜传直插“二过一”练习。

练习方法：两人一组或四人一组进行斜传直插“二过一”练习。

达成目标：要求在比赛中可以恰当运用斜传直插“二过一”战术配合。

【思考与练习】

（1）收胸式接球的动作结构有哪些？

（2）头顶球的动作结构有哪些？

（3）整体进攻战术都有哪些？

第四节 足球俱乐部的组织与实施

一、足球竞赛办法

（一）循环赛

循环赛是各类竞赛中最常用的一种基本比赛方法，在足球比赛中也是如此。循环赛分为单循环赛和双循环赛。

单循环赛：即同组的参赛队（人）之间都相互比赛一次。按全部比赛中得分多少决定名次。

双循环赛：即同组的参赛队（人）相互比赛两次。按两次比赛成绩计算名次。

1. 单循环赛轮次、场次计算方法（队数为 N）

单循环赛轮次=$N-1$（当队数为偶数时）

N（当队数为奇数时）

单循环赛场次=$N(N-1)/2$

2. 单循环赛比赛轮次方法

以 9 队单循环赛为例，一般采用 1 号位置固定不动的逆时针轮转方法安排轮次：

第 1 轮	第 2 轮	第 3 轮	第 4 轮	第 5 轮	第 6 轮	第 7 轮	第 8 轮	第 9 轮
1—0	1—9	1—8	1—7	1—6	1—5	1—4	1—3	1—2
2—9	0—8	9—7	8—6	7—5	6—4	5—3	4—2	3—0

第 1 轮	第 2 轮	第 3 轮	第 4 轮	第 5 轮	第 6 轮	第 7 轮	第 8 轮	第 9 轮
3—8	2—7	0—6	9—5	8—4	7—3	6—2	5—0	4—9
4—7	3—6	2—5	0—4	9—3	8—2	7—0	6—9	5—8
5—6	4—5	3—4	2—3	0—2	9—0	8—9	7—8	6—7

3. 单循环赛名次计算

（1）根据比赛成绩记录表，胜一场得 3 分、负一场得 0 分、平一场得 1 分。循环比赛名次以各队得分多者名次列前。

（2）如果在单循环比赛中有 2 个或更多的队得分相等，按照净胜球数、总进球数、相互胜负关系决定名次，如再相等则抽签决定。

4. 循环赛的特点

（1）比赛机会多，可以充分学习和交流。

（2）比赛结果的偶然性、机遇性小。

（3）比赛的名次相对合理，能够反映各队的实力。

（二）淘汰赛

淘汰赛是按照事先排好的比赛秩序，进行比赛。胜者进入下一轮比赛，负者被淘汰。直至剩下最后一队为冠军。

1. 淘汰赛轮次、场次的计算方法

轮次=2 的乘方数中的指数

轮次是参赛队伍全部出场比赛一次为一轮（轮空的队伍包括在内）。

例如：4 等于 2 的 2 次方，2 为轮数；8 等于 2 的 3 次方，3 为轮数；16 等于 2 的 4 次方，4 为轮数；32 等于 2 的 5 次方，5 为轮数。

两队之间的一次比赛为一场。

场次=N–1（参赛队数为 N）

例如：16 队参加比赛，场次=15 场；30 队参加比赛，场次=29 场。

2. 选择位置数

根据淘汰赛的比赛规律，整个比赛的位置数应该是以 2 的乘方数逐次收缩。所以淘汰赛第 1 轮的位置数要求是 2 的乘方数。比赛前，根据参赛队伍数多少而选定一个接近 2 的乘方数，如 8、16、32、64、128 等即是位置数。

3. 设轮空/抢号

（1）由于实际报名的参赛队伍数不一定是 2 的乘方数，但淘汰又要求第 1 轮的位置数一定是 2 的乘方数。所以用设置轮空（抢号）的方法来补足到 2 的乘方数。轮空（抢号）位置应该均匀地分布在不同的区域。

（2）轮空位置的确定原则：种子序号在前的队伍优先轮空；轮空位置应尽量均匀分布。

（3）当参赛队伍数刚刚超过 2 的乘方数，采用轮空的方法则会出现第 1 轮轮空数过多，一般多采用抢号的方法。抢号是由抽签决定谁先进行第 1 轮比赛，胜者抢得某个号位，负者被淘汰。经过第 1 轮抢号，队伍数正好为 2 的乘方数。

（4）轮空和抢号没有本质上的区别。

4. 淘汰赛的特点

（1）对抗性强，只有胜者才有机会继续比赛。

（2）可在较短时间内决出由多个队伍参加比赛的冠亚军。

（3）比赛逐步走向高潮，在最高潮中结束。

5. 淘汰赛存在的问题

（1）合理性差，每个区只有一支队伍打出来。如强强过早相遇，其中负者再没有机会比赛。

（2）机遇性强，抽签决定对手。

（3）不完整性，当参赛队伍数不是 2 的乘方数时，要用轮空（抢号）的方法补齐。

（4）比赛只能排出冠亚军，其他名次需要安排附加赛。

6. 克服淘汰赛存在问题的方法

（1）用设种子队的方法，提前将种子队区分，以克服合理性差。

（2）用有原则的控制抽签的方法克服机遇性强。

（3）用加轮空（抢号）或设预选赛的方法克服不完整性。

二、如何组织一场足球赛

（1）制订组织计划，计划中包括具体的时间、地点、规模大小、赛程安排、参与范围、资金预算等，报请领导审批。

（2）审批通过后，组织领导工作小组，明确分工，责任到人。切实做到统筹安排，科学调动。

（3）制作比赛宣传海报或通知，在指定的范围内张贴。鼓励大家踊跃参与。

（4）选定赛场，对比赛场所进行适当的布置，体现出比赛的氛围。

（5）统计报名人数，制作赛程安排名单，保证公平性和娱乐性。

（6）制定应急预案，确保发生突发情况时，可以做到预警及时，行动迅速。

（7）按照组织计划，按时召开比赛，赛程中根据实际情况可以做出适当的修改，充分调动在场人员的积极性。

（8）赛后，对冠亚季军颁发奖品和奖状，并评选精神鼓励奖的人选。

（9）一切结束后，将这个比赛的赛程记录做成书面报告，汇报给领导。

三、如何策划足球赛

【案例一】

某校学生会体育部要组织一场全院学生“学院杯”男子足球赛，应该如何组织这场足球赛呢？我们应该明确，举办任何一项比赛，都是为竞技型运动搭建一个施展技艺的平台。让我们先来看一份足球赛的竞赛规程。

“学院杯”男子足球赛竞赛规程

一、活动目的：为了推广足球运动，加强足球体育爱好者的交流与进步，发扬参赛者勇于拼搏、团队协作的体育精神，学院定于四月中下旬举行“学院杯”男子足球赛。

二、活动主题：“学院杯”足球赛

三、主办单位：某校学生会

承办单位：体育与心理健康教育管理团队

四、参赛单位：计算机科学与技术系和信息技术与商务管理系以各年级为参赛单位。

五、比赛时间、地点

时间：××××年××月××日

地点：体育场

六、报名注意事项

1. 每队报名人数不得超过 18 人。

2. 报名截止时间：各参赛单位报名表须盖部门印章后，于××月××日下午 5 点以前送交体育与心理健康教育管理团队，逾期不送者或未发邮件者，视为自动弃权。

3. 各队长或领队（辅导员）于××月××日中午 12 点 30 分进行抽签分组，不到者由协办单位决定。

4. 报名表上报后一律不得更改。

5. 报名后的赛次表在宣传栏或校园网上公布。

七、录取名次与奖励：取前 3 名颁发奖杯。

八、比赛规则：参见理论知识部分。

九、其他：本次比赛的仲裁由体育与心理健康教育管理团队选派，未尽事宜另行通知。

十、附件："学院杯"足球赛报名表

【案例二】

"学院杯"全院学生足球赛策划方案

一、比赛目的、时间和地点

为了弘扬校园足球活动氛围，丰富大学生业余生活。增强各系各班级的凝聚力和个人的集体荣誉感，院学生会承办此次"学院杯"全院足球赛（男子）。

比赛时间：××××年××月××日

比赛地点：体育场

报名方法：

1. 各系学生会体育部汇总好参赛名单提交给院学生会。

2. 各系选派一支或两支参赛队，参赛队员必须为本院系学生。赛前参赛队员必须持本人学生证或一卡通到场地检录，否则不能上场比赛，发现冒名顶替等现象的参赛队，取消该队参赛资格并通报批评。

3. 每队限报参赛队员人数根据赛事性质决定。

二、宣传工作

1. 冠名宣传。如果有公司或单位作为本次活动的赞助商，可为本次活动加以冠名，如××××年"××××"杯全院学生足球赛。

2. 横幅宣传。

横幅数量为 2 条，横幅规格为 1 m×10 m，赞助商的名称以鸣谢的方式出现。

悬挂时间：在比赛之前 3 ~ 5 天挂好。

悬挂负责：院学生会。

悬挂地点：体育场内、院学生会宣传栏或食堂等地。

3. 海报宣传。内容与横幅基本相同，学生会制作，贴在宣传栏上，要吸引眼球。

4. 赛程宣传。小组赛宣传、淘汰赛宣传、决赛当天宣传，均可以给参赛者提供××××公司的小礼品一份，并在赛场道路两旁贴上印有赞助公司标识的指示路标，决赛开始及结束时鸣谢公司对本次活动的大力支持；赛会裁判人员在比赛当天可穿着印有公司标识的工作服，以增加比赛的专业性、严谨性，同时达到更好的宣传效果；还有在学生宿舍等地向各系学生免费发放宣传资料。

三、寻找赞助商

高校是人才的发源地，学生对以后的社会发展起着关键的作用，对学生宣传，对商家的影响将是长久可观的。以往的院内活动中，学生积累了不少的宣传经验，所以寻找赞助商对学院和商家是双赢。

四、赞助方案

1. 获得本次活动的冠名权、以赞助商名义进行宣传，在活动结束后以鸣谢单位名义致谢。

2. 学生会会根据实际情况为公司设计最合适的宣传计划，投入足够的人力资源完成公司的定制宣传（公司原有的海报）。

3. 活动现场宣传标识，列出公司的名称。

4. 校内媒体的采访、宣传。

5. 在比赛场地入场处放置公司宣传资料，可设立橱窗为公司产品做简单展示（不含产品销售和促销等活动），并进行公司产品和纪念品的赠送。

6. 邀请公司代表致辞或开球。

7. 比赛当天现场的工作人员可以穿上公司提供的 T 恤衫，为每个到场同学派发印有公司标志的物品（礼品由公司提供）。

8. 公司对于参赛的选手提供奖品（注：具体的商家宣传方案可根据公司的实际情况）。

【相关知识链接】

我既不是单纯的进攻手，也不是普通的射门手，更不是固定的中锋、前锋和射手。我不停地跑动，有时就是没有球也突然跑动，转移位置，不让防守队员占据有利位置。我喜欢跑动，以突然猛跑来摆脱他人，甚至在不必要时也这么做。我认为这是我踢法中最本质的东西。

——意大利足球运动员　罗西

我觉得非常重要的一点是，一场球要踢得漂亮，球员个人也好，球队集体也好，都得发挥独到性，随机应变，各显神通。而这一切只有在采取进攻型的打法时，经常控制球才能表现出来。控制球对我来说特别重要。

——巴西足球运动员　贝利

相关表格：

记录表

足球比赛记录表									
20 - - : :									
足球赛比赛名单									
轮次：	场序：			主队：	客队：				
城市：	体育场：			日期： 年 月 日			时间： 时 分		
（主队）：					（客队）：				
领队/主教练					领队/主教练				
服装颜色	上衣： 短裤： 球袜：				服装颜色	上衣： 短裤： 球袜：			
号码	姓　名	上场	替补	备注	号码	姓　名	上场	替补	备注
主教练签名：					主教练签名：				
主裁判：	第四官员：		第一助理：		第二助理：		比赛监督：		
比赛监督签名：									
						年 月 日 时 分			

【思考与练习】

（1）如何计算单循环赛比赛轮次？

（2）如何计算淘汰赛比赛轮次？

第九章　轻羽王国

本章学习达成效果：学生通过羽毛球比赛作为项目导引、专项技术案例作为案例导引，掌握基本技术、基本战术和比赛规则，了解羽毛球运动的特点与发展，从而运用羽毛球运动这种形式进行个人身体锻炼，促进个人身体素质发展，并培养学生基本的组织管理能力、沟通协调能力、领导指挥能力、团队协作能力，养成良好的体育锻炼习惯，提高体育文化素养，为学生走出教室、走出寝室、走向操场、奔向大自然提供有力的保障。

本章的重点和难点：基本技术和基本战术的掌握与比赛规则的运用；持续的练习时间，控制适当的运动强度和密度。

学习指导建议：采用自主学习法、合作学习法等方法，不断地加强练习，通过练习时间和练习次数的积累，巩固技术动作，不断提升技术水平。

羽毛球是一项隔着球网，使用长柄网状球拍击打平口端扎有一圈羽毛的半球状软木的室内运动。它是趣味性强，不受年龄、性别限制，在室内外皆可进行的小型球类项目。正是因为易于开展活动，所以羽毛球在我国深受广大群众的喜爱。

【章前案例】

“××杯”项目导引

“××杯”全校学生羽毛球赛以羽毛球理论知识传授、技战术实践能力及身体素质提升为目标，以羽毛球俱乐部为依托，以“做中学”为手段，以分组式为组织方式，最终使学生能够自行起草羽毛球比赛策划方案、自行组织一场有八支以上队伍参加的羽毛球赛。

一、“××杯”项目总体设计

1．比赛主题：“××杯”全校学生羽毛球赛

2．比赛时间：××××年××月××日

3．比赛地点：体育馆或活动中心

4．参赛人员：羽毛球俱乐部学生及全校羽毛球爱好者

5．主办单位：体育与心理健康教育管理团队

6．协办单位：羽毛球俱乐部和羽毛球社团

项目内容	具体目标
理论知识	通过羽毛球理论知识的传授，了解羽毛球的发展史，为掌握及运用技战术打下坚实基础。用理论指导实践，用实践证明理论，以此达到锻炼身体的目的

项目内容	具体目标
专业技能	从学生兴趣爱好出发，使学生能够掌握和运用基本站位、准备姿势、握拍、发球、接发球、步法、抽球、挑球、接杀球、搓球、放网球前球、勾对角球、网前推球、网前扑球、击高远球、平高球、吊球、正反手杀球、发球抢攻战术、攻后场战术、攻前场战术、打四方球战术、杀上网战术、吊上网战术、打对角线战术、防守反击战术等技战术的知识点和技能点，加强学生身体素质的练习，提高学生羽毛球基本功。内容的学习随着时间的推移，由浅入深，由易到难（具体内容见正文）
职业道德	通过羽毛球理论知识与实践技能的学习，学生养成良好的锻炼习惯，培养学生参与体育锻炼、积极乐观的生活态度与学习态度

二、“××杯”项目能力培养

通过“××杯”全校学生羽毛球赛的策划、组织与实施，为所有羽毛球俱乐部的学生及爱好羽毛球的学生提供一个技术交流平台，尽量让更多的学生参与，通过分组式和自组织培养学生团队合作与沟通交流能力、实战能力、终身自主学习能力，培养学生良好的学习态度，养成健康的锻炼习惯。

三、“××杯”项目策划方案

（一）“××杯”全校学生羽毛球赛前期准备工作

序号	前期准备工作	负责人	提交成果物	完成时间
1	拟定并下发“××杯”全校学生羽毛球赛竞赛规程	俱乐部主任 羽毛球社团	竞赛规程文档 （详见第四节内容）	赛前 25～30 天
2	招募比赛裁判员及其培训工作		竞赛规则和裁判法资料及裁判员名单	
3	完成条幅、海报和赛事宣传设计、制作、悬挂、张贴工作	俱乐部副主任 羽毛球社团	条幅、海报及赛事宣传相关资料制作好、悬挂好	赛前 3～5 天
4	制作对阵表、比赛用表及签到表		比赛对阵表、裁判员签到表、比赛用表	
5	统计报名表，编排比赛日程		各参赛单位报名表 赛程的悬挂和张贴	
6	采购奖品和裁判饮用水 广播站及成绩公告点	俱乐部副主任及助理	奖品等级及预算文档 主持人名单及成绩公告单	赛前 1～2 天
7	租借比赛场地及比赛用羽毛球		借用场地申请单和羽毛球	

（二）“××杯”全校学生羽毛球赛组织实施流程

1．所有工作人员和裁判员准时到场，做好任务分工，各司其职，各负其责。

把所有裁判员分两个大组或四个小组，做到每个球台有两个裁判员。裁判员要服从指挥，做到“准确、无误、公平、公正”。

2．比赛场地布置完毕

3．比赛正式开始

团体循环赛共分两组，采用抽签小组循环制。比赛由每小组前两位的参赛队进入半决赛。半决赛是先交叉进行，胜者进入冠军、亚军的争夺，负者进入第三、第四名的争夺。

单打比赛共分八组，采用抽签小组循环制。比赛由每小组前两位的队员出线。出线后重新抽签，抽签后采用淘汰制，直到决出冠军。

4．比赛进行中，可能会遇到一些困难……

5．开始为获奖学生颁奖（邀请学长或历届冠军学生）。

6．比赛圆满落幕，小结比赛。

根据比赛实施的总体情况总结做得比较好的方面，发现组织过程存在的问题，提出改进的措施与方法。

项目单元

1．脚步移动比赛

比赛内容：以边线为起点运用左右移动步法3个来回接力比赛。

比赛方法：分成两队，要求两队人数均等，然后开始进行左右移动步法接力，每个人3个来回，看哪组先完成，先完成的获胜。

达成目标：脚步移动和速度耐力训练。

2．高远球比赛

比赛内容：高远球比赛。

比赛方法：两个或四个学生一组，隔网进行对高远球练习。

达成目标：要求连续对击30次以上。

3．正手杀球比赛（直线定点杀球、斜线定点杀球）

比赛内容：正手杀球比赛（直线定点杀球、斜线定点杀球）。

比赛方法：两个学生或四个学生一组一块场地，进行正手杀直线球（斜线定点杀球）比赛。

达成目标：要求连续杀球达到20～30次以上。

第一节　兴趣羽毛球

【案例导入】

视频播放：2012年奥运会男单决赛林丹VS李宗伟的精彩视频

老师：比赛非常精彩，请大家谈一下这场比赛中林丹的表现。

学生A：林丹在比赛中打得游刃有余，进攻十分犀利，太漂亮了！

学生B：看高手过招就是爽，他们多拍对拉是我最喜欢的，林丹在多拍对拉时的突然进攻，杀伤力太强了！

学生C：羽毛球容易学，拿拍子，就能打到球，打得好的是专业的，业余选手图的就是打球时身心放松、强身健体。

老师：看来大家都用心看比赛了，说得很准确。谁能说一下，羽毛球运动有哪些好处？

学生D：刚才那位同学说了一些，但我认为不仅是提高身体素质，更是促进交流、增进友谊、增进感情，拉近了同学间的距离。

学生E：羽毛球运动量比较适中，球速比较快，可以增加身体的协调性和灵敏性，对改善心血管系统机能有很大的好处。

老师：同学们回答得都不错。学习羽毛球这项运动，必须从基础学起，经历一个从易到难、从简到繁、从初级到高级的学习过程。只要大家勤于练习，加强身体基本素质的锻炼，灵活运用技战术，我想在大家今年体育课结束的时候，自己的羽毛球技术都能有一个明显的提高。接下来我们就正式开始学习羽毛球的基本知识。

一、羽毛球运动的起源

羽毛球运动的起源至今众说纷纭，在国际羽毛球联合会成立 50 周年的纪念册上是这样写的："羽毛球运动有着悠久的历史，很多世纪前，在荷兰和中国就有使用球拍的类似当今羽毛球的体育游戏。"

1873 年，在英格兰格拉斯哥郡的伯明顿庄园举行的一次宴会上，几个从印度退役回来的军官，用球拍和球（香槟酒的软木瓶塞插上鹅羽毛）隔着宴会桌对击。此游戏很快被英国人接受并流传开来。因此，人们以伯明顿这一地名为此项运动命名。1893 年，在英国成立了世界上第一个羽毛球协会。1899 年，该协会举办了第一届"全英羽毛球锦标赛"，每年举办一次，沿袭至今。此后，羽毛球运动从欧洲传到美洲、大洋洲、亚洲和非洲。

二、握拍法

1. 正手握拍法

正手击球时的握拍方法为正手握拍法，见图 9-1-1。握拍时，先用左手拿住拍颈，使拍面和地面垂直，再张开右手，使手的小鱼际肌靠在拍柄底托处，虎口对准拍柄的侧小棱边，然后小指、无名指和中指并拢握住拍柄，小指和无名指在拍柄的末端应稍紧，负责不使球拍脱落，食指与中指稍微分开，用食指和拇指轻松地扣住拍柄，形成食指内侧、拇指指节和小鱼际肌三点固定拍柄的手型。

2. 反手握拍法

在正手握拍法的基础上，拍柄稍向外转，食指回收，拇指第二指节顶贴在拍柄内侧的宽面上，其余四指并拢握住拍柄，手心与拍柄之间应有一个明显的空间，见图 9-1-2。

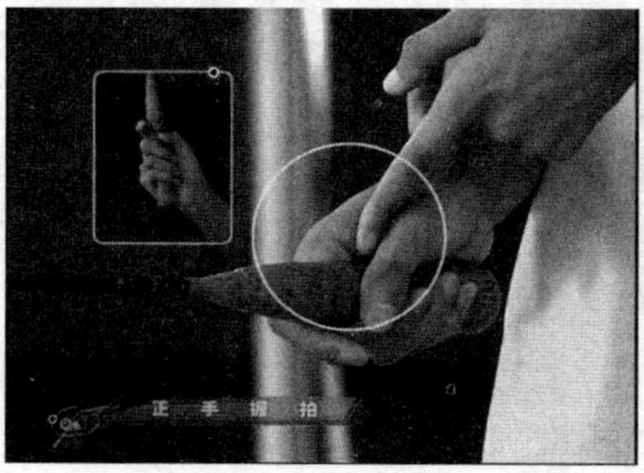

图 9-1-1 正手握拍

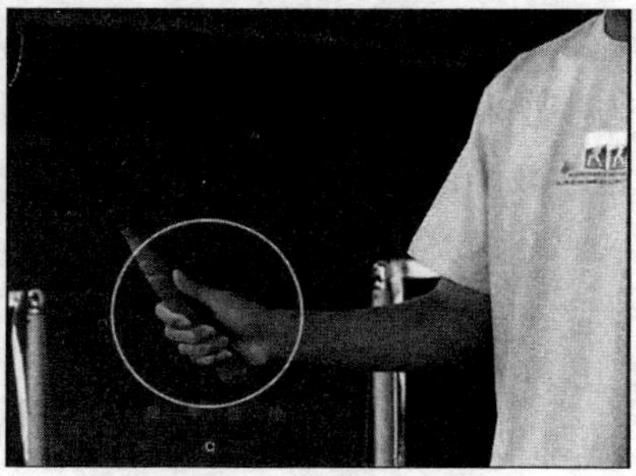
图 9-1-2 反手握拍

三、基本站位

1. 站位

无论是单打还是双打，在步子移动前都应该选择一个有利的站位，这既有利于向各个方向运动去迎击来球，又可使对方不易找到攻击的空当。在一步的情况下，上网步法或后退步法，其移动前的站位应有所变化。例如，乙方网前技术较好，但后退步法较慢，其站位要适当偏后。以平高球控制了对方后场之后，对方被动地回一网前球，这时乙方站位应在网前，准备迎击网前球。当在网前搓出既旋转又贴网的近网球时，站位可靠前些，因对方一步不可能回出有较大威胁的球；即使对方打后场球时，也只能被动挑高球（因乙方搓球的质量很高），这时，乙方有充裕的时间从网前回到后场。总之，步子移动前站位的选择不是固定不变的，合理、适当的站位常能使自己把握场上的主动权。

2. 站法

站法与双方的打法特点、来球的落点有密切的关系。一般的站法有两种：一是前后站，即右脚稍前或左脚稍前；二是平行站。防守或接两侧来球，多采用平行站法。上网或后退时，多采用前后站法。这两种站法各有利弊，但可以根据不同情况不断地变换站法。

3. 起动

起动是各种步子移动的前提，只有起动快，才能迅速到位。这不但能取得较高的击球点，争取时间的主动，还能更好地完成各种击球技术。

注意事项：准备时，两脚不能站实（即以全脚掌着地），这样不利于蹬地起动，而应稍提脚跟，并使两脚保持微动。在起动前应提高预判能力，即根据对方击球的习惯动作，提前判断来球的方向，以便尽早做好起动的准备。这一点对于初学者来讲往往是不容易的。但只要在平时的练习和比赛中细心观察、分析对手的击球特点和习惯动作，就会为预判提供依据。这也是一种心理训练。在学习打羽毛球的初级阶段，如能将这种心理训练很好地和技术、战术训练结合起来，就能很快地提高水平。

4. 回动

所谓回动，就是在接球后，立即回到适当的位置（原则上同中心位置），准备接下一个来球。如不善于立即回动，则极易暴露自己的空档而遭到对方的攻击。若在后场吊对方网前球后，匆忙地朝前场跑；在前场放了网前球后盲目往后退，这些都是回动不当的表现。

四、移动步法

初学者在学习和掌握了发球和原地击高远球技术之后就应该开始学习一些步法了。因为羽毛球的步法和手法（即各种击球法）是相辅相成、不可分割的。许多击球技术都是靠熟练、快速、准确的步子移动来完成的。不掌握正确的步法，就会影响各种击球手法的学习和掌握，而在比赛中如没有到位的步子，就会使手法失去应有的积极作用。主要的步法有上网步法、后退步法、两侧移动步法、起跳腾空突击步法。

（一）上网步法

上网步法包括跨步上网、垫步或交叉步上网和蹬跳上网。

无论用哪种步法上网，其上网前的站位及准备姿势都是一样的。即站位取中心位置，两脚左右开立（稍有前后），约同肩宽，两膝微屈，两脚前脚掌着地，后脚跟稍提起并左右微动；上体稍前倾，右手持拍于体前，两腿注视对方的来球。

1. 跨步上网

判断准对方来球后，左脚掌内侧用力蹬地并侧身向来球方向迈出，接着右脚也向前迈一大步，以脚掌外侧和脚跟先落地，再过渡到前脚掌，右膝关节弯曲并成弓箭步。紧接左脚自然地向前脚着地方向靠上小半步。击球后，右脚蹬地用小步、交叉步或并步回到中心位置。

跨步上网时注意事项：右腿成弓箭步时，要防止因上网前冲力过大使重心越过右腿而失去身体平衡，另外，前脚脚尖应朝着边线方向，而不应朝向内侧。

2. **垫步或交叉步上网**

判断准对方来球后，右脚先迈出一小步，左脚立即向右脚垫一小步（或从右脚后交叉迈出一小步），左脚着地后，脚内侧用力蹬地，右脚再向网前跨一大步成弓箭步，身体重心在前脚。击球后，前脚朝后蹬地，小步、交叉步或并步退回到中心位置。

垫步或交叉步上网的优点：步子调整能力强，在被动情况下，能利用蹬力强、速度快的特点迅速调整脚步，去迎击来球，垫步或交叉步上网的注意事项同跨步上网。

3. **蹬跳上网**

蹬跳上网是在预先判断来球的基础上，利用脚的蹬地，迅速扑向球网，以争取在球刚越过网时立即进行还击。单打或双打中常用此步法上网扑球。其步法是站位稍靠前，对方一有打网前球的意图后，右脚稍向前刚一点地便起蹬侧身扑向网前。击球后应立即退回中心位置。蹬跳上网既要快，又要防止因前冲力过大而触网或过中线犯规，见图 9-1-3。

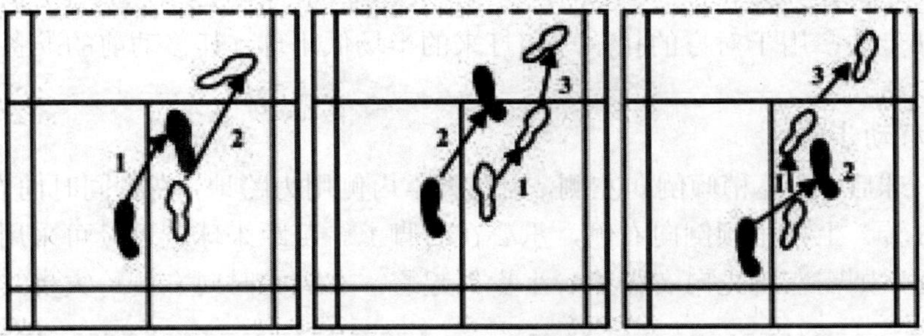

图 9-1-3 上网步法

（二）后退步法

后退步法有右后场区后退步法和左后场区后退步法。右后场区后退步法主要是正手的后退步法；左后场区后退步法包括头顶后退步法和反手后退步法。无论是哪种后退步法，其移动前的准备动作和站位界皆同上网步法。

1. **正手后退步法**

正手后退步法有并步和交叉步两种。实战中可根据场上情况和个人特点灵活使用。

判断准来球后，先调整重心至右脚，然后右脚蹬地迅速向右后撤一小步，同时上体右转，左肩对网，接着，左脚用并步靠近右脚（或从右脚交叉后撤一步），右脚再向后移至来球位置。在移动的同时，必须完成挥拍击球前预备动作，待球在右肩上方下落时，作正手原地或起跳击球。击球后，身体重心随右脚前移迅速用小步跑或并步回到中心位置，见图 9-1-4。

2. **头顶后退步法**

头顶后退步法是对方来球向左后场区，用头顶击球技术还击时所采用的后退步法。头顶后退步法也可用并步或交叉步移动后退。

判断准来球后，右脚蹬地撤向左后方，同时，髋关节及上体向右后方转动（转动的幅度比正手后退要大些），且稍有后仰。接着，左脚用并步或交叉步后撤，右脚再退至来球位置用头顶击球技术击球。击球后，迅速回到中心位置。

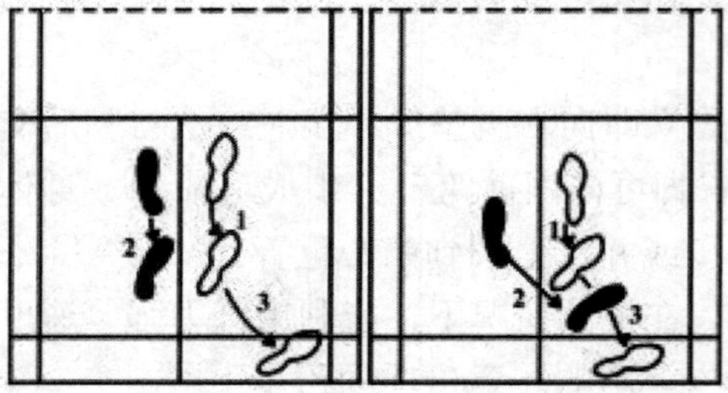

图 9-1-4 正手后退步法

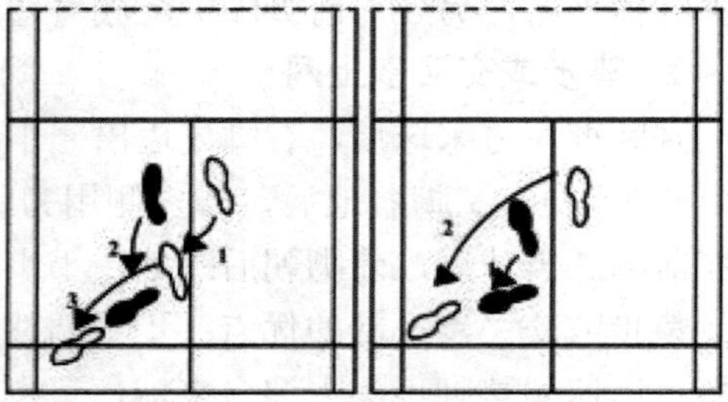

图 9-1-5 反手后退步法

3. **反手后退步法**

反手后退时，应根据离球距离的远近来调整移动步子。脚步移动和正手后退步法相同，只是方向相反，见图 9-1-5。

（三）两侧移动步法

两侧移动步法多用于对方的扣杀球和打来的半场低平球，其移动前的准备姿势及站位基本同上网步法。

1. **向右移动步法**

判断准来球后，上体稍倾倒向左侧，用左脚掌内侧用力蹬地，右脚同时向右侧跨大步，髋关节随之右转、上体稍倾倒向右侧，重心在右脚上。若距来球较近，可采用上述动作，若距来球较远，则需左脚先向右脚垫一小步再起蹬，右脚同时向右侧跨大步，见图 9-1-6。

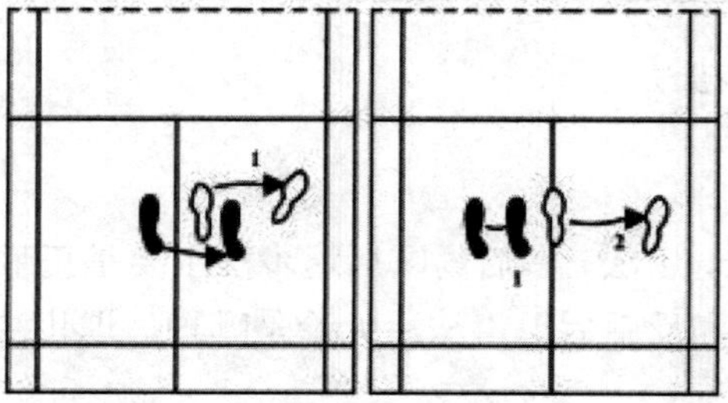

图 9-1-6 向右移动步法

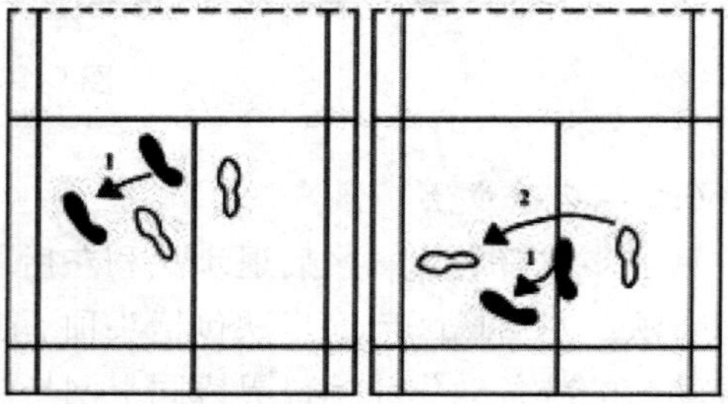

图 9-1-7 向左移动步法

2. **向左移动步法**

判断准来球后，上体稍倾倒向右侧，用右脚掌内侧用力蹬地，左脚随髋关节转动的同时向左侧跨大步。若来球较远，左脚先向左侧移一小步，紧接着右脚往左侧方向起蹬并转身，向左跨大步，见图 9-1-7。

（四）起跳腾空突击步法

起跳腾空突击步法主要运用于向左、右两侧稍后的位置移动，突然起跳拦截对方击来的弧线较低的平高球。它的特点是起动快、动作突然，常在对方尚未站稳之际，给其以袭击，使对方防不胜防。

当判断准来球飞向右侧底线且弧线较低时，右脚先向右后跨一步，接着左脚向右侧后蹬地，右脚起跳，身体向右侧后方跃起，截住来球，用正手击球技术扣杀或劈吊对方空当。当来球飞向左侧底线时，用右脚掌蹬地，左脚起跳，用特点击球技术突击对方。在运用起跳腾空突击步法时应注意击球后落地时，要控制好身体平衡，并立即回到中心位置，起跳腾空突击步，见图 9-1-8。

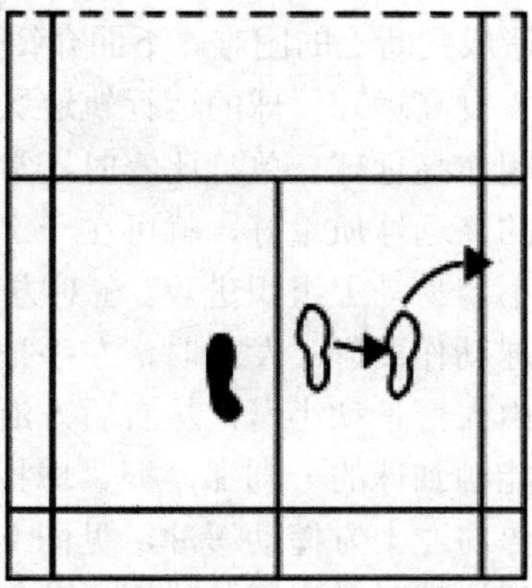

图 9-1-8　起跳腾空突击步

对上述羽毛球步法中最基本的几种步法，初学者在平时的练习和比赛中，应按照要求去体会和掌握，并应该在比赛中不断地摸索这些步子移动的规律，以适应比赛中瞬息万变的情况。

【课堂练习 1】

练习内容：单个基本步法练习。

练习方法：听教师口令进行单个基本步法的练习。

达成目标：熟悉羽毛球的各种单个基本步法。

【课堂练习 2】

练习内容："米"字形步法练习。

练习方法：教师在网前举拍，随机指向球场的一方，学生看球拍指向来移动。2 分钟一组，共 8 组，组间间歇 2 分钟。

达成目标：熟悉羽毛球的各种步法。

【课后练习】

练习内容：腿部力量练习。

练习方法：

（1）负重跳绳练习：穿上沙背心或者沙绑腿跳绳，包括单摇跳和双摇跳。

（2）多级蛙跳：双脚起跳后，脚后跟落地之后滚动到脚前掌，再次起跳。

达成目标：提高下肢力量。

五、发球

发球是羽毛球最基本的重要技术之一。羽毛球发球虽不能像乒乓球发球那样使球产生各种旋转，但它可以通过不同的发球手法，发出不同弧度、不同落点的球来控制对方，为本方创造进攻得分的机会。因此，羽毛球的发球应引起初学者的充分重视。发球可分为正手发球和反手发球。一般来说，发网前球、平快球、平高球均可以用正手发球或反手发球的技术来完成，而发高远球，则须采用正手发球。

1. 正手发球

发球站位：单打发球在中线附近，站在离前发球线约 1 米。双打发球站位可靠近前发球线。准备姿势：身体左肩侧对球网，左脚在前，右脚在后，重心在右脚上，右手持拍向右后侧举起，肘部放松微屈，左手拇指、食指和中指夹住球，举在胸腹间。发球时，身体重心由右脚移至左脚。

用正手发球，无论是发何种弧线的球，其发球前的姿势都应该一致，这样就会给对方的接发球造成判断上的困难。下面介绍用正手发球动作发出四种不同弧线的球的技术动作。

（1）发高远球。球的运行轨迹又高又远，下落时与地面垂直，落点在对方场区底线附近的球叫作高远球。单打比赛时，常采用这种发球迫使对方退到最远的底线去接发球。如果发出的高远球质量好，就可在一定程度上限制对方一些进攻技术的发挥，使对方在接高远球时不容易马上组织进攻。在对方体力不支时，发高远球也可以使对方消耗更多的体力。

发球动作要领：发球时，左手把球举在身体的右前方并自然放下，使球下落，右手同时持拍由大臂带动小臂，从右后方沿着身体向前并向左上方挥动。当球落到右手臂向前下方伸直能触到球的一刹那，握紧球拍，并利用手腕的力量向前上方发力击球。击球之后，球拍顺势向左上方挥动缓冲，见图 9-1-9。

发高远球时易出现的错误：动作僵硬；放球与挥拍配合不当；击球点靠近身体或离得太远；握拍太紧，以致力量发挥不出；发球后，球拍未顺势向左上方挥动缓冲，而是挥向了右上方等。在发高远球时，如果出现上述错误动作就应认真对照发高远球的动作要领，并参看“基本技术练习方法”中发球的练习方法。

（2）发平高球。这是一种比高远球低、速度较高远球快、具有一定攻击性的球。

发球动作要领：发球前准备姿势同发高远球。发球的动作过程大致同发高远球，只是在击球的一刹那，小臂加速带动手腕向前上方挥动，拍面要向前上方倾斜，以向前用力为主。发平高球时要注意发出球的弧线以对方接球时伸拍打不着球的高度为宜，并应发到对方场区底线。

图 9-1-9 发高远球

图 9-1-10 发网前球

（3）发平快球。这种球比平高球的弧线还要低、速度还要快。在对方反应较慢、站位较前、动作幅度较大的对手或是初学者时，效果往往很好。发球动作要领：准备姿势亦同发高远球。站位比发平高球稍后些（防对方很快回到后场），充分利用前臂带动手腕爆发力向前方用力，球直接从对方的肩稍上高度越过，直攻对方后场。发平快球的关键是出手的动作要小而快，但前期动作应和发高远球一致。发平快球时还应注意不要过手、过腰犯规。

（4）发网前球。发网前球是在双打中主要采用的发球技术。单打比赛时，如发高球，怕遭到对方球速较快的直接攻击时，或为了主动改变发球方式借以调动对方时采用。发球动作要领：准备姿势同发高远球。击球时，握拍要放松，大臂动作要小，主要靠小臂带动手腕向前切送，用力要轻。发网前球时应注意手腕不能有上挑动作，另外，落点要在前发球线附近，发出的球要贴网而过，这样可以免遭对方扑杀，见图 9-1-10。

【课堂练习】

练习内容：正手发高远球。

练习方法：两人一组，进行发球练习，每人连续发球 20 次，之后轮换下一组同学。

达成目标：基本掌握正手发高远球的技术要领。

【课后练习】

练习内容：正手发网前球。

练习方法：两人一组，一人连续发球 20 次，另一人观察发球人的技术动作，找出问题。之后两人交换进行，互相提出问题并纠正提高。

达成目标：掌握正手发网前球的技术。

2. 反手发球

反手发球的特点是动作小、出球快、对方不易判断。在双打比赛中多采用此发球技术。

发球站位：站在前发球线后 10～50 厘米及发球区中线的附近，也可以站在前发球线及场地边线附近的地方（双打比赛中，从右场区发球时可以看到）。

准备姿势：面向球网，两脚前后站立（左脚或右脚在前均可），上体稍前倾，身体重心在前脚上。右手反手握拍，左手拇指、食指和中指捏住球的二三根羽毛，球托明显朝下（避免犯规），球体与拍面平行或球托对准拍面放在拍面前方。

发球动作要领：击球时，小臂带动手腕朝前横切推送。发网前球时，用力要轻，主要靠“切”送；发平快球时，发力要突然，击球时拍面要有“反压”动作，见图 9-1-11。

图 9-1-11　发反手球

【课堂练习】

练习内容：反手发网前球。

练习方法：在接发球区前区的左右两个角上，画两个边长 30 厘米的小正方形作为落点区。每个同学发 10 个球，比较谁的落点更准。

达成目标：熟练控制反手发球的落点。

【课后练习】

练习内容：反手发后场球。

练习方法：

（1）两人一组，一人连续发球 10 次，另一人观察发球人的技术动作，找出问题。之后两人交换进行，互相提出问题并纠正提高。

（2）观看比赛视频，学习、模仿高水平运动员的发球动作。

达成目标：掌握反手发后场球的技术。

六、接发球

接发球的站位：无论是单打还是双打，都应选择一个合理的接发球站位。一般情况下，单打的接发球站位离前发球线约 1.5 米处；在右发球区应站在靠中线的位置，在左发球区则站在中间稍偏边线的位置，主要防备对方发球攻击反手部位。双打接发球时站位可靠近前发球线，因双打的后发球线距前发球线比单打短 0.76 米，发高远球易被扣杀。所以，双打接发球主要精力应对付发网前球上。

接发球的准备姿势：单打接发球应左脚在前，后脚在后，侧身对网，重心在前脚，后脚脚跟稍提起，收腹含胸，持拍于右身前，两眼注视对方。

双打接发球准备姿势基本同单打，但重心可随意放在任何一只脚上，球拍高举在肩上，注意力要高度集中。

至于在比赛中如何还击对方发来的各种不同弧线的球，这就涉及各种击球技术和战术问题了，这里不多叙述。

【课堂练习】

练习内容：接高远球练习。

练习方法：两人一组，一人发高远球，一人接发球，将球回击到对方后场或者吊到网前。接发球时注意后撤的步伐。

达成目标：巩固接后场高远球的技术动作。

【课后练习】

练习内容：发球、接发球练习。

练习方法：

（1）两人一组，一人发球，可以发网球也可以发后场。另一人接发球，可以放网球，也可以回击后场，反复练习。

（2）进行单打比赛。

达成目标：提高学生在实战中的接发球能力。

【拓展练习】

练习内容：直线击球练习。

练习方法：将学生分成人数相等的两个小组，每组各自持拍，每一组选出 1 名发球员（要求球性好），隔网站在场地对面的指定点，连续发球。网这边的同学每人挥拍击球 2 次，将球打到对面场地划定的圆圈里面，做完后跑回队尾，下一名同学继续，循环进行，每人击球 4 次。最后对比看哪个小组在圆圈里面的球多，则为胜方，见图 9-1-12。

练习要求：学生遵守规则，跑动迅速。

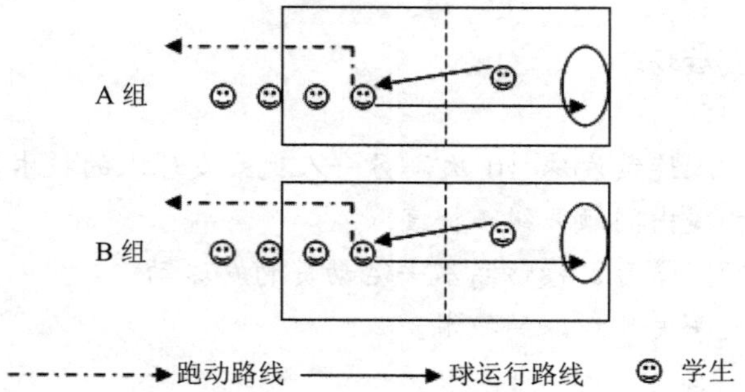

图 9-1-12　直线击球练习

【思考与练习】

（1）简述接发球姿势的动作要点。

（2）简述正手发高远球的站位及准备姿势。

第二节　爱好羽毛球

一、羽毛球运动的发展

1877 年，第一本羽毛球比赛规则在英国出版。

1893 年，在英国成立了世界上第一个羽毛球协会。1899 年，该协会举办了第一届“全英羽毛球锦标赛”。

羽毛球运动自 20 世纪初流传到亚洲、美洲、大洋洲，最后传到非洲。

1934 年，成立了国际羽毛球联合会（International Badminton Federation，IBF），总部设在伦敦。1939 年国际羽毛球联合会通过了各会员国共同遵守的《羽毛球竞赛规则》。

20 世纪 20—40 年代欧美国家的羽毛球运动发展很快，其中英国、丹麦、美国、加拿大的水平相当高。50 年代亚洲羽毛球运动发展很快，马来西亚取得两届汤姆斯杯赛冠军。同时印度尼西亚队在技术和打法上有所创新，很快取得了霸主地位。60 年代以后羽毛球运动的发展逐渐移向亚洲。

1981 年 5 月，国际羽毛球联合会重新恢复了中国在国际羽联的合法席位，从此揭开了国际羽坛历史上新的一页，进入了中国羽毛球选手称雄世界的辉煌时代。

在 1988 年汉城奥运会上，羽毛球被列为表演项目，1992 年巴塞罗那奥运会列为正式比赛项目。从此羽毛球运动进入全新的发展时期。

二、下手击球

下手击球一般是在防守时所采用的击球技术。它虽然不像上手击球那样具有进攻性威胁，但如果运用得当，往往也能起到守中有攻的效用。因此，对下手击球技术，无论是有较高水平的运动员还是初学者，都应引起重视。特别是初学者，往往重攻而轻守，这样就会影响技术的全面掌握和提高。

下手击球有：抽球、挑球和接杀球。

1. 抽球

抽球主要是为了对付长杀球、平推球或对方突然回击的平高球使自己较被动地退到底线去接球时所采用的一种击球技术。它可以分为正手和反手两种抽球。

（1）正手抽球。移动时，右脚先向右后场区迈一小步，身体也随之转向右后方，左脚用并步或交叉步向右后场移动一步，右脚再向右后场跨一大步并成弓箭步，重心在右脚上。在移动的同时，持拍臂往右后方拉，拍面稍后仰，击球时，以躯干为竖轴，作半圆式挥拍击球，见图 9-2-1。

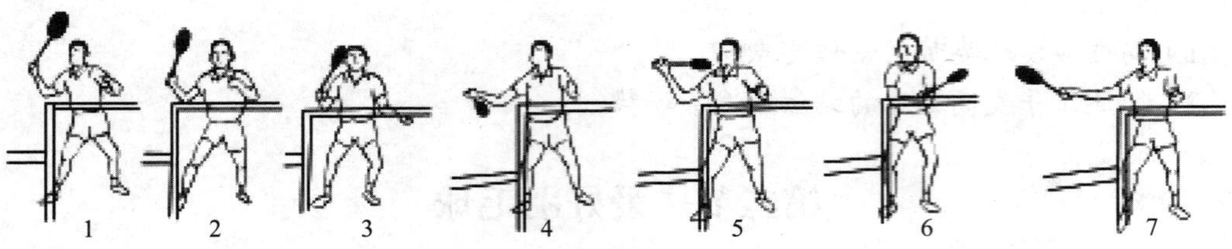

图 9-2-1 正手抽球

（2）反手抽球。移动时，右脚先向左脚靠一小步，然后左脚向左后场跨一步，右脚向左后场跨一大步，身体重心在右脚上。击球前背朝网，大臂往左后方拉，击球时，利用大臂带动小臂及手腕左后方向前上方发力并利用蹬地、转腰的力量将球击出。底线反手抽球多在单打被动时或双打比赛中运用，见图 9-2-2。

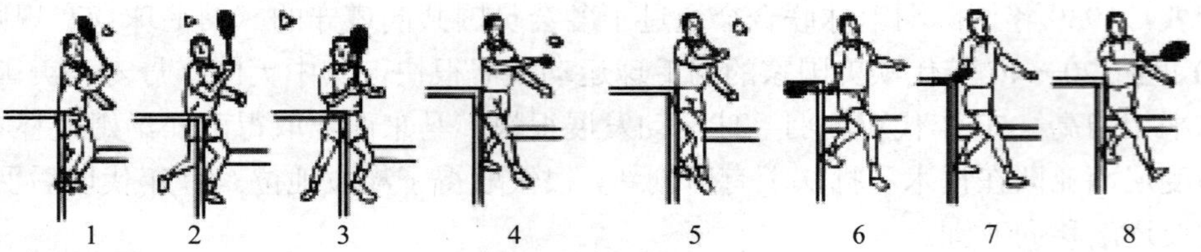

图 9-2-2 反手抽球

2. **挑球**

把对方来的吊球或网前球还击到对方后场去叫作挑球。它是在被动情况下为了争取回场时间而采取的一种过渡性质的击球。它虽然不能给对方造成威胁，但如果能将球挑得高、挑得远（靠近对方场地底线），就能为自己回到场地中心位置赢得时间。

无论是正手挑球还是反手挑球，最后一步应是右脚在前。正手挑球时，以肘关节为轴，伸拍向前并以前臂带动手腕由下向上挥动，见图 9-2-3。反手挑球时，以反手握拍法握拍，击球时，肘关节稍抬高，并以肘关节为轴，前臂带动手腕由下向上挥动，见图 9-2-4。

挑球时应注意，如来球距网较远时，拍面可稍前倾向前上方用力击球；如来球较近网，拍面应接近向上，击球时要有向上的"提拉"，以免挑球不过网。

图 9-2-3 正手挑球

图 9-2-4 反手挑球

3. **接杀球**

把对方杀过来的球还击到对方场区去叫作接杀球。接杀球看起来很被动，但当对方杀球质量不高时，接杀球如处理得当，就会给本方创造转守为攻的机会或直接还击得分。

（1）接杀近身球。所谓接杀近身球即对方杀球的落点离身体不远，不需移动脚步而在原地即可进行还击。击球时，主要依靠前臂、手腕的发力。用力大小和拍面变化要根据对方杀球的力量大小和己方回击的不同落点而变化。一般来说，回击网前球时，用力要轻，主要依靠对方来球的反弹力，拍面正对网稍后仰，球拍触球时可做“切削”或“提拉”缓冲来球力量；回击后场时，前臂和手腕用力要大些，要有抽击动作；当对方杀球质量较差时，可用推后场还击，其用力以手腕为主向前稍上方“甩”腕。

（2）接杀远身球。接杀远身球即对方杀球的落点离身体较远，需移动脚步进行还击。击球时，两脚急速蹬伸同时转髋，采用两侧移动步法至击球位置，上体侧向击球点，同时右手侧伸，以前臂、手腕的闪动发力击球。接杀远身球回击网前或后场球时的用力及拍面变化与接杀近身球相似。

接杀球时应注意：一是击球点在身体前方或侧方附近而不是在身体后方，否则会影响手腕和手指力量的自如发挥；二是击球前的预摆挥拍动作要小，因杀球速度较快，若接杀球动作幅度较大，会造成接球不及，导致失误。以上两种接杀球技术均可用正手或反手去完成。

【课堂练习 1】

练习内容：抽球练习。

练习方法：两人一组，进行网前对抽球练习，保证每个人都能够抽球 5 次为一组，重复进行，共 6 组，每组间歇 2 分钟。

达成目标：提高网前抽球技术。

【课堂练习 2】

练习内容：正反手挑球练习。

练习方法：两人一组，挑球的学生先发高远球，对方将球轻吊网前，发球的学生上步挑球，之后退回中场，根据来球选择用正反手。重复进行，10 个球为一组，共 6 组，每组间歇 3 分钟后两人交换进行。

达成目标：提高正反手的挑球技术。

【课后练习】

练习内容：接杀球练习。

练习方法：

（1）观看比赛视频，学习高水平运动员的接杀球技术。

（2）两人一组进行杀球与接杀球的对抗练习。

（3）进行实战比赛，通过实战来检验接杀球技术的掌握情况，发现问题并及时纠正。

达成目标：熟练掌握接杀球的技术动作。

三、网前击球

网前击球是调动对方、寻找战机的重要手段，并可直接得分。因它的技术动作轻松而细巧，运用力量要求控制适度，所以在学习网前击球时，除要注意动作规范，还应细心体会击球时手腕、手指的细小感觉。

准备姿势：侧身对网，右脚跨步称弓箭步，左脚在后自然拉开，上体略有前倾，右手持拍前伸约与肩平，肘关节微曲。注意握拍要放松。

网前击球技术主要介绍搓球、放网前球、勾对角球、推球、扑球。

1. 搓球

击球前准备姿势同上。击球时，拍面稍前倾，利用手腕和手指的力量向前“切削”球托底部或向后“提拉”，使球击出后旋转或滚动过网。搓球一般在对方来球较靠近网上时运用。正反手搓球除握拍不同外，其他要领相同，见图 9-2-5。

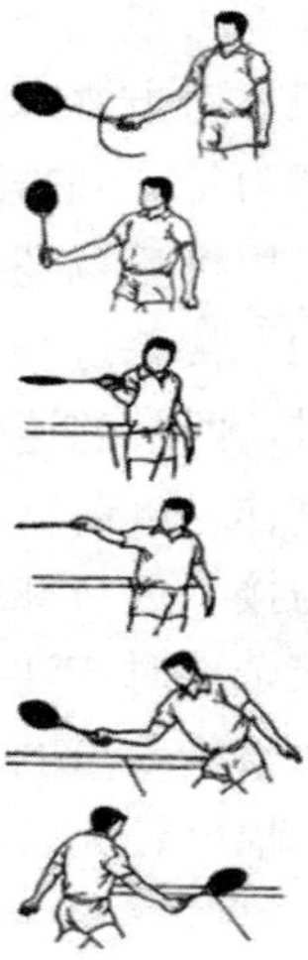

图 9-2-5 搓球

2. 放网前球

准备姿势同上。击球时，拍面稍朝前下方倾斜，前臂带动手腕和手指用前送动作托球底部。正反手搓球除握拍不同外，其他要领相同。

3. 勾对角球

在网前把来球回击到对角线网前叫作勾对角球，准备姿势同上。击球时，拍面斜向对方右（左）网前。正手勾对角线时击球托的右侧，手腕和手指带动球拍向左内勾动；反手勾对角时，击球托的左侧，同时向右内勾动，见图 9-2-6、图 9-2-7。

4. 推球

在网上将来球用较平的弧线快速推到对方场区底线叫作推球，准备姿势同上。击球时拍面前倾几乎与网平行。利用前臂带动手腕和手指的快速“闪动”将球击出。正手推球多用食指力量，反手推球多用拇指的力量，见图 9-2-8。

图 9-2-6 正手勾网前对角球

图 9-2-7 反手勾网前对角球

图 9-2-8 正反手推球

5. 扑球

在网上把高于网的来球迅速扑压下去叫作扑球。身体腾空跃起或右脚蹬跨的同时，前臂往前上方举起，球拍正对来球方向。击球时，随着手臂由屈至伸，手腕由后伸至向前闪动及手指的顶压，将球扑下。其中手腕是控制力量的关键，挥拍距离短，动作小，爆发力强，扑击的球才会具有一定威胁。如果球离网顶较近，就采用“滑动式”扑球方式，用手腕从右向左将球扑压下去，这样可以避免球拍触网犯规。扑球后，注意腿上的缓冲，控制重心，以免身体触网，正反手均可，见图 9-2-9。

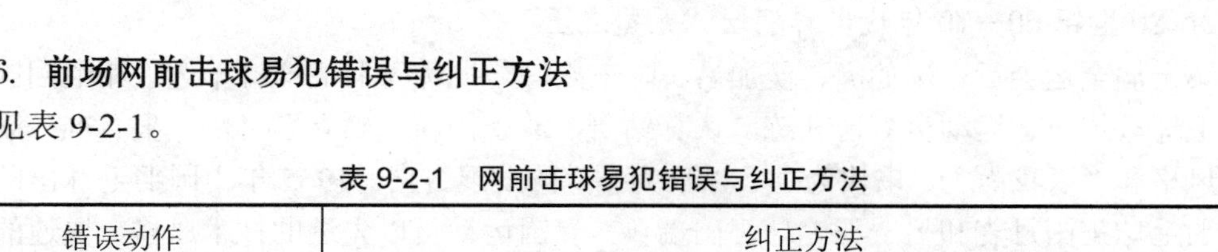

图 9-2-9 网前扑球

6. 前场网前击球易犯错误与纠正方法

见表 9-2-1。

表 9-2-1 网前击球易犯错误与纠正方法

错误动作	纠正方法
上网时机把握不准	提前预判对方动作，抢在球过网的瞬间上网击球
回球不过网	控制拍面稍平，手腕放松，抢高点回球
上网击球后不能迅速回撤	上网时控制好身体重心，上体略有前倾，击球后控制好上肢，重心下降

【课堂练习】

练习内容:

（1）搓球练习。

（2）勾对角球练习。

练习方法:

（1）网前搓球练习：两人隔网进行。

（2）勾对角球练习：两人一组，一人抛球到网前，另外一人上网勾球，正反手交替练习，10个球之后两人交换练习。

达成目标：掌握搓球和勾对角球的技术。

【课后练习】

练习内容：推球和扑球练习。

练习方法:

（1）两人一组，一人隔网平抛球，控制球为一条直线，另一人上步推后场球。

（2）两人一组，一人隔发网前球，另一人择机上网扑球。

达成目标：大胆运用网前击球技术，提高网前击球的技术水平。

【思考与练习】

（1）简述下手击球的动作特点。

（2）简述勾对角球的动作要点。

（3）简述网前扑球的动作要点。

第三节　特长羽毛球

一、现代羽毛球运动在我国的发展

1. 20世纪50年代起步阶段

中华人民共和国成立前，在沿海少数城市虽有开展羽毛球活动和小型比赛，但是范围小、水平低。中华人民共和国成立后，于1956年在天津举行了第一届全国羽毛球比赛，共有21个省、市和自治区的代表队参赛。

2. 20世纪60—70年代世界羽坛“无冕之王”

第一届全运会后，汤仙虎、侯加昌、陈玉娘等一批优秀羽毛球青年选手相继回国。我国羽毛球教练员、运动员刻苦训练，认真钻研，敢于创新，确立了“快、狠、准、活”的技术风格和“以我为主、以快为主、以攻为主”的发展方向。1965年中国羽毛球出队出访欧洲羽毛球王国丹麦和另一羽毛球强国瑞典，我国运动员以先进的技术风格、快速的打法和灵活多变的战术取得了34场比赛全胜的辉煌战绩。此时，由于国际羽联长期错误地接受台湾羽毛球组织为一个国家组织，使中国羽毛球队没有参加“汤姆斯”杯等世界级羽毛球比赛，但是，亚洲和欧洲的世界冠军都败在中国羽毛球运动员的球拍下。在此情况下，欧洲报纸舆论评论中国羽毛球队是世界羽坛的“无冕之王”。

3. 20世界80年代独领风骚

1981年5月，国际羽毛球联合会重新恢复了中国在国际羽联的合法席位，从此揭开了国际羽坛历史上新的一页，进入了中国羽毛球选手称雄世界的辉煌时代。

1981 年 7 月，在美国圣克拉拉举行的第一届世界运动会羽毛球比赛中，中国队一举获得了 5 个比赛项目中的 4 块金牌，这是我国羽毛球运动员第一次在世界性的比赛中亮相。

1982 年，在首次参加“汤姆斯”杯比赛中，中国队反败为胜，第一次将象征着男子团体最高水平的“汤姆斯”杯揽入怀中。

1982 年，中国女队又将世界女子羽毛球团体赛的奖杯“尤伯”杯捧在手中。

1986 年，中国男女羽毛球队在印度尼西亚又把“汤姆斯”杯和“尤伯”杯双双举起。

1987 年，在中国北京举行的第五届世界羽毛球锦标赛的 5 个单项比赛中，中国羽毛球队囊括了全部冠军。至此，中国羽毛球创造了一个国家同时获得并保持了世界羽毛球比赛男女团体赛和 5 个单项个人赛的全部 7 项冠军的纪录，这一纪录是世界羽坛史无前例的纪录。

4. 21 世纪初无人能敌

2005 年 5 月，“苏迪曼”杯来到中国，这已是我国第五次夺取该杯了。

2007 年 6 月，在苏格兰格拉斯哥中国队以 3∶0 击败印度尼西亚，第 6 次捧起了“苏迪曼”杯。

2009 年 5 月，中国队在广州以 3∶0 击败韩国队卫冕成功，中国队实现“苏迪曼”杯三连冠，这也是中国队第七次捧起“苏迪曼”杯。

【相关知识链接】

王文教：（1933 年—），出生于印度尼西亚，籍贯福建南安，不满 20 岁就成为印度尼西亚羽毛球明星；中国著名羽毛球运动员及教练员，被称为中国羽坛“教父”。他 1954 年回国加入中国国家羽毛球集训队。从 20 世纪 60 年代起执教羽毛球队，所带出的羽坛名将贯穿了中国羽毛球发展半个世纪之久，如汤仙虎、侯家昌、韩建、杨阳、赵剑华、熊国宝以及曾任国家羽毛球队总教练的李永波都是他的弟子。在他的总教练生涯中，共获得过 56 个世界单项冠军，9 个世界团体冠军，极大地推动了羽毛球技术的发展进步。1985 年，他被国家体委授予“新中国体育开拓者”称号。

二、击球法

羽毛球各种击球技术，按其特点进行分类，有击高远球、击平高球、吊球和杀球等。

1. 击高远球

以较高的弧线将来球击到对方场区底线附近叫作击高远球。击高远球是一切上手击球动作的基础。高远球的特点是球的弧线高、滞空时间长，它的作用是逼迫对方远离中心位置退到底线去接球，一方面可减弱对方进攻的威力，为我方进攻寻找机会，另一方面在己方被动情况下，有较多的时间来调整站位，摆脱被动局面。击高远球又包括正手、反手和头顶击高远球。

（1）正手击高远球是羽毛球上手击高远球技术中的基础。

首先判断来球的方向和落点，侧身后退使球在自己右肩稍前上方的位置，左肩对网，左脚在前，右脚在后，重心在右脚上左臂屈肘，左手自然高举，右手持拍，大小臂自然弯曲，将球拍举在右肩上方，两眼注视来球，见图 9-3-1。

图 9-3-1　正手击高远球

击球时，由准备动作开始，大臂后引，随之关节上提明显高于肩部，将球拍后引至头后，自然伸腕（拳心朝上），然后在后脚蹬地、转体和腰腹的协调用力下，以肩为轴，大臂带动小臂快速向前上方甩动手腕，在手臂伸直的最高点击球。击球后，持拍手臂顺惯性往前下方挥动并收拍至体前。与此同时，左脚后撤，右脚向前迈出，身体重心由后脚移到前脚。正手击高远球易犯错误与纠正方法，见表 9-3-1。

表 9-3-1　击高远球错误动作与纠正方法

错误动作	纠正方法
击球点不当	看准来球，击球点在肩上或者体前一个拍面的位置
击球时，不是以肩为轴挥臂，而是以肘为轴	肩关节打开，以肩关节为轴做挥拍动作
击球时发力错误	击球时应该用挥臂、甩腕动作靠“爆发力”把球击出
击球后收拍不对	击球后身体自然随前，球拍朝下挥至体侧

（2）反手击高远球。当对方将球击到本方左后场内，以反手将球击回对方底线去的高远球击球法称为反手击高远球。它的特点是节省体力，对步法要求也不高，在被动情况下，可采用反手击高远球过渡，帮助自己重新调整站位。

首先判断准对方来球的方向和落点，迅速将身体转向左后方，步法到位后，右脚前交叉跨到左侧底线，背对网，身体重心在右脚上，使球在身体的右肩上方。击球前，由正手握拍迅速换为反手握拍，并持拍于胸前，拍面朝上。击球时，以大臂带动小臂，通过手腕的闪动、自上而下地甩臂将球击出。在最后用力时，要注意拇指的侧压力与甩腕的配合，同时还要利用两腿的蹬地、转体等协调全身用力，见图 9-3-2。

图 9-3-2　反手击高远球

初学者用反手击高远球时，往往容易出现步子不到位，击球点掌握不好。击球时，未用拇指的侧压力；击球霎时用力过早或过迟，没有用在“点”上等错误。这要通过反复的练习和体会才能逐渐掌握正确的击球动作。

（3）头顶击高远球。在自己的左后场区，用正手在头顶中间部位或在左肩上方将来球击到对方底线去的高远球击球法称头顶击高远球。这种击球动作是我国运动员对羽毛球技术发展的一项贡献。它较反手击球主动性强，具有更大的攻击性，初学者应努力学好头顶击高远球技术。

击球前的准备姿势以及击球动作同正手击高远球基本一致。不同的是头顶击高远球的击球点在左肩上方（因为球是飞向左后角的）。准备击球时，侧身（左肩对网）稍左后仰。击球时，大臂带动小臂使球绕过头顶，从左上方向前加速挥动，在用力击球时，注意发挥手腕的爆发力和充分利用蹬地以及收腹的力量。击球后，左脚在身后着地并立即回蹬，同时右脚前移，重心移至右脚。

【课堂练习】

练习内容：击打高远球练习。

练习方法：

（1）两人一组，A 学生水平稍好，B 学生水平略差些，两人进行高远球的示范练习。其他学生绕场地站立，找出场上两位同学动作正确与不规范的地方，举手发言（图 9-3-3）。

（2）四人一小组，互相进行击打高远球对抗，来比较谁的落点控制得更准。

达成目标：提高学生的击打高远球能力，培养学生的观察能力，让学生畅所欲言，老师最后进行总结性发言，得出结论，主动提问的同学在课堂表现成绩里可以加分。

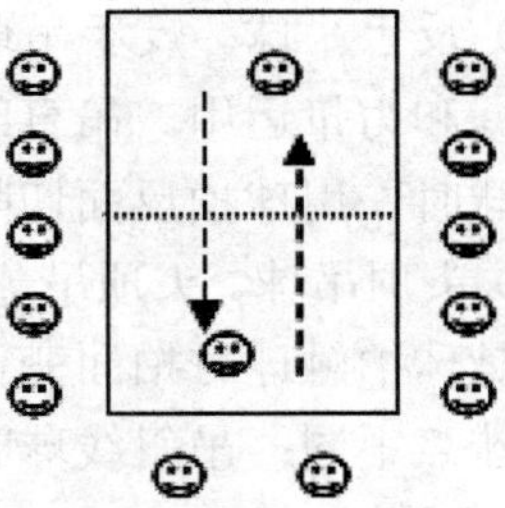

图 9-3-3 高远球练习

【课后练习】

练习内容：上肢力量与腰腹力量练习。

练习方法：

（1）杠铃卧推或者俯卧撑。

（2）仰卧起坐和背起练习。各进行 6 组，每组 20 个，坚持每周练习 2 ~ 3 次。

达成目标：加强专项肌肉力量，提高击打高远球的能力。

2. 击平高球

平高球的弧线较高远球低、速度较高远球快。这是一种在较主动情况下运用的击球技术。在实践中，质量较高的平高球常可以调动对方的站位，使其失去身体平衡，回球质量差，从而为己方更有力的进攻创造机会。在与基本技术较差、步法较慢的对手对阵时，一个突然的高远球往往会使对方后退不及而失分。

同击高远球一样，只是在击球的一刹那，用力主要是向前方，使击出的球的弧线较低。和高远球一样，平高球也可以用正手、反手或头顶击球技术来完成。其动作要领与正手、反手或头顶高远球一样，不同之处是最后用力主要向前方，而不是向前上方。由于平高球弧线不高，如果使用不当，易被对方拦截。

注意事项：如果是打直线平高球，则弧线可低些；若打斜线，则要高些；当对方在网前被动挑高球后，由于回场步法调整一般较慢，这时，可用较低弧线的平高球去袭击其后场，往往可以获得很好的效果。

3. 吊球

吊球可以用正手、反手或头顶击球技术来完成。对于初学者来说，首先要学好正手吊球技术，然后再学头顶吊球及反手吊球。吊球按球在空中飞行的弧线和击球动作的不同可分劈吊（快吊）和轻吊（拦截吊）两种。但无论哪种吊球，其击球前的准备动作都应与击高远球一样，也需保持动作的一致性，使对方不易判断己方打出的是什么球。

下面分别介绍正手吊球、反手吊球和头顶吊球的技术动作。

（1）正手吊球。

①劈吊（快吊）。击球前期动作同正手击高远球。击球时，拍面正面向内倾斜，手腕作快速切削下压动作。若劈吊斜线球，则球拍切削球托的右侧，并向左下方发力；若劈吊直线，则拍面正对前方，向前下方切削。

②轻吊（拦截吊）。击球前期动作同正手击高远球。击球时，一种轻吊时的拍面变化同劈吊基本一致，但用力要更轻些；另一种是击球时，拍面正击球托或借助于来球的反弹力用球拍轻挡，使球过网后贴网而下。后者多用于拦截对方击来的平高球和半场高球。

（2）反手吊球。反手吊球其击球前的动作同反手击高远球，不同之处也在于触球时拍面的掌握和力量运用。吊直线球时，用球拍反面切削球托的后中部，向对方右网前发力；吊斜线球时，用球拍反面切削球托的左侧，朝对方左网前发力。

（3）头顶吊球。头顶吊球也可称作劈吊和轻吊。其击球前的动作同头顶击高远球一样。不同的是球拍触球时拍面变化和力量的运用。吊直线球的动作同正手吊直线球基本一致，只是击球点不同；吊斜线球时，球拍正面向外转，切削球托的左侧，朝右前下方发力。

4. 杀球

把对方击来的高球全力向下扣压叫作杀球。杀球的特点是力量打、速度快。它是主动进攻的重要技术。杀球包括正手杀球、反手杀球和头顶杀球。

（1）正手杀球。其击球前的准备姿势和击球动作与正手击高远球基本一样。不同的是最后用力的方向朝下，而且要充分利用蹬地、转体、收腹以及手臂和手腕的爆发力全力将球向下击出，击球的一刹那要紧握球拍，见图 9-3-4。

图 9-3-4 正手杀球

（2）反手杀球。其准备姿势和击球动作与反手击高球一样，但最后用力的方向朝下，而且要加快手臂和手腕朝下的闪动。击球点应尽可能高些、前些，这样便于力量的发挥。

反手杀球虽然力量不大，但有其突发性。一般在实战中，趁对方不备，偶尔用反手杀球（因反手杀球威胁不大，对方思想放松），也会收到出奇制胜的效果。

（3）头顶杀球。准备姿势和击球动作与头顶击高球一样。不同的是击球时要充分利用腰腹力量，以大小臂带动手腕快速下扣。头顶杀球是一种重要的进攻性技术，也是我国运动员在左后场区进攻的主要手段。它弥补了反手击球力量不足的弱点。初学者如能掌握好头顶扣杀技术，便会使对方难以对付。

对方击来的高球全力向下扣压叫作杀球。杀球的特点是力量大、速度快。它是主动进攻的重要技术。不管用哪种动作杀球均可作重杀、轻杀、长杀、直线扣杀、斜线扣杀，见表 9-3-2。重杀时要全力扣压；轻杀时用力介于重杀和劈吊之间；长杀是将球杀向对方场区底线附近。总之，杀球时只要通过手腕和手指控制拍面、倾斜角度、用力方向和大小，就可扣杀出不同的球来。这些不同形式的杀球主要是战术的需要和根据对方站位的情况灵活加以运用。

表 9-3-2　对各技术的作用、特点、动作要点及实际运用进行比较

名称	作用	特点	动作要点	实际运用
重杀	在正手位利用正手迅速用力挥拍积极进攻的一种技术	站位靠前 动作大 球速快 进攻力量大	击球时，大臂后引，随之关节上提明显高于肩部，将球拍后引至头后，自然伸腕（拳心朝上），然后在后脚蹬地、转体和腰腹的协调用力下，以肩为轴，大臂带动小臂快速向前，手腕爆发用力将球向下击出，击球的一刹那要紧握球拍	可直接得分，或结合落点变化调动对方，伺机进行扣杀
点杀	正手位置靠手腕快速点压改变球的落点	动作小 球速快 节奏变化快	击球时，要充分利用蹬地、转体、收腹以手腕快速向下甩动，来击打球	在比赛中可以拦截对方的平高球，控制好落点直接得分
长杀	将球杀向对方场区底线附近，逼迫对手在底线附近接球	速度较快 不易防守	要充分利用蹬地、转体、收腹以及手臂和手腕的爆发力全力将球向下击出，只是拍面控角度平一些，将球压至对方底线，击球的一刹那要紧握球拍	可以逼迫对手到后场，从而为下一拍赢得主动
直线杀球	将球沿正手直线方向扣杀	直线球 速度快 飞行时间短	击球时，大臂后引，随之关节上提明显高于肩部，将球拍后引至头后，自然伸腕（拳心朝上），然后在后脚蹬地、转体和腰腹的协调用力下，以肩为轴，大臂带动小臂快速向前，手腕爆发用力将球向正手直线方向快速扣杀，击球的一刹那要紧握球拍	可直接得分或压制对方的攻势
斜线杀球	在正手位，沿对角线方向扣杀直线球	速度快 对角线球	击球时，大臂后引，随之关节上提明显高于肩部，将球拍后引至头后，自然伸腕（拳心朝上），然后在后脚蹬地、转体和腰腹的协调用力下，以肩为轴，大臂带动小臂快速向前，手腕爆发用力，拍面向场地对角线方向快速下压，击球的一刹那要紧握球拍	可直接得分或由相持过渡到主动进攻，伺机进行扣杀

初学打羽毛球的人在平时练习和比赛中可能对打高球不感兴趣，见到高球就想扣杀，其结果是适得其反，消耗体力，达不到好的效果，还往往使自己处于被动状态，因此，初学者在学来杀球技术之后，不能在比赛中盲目滥用，而是要通过打高球和吊球来为扣杀创造机会，这样才能使杀球显出更大的威力（表 9-3-3）。

表 9-3-3 正手杀球易犯错误与纠正方法

错误动作	纠正方法
击球点不当	看准来球，击球点在肩上或者体前一个拍面的位置
杀球时，过分紧张	手臂放松，身体协调发力
杀球时发力错误	杀球时应该用挥臂、甩腕动作靠“爆发力”把球快速下压
击球后收拍不对	击球后身体自然随前，球拍朝下挥至体侧

【课堂练习】

练习内容：直线与斜线杀球练习。

练习方法：

（1）两人一组，杀直线球练习。一人负责挑球，另一人扣杀，交替进行。

（2）两人一组，杀斜线球练习。一人负责挑球，另一人扣杀，交替进行。

达成目标：掌握直线与斜线杀球技术。

【课后练习】

练习内容：手臂力量练习与杀球练习。

练习方法：

（1）杠铃卧推或者俯卧撑。每周 2～3 次，每次 5 组，每组卧推 15 次或者俯卧撑 30 个。

（2）两人一组，多球扣杀练习。一人负责发高远球、平高球，另外一人扣杀，注意控制落点。

达成目标：提高实战中扣杀球的得分能力。

【拓展练习】

练习内容：正手杀球练习。

练习方法：学生 A 站在球场一侧，站好位置，做好杀球准备，场地另一边学生 B 负责发喂球（高远球），学生 A 用正手杀球，攻击球场上画好的 2 个区域，见图 9-3-5。

练习要求：两人一组，每组 20 球，击中有效区域多者获胜，击中最少的那组负责下课时清理场地上的羽毛球，并归还器材。

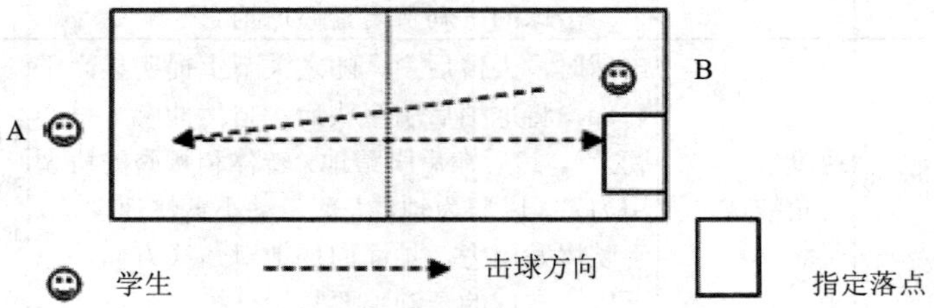

图 9-3-5 正手杀球练习

【思考与练习】

（1）简述正手高远球与反手高远球的特点、优点及缺点。

（2）简述反手高远球的准备动作要点。

（3）简述正手杀球的动作特点与易犯错误。

第四节 羽毛球俱乐部的组织与实施

一、羽毛球运动的锻炼价值

羽毛球是一种全身运动项目，参入者在球的对击过程中，通过不停地奔跑和身体的变化，努力地将球击到对方场地。同时球的飞行又有快慢、轻重、高低、远近、飘转等变化，需要练习者有较好的力量、速度、耐力、灵敏、柔韧等素质以及快速的反应能力。经常从事该项体育活动可以发展人体的灵活性、协调性，可以提高人们上下肢及躯干的活动能力，改善呼吸系统和心血管系统的功能，提高有氧供能和无氧供能的能力，调节神经系统并提高其抗乳酸的能力，而且能起到增进健康、抗病防衰、调节精神、培养顽强意志品质和坚定信念的作用。

二、如何欣赏羽毛球比赛

羽毛球比赛中每一次扣杀都令人激动，每一次奋力救球都让人为之动容。然而作为一名羽毛球爱好者，我们又该从哪些方面来看比赛呢？

作为观众，我们在观看羽毛球比赛时，最好带着一两个问题去看，也就是要有目的地去看比赛。这样既是一种欣赏和享受，同时也是自己得到启发和学习的过程。

（1）观察完整的技术动作。从队员的脚步移动、取位、击球点及所采用的手法到回动等，认真分析、比较、对照。

（2）观看比赛中的队员是如何处理每一个球的。当对方的球过网后，看是用什么技术将球击过网的，如果是你又将如何处理这个球。要知道它的利与弊。

（3）观察发球和接发球的站位。看清楚发球站位与发球技战术，接发球站位与运用接发球技战术的关系。特别要观察双打队员之间的配合，队员们是如何走位和补位的。

（4）看比赛中战术的运用。特别是队员在攻守转换时，在相持时所采用的战术，看准队员的手法以及球的飞行路线和落点。

（5）观察在比赛中队员的特点或者说擅长打法。每个队员都有他（她）的特长或者说是拿手的绝活。可有选择地模仿与自己相似或者是自己想学的技术类型，形成自己的打法。

（6）看组织比赛的全过程。从入场到颁奖，包括比赛中的有关规则及裁判法，使自己成为内行，会看比赛。

（7）平时在进行羽毛球运动健身的同时，多与球友交流比赛经验，在实践中去体会提高，做到边欣赏、边实践。

【课后练习】

练习内容：观看高水平运动员的比赛视频。

练习方法：上网搜索比赛视频，充分利用各种机会多看、多听比赛和赛事评述；翻阅羽毛球技战术、裁判等书籍。

达成目标：积累观赏经验，逐渐提升比赛的欣赏水平。

三、如何打好羽毛球比赛

战术与打法的关系是很密切的。在实战中，战术是根据双方的打法和场上的具体情况而定的。“以己之长，攻彼之短”是一大原则，常用的战术如下：

（一）单打战术

1. 发球抢攻战术

从发球的第一拍起，争取控制对方，以攻杀得分。这种战术，一般为发网前低球结合平快球、平高球，争取第三拍的主动进攻。用这种战术对付应变能力较差的对手，或实施于比赛的关键时刻，效果往往很好。实施这一战术时，应有高质量的发球予以保证，否则很难成功。

2. 攻后场战术

此战术是通过击高球、重复压对方的底线两角，造成对方的被动，然后寻找机会进攻。用它来对付初学者，或后场还击能力较差，或后退步子较慢以及急于上网的对手是很有效的。

3. 攻前场战术

对网前技术较差的对手，可运用此战术先将其吸引到网前，然后再攻击其后场。采用此战术，自己首先要有较好的网前击球技术。

4. 打四方球战术

若对手步子较慢、体力较差、技术不全面，可以快速准确地落点攻击对方场区的四个角落，寻找机会向空当进攻。此战术的主要目的是通过打落点，逼迫对方前后奔跑、被动应付，并在其回球质量下降或露出破绽时乘虚而入而攻之。

5. 杀、吊上网战术

对手打来的后场高球，本方先以杀球配合吊球把球下压，落点选在场区的两条边线附近，致使对手被动回球。若对手回网前球时，本方迅速上网搓球、勾对角球或平推球，创造在中场大力扣杀的机会。这种战术必须能很好控制杀、吊球的落点，在使对方被动回球时，才能主动迅速上网。

6. 打对角线战术

对付身体灵活性差、转体较慢的对手，无论是进攻还是防守，均应以打对角线球为主。这样，对方回球因移动困难而被动，为本方创造进攻机会。

7. 防守反击战术

在对方主动进攻、本方被动防守时，本方可高质量地接杀挡网；或抓住对方攻杀力量减弱，或落点不好的机会，以平抽底线球还击对方后场，扭转被动局面，并进行反击。

【课堂练习】

练习内容：练习打四方球和杀、吊上网战术。

练习方法：两人一组，进行攻防演练，一方主动进攻，另一方防守。看练习情况交替进行。

达成目标：能在实战中熟练、灵活运用单打战术。

【课后练习】

练习内容：羽毛球运动中的专项耐力。

练习方法：

（1）5米3向折返跑。

（2）400米变速跑（直道加速跑，弯道慢跑）。

达成目标：提高专项体能，增强防守能力。

（二）双打战术

一般情况下，有两人一前一后站位和两人分边（左、右）站位两种形式。一前一后站位即在后场的人分管后半场的球，站在前场的人则负责前半场的球。这种站位形式有利于进攻，而不利于防守。所以，一般在本方进攻时多采用此站法。分边站位多在防守时采用，这样，各人分管半边场地，在防守时就没有什么空当了。

站位形式不是固定不变的，它在比赛中随着进攻与防守之间的不断转换而变化。双打轮转站位多在配对选手水平相差不大时采用。如果技术水平悬殊较大，则水平高者固定站在后场，他（她）除主要负责后半场的来球，同时还兼顾中场附近或前场的球。在混双打中，这种前后固定站位形式是较普遍的（男队员站后场，女队员站前场）。

总之，双打比赛对配对之间各方面的要求较高，其配合的方法也较多，初学者要通过实战的练习，才能逐步掌握其规律。

1. 攻人战术

集中攻击对方中有明显弱点的人，并伺机攻击另一人忽而露出的空当，或对此人偷袭。双打比赛中的配对选手的技术，一般总有一人水平高，另一人稍差些。即便两人水平相差不多，但若能集中力量攻击其中一人，也可给其造成很大的心理压力，从而使其出现失误。

2. 攻中路战术

当对方分边站位防守时，将球攻击对方两人的中间；当对方前后站位时，可将球下压或平推两边半场。这样可使对方防守时互相争抢或互让而出现失误。

3. 攻后场战术

对方扣杀能力差，本方可采用平高球、推平球、接杀挑底线，把对方一人紧逼在底线两角移动。当对方被动还击时，则抓住机会大力扣杀。如另一对手后退支援时，即可攻网前空当。

4. 后攻前封战术

当本方处于主动进攻前后站位时，站在后场的队员见高球就杀或吊网前球，迫使对方接球挡网前，这为本方前场队员创造了封网扑杀机会。前场队员要积极封锁网前，迫使对方被动挑高球。一旦对手挑高球达不到后场，就为本方创造了再进攻的机会。

5. 防守反攻战

在防守中寻找反攻的机会，以便摆脱困境，转被动为主动。例如，挑底线高球，即无论对方从哪里进攻，本方都应设法把球跳到进攻者的另一边底线。如对方正手后场攻直线，就挑对角线，如对方攻对角就挑直线。这是一种较容易争得主动的防守战术，在女子双打中运用更为有效。时机有利，即可运用反抽或挡网前回击对方的杀球，从守中反攻，争得主动权。运用此战术时，要注意挑高球一定要挑到底线，否则将会出现对方连续攻杀而本方无力反击的局面。

【课堂练习】

练习内容：

（1）进攻转防守时两人之间的配合。

（2）防守转进攻时两人之间的配合。

练习方法：

（1）甲方 A 队员在后场杀对角线，乙方一队员将球挡至网前；甲方 B 队员由于封网不及，被动上网挑高球，然后退至左半场防守，重复进行练习。

（2）甲方 A 队员将对方杀球挡至网前，对方被动挑后场；甲方 B 队员迅速从中场移至后场进攻，而 A 队员则移至网前准备封网，呈前后站位，重复进行练习。

达成目标：熟练掌握双打比赛时的攻防转换战术。

四、如何策划、组织羽毛球比赛

一场精彩的羽毛球赛是分几个部分的，包括前期策划、前期宣传、赛前准备等工作。那我们该如何组织一场精彩的羽毛球赛呢？请看下面示范案例。

【案例一】

“××杯”全校学生羽毛球赛策划方案

一、比赛目的、时间和地点

为响应大学生运动会的号召，为学院发掘羽毛球人才。同时也为全面贯彻教育方针，丰富同学们的业余文化生活，培养同学们顽强奋斗、勇于拼搏的优良品质，并推动我校羽毛球运动的发展，学校羽毛球社团特举办此次“××杯”全校学生羽毛球赛。

比赛时间：××××年××月××日

比赛地点：活动中心

报名方法：

1. 各系学生会体育部汇总好参赛名单提交给学校羽毛球社。

2. 各系选派一支或两支参赛队，参赛队员必须为本校学生，赛前参赛队员必须持本人学生证等有效证件到场地检录，否则不能上场比赛，发现冒名顶替等现象的参赛队，取消该队参赛资格并通报批评。

3. 每队限报参赛队员人数根据赛事性质决定。

二、宣传工作

1. 冠名宣传

羽毛球社团做好对外赞助，对赞助商进行冠名。

2. 横幅宣传

横幅数量为 2 条，横幅规格为 1m×10m，赞助商的名称以鸣谢的方式出现。

悬挂时间：在比赛之前 3 ~ 5 天挂好

悬挂负责：学校羽毛球社团

悬挂地点：信管系、计算机系等各系，校学生会宣传栏或大学生服务中心等地点

3. 海报宣传

内容与横幅基本相同，羽毛球社宣传部制作，贴在宣传栏上，内容、形式吸引眼球。

4. 赛程宣传

小组赛宣传、淘汰赛宣传、决赛当天宣传，并在赛场道路两旁贴上印上某某公司的指示路标及决赛开始及结束时鸣谢该公司对本次活动的大力支持。

三、寻找赞助商

学生积累了丰富的宣传经验，寻找赞助商对学院和商家均双赢。

四、赞助方案

我校羽毛球社团根据实际情况为公司设计最合适的宣传计划，投入足够的人力资源完成公司的定制宣传，获得本次活动的冠名权、以赞助商名义进行宣传，在活动结束后以鸣谢单位名义致谢；活动现场悬挂宣传标识，列出公司名称等。

【案例二】

××学校××××年教职工羽毛球赛

为了更好地贯彻全名健身计划，深入开展全民健身运动，活跃全院教职工业余文化生活，增进教师友谊，丰富教职工业余文化生活，提高教工羽毛球水平，决定举办××××年学校教工羽毛球赛。

一、比赛宗旨：促进沟通、增进友谊、愉悦身心

二、比赛时间：××××年××月××日

三、报名时间：××××年××月××日

四、报名地点：学校工会办公室

五、比赛地点：学校活动中心

六、比赛项目：混合团体赛（男子双打、女子双打、混合双打）

七、比赛规则：

1. 本次比赛采用国际羽联通用规则 21 分发球得分制。

2. 本次比赛只设团体比赛。团体比赛项目包括：男子双打、女子双打、男女混合双打，实行三局两胜制。

3. 比赛赛制分两个阶段：第一阶段小组循环赛，第二阶段淘汰赛。

4. 小组循环赛必须打满三场，胜者得两分，负者得一分，弃权零分。如小组中有队积分相同则比场分，如果场分相同就比局分，局分相同就比小分。如果以上都相同就比胜负关系，最后如全部相同时将采取抽签方法决定小组名次，比赛规则最终解释权归组委会。

八、比赛奖励：取前八名，给予证书和物质奖励。

九、报名注意事项：

1. 本次比赛以系部为单位组织报名，每个单位可以组织一个或者两个团体比赛队伍参加，如果一个系部无法组成参赛单位，可以与其他系部联合组成。

2. 每个参赛队可以设领队、教练员各一名，领队和教练员均可作为队员参赛。每队限报 8 人，队员可以兼项。

3. 本次比赛实行抽签分组。

十、举办单位：学校工会

十一、承办单位：学校体育与心理健康教育管理团队

【相关知识链接】

陶菲克·希达亚特（Taufik Hidayat），印度尼西亚羽毛球运动员。1981 年出生于印度尼西亚万隆，1996 年陶菲克被伯乐慧眼识中，此后便闯入国际羽坛。1999 年赢得亚洲青年锦标赛冠军，同年 17 岁的陶菲克便在全英羽毛球公开赛决赛中显示了不俗的才能。他是世界羽坛男单运动员中第一位集奥运会、亚运会、世锦赛、汤姆斯杯冠军于一身的大满贯球员，也是印度尼西亚公开赛六冠王得主（1999 年、2000 年、2002 年、2003 年、2004 年、2006 年）。2009 年 1 月 30 日，陶菲克正式宣布退出印度尼西亚国家队。

【课堂练习】

练习内容：策划一场 4 人的单打比赛。

练习方法：上课的学生每 4 人一组，进行编排单打比赛的循环赛。

达成目标：掌握羽毛球比赛的编排办法。

【课后练习】

练习内容：运用羽毛球的竞赛规则进行一场羽毛球比赛的裁判。

练习方法：按照羽毛球比赛规则和裁判方法，对课后学生之间的比赛进行判罚。

达成目标：掌握羽毛球规则，提高临场裁判经验。

【思考与练习】

你认为羽毛球运动是否可以作为大众体育活动项目，为什么？

第十章　律动健美操

本章学习达成效果：通过对本章内容的学习，希望大家能加入健美操这项运动中来。在能够针对自身状况进行日常跳操锻炼的基础上，还能够进行简单的套路组合编排，使得健美操不仅成为健身的方式，同时也成为很好地展示自己风采的媒介。在学习锻炼的过程中还能够搭建交流平台，增进练习者之间的情感，提升练习者审美水平。

本章的重点和难点：本章的重点学习内容是健美操基本动作。难点是健美操的套路与编排。

学习指导建议：健美操项目不仅可以锻炼身体，还能够作为文艺节目进行演出和展示。因此，建议大家在简单了解其相应理论知识的基础上，扎实进行基本技术动作的学习和练习，尤其是重心转换的练习。同时，大家可以组成学习小组，互帮互助，并进行组间交流，提升学习效果。

健美操是一种新的有氧运动模式，它是将俱乐部标准健身操和现代流行热舞相结合的操化运动形式。进行此项运动，可以让练习者在音乐的伴奏下、在相当放松的情态下通过锻炼愉快地燃烧脂肪，并能锻炼心、肺功能，使心血管系统能更有效、快速地把氧传输到身体的每一部位。

【章前案例】

“我跳我健康”健美操项目导引

一、“我跳我健康”健美操项目总体设计

本项目是通过一套完整的健美操的创编与记录来完成对健美操基本动作、队形变换、音乐编辑、服装道具设计等所学内容的整合。

以下是某学院团委下发的关于校园健美操大赛的通知，请在阅读后完成项目单元中的项目内容。

关于举行“舞动青春”校园健美操大赛的通知

各系团委、学生会：

为增强我院学生体质，普及校园健美操运动项目，提升健美操俱乐部的校园影响力，同时推动学生课外体育活动的开展，掀起校园内外的健身活动热潮，进一步激发团队活力，培养协作精神，学院团委决定举办“舞动青春”校园健美操大赛，现将有关事项通知如下：

1．主办单位：校团委

2．协办单位：体育与心理健康教育管理团队、各系团委

3．比赛时间：××××年××月××日下午 14：00～17：00

4．比赛地点：学院运动场

5．比赛主题：青春、激情、阳光、快乐、积极

6．奖项设置：本次比赛设一等奖 1 名、二等奖 2 名、三等奖 3 名、优秀组织奖 4 名。

7．比赛要求

（1）各系限报 2 个队伍，每个参赛队参赛人数为 10～20 人，性别不限。

（2）比赛音乐自行编辑，时间为 5 分钟～5 分 30 秒。

（3）服装、道具自行设计。服装修饰要适度，不能影响运动；禁止穿印有描绘战争、暴力、宗教信仰和性爱主题的服装。道具运用得当，要能表现或衬托主题，服装、道具要与音乐风格和表演风格协调一致。

（4）健美操至少有 15 个 4×8 拍非重复性的操化动作，至少有 12 次队形或图案变换。

8．评分要求标准

健美操比赛满分为 10 分。由操化动作、音乐、队形变换、服装道具、精神面貌 5 个部分组成。

（1）操化动作占 4 分。要求动作整齐规范、刚劲有力、舒展大方、节奏感强。

（2）队形变换占 3 分。要求能够表达主题，变换有序，立竿见影。

（3）音乐占 1 分。要求旋律要符合主题，编辑合理。

（4）服装道具占 1 分。要求服装道具设计运用合理，能衬托主题。

（5）精神面貌占 1 分。要求精神饱满、有活力、有朝气、状态自然。

9．未尽事宜，另行通知。

请各系认真组织，抓紧时间进行训练，做好充分准备！

院团委

××××年××月××日

二、“我跳我健康”健美操项目能力指标培养

1．通过项目的运行，让学生了解健美操表演的要素，掌握健美操表演主题的设计依据，队形设计方法，服装和道具的选择和运用等，培养学生对健美操知识和技术的集成能力。

2．使学生能够综合运用所学，提高身体素质，培养学生的组织管理能力、沟通协调能力、领导指挥能力、团队协作能力。

3．通过项目的运行，使学生对自身健康负起责任，从而养成良好的体育锻炼习惯。

三、“我跳我健康”健美操项目组织方式

本项目的组织实施方式是以学生为主体，以教师为主导，由健美操俱乐部主任、副主任和教师助理组织所有学生参与完成的，任课教师起到重要的指导作用。

将学生分成若干组，各小组自行设计健美操套路要表达的主题，依照健美操创编原则自行选编动作，自行挑选并剪辑音乐，自行设计队形变化，通过组织排练使学生增强对前期健美操基本步法等所学内容的巩固，并进一步了解并掌握服装道具与队形图案在健美操表演中的应用，从而使学生具有策划、编排、组织健美操排练与表演的能力。通过该三级项目，培养学生组织管理能力、沟通协调能力，使学生具有协作合作精神、奉献精神、创新精神。

项目单元

1. 音乐编辑剪辑：要求至少将两首歌曲剪辑在一起，且风格协调、衔接流畅，可以适当增加音效，但要与所表达的主题相符，时间为 5 分钟～5 分 30 秒。

2. 操化动作创编：要求至少有 15 个 4×8 拍非重复性的操化动作，节奏清晰，并与音乐的风格相一致。

3. 队形创编：要求至少有 12 个队形或图案的变换，队形表达清晰，变换速度快，效果立竿见影，给观众强大的视觉冲击力。

4. 服装和道具的设计：要求服装和道具颜色鲜明，要能表现或衬托主题，并且要与音乐风格和表演风格协调一致。

5. 文案记录：音乐写清歌曲名称及剪辑时间区间，特效音名称；动作以简笔画或图片、视频形式记录；队形变换或图案以散点图形式记录；服装和道具以设计图形或图片式记录。

6. 排练计划：以表格形式列出排练计划，包括项目、时间、参与人数、道具、服装。

第一节　健美操启蒙

【案例导入】

视频播放：《kitty 健美操》

老师：刚才给大家播放的是 kitty 健美操视频，下面我们来谈一下你们对健美操的初步印象吧。

学生 A：我认为健美操应该是一种特殊的舞蹈，很动感，有激情，同时具有力量美感。

学生 B：我认为健美操应该是一种在音乐的伴奏下完成各种动作的运动形式，这种运动形式能够体现练习者的形体美和优雅的气质。

老师：非常好，大家说的都对。还有吗？

学生 C：动作简单易学，变化也很丰富。

老师：嗯！那你们喜欢健美操吗？

大家：喜欢！

学生 D：老师，跳健美操能减肥吗？

老师：当然，不仅能减肥，还可以增肥呢！不过要制订不同的练习计划。

学生 E：那快开始学习吧！

老师：别那么心急。在学习动作之前，我们有必要先来了解一下健美操的理论知识。

大家：好啊！那从哪里开始呢？

老师：就从健美操的起源开始吧！

一、健美操的起源

有氧健美操运动源于 20 世纪 70 年代末，英文原名“Aerobics”，意为“有氧运动”“健身健美操”。

20 世纪 80 年代初，美国著名的群众体育专家库珀博士致力于有氧体操的研究，并在

70 年代中期发表了《新有氧体操》《有氧体操有益大众》等著作，被人们誉为健美操之父。随后美国健身、影视明星简・方达根据自己的健身经验和体会以及高超技巧大大促进了有氧体操的普及，并于 1981 年编写出版了《简・方达健美术》一书，引起了全世界的轰动，并被译成 19 种文字，畅销 20 多个国家，发行了几百万册。这对健美操运动在全世界的发展起到了积极的作用。随后各国的健身俱乐部、健美中心应运而生，健美操自此风行世界。

80 年代初，世界性的健美操热传到我国，也立即引起各方关注。我国体育界人士不仅接受了欧美健美操的模式，而且把中国传统的气功、武术、民间舞蹈等与欧美健美操融为一体，创造具有中国特色的健美操。1982 年年底，上海电视台录制了娄琢玉的形体健美操，开辟了健美俱乐部栏目。1983 年，我国体操健将戚玉芳在北京等地教授健美操。1984 年，中央电视台播放了孙玉昆的女子健美操，随后又开辟了马华的 5 分钟健美操栏目。此外，北京体育学院为适应健美操的发展，成立了健美操研究组，创编了在全国得到广泛推行的"青年韵律操"等 6 套健美操。

健美操之所以为人们所青睐是因为它不仅有体育的魅力，而且具有艺术的感染力。那么真正的健美操运动是什么呢？实际上，它是一种在音乐的伴奏下，以操化动作练习为基本手段，以有氧运动为基础，以追求身心健康、塑造形体和娱乐为目的的体育运动项目。

二、健美操的特点

健美操是有氧运动的一种，它的特点是活动时间长、强度适中、能有效控制体重、能有效提高练习者各种身体素质。健美操运动对场地要求不高、四季都能开展，对人体的心肺功能、耐力水平都有很大的促进作用。目前，健美操运动场地正由室内转向室外，从而使得练习者能够在练习的过程中呼吸更多的氧气，从而也为练习者提供更大的练习空间，以吸引更多的人员参与。

此外，健美操还具备如下几项特点：

（1）练习者每周参加的锻炼不少于 3 次。

（2）练习者每次锻炼的时间要求不短于 30 分钟。

（3）练习者的心率保持在自己最大心率（220−年龄）的 70%～80%。

三、健美操的内容及分类

健美操也称大众健身操，是集健身、娱乐、预防疾病为一体的群众性、普及性健身运动。不同年龄的人都可以参加健身健美操的学习和锻炼。健美操是在有氧供能条件下进行的练习，它的练习时间较长，运动强度中等，并按照一定的顺序来锻炼身体的各个部位，对健身强体、减少脂肪有明显作用。健美操的音乐节奏适中，一般为每 10 秒钟 23 拍左右。

健美操可分为以下几类：

1. 按时尚程度

按时尚程度可分为一般性健美操和时尚性健美操。其中一般性健美操包括基础健美操、减肥健美操、形体健美操、休闲健美操等；时尚性健美操包括搏击健美操、拉丁健美操、街舞健美操、瑜伽健美操、普拉提健美操、平衡健美操等。

2. 按练习形式

依据练习形式不同，可将健美操分为徒手健美操和轻器械健美操。如一般性健美操和时尚性健美操大多数都属于徒手健美操，而踏板健美操、哑铃健美操、皮筋健美操、毛巾健美操等就属于轻器械健美操。

3. 按练习者的性别

根据练习者的性别特征，可将健美操分为女子健美操和男子健美操。女子健美操更注重锻炼女性柔美的线条与优雅的形态，而男子健美操更注重男性肌肉的锻炼及阳刚美的塑造。

4. 根据动作的内容特征

根据练习动作的内容特征，可将健美操分为形体健美操、姿态健美操、跑跳健美操和垫面健美操等。

【相关知识链接】

如何选择适合自己的健美操锻炼

健美操种类繁多，只要喜欢，任何一种健美操都可以成为你练习的途径。然而，为了保证锻炼效果，使锻炼能够长期、系统地坚持下去，你需要认真地思考，然后根据自己的实际情况量体裁衣，选择最适合自己身体状况的健美操种类进行练习，不要盲从。

首先，要考虑锻炼的可行性。要根据自身身体条件、经济条件选择参与锻炼的种类的可能，其中也要考虑场地、器械等条件，还有就是是否能够得到专业教练适时的指导。

其次，要考虑锻炼的针对性。要了解自身的需求，选择符合自身锻炼目的、适合本人身体实际情况的种类进行锻炼。

最后，要考虑锻炼的趣味性。无论选择哪种健美操进行锻炼，都要做到本人喜欢，而不是单纯考虑是否流行，要根据自身需要进行选择。

此外，如果你体质瘦弱，不适宜进行激烈的对抗性运动，那么你可以从一般性的健美操锻炼开始，每天坚持 30 分钟，逐渐增加至 50 分钟，会有意想不到的效果。

不同类型健美操对不同需求者适宜程度对照表，见表 10-1-1。

表 10-1-1 不同类型健美操对不同需求者适宜程度对照

练习者条件	一般性健美操	时尚性健美操	轻器械健美操
初练者	***	*	
有一定基础者	**	**	**
有良好水平者	*	**	**
欲增强肌力者	*	*	***
欲求减肥者	***	**	**
欲提高技术者		*	*
表演需要者	*	***	*

注：*代表适宜程度，***代表最适宜。

【课堂练习】

练习内容：区分健美操的类型。

练习方法：分别播放拉丁操、爵士操、搏击操视频，分组进行区分。

达成目标：能够分辨出各种健美操的类型。

【课后练习】

练习内容：尝试拉丁健美操的练习。

练习方法：去健身房或依托网络视频方式跟随练习。

达成目标：体会拉丁健美操的风格动作。

四、健美操基本动作

（一）健美操基本手型

健美操中的手型有多种，它是从爵士舞、芭蕾舞、西班牙舞、迪斯科、武术等手型中吸收和发展来的。手型的选用可以是手臂动作更加生动活泼。常见的手型有：并掌、开掌、花掌、立掌、拳，见图 10-1-1。

图 10-1-1 健美操基本手型

【课堂练习】

练习内容：各种手型模仿练习。

练习方法：根据教师指令，做出分掌、合掌和拳的动作。

达成目标：能够快速反应各手型动作。

【课后练习】

练习内容：自学其他健美操手型。

练习方法：通过书籍、视频、网络等途径搜寻有氧健身表演过程中的花掌、剑指的手型。

达成目标：学会健美操花掌和剑指的手型。

（二）健美操基本步法

健美操基本步法是健美操运动的最小单位，是健美操练习的一个重要部分。通过基本步法的练习，能培养练习者的协调性和韵律感。

健美操基本步法根据人体运动时对地面的冲击力大小分为低冲击步法、高冲击步法和无冲击步法。各种基本步法的特点，见表 10-1-2。

表 10-1-2 各种基本步法的特点

基本步法	分类	动作描述	常用步法
低冲击步法	踏步类 March	此类动作是两脚依次抬离地面，在下落时膝关节、踝关节有弹性地缓冲	（1）踏步 March （2）一字步 Easy walk （3）V 字步 V-step （4）曼步 Mambo （5）走步 Walk
	点地类 Touch step or tap together	此类动作是两脚有弹性地屈伸，点地时，主力腿稍屈，另一腿伸直（脚尖或脚跟点地）	（1）脚尖前点 Tap forward （2）脚跟前点 Heel （3）脚尖侧点 Tap said （4）脚尖后点 Tap back

基本步法	分类	动作描述	常用步法
低冲击步法	迈步类 Step or step together	此类动作是指一脚先迈出一步，同时移动身体重心，另一脚点地、并步或抬起	（1）并步 Step touch （2）迈步吸腿 Step knee （3）迈步屈腿 Step curl （4）后交叉步　Grapevine
	单脚抬起类 Lift step or lift together	此类动作是支撑腿有控制地稍屈膝弹动，另一腿各种形式抬起，同时收腹、立腰	（1）吸腿 Knee lift （2）踢腿　Kick （3）弹踢 Flick （4）后屈腿 Leg curl
高冲击步法	迈步起跳类　Step jump （Hop）　or Scoop	此类动作是指一脚迈出，重心移动，跳起，单脚或双脚落地	（1）并步跳 Step jump （2）迈步吸腿跳 Step knee jump （3）迈步后屈腿跳 Step curl jump
	双脚起跳类 Jumping or jumping jack	此类动作是指双脚起跳、双脚落地	（1）并腿纵跳　Jump （2）开合跳 Jumping jack （3）弓步跳 Lunge jump
	单腿起跳类 Lift jump or leap	此类动作是指先抬起一腿、另一腿跳起	（1）吸腿跳　Knee lift jump （2）弹踢腿跳 Flick jump （3）摆腿跳 Leg lift jump
	后踢腿跑类 Jogging	此类动作是指两腿依次蹬地离开地面，轻快跑跳	（1）后踢腿跑 Jogging （2）侧并小跳（小马跳）　Pony
无冲击步法		此类动作是指两腿始终接触地面	（1）弹动　Spring （2）提踵　Calf raise

【课堂练习】

练习内容：练习踏步、并步、后交叉步、吸腿、V 字步、后屈腿、开合跳弹踢腿等各种步法。

练习方法：根据老师示范的动作进行模仿。

达成目标：掌握动作方法及要领。

【课后练习】

练习内容：将弹动、踏步、并步、后交叉步、吸腿、V 字步、后屈腿、开合跳、弹踢腿等步法串联。

练习方法：自选音乐，将以上无冲击、低冲击和高冲击步法串联。

达成目标：能够将多种步法串联形成组合。

（三）健美操上肢动作

健美操上肢动作由举、屈、提拉、推及振等动作组成。

1. 举

动作描述：此类动作指以肩为轴，臂的活动范围不超过 180º 而停止在某一部位。

常用动作：

（1）单臂前平举、侧平举、侧上举、侧下举。

（2）双臂前平举、侧平举、侧上举、侧下举。

2. 屈

动作描述：此类动作指肘关节产生一定的弯曲角度。

常用动作：胸前平屈、肩侧屈、肩侧立屈、胸前屈、胸前立屈、腰间屈。

3. **提拉**

动作描述：此类动作指臂由下向上的运动。

常用动作：直臂提拉、屈臂提拉。

4. **推**

动作描述：此类动作是指手掌由肩侧推向某位置。

常用动作：前推、上推。

5. **振**

动作描述：此类动作指以肩关节为轴，手臂用力摆至最大幅度。

常用动作：上举后振、下举后振、侧举后振。

【课堂练习】

练习内容：练习单臂前平举、胸前平屈、直臂提拉、上举后振等各种上肢动作。

练习方法：根据老师示范的动作进行模仿。

达成目标：掌握各种上肢动作的方法及要领。

【课后练习】

练习内容：将上肢、下肢动作组合练习。

练习方法：将上肢的胸前平屈、双臂上举和双臂侧平举动作与脚下后交叉步法进行组合。

达成目标：能够将上肢、下肢动作协调组合。

【拓展练习】

通过图书馆、多媒体资料或网络等途径查阅肱二头肌、三角肌、斜方肌所处身体哪个部位？如何练习？

（四）健美操躯干动作

健美操运动中，躯干主要起到连接、保护和固定作用。躯干部位的动作通常是为了发展和平衡躯干前后的肌肉，以防止由于力量不足造成机体受到损伤或形成不良形态。

（1）胸部动作，包括含胸、挺胸、移胸等动作。

含胸：指两肩内合，缩小胸腔。

挺胸：指两肩外展，扩大胸腔。

移胸：指髋部固定，做胸部左、右的水平移动。

（2）腰部动作，由屈、转、绕和绕环动作组成。

屈：指下肢不动，上体沿矢状轴和水平轴的运动，包括前屈、后屈、左右侧屈。

转：指下肢不动，上体沿垂直轴的扭转，包括左转、右转。

绕：指下肢不动，上体沿垂直轴做弧形运动，包括左绕、右绕。

绕环：指下肢不动，上体沿垂直轴做圆形运动，包括左绕环和右绕环。

要求：身体远端尽力向外延伸，绕环幅度要大、充分而连贯。

（3）髋部动作，由顶髋、提髋、绕髋和髋绕环动作组成。

顶髋：指髋关节做急速的水平移动，包括左顶、右顶、前顶、后顶。

提髋：指髋关节急速向一侧上提的动作，包括左提、右提。

绕髋：指髋关节做弧形移动，包括左绕和右绕。

髋绕环：指髋关节做圆形移动，包括左绕环和右绕环。

要求：髋关节做顶、提、绕和绕环时应平稳、柔和、协调，稍带弹性。

【课堂练习】

练习内容：练习含胸、展胸、移胸与髋的前顶、后顶、左顶、右顶等各种躯干动作。

练习方法：根据老师示范的动作进行模仿。

达成目标：掌握各种躯干动作的方法及要领。

【课后练习】

练习内容：双臂侧平举动作、并步步法、躯干胸绕环等动作进行复合练习。

练习方法：自行编排与练习。

达成目标：能够将上肢、下肢与躯干动作协调组合。

【拓展练习】

通过图书馆、多媒体资料或网络等途径查阅怎样利用躯干动作进行腰腹部减肥。

【相关知识链接】

健美操锻炼的自我监督

一、建立健康档案

一旦决定进行健美操锻炼，应该在练习前保存一份自己身体原始状态的记录，以便建立个人健康档案。为了便于在锻炼过程中进行对比，只需要你做以下几项简单的测量：称体重，并记住第一次的时间、地点、衣着情况，以后尽量保证每次称重时的条件与第一次一致；量围度：身体呈放松状态，用软尺量好上臂围、胸围、腰围、臀围、大腿和小腿的围度；照镜子：记录全身肌肉松弛度和体型情况。

以上测量出的数据要做好记录，包括测量的日期。开始锻炼后，要按照以上的方法进行定期测量，间隔时间由自己决定，不过要坚持并做好记录，对照一下就会发现身体变化的某些规律。

二、进行自我观察

在进行健美操练习时，对自己的身体健康情况和功能状况，应经常进行自我观察。这不但有助于科学地保证练习者的健康和健美，而且有助于自我评定运动负荷的大小是否合理，它包括自我感觉和自我监测两个方面。

1. 自我感觉

在健美操练习中，练习者自身的生理状态变化，可以作为对负荷大小判断的依据。

（1）一般感觉。这是人体功能状况，尤其是中枢神经系统功能状况的反应。身体健康的人总是精力充沛、活泼愉快，但在患病或练习过度时，人就会感到精神萎靡不振、软弱无力、倦怠或容易激动等。

（2）练习心情。练习心情与精神状况是密切相关的，一个心情愉快、乐意参加练习的人，若出现对练习不感兴趣、冷淡或厌倦的情绪，则可能是练习方法不当或疲劳过度。

（3）不良感觉。健康状况不良或运动量过大，会有头痛、头晕、恶心、气喘、胸痛或其他部位疼痛的症状。

（4）睡眠。经常参加练习的人睡眠应该是良好的，表现为入睡快、睡得熟，少梦或无梦，睡后精神抖擞、精力充沛。如出现失眠、多梦或嗜睡、次日清晨精神不振等情况，则可能是运动量过大。

（5）食欲。经常参加练习的人，一般食欲较好。如果在正常进食时间内，出现食欲减退、口渴等现象，一般与练习量过大或健康状况不良有关。

（6）排汗量。发汗是人体体表散热的一种方式。运动时人体排汗量的多少常与运动量、训练水平、饮水量、气温、湿度、风速及衣着有关。当外界条件及运动量适宜时，若出现大量排汗，甚至发生夜间盗汗等反常现象，则可能是近期运动量过大或身体功能状况不良、健康状况下降的表现。

（7）疲劳。练习健美操，经常会听到“太累”“做不动了”“没劲了”等抱怨，这是身体的运动性疲劳现象。我们可以根据疲劳程度的外部表现来检验自身运动的适宜程度。如果是轻度疲劳，可继续练习；如果是中度疲劳，要适当减少运动量；如果是非常疲劳，则要完全停止练习一段时间，必要时要请医生治疗。

2. 自我监测

在健美操练习中，心率和体重是监测人体机能状况的客观而又简便的两项指标。

（1）心率。心率与参加健美操锻炼者的训练水平有关。经常参加健美操锻炼的人，安静时心率较慢，间断地或很少参加健美操锻炼的人心率较快。在训练水平提高或下降时，心率是评定自身的运动量是否适宜的标准。

（2）体重。参加系统的健美操锻炼后，体重变化情况可分为三个阶段：在第一阶段，体重呈逐渐下降的趋势，这是由于机体失去过多的水分和脂肪的结果。这个阶段一般持续3~4周，在此阶段内，体重一般下降2~4千克，体形较胖或练习之前运动较少者，体重下降的幅度还要大些。进入第二阶段时，体重增减稳定。在此期间，运动后减轻的体重在逐渐恢复。这个阶段将持续5~6周以上。进入第三阶段，肌肉等组织逐渐发达，体重有所增加，并保持在一定水平基础上，体形逐渐显得匀称、线条明显。

在进行自我监测时，每周可测量1~2次，每次测量应在一天的同一个时间，最好是早晨进行。若条件允许，应做到空腹，排空大小便，并减去服装的重量。如果出现其他异常现象，可能是过度疲劳或患有慢性消耗性疾病，应查明原因。

三、跳好健美操的注意事项

1. 注意动作的规范性

动作的规范性建立在动作的标准性上，因此，练习时肢体的位置、方向及运动的路线一定要准确。注意动作的速度、肌肉力度和动作幅度，使肌肉充分拉长与收缩这样才能达到动作的整体效果。

2. 注意动作的弹性

动作富有弹性是健美操的特点之一，动作的弹性所涉及的身体部位很多，因此练习时要注意肌肉的收缩与放松要有控制，使动作富有弹性、节奏均匀，避免动作过分僵硬和关节的过度伸展。

3. 注意动作的节奏感

掌握好动作节奏对健美操练习非常重要。练习者要想表演好较好的动作，必须具有一定的肌肉控制能力、音乐节奏以及动作的完成能力。因此在练习时，要重视开发、训练学员的动作的节奏感，使学员在听懂音乐节奏的基础上慢慢掌握动作的节奏感。

【思考与练习】

（1）简述健美操的概念。

（2）进行健美操练习时应怎样进行自我检测？

（3）怎样区分健美操中高冲击步法、低冲击步法和无冲击步法？

（4）后交叉步组合衔接吸腿组合时身体重心应在哪里？

第二节　健美操套路

【案例导入】

游戏名称：搭桥

组织：将学生分为人数均等的小组，排成一路纵队，在地面设定起点和终点，间距为15米，从自己身上选择一样物品，将起点和终点连接起来，连接完成，用时最短者为胜。

要求：每次每人只准用一样物品，一轮次无法完成，可以循环进行。由输的小组各自派一名代表总结输的原因。

老师：通过刚刚的游戏结果，我们看到了这个桥搭的是五花八门，风格各异。其实这主要是取决于我们搭桥所使用的物品。有的小组用的全部是鞋子，整齐的连接就显得桥搭建得很稳固，有的小组使用的是千奇百怪的物品，如眼镜、手表、外套、甚至是袜子等，这样一来这座桥就具有别样的风格。其实，我们选择搭桥元素的过程就好比我们选择健美操套路风格是一样的，不同的元素成就了不同的风格。但归根结底还是要有搭桥的元素，单一的元素使得桥看起来虽不具特色，但仍然是一座稳固的桥。这单一的元素搭成的桥就好比我们要学习的基础健美操的套路，虽没有更多的特点，却也是学习其他风格健美操的必经之路。现在，就让我们开始吧！

一、基础健美操

1. 基础健美操的特点和功能

基础健美操是以基本步法为主要内容，配合简单手臂动作进行的。其特点是简单易学，容易掌握。它具有增强练习者的协调性、提高练习者的力度感的功效。

2. 基础健美操动作组合

第一组动作（见图10-2-1）

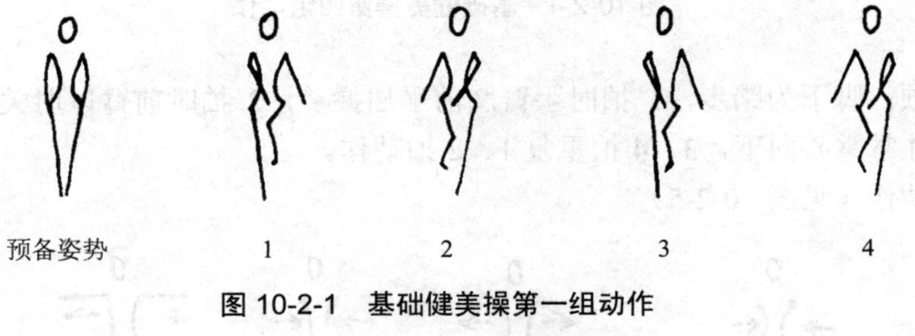

图10-2-1　基础健美操第一组动作

预备姿势：两脚并立，两臂自然放体侧。

动作要领：踏步，两臂自然摆动。

第二组动作（见图10-2-2）

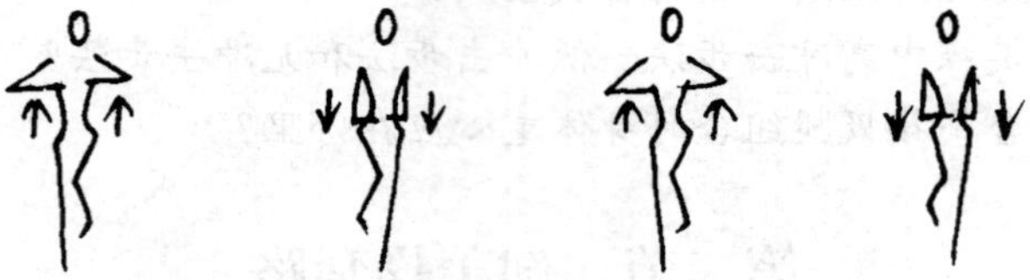

1 2 3 4

图 10-2-2 基础健美操第二组动作

动作要领：脚下为踏步，1 拍时手臂胸前平屈握拳，2 拍时手臂并掌下按，3、4 拍重复 1、2 拍动作。

第三组动作（见图 10-2-3）

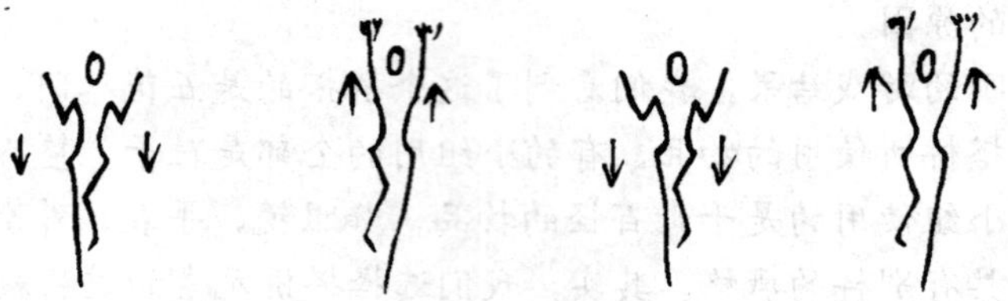

1 2 3 4

图 10-2-3 基础健美操第三组动作

动作要领：脚下为踏步，1 拍时肩侧屈握拳，2 拍时手臂分掌上举，3、4 拍重复 1、2 拍动作。

第四组动作（见图 10-2-4）

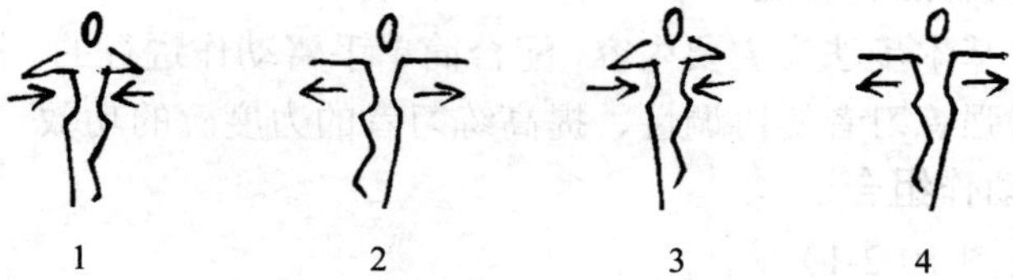

1 2 3 4

图 10-2-4 基础健美操第四组动作

动作要领：脚下为踏步，1 拍时手臂胸前平屈握拳，2 拍时前臂以肘关节为轴侧打开至侧平举，并掌掌心向下，3、4 拍重复 1、2 拍动作。

第五组动作（见图 10-2-5）

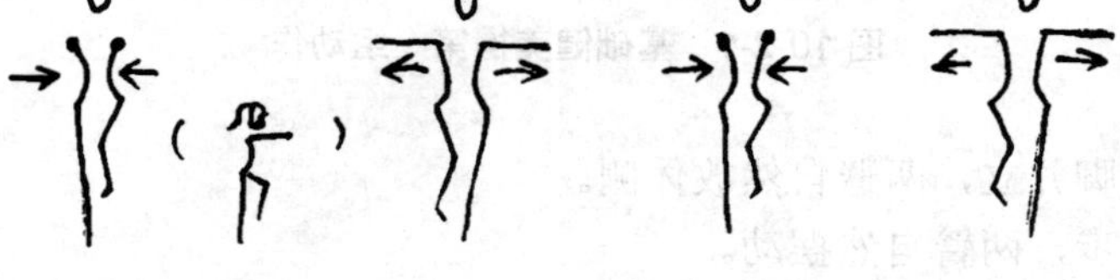

1 2 3 4

图 10-2-5 基础健美操第五组动作

动作要领：脚下为踏步。1 拍时双手臂前平举，并掌掌心向下，2 拍时双手臂打开至侧平举，3、4 拍重复 1、2 拍动作。

第六组动作（见图 10-2-6）

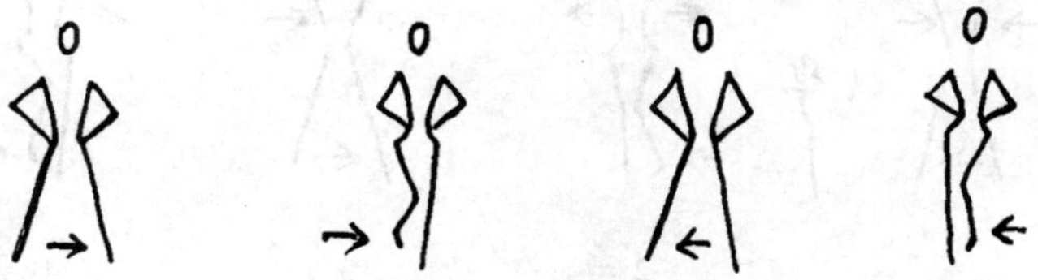

1 2 3 4

图 10-2-6 基础健美操第六组动作

动作要领：脚下为侧点步，左右各一，双手叉腰。

第七组动作（见图 10-2-7）

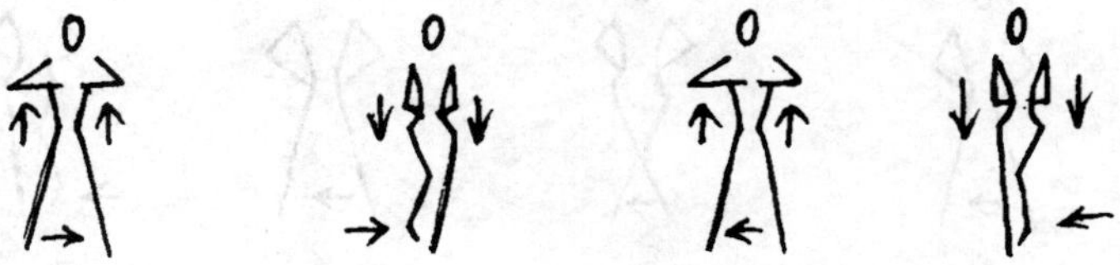

1 2 3 4

图 10-2-7 基础健美操第七组动作

动作要领：脚下为侧点步，左右各一，手臂动作同第二组动作。

第八组动作（见图 10-2-8）

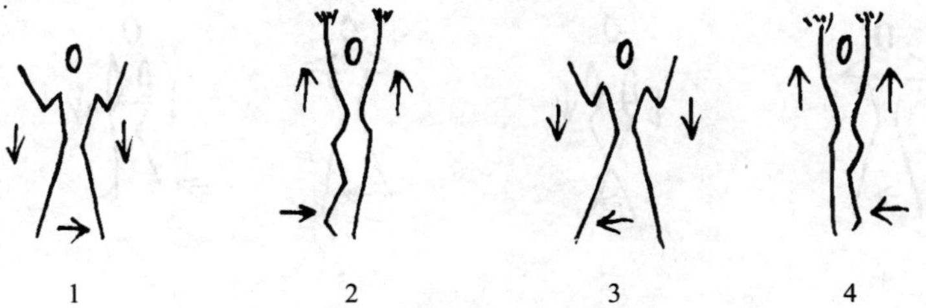

1 2 3 4

图 10-2-8 基础健美操第八组动作

动作要领：脚下为侧点步，左右各一，手臂动作同第三组动作。

第九组动作（见图 10-2-9）

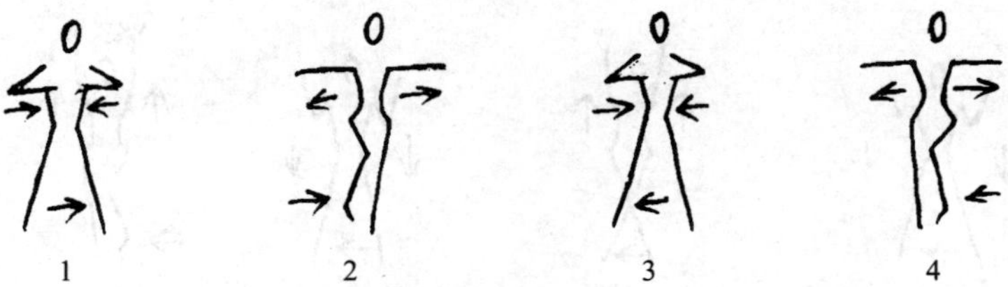

1 2 3 4

图 10-2-9 基础健美操第九组动作

动作要领：脚下为侧点步，左右各一，手臂动作同第四组动作。

第十组动作（见图 10-2-10）

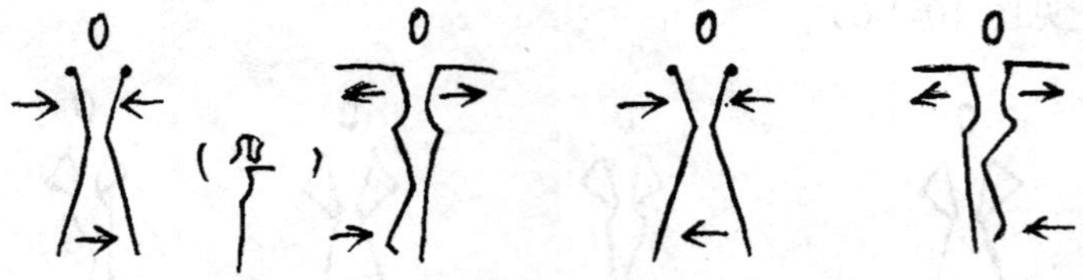

1 2 3 4

图 10-2-10　基础健美操第十组动作

动作要领：脚下为侧点步，左右各一，手臂动作同第五组动作。

第十一组动作（见图 10-2-11）

1 2 3 4

图 10-2-11　基础健美操第十一组动作

动作要领：脚下为后交叉步，双手叉腰。

第十二组动作（见图 10-2-12）

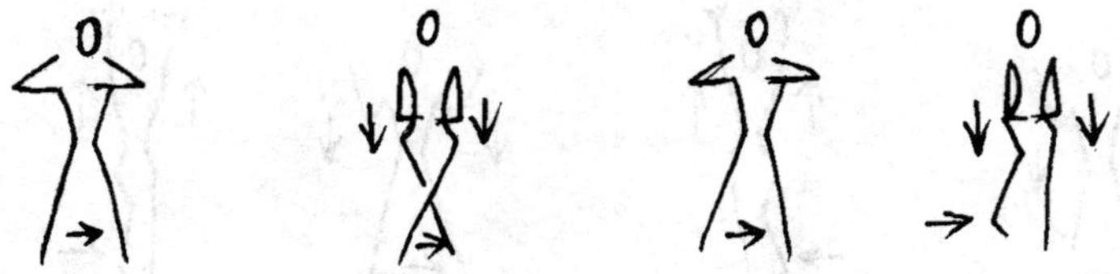

1 2 3 4

图 10-2-12　基础健美操第十二组动作

动作要领：脚下为后交叉步，左右各一，手臂动作同第七组动作。

第十三组动作（见图 10-2-13）

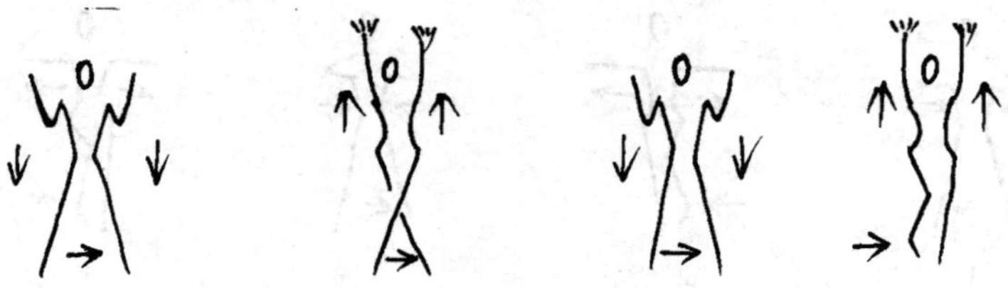

1 2 3 4

图 10-2-13　基础健美操第十三组动作

动作要领：脚下为后交叉步，左右各一，手臂动作同第八组动作。

第十四组动作（见图 10-2-14）

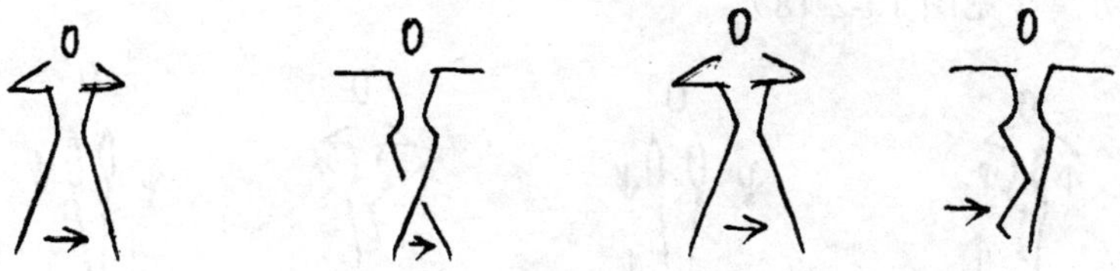

1 2 3 4

图 10-2-14 基础健美操第十四组动作

动作要领：脚下为后交叉步，左右各一，手臂动作同第九组动作。

第十五组动作（见图 10-2-15）

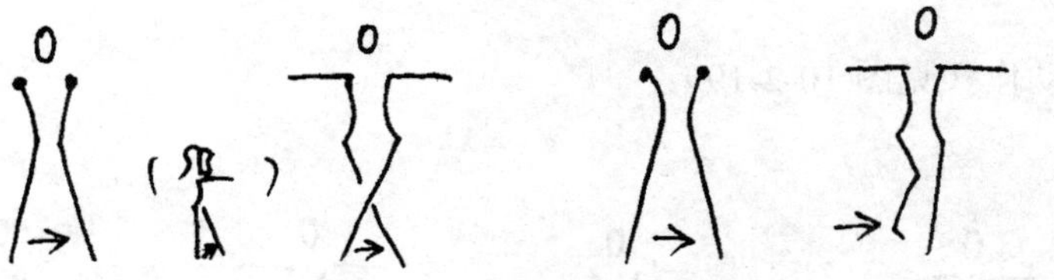

1 2 3 4

图 10-2-15 基础健美操第十五组动作

动作要领：脚下为后交叉步，左右各一，手臂动作同第十组动作。

第十六组动作（见图 10-2-16）

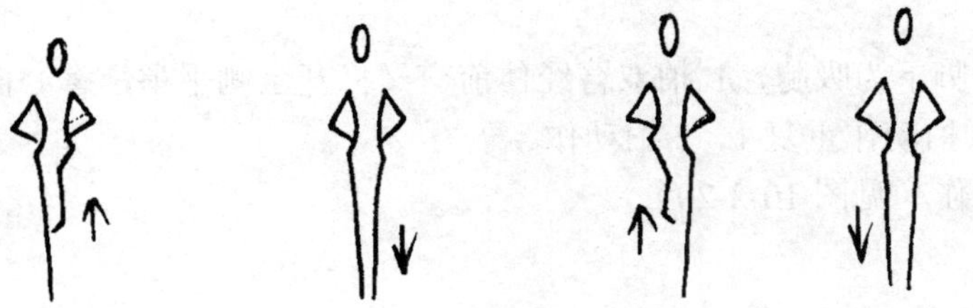

1 2 3 4

图 10-2-16 基础健美操第十六组动作

动作要领：脚下为吸腿，双手叉腰。

第十七组动作（见图 10-2-17）

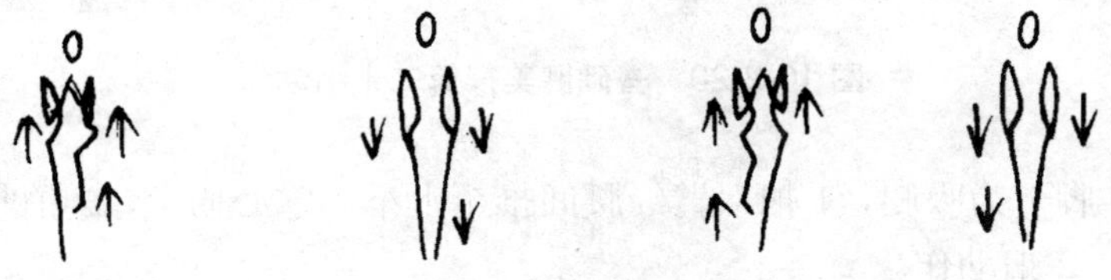

1 2 3 4

图 10-2-17 基础健美操第十七组动作

动作要领：脚下为吸腿，1 拍双臂腹前屈肘，拳心向内，2 拍还原，3、4 拍动作重复 1、2 拍动作。

第十八组动作（见图 10-2-18）

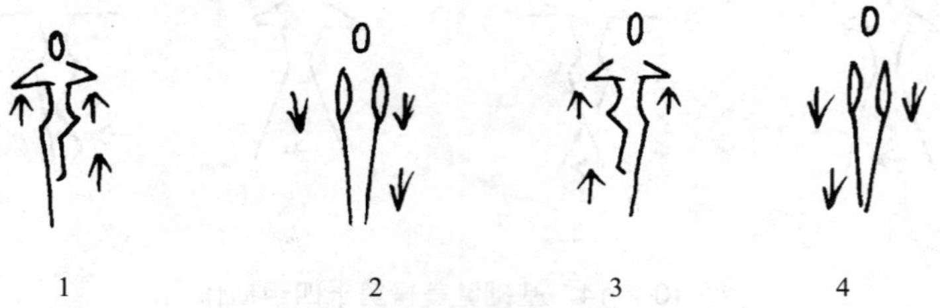

图 10-2-18 基础健美操第十八组动作

动作要领：脚下为吸腿，1 拍双臂胸前平屈，拳心向下，2 拍还原，3、4 拍动作重复 1、2 拍动作。

第十九组动作（见图 10-2-19）

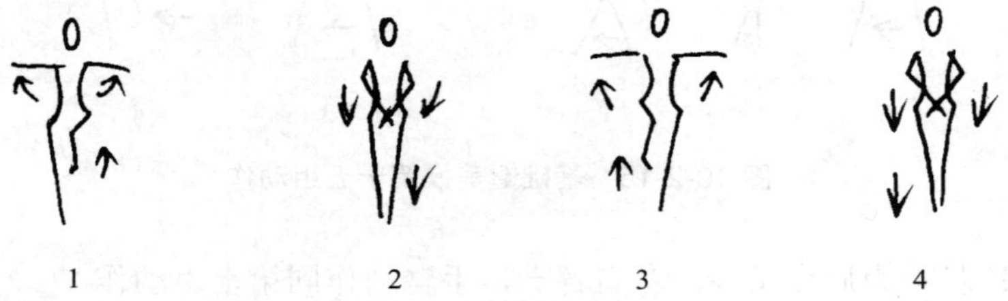

图 10-2-19 基础健美操第十九组动作

动作要领：脚下为吸腿，1 拍双臂经体前交叉打开至侧平举，拳心向下，2 拍还原至体前交叉，3、4 拍动作重复 1、2 拍动作。

第二十组动作（见图 10-2-20）

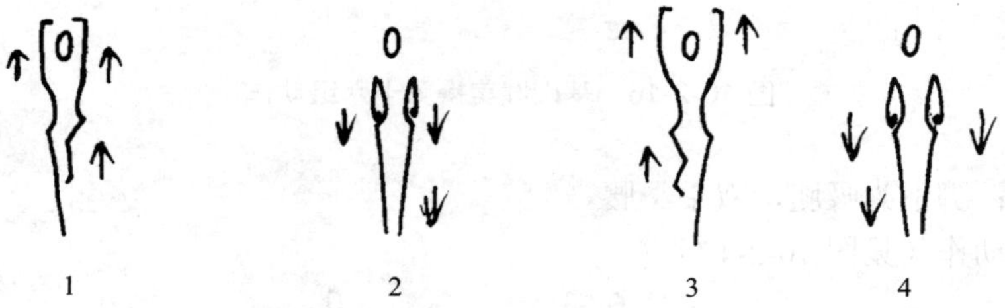

图 10-2-20 基础健美操第二十组动作

动作要领：脚下为吸腿，1 拍双臂经腰间推至上举，掌心向上，2 拍收回至腰间，3、4 拍动作重复 1、2 拍动作。

第二十一组动作（见图 10-2-21）

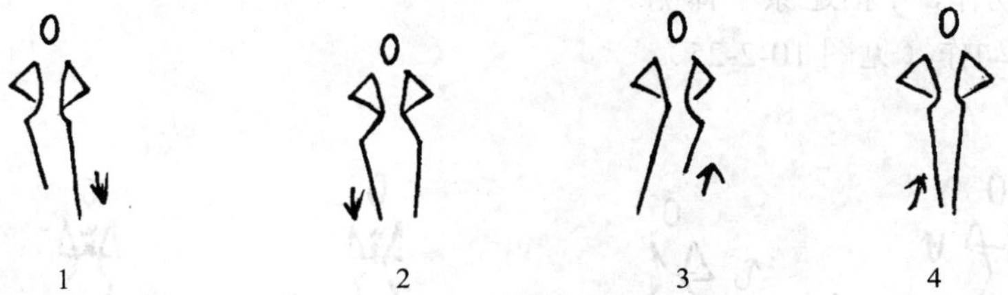

图 10-2-21　基础健美操第二十一组动作

动作要领：脚下为 V 字步，双手叉腰。

第二十二组动作（见图 10-2-22）

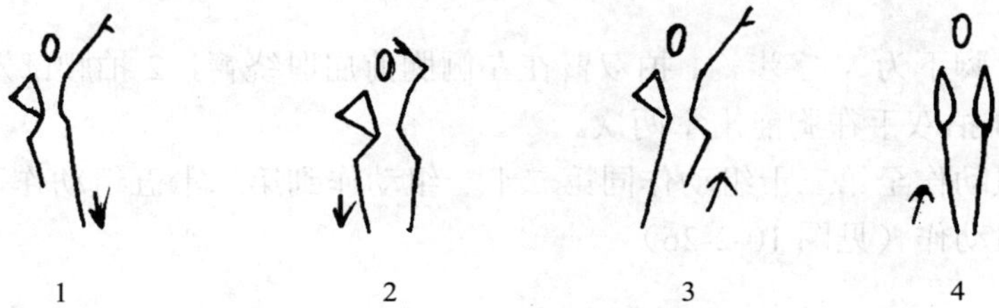

图 10-2-22　基础健美操第二十二组动作

动作要领：脚下为 V 字步。1 拍左臂经肩上打开至斜上举，2 拍屈肘成左侧敬礼姿势，3 拍动作重复 1 拍动作，4 拍还原至体侧。

第二十三组动作（见图 10-2-23）

图 10-2-23　基础健美操第二十三组动作

动作要领：脚下为 V 字步，1 拍双臂左前方交叠，左手上、右手下，2 拍腰部发力将双臂拉至右侧，3 拍动作同 1 拍动作，4 拍还原至体侧。

第二十四组动作（见图 10-2-24）

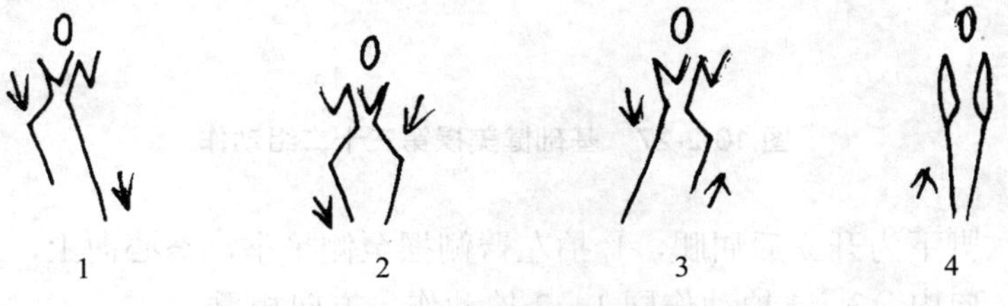

图 10-2-24　基础健美操第二十四组动作

动作要领：脚下为 V 字步，1 拍双臂在左侧胸前立屈，2 拍腰部发力将双臂拉至右侧，3 拍动作同 1 拍动作，4 拍还原至体侧。

第二十五组动作（见图 10-2-25）

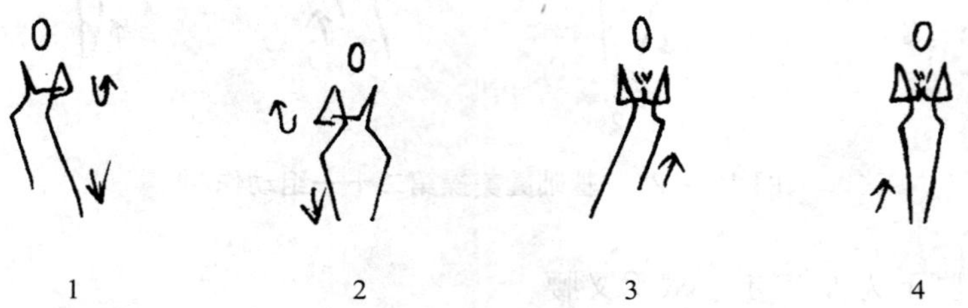

图 10-2-25 基础健美操第二十五组动作

动作要领：脚下为 V 字步，1 拍双臂在左侧胸前屈肘绕臂，2 拍腰部发力将双臂拉至右侧绕臂，3、4 拍双手在胸前击掌两次。

第二十六组动作至第三十组动作同第二十一组动作到第二十五组动作，方向相反。

第三十一组动作（见图 10-2-26）

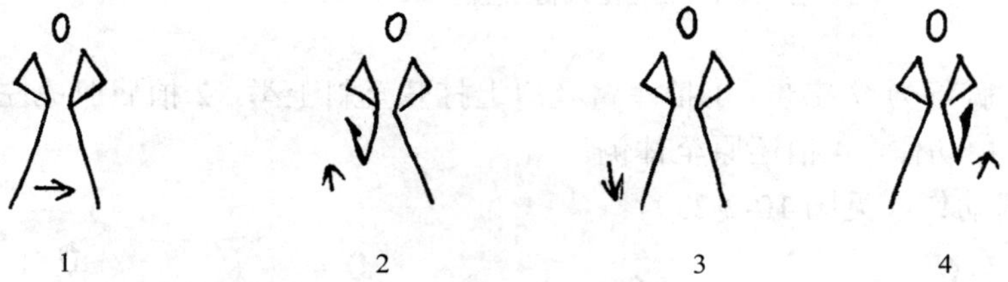

图 10-2-26 基础健美操第三十一组动作

动作要领：脚下为开立后屈腿，双手叉腰。

第三十二组动作（见图 10-2-27）

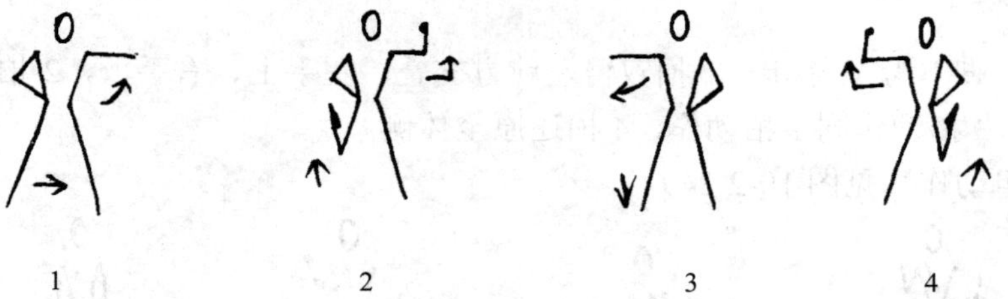

图 10-2-27 基础健美操第三十二组动作

动作要领：脚下为开立后屈腿，1 拍左臂侧摆至侧平举，拳心向上，2 拍左臂屈肘成肩侧立屈，拳心向内，3、4 拍动作同 1、2 拍动作，方向相反。

第三十三组动作（见图 10-2-28）

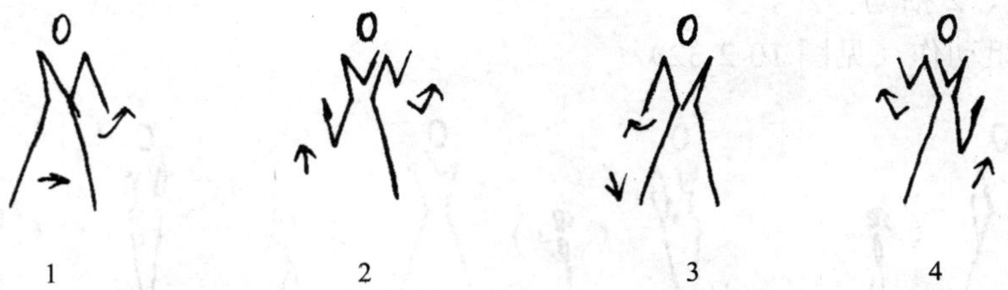

图 10-2-28　基础健美操第三十三组动作

动作要领：脚下为开立后屈腿，1 拍双臂经腹前向左侧摆，双手成拳，2 拍左臂肩侧立屈，拳心向内，右臂腹前屈肘，拳心向上，3、4 拍动作重复 1、2 拍动作，方向相反。

第三十四组动作（见图 10-2-29）

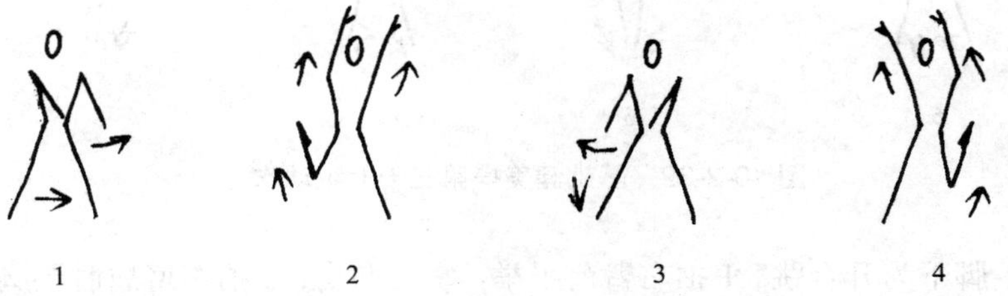

图 10-2-29　基础健美操第三十四组动作

动作要领：脚下为开立后屈腿，1 拍双臂经腹前向左侧摆，双手成拳，2 拍双臂摆至上举，双手掌心相对，3、4 拍动作重复 1、2 拍动作，方向相反。

第三十五组动作（见图 10-2-30）

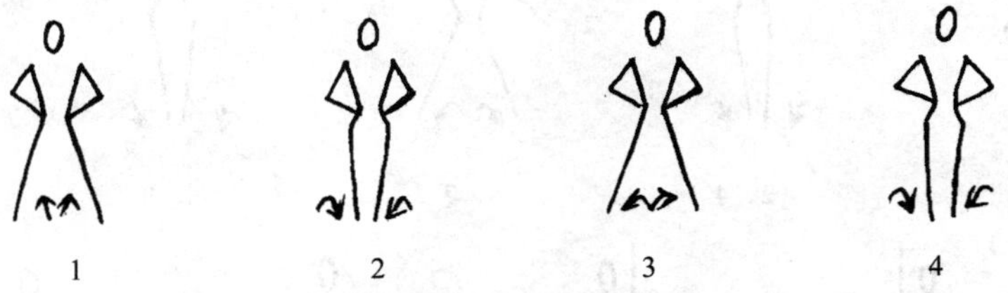

图 10-2-30　基础健美操第三十五组动作

动作要领：脚下为开合跳，双手叉腰。

第三十六组动作（见图 10-2-31）

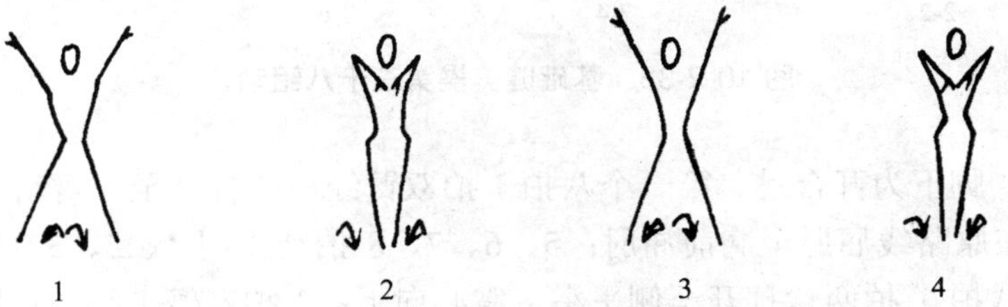

图 10-2-31　基础健美操第三十六组动作

动作要领：脚下为开合跳，1 拍双臂经肩上打开至斜上举，2 拍双臂屈肘至胸前屈，3、4 拍动作重复 1、2 拍动作。

第三十七组动作（见图 10-2-32）

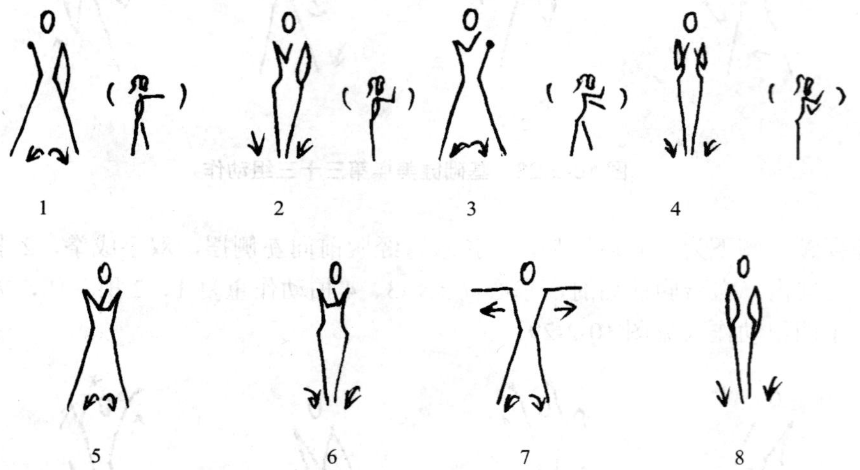

图 10-2-32　基础健美操第三十七组动作

动作要领：脚下为开合跳。1 拍右臂前平举，掌心向内；2 拍右臂屈肘至胸前立屈；3、4 拍动作重复 1、2 拍动作，换左臂进行；5 拍左臂以肘关节为轴前臂向下摆动成胸前平屈，左手指尖贴右肘；6 拍左右交换；7 拍两臂打开至侧平举；8 拍还原至体侧。

第三十八组动作（见图 10-2-33）

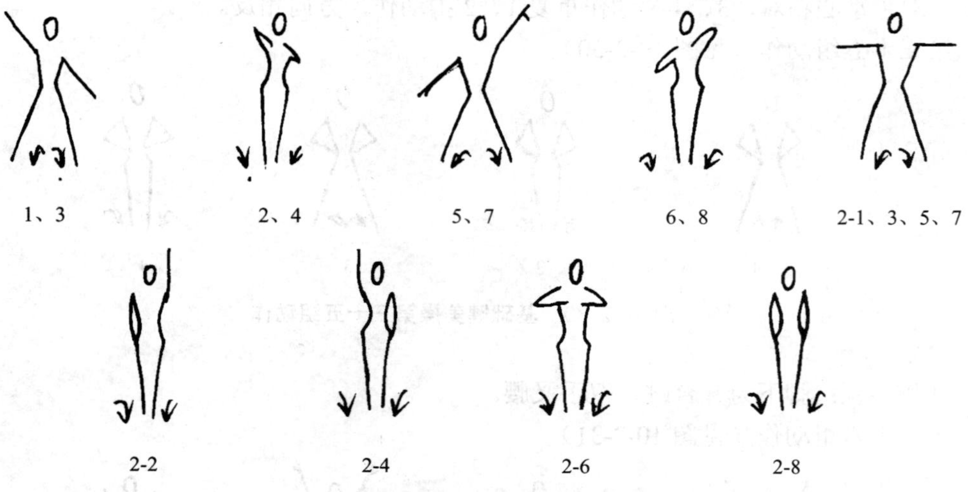

图 10-2-33　基础健美操第三十八组动作

动作要领：脚下为开合跳。第一个八拍 1 拍双臂经肩侧打开至左臂斜下举、右臂斜上举；2 拍双臂在原路线屈肘至胸前屈肘；5、6、7、8 拍动作同 1、2、3、4 拍动作，方向相反。第二个八拍 1 拍两臂打开至侧平举，掌心向下；2 拍左臂上举，右臂下举；3 拍动作重复 1 拍动作；4 拍动作重复 2 拍动作但方向相反；5 拍动作重复 1 拍动作；6 拍双臂胸前平屈，掌心向下；7 拍动作重复 1 拍动作；8 拍双臂还原至体侧。

第三十九组动作（见图 10-2-34）

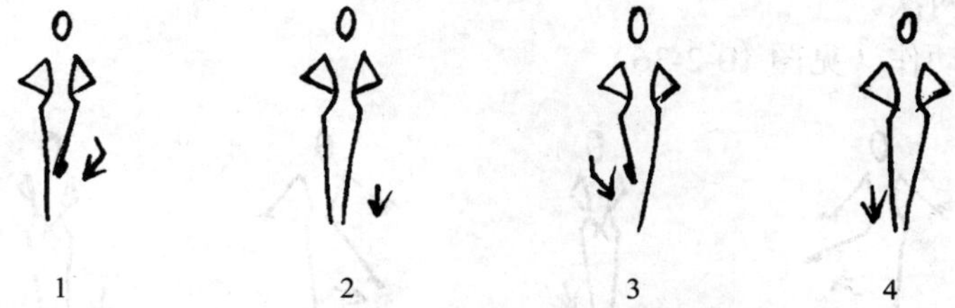

图 10-2-34 基础健美操第三十九组动作

动作要领：脚下为弹踢腿跳；双手叉腰。

第四十组动作（见图 10-2-35）

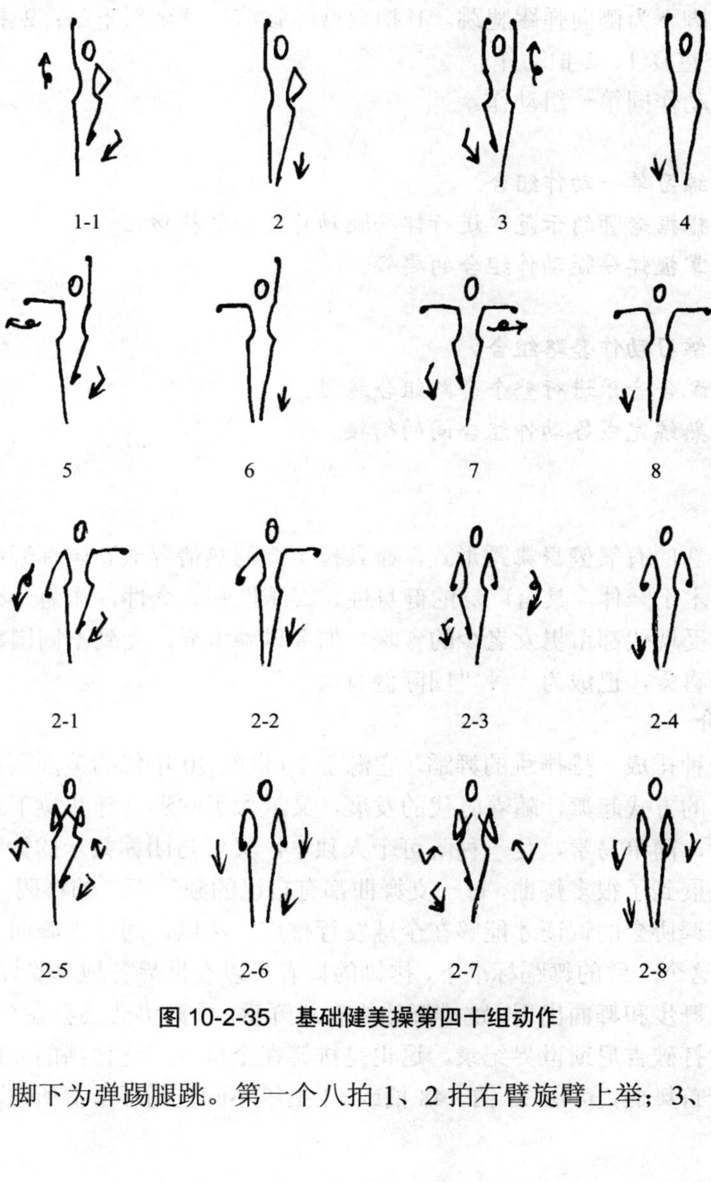

图 10-2-35 基础健美操第四十组动作

动作要领：脚下为弹踢腿跳。第一个八拍 1、2 拍右臂旋臂上举；3、4 拍右臂不动，左臂旋臂上举；5、6 拍左臂不动，右臂旋臂至侧平举；7、8 拍右臂不动左臂旋臂至侧平举。第二个八拍 1、2 拍右臂旋臂斜下举；3、4 拍右臂不动左臂旋臂斜下举；5、6、7、8 拍双臂腹前屈肘两次。

第四十一组动作（见图 10-2-36）

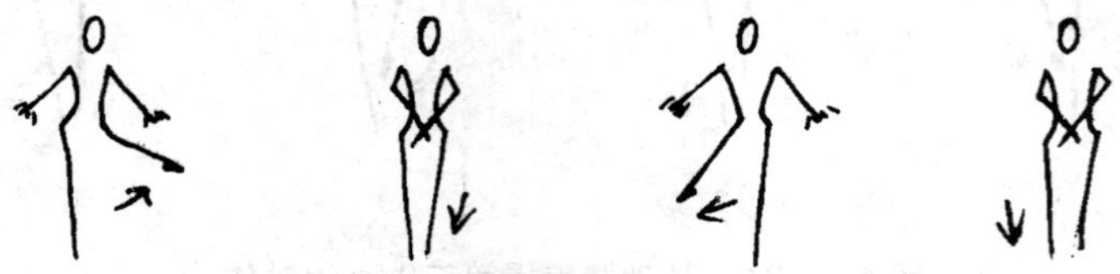

1 2 3 4

图 10-2-36 基础健美操第四十一组动作

动作要领：脚下为侧向弹踢腿跳。1 拍双臂经腹前打开至斜下举；2 拍双臂交叉至腹前；3、4 拍动作重复 1、2 拍动作。

第四十二组动作同第一组动作。

【课堂练习】

练习内容：练习单一动作组合。

练习方法：根据老师的示范，进行弹踢腿动作组合的模仿。

达成目标：掌握弹踢腿动作组合的要领。

【课后练习】

练习内容：练习动作套路组合。

练习方法：配合音乐进行整个套路组合练习。

达成目标：熟练完成各动作组合间的衔接。

二、排舞

排舞是一种新的有氧健身舞蹈形式，兼具拉丁舞的热情奔放和国标舞的优雅舞姿，集舞蹈、体育、艺术于一体，具有广泛的健身性、娱乐性和大众性，作为一种国际性的健身运动，正越来越受现代都市男女老少的青睐。如今风靡世界，受到不同国籍、性别及年龄的人们的参与和喜爱，已成为一种“国际健身语言”。

1. 排舞简介

排舞就是一种排成一排排跳的舞蹈，它源于 20 世纪 70 年代的美国西部乡村舞曲。起先用吉他和拍手的方式起舞，随着时代的发展，又融入了欧洲宫廷和拉丁式的舞步，舞步多元，风格创新，简单易学，是一种既可个人独享，又可与团体共乐的舞蹈。

排舞已经发展到了很多舞曲，每一支舞曲都有自己的独一无二的舞码。新舞曲的编制，必须经过国际排舞协会的认证才能够在全球发行推广。所以，同一支舞曲，全世界的跳法都是统一的。在这个一致的舞蹈标准下，排舞的舞者可以在世界各地享受以舞会友的乐趣。由于不断有新的舞步和舞曲出现，跳排舞始终有新鲜感。排舞协会还会在全世界举行比赛，参加的人数经常打破吉尼斯世界纪录。这也是排舞在全世界广泛传播的原因之一。

排舞的每一首舞曲，可由 32 拍、48 拍或 64 拍等不同的循环节奏所组成。所以每首曲子的舞步也随着特定的循环节奏而重复。另外，每首排舞的基本跳法规律还分为 2 个朝向和 4 个朝向交替旋转。排舞更融合了很多社交舞的舞步，如恰恰、伦巴、曼波、牛仔和摇滚等。在如此多重的舞蹈元素组合与变化之下，排舞有简单的，也有复杂高难度的，让舞者能跳出自己的个人风格，完全属于自己的诠释，更增添排舞吸引人的魅力。

作为一个新引进中国的舞蹈运动项目，学跳排舞不但可以从中学到优雅的姿势，还可以放松心情，舒缓紧张的情绪，并且轻松达到健身减肥的效果，让生活更加健康美好。

2. 排舞的特点

排舞具有全世界统一的舞步和舞曲。此外，它还具有以下几大特点：

（1）具有流行性质、全世界比较好听、比较流行的歌曲几乎都被编成排舞。

（2）舞步有难有易排舞的难度分为 Beginner（初学）、intermediate（中级）、Advanced（高级）等。

（3）舞曲风格各异，全世界各国的排舞专家都在编舞，使得排舞丰富多彩。

（4）表现形式多样，自娱自乐、健身、表演、比赛均可。

（5）排舞的练习无须基础，简单易学，老少皆宜。

3. 排舞的健身价值

（1）健体价值

经常进行排舞练习，心血管和呼吸系统都能得到良好的锻炼，改善心肺功能，加速新陈代谢过程，促进消化，消除大脑疲劳和精神紧张，从而达到增强体质、增进健康、延缓衰退、提高人体的活动能力等良好的健身作用。

（2）健心价值

从心理学的角度来分析，人的注意力是心理活动对一定对象的指向和集中，也就是说注意是受指向制约的。在翩翩起舞的过程中，其注意力必然都集中在欣赏优雅的舞曲音乐，并沿着节奏将内心情感抒发在舞姿上，由于注意的转移，就能使身体其他部分的机能得到调整和充分休息，所以参加排舞这项运动能消除紧张的情绪和缓解压力。练习者在优美动听的音乐、美妙的舞姿中，消除疲劳、陶冶心灵，感受到愉快的情绪，从而达到最佳的心理状态。

（3）健脑价值

记忆就是过去的经验在人脑中的反映，它包括识记、保持、再现和回忆四个基本过程。其形式有形象记忆、概念记忆、逻辑记忆、情绪记忆、运动记忆等。随着年龄的不断增长，记忆力会以很慢的速度减退，这是自然规律，也是正常现象。在排舞的练习过程中不仅要运用形象记忆、概念记忆，而且还要运用情绪记忆和运动记忆。通过排舞练习以及对大脑神经的不断刺激，来减缓记忆力减退的生理现象，达到良好的健脑效果。

（4）健美价值

排舞的练习是在优美动听的音乐旋律中，用心灵共舞，把细腻的情感注入舞姿中，并以高超的舞蹈技艺形神一致地表现出各种动与静的姿态，塑造出各种美妙的意境组合，体现出美的姿态、美的造型，创设出体育与艺术、健与力高度结合的意境，给人们艺术熏陶和美的享受。因此，排舞练习对形态、姿态、健康等方面都有较高的要求，经常参加排舞练习是一项很好的形体训练，对提高人体的协调能力、强健身体的各个部位的肌肉群，以及增加骨骼的骨密度，具有十分积极的作用。

（5）终身锻炼价值

排舞运动，适合各个年龄层次，学练的门槛较低，“凡是会走路的人都会跳排舞”这句话说明了即使没有舞蹈基础，也能进行排舞练习。在 3 000 个舞曲中，包含了多种舞蹈和音乐风格，每一个舞曲都有精心设计的动作规范。针对不同性别、年龄层次的人群都有较为适合的运动量和强度。青年人比较喜欢热情奔放、激情洋溢的舞曲和舞蹈类型，就可以选择拉丁舞、爵士舞、街舞、舞厅舞等舞蹈风格；中老年人则可以选择舒缓、柔情的华尔兹、恰恰等舞蹈风格。

总之、排舞是将健身性、娱乐性、观赏性、趣味性和群众性等融为一体的运动形式，并与现代生活方式密切相关，目前这项运动在世界上已被列在几大最具健身性项目的首位。

4. 排舞自学套路

（1）音乐：《Latin Lover》。

（2）节奏：32 拍循环。

（3）方向：左起开始，180°循环。

（4）手臂：按节奏做拉丁手臂配合。

（5）步法：1～8 拍：1、2 拍并步 3 哒 4 拍恰恰，5、6 拍交叉曼波 7 哒 8 拍恰恰；2～8 拍：2、2、3、4 拍右开立 8 字绕胯，5、6、7、8 拍左右并步；3～8 拍：3、2 拍进步，3、4 拍后退恰恰，5、6 拍退步，7、8 拍前进恰恰。

注：第四段只跳 16 拍。

【课堂练习】

练习内容：练习单一动作组合。

练习方法：根据老师的示范，进行第五组动作组合的模仿。

达成目标：掌握第五组动作组合的要领。

【课后练习】

练习内容：练习整个动作套路组合。

练习方法：配合音乐进行整个套路组合练习。

达成目标：着重训练练习者重心的移动及空间方位感。

【拓展练习】

登录优酷网，查找《全国普及性健美操规定动作青年教学套路》教学视频，进行自主学习。

【思考与练习】

（1）拉丁健美操适宜哪部分人群？

（2）上板时重心如何控制？

（3）试着自己完成踏板操转身步，并利用转身步过纵板。

第三节 健美操表演

【案例导入】

视频播放：《全国大众锻炼标准健美操大赛中的自选动作比赛视频》。

老师：刚才给大家播放的是全国大众锻炼标准健美操大赛中的自选动作的比赛视频，

下面我们来谈一下你们对健美操比赛的初步印象吧。

学生A：动作刚劲有力，很有美感。

学生B：音乐变化很丰富，有好多音效。

老师：还有呢？

学生C：服装很漂亮，上面的流线设计美极了，衬托身材。

学生D：队形变换丰富。

学生E：造型很给力。

老师：很好，大家的回答非常好。那设想一下要是有成百上千人同时表演的时候，还有什么是我们可以使用的呢？

学生F：那是不是要有道具的衬托，还要设计些有气势的图形的变换呢？

老师：太棒了，就是这样！

学生G：好复杂啊！这么多东西要学？

老师：没关系，我们一点一点来。接下来我们先来听听这两首曲子。

播放：陈奕迅的歌曲《十年》和Shakira的歌曲《wakawaka》。

老师：听完这两首歌曲之后，谁能说说这两首曲子呈现给你的是什么情感？

学生H:《十年》给我的感觉曲调柔和中带点悲伤，想自己一个人待会；而《wakawaka》节奏明快，很有激情，让我感到很兴奋，很想找朋友一起跳跳舞。

学生I:《十年》的曲子节奏舒缓、很温柔，《wakawaka》节奏强劲有力。

老师：是的，这两首曲子的节奏旋律完全不一样。很明显，《十年》这首曲子是不适合做健美操的音乐使用的，因为给人一种很疲惫的感觉；而《wakawaka》曲子一经播放，就让我们的脚不由自主地踏着节奏开始动起来，是不是感觉所有的疲惫和烦恼一扫而光，心情豁然开朗了很多呢？

学生J：是啊是啊！我就是这种感受！那我们该怎么选择健美操的音乐呢？

老师：好！那我们就先来学习一下健美操的音乐知识。

一、健美操的音乐

健美操音乐通常是以节奏欢快的迪斯科音乐、摇滚乐、民族乐、爵士乐等形式出现，由重拍强音与轻拍弱音的冲撞来体现节拍的强弱与张弛，使人产生强烈的听觉与动觉的共鸣。

1. 健美操音乐的功能

（1）有助于提高对美的欣赏水平。健美操音乐可以使人们在欢快的乐曲中尽情宣泄情感，产生丰富联想，提高动作的表现力，陶冶高雅的情操。同时，它可以使练习者不由自主地融入节奏之中，使动作更加协调，富有美感，在愉悦的氛围中提高对美的欣赏水平。

（2）有助于增强理解记忆的能力。选择适宜的音乐，可以加速学习健美操的过程，增强练习效果。在音乐的伴奏下练习，可以提高大脑皮层的兴奋性，减缓运动疲劳，使人更好地掌握动作和表现动作，帮助练习者更快地记住动作，掌握动作要领，增强对整套操的理解和记忆。

2. 健美操音乐的选择

（1）注重风格。在选择健美操音乐的时候要根据想表达的主题选择音乐的风格。例如，如果想表达一种热烈的主题可以选择拉丁风格的音乐，要想表达魅力性感主题可以选择爵士风格的音乐，要想表达一种狂野愤怒的主题可以选择摇滚风格的音乐等。此外，音乐的风格也决定着健美操动作的风格，因此还要根据练习者的肢体协调与表现能力来选择适合的音乐风格。

（2）注重节奏。健美操音乐的选择范围很广，但通常我们会选择 2/4 拍或是 4/4 拍的节奏感较强的音乐，主要是考虑到一般我们在进行健美操练习时通常是以 4 个 8 拍为一组来划分动作小节的。另外，在具体节拍速度的选择上，我们一般以 22～26 拍/10 秒钟为宜。

（3）注重衔接。在一些健美操表演或比赛中，往往我们不会单纯以一首完整的曲子来进行表演，通常会选择将几首风格一致或协调的曲子混编在一起，并加入特殊的音响效果。因此，在进行各首歌曲和特效的编辑中，一定要注意衔接，尽可能使得曲风流畅、过渡自然，避免突兀的感觉出现，或是大段的空音，影响健美操成套动作的表演效果。

3. 健美操音乐的使用注意

健美操在锻炼过程中一定需要音乐的配合，但往往有些练习者认为音乐声音越大越有动感。但是，长此以往可能损害练习者本人的内耳功能，引起眩晕、耳鸣、耳内胀痛以及对高频率声音的听力丧失等恶果。因此，请练习者在练习过程中选择适当的音量。

二、健美操的队形

要想使一套健美操表演令观众赏心悦目，除优美的动作、动听的音乐，还有一个比较重要的因素，那就是路线和队形的变化。

1. 健美操队形的作用

（1）赏心悦目，激发健美操欣赏者的兴趣。相比原地进行的健美操表演来说，富有变化的队形效果，可以使成套动作看起来更加饱满，更加吸引欣赏者的眼球，激发观看者的欣赏兴趣。

（2）富有变化，增强健美操表演者的热情。一成不变的健美操锻炼会让练习者感觉了然无趣，也会使表演者没有自信。因此，要通过丰富的队形变化，增强练习者和表演者的热情。

（3）隐含寓意，展示健美操设计者的情感。健美操的队形可以是简单的几何图形变化，也可以依据表演人员的数量用来设计文字图案和标志性图案，表达健美操的主题或者是设计者的思想。例如，圆形可以代表流畅，三角形代表稳固，心形象征着凝聚与希望等。

2. 健美操队形的编排

（1）健美操队形的编排原则。健美操队形编排应该遵循“NICE”原则：

N（near 就近）：尽可能保证移动距离最近。

I（immediately 立刻）：尽可能保证移动速度最快。

C（convenient 方便）：尽量做到使用简单便捷的步法进行移动。

E（even 平稳）：队形与队形之间的过渡尽可能的平稳，并且能够停留住足够的时间。

（2）健美操队形的编排的范例。图 10-3-1 是 5 个人表演的健美操队形范例。

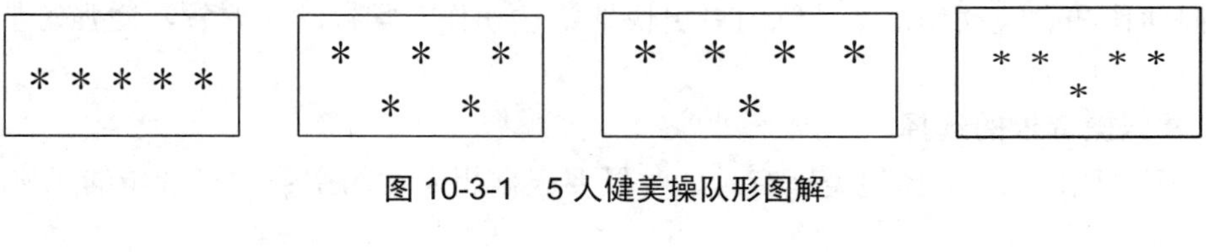

图 10-3-1　5 人健美操队形图解

三、健美操的服装

服装在健美操比赛或表演中占有很重要的地位。服装是健美操的生命，服装美在健美操中起着美化作用，可为健美操表演锦上添花，具有独特的审美价值和艺术魅力。

1. 健美操服装的特点

首先，健美操的服装以紧身随体为主，主要考虑是能够突出练习者的线条，方便练习者有针对性地进行取长补短的锻炼。其次，健美操的服装面料以棉料为主。

2. 健美操服装的选择

（1）款式选择。健美操服装款式的选择主要以自身身材为考虑依据。身材匀称的人既可以考虑短款的运动背心和高腰裤，也可以考虑长身背心和低腰裤。而比较丰满的人可以尝试尺寸适宜的低腰裤，以避免由于腰部过紧导致赘肉的堆积，此外配合松紧适宜的上衣无疑是很好的选择。

（2）面料选择。在进行健美操锻炼时，服装尽可能选择棉加莱卡的面料，既有弹性，有吸汗，而且面料比较薄，穿着很舒服。如果是参加演出或表演，尤其是有灯光效果的场地，那么可以选择些反光效果较好的氨纶或锦纶面料。

（3）色彩选择。颜色鲜明亮丽，会使人心情更加愉悦。因此，选择健美操服装时可以根据自己的肤色选择适合的色系。但是对于表演或比赛时，服装的色彩具有整体效应，能给场上的表演带来强烈的视觉冲击，因此要考虑的因素就比较多，如舞台背景，场地底色等。例如，要在绿色的运动场上进行表演，如果再选择绿色的服装，就会被吞没在场地底色里，即使服装设计感再好，也无从体现。

四、健美操的道具

健美操的道具主要是指练习者手中持有的器械，如花球、纸板、扇子等。

1. 健美操道具的功能

（1）加长手臂的延展性。健美操表演过程中，表演者通过手持道具，可以加长手臂的长度，使前后左右连贯自如，有利于队形图案的形成与延伸。

（2）增强主题的表达。健美操表演过程中，表演者通过手持道具与动作的结合，再配合队形的变化，可以增强主题的表达。例如，在儿童健美操表演中使用游泳圈做道具，来表达茁壮成长的主题。同时与动作、背景结合，既体现儿童激流千里、百舸扬帆的远大理想，也寓意任重道远，还需要在风浪中锻炼成长。

2. 健美操道具的设计

健美操道具的取材较广，可以是丝绸类、竹木类、塑胶类、纸类等；也可直接使用扇子、纱巾、花、棍等器械。健美操道具的设计款式要力求简单、实用，方便手持。如果道具使用量较大，可以先做几个样板，由使用者试验，根据效果适时调整，达到效果后再批量制作。

【课堂练习】

练习内容：以红色舞蹈扇为道具，设计表达祖国繁荣昌盛的图案与队形。

练习方法：分组进行，每组 20 人。

达成目标：至少编排 3 个图形。

【课后练习】

练习内容：自选3首歌曲进行剪辑。

练习方法：分组进行，每组8人。

达成目标：剪辑后曲子要旋律和谐，衔接流畅。

【思考与练习】

（1）如何为健美操比赛挑选服装？

（2）以拉丁健美操套路动作为基础，设计5次6人队形变化。

（3）以基础健美操套路动作为基础，重新选配音乐与道具，并设计6次15人队形变化。

【相关知识链接】

啦啦操运动是一种有组织的为体育赛事助威的场地表演活动，是在音乐的衬托下，通过运动员完成各种舞蹈动作、啦啦操特定动作及技巧配合，集中体现青春活力、健康向上的团队精神，并追求最高团队荣誉感的一项体育活动。啦啦操运动可借助彩旗、花球等道具，并结合团队口号的方式来增加热烈、凝聚的气氛。

啦啦操运动主要分为技巧啦啦操和舞蹈啦啦操两大类。其中技巧啦啦操主要是以技巧难度动作（如托举、叠罗汉、跳跃等）为表现形式；而舞蹈啦啦操主要有花球啦啦操、爵士啦啦操、街舞啦啦操等分类。以下为花球啦啦操的手臂动作：

1. 上M（双手屈臂抱头）
2. 下M（双臂腰间屈）
3. W（双臂肩上屈臂90°）
4. high V（双臂侧上举）
5. low V（双臂侧下举）
6. T（双臂侧平举）
7. 斜线（右臂侧上，左臂侧下）
8. 短T（双臂胸前平屈）
9. 前X（双臂交叉体前举）
10. 高X（双臂交叉上举）
11. 低X（双臂交叉体前下举）
12. 曲臂X（双臂胸前交叉）
13. X（双臂头后屈）
14. 上A（双臂上举两手相碰）
15. 下A（双臂下举两手相碰）
16. 加油（双臂前屈臂两手相碰）
17. 上H（双臂上举）
18. 下H（双臂下举）
19. 小H（左手曲臂，右臂上举）
20. L（左臂平举，右臂上举）
21. 倒L（左臂平举，右臂体前平举）
22. K（左臂体前下举，右臂体前上举）

23. 侧K（左、右）
24. R（左臂曲臂抱头，右臂体前下举）
25. 弓箭（左臂侧平举，右臂平举屈臂）
26. 小弓箭（左臂叉腰，右臂侧平举）
27. 高冲拳（左臂叉腰，右臂上举）
28. 侧下冲拳（左手叉腰，右臂侧下举）
29. 斜下冲拳（左手叉腰，右臂左侧下举）
30. 斜上冲拳（左手叉腰，右臂左侧上举）
31. 短剑（左臂叉腰，右臂体前屈臂）
32. 侧上冲拳（左手叉腰，右手侧上）

第四节　健美操俱乐部的组织与实施

一、健美操俱乐部的组建

1. 健美操俱乐部组建的意义

健美操运动在当代大学生心目中的位置已经具有相当的高度。大学生对健美操健身功能的认识已形成了较完善的价值观体系，并把健美操学习与锻炼和将来的工作、生活联系起来。然而，目前的健美操教学模式还在沿用传统的以传授竞技运动内容为主的教学模式，已经无法跟上现代教育的步法。因此，重构一种以“健身”为主要目的、形式，以“能力培养”“终身体育”为指导思想的高校“健身健美操俱乐部教学模式”，以满足现代大学生的健身需要与文化需求势在必行。

2. 健美操俱乐部组建的目的

健美操俱乐部是目前比较流行的一种健美操教学模式。组建健美操俱乐部的目的主要是培养学生的兴趣，提高学生健美操专项运动能力，充分发挥学生的主体性和主观能动性，从而培养学生树立终身体育思想，养成运动习惯。

（1）近期目的。健美操俱乐部的组建可以让学生结合自己的兴趣爱好进行各种风格的健身操锻炼，激发学生学习的兴趣，使学生能够积极参与课上及课后的健美操活动，从而达到强身健体、增进健康的教学目标，培养学生终身体育习惯与能力。

（2）远期目的。健美操俱乐部中学生之间的相互指导和帮辅是活动开展的主要方式，通过俱乐部活动小组的组建，创编项目和集体教学目标的完成，培养了学生的组织管理能力、沟通协调能力、表达交流能力、团队协作能力和学生们的创新思维。

3. 健美操俱乐部的任务

健美操俱乐部，以培养具有自主学习能力和组织管理、沟通协调及团队创新等能力的高素质复合型、应用型人才为目标，从多层面提升学生的综合能力与素养，为学生搭建不断发现自我、展示自我的平台。健美操俱乐部下设院健美操队，由擅长各种风格健身操的队员组成，其主要任务是负责宣传普及健美操知识，增强学生健身意识，提高学生健美操能力，组织俱乐部内部健美操比赛及健美操俱乐部内部各风格健身操小组活动，并代表学院参加校际健美操邀请赛及省市地区各类比赛。

4. 健美操俱乐部的组织机构

健美操俱乐部组织委员会设主任 1 名、副主任 2 名、委员若干。俱乐部组织委员会人员由院健美操队队员和俱乐部学生代表共同选举产生，其中俱乐部主任兼任院健美操队队长，俱乐部副主任兼任院健美操队副队长。俱乐部组织委员会定期召开会议，确定健美操俱乐部的工作方针和俱乐部章程，讨论俱乐部的工作计划、活动实施方案等重要事项。

二、健美操的创编

【案例导入】

按顺序播放《单形健美操》、《全国大众健美操锻炼标准大赛三级》、校级运动会团体操《青春活力、舞动奇迹》三个视频。

老师：以上三个视频放完了，大家从中看出了哪些不同？

学生 A：第一个动作比较简单，简便易学好掌握；第二个动作相对复杂，队形变化多样；第三个场面宏大壮观，很有震撼力。

学生 B：第一个视频音乐节奏比较适中，第二个较快，律动感很强，第三个旋律变化更丰富。

老师：嗯，大家说得都很好！那么，如果从比赛、表演和健身角度让你们对号入座安排一下，你们怎么选择？

学生 A：第一个视频内容适合健身，第二个适合比赛，第三个适合表演。

老师：对，选择很正确。其实，对于健美操动作的创编，很多时候是要根据目的不同而有所差异。

学生 B：老师，那我们是不是也可以进行健美操的创编呢？该怎么创编呢？

老师：其实大家都可以进行健美操的创编，但是一定要注意创编过程中一些问题的处理，下面我们就一起来了解一些如何进行健美操的创编。

（一）健美操创编的目的

健美操运动是为了提高练习者自身的健康水平与人体各种机能与能力而进行的，创编是这一运动的开始，因此，明确目的就能更好地完成整个运动过程。

1. 提高并改善人体在生理上的健康水平

大量研究表明，长期从事健美操运动可以使心肺功能得到改善、呼吸肌增强、肺活量增大、呼吸次数减少，并使肺功能加强，提高肺部的氧供应能力。健美操运动还能使心肌纤维增粗、收缩及扩张加强，从而增加每搏输出量，使心血管系统处在一个良好的状态下。健美操运动能使机体免疫力、代谢力增强，从而提高练习者抗疾病的能力。

此外，健美操运动能够锻炼练习者各关节及肌肉，使练习者骨骼肌和神经系统得到发展，提高练习者的协调性和反应能力。

2. 改善人体精神状态

科学的体育锻炼可以缓解练习者的疲劳，优美动听的音乐可以愉悦练习者的身心，健美操具备了这两方面的特点。健美操通过热情奔放的动作、强烈的节奏和丰富的展现力使练习者在锻炼的同时，释放出心中的压抑与烦恼，从而让练习者的心理压力得到缓解，因此可以改善练习者的精神状态。

3. **娱乐与表演**

健美操综合了音乐、舞蹈、体操等项目的特点，因此它具有较强的艺术性及表现力，可以创编出艺术效果极佳的表演作品，不但能给人们带来赏心悦目的感受，而且也促进了健美操运动项目自身的发展。

4. **竞赛**

健美操作为一项体育运动项目，它体现了人体在力量、柔韧、协调、节奏感、审美及表现力等诸多方面的综合能力。根据它的不同特性，按动作难易、运动强度的高低可以区别出不同的层次，以此为标准进行比赛，可以评价出练习者的运动能力、健康水平等。

（二）健美操创编中的重要因素

要创编健美操，首先要了解健美操创编的重要因素。

1. **主体和客体**

任何一个掌握健美操知识的人都可以进行健美操的创编，但质量和效果却有很大的差别。这是因为健美操的实践活动往往是以群体参与性为主要特征的，在创编过程中，主客体是紧密相连的，体现了两者之间的互补性、集体性、智慧性和创造性的交流过程，因此，创编对主客体就会有特定的要求。

（1）主体。健美操创编中的主体是指在创编者过程中的主导者，也就是主要的创编人。他（她）不仅应该具备精湛的健美操专业知识，同时对健美操的相关领域也应有所了解，如相关的体育项目、艺术领域等。此外，他（她）还应该具有主动精神和饱满的创作与参与热情，能积极地投入与钻研到该领域中，并具有坚强的毅力及百折不挠的精神。为此，创编者必须具备三方面能力：第一，敏锐的观察能力，感知事物外在表象，洞察事物内在本质；第二，具有良好的分析与吸纳能力，依靠自身的基础知识对事物进行分析与思考，并根据需要进行进一步的认知、转化、吸收、储存成自我所需的资料；第三，准确的充满激情的表达能力，将创编的结果信息准确地传输给所需人员，使传授目标更易达成。

（2）客体。健美操创编中的客体是指创编活动的接受者，他们也要具备如下的素质与能力：第一，作为健美操活动的前提，他们必须喜欢健美操这一运动项目；第二，作为健美操项目发展的催化剂，他们必须具有积极主动的参与精神；第三，作为健美操活动的基础，他们必须具备执行与操作能力。

2. **动作和音乐**

健美操是一项在音乐的伴奏下完成的操化类动作，因此，动作和音乐是它的两个最基本的组成部分，这两部分相互独立又相互依存。

（1）动作。健美操的动作是健美操的核心，是指人体在空间的活动。动作作为健美操当中的首要因素，应该能够使我们科学地接近或达到练习的目的。同时，优美大方的动作可以使人赏心悦目，给人带来欢乐，从而延缓疲劳现象的产生。

动作本身包括位置、节奏和过程三个要素。其中，位置主要是指人体相对空间的位置、四肢相对躯干的位置等；节奏主要是指动作与动作串联之后的彼此之间的时间关系；过程主要包括路线、方向以及时间。

健美操当中采用的动作是有益于健康、遵循人体的自然发展规律、安全可靠的动作，而易造成损伤的动作是被禁止使用的。掌握科学、健康的动作功能是创编者所应具备的能力。

（2）音乐。音乐是健美操的灵魂。音乐的节奏与速度，严格地控制着动作的节奏与速度，因此，在很大程度上控制着运动的强度。仅就速度与节奏而言，时间一定，节奏与动作越复杂、越快，强度就越大，反之越弱。

音乐的风格引导控制着动作的风格。音乐风格受时代、民族地域、环境、作者等因素影响，因此我们应当尊重音乐的风格，唯有这样，动作与音乐才能协调，音乐才能有力地支撑起动作。

音乐的强弱变化直接影响着动作的力度与起伏，曲调与节奏的变化加之动作起伏从而产生韵律感，增加了健美操的韵律美，提升了健美操的美学价值。

音乐有调控脑细胞兴奋的作用，因此在音乐伴奏下进行锻炼可以延缓疲劳现象的出现。同时音乐的节律还可以影响人的情绪，欢快的音乐可以更快地调动人的兴奋性，培养练习者的节奏感和韵律感。

（三）健美操创编原则

健美操的创编是依照健美操的特点、规律、目的，并在创编者自身知识的依托下，将单个动作组织串联成为健美操锻炼与竞赛套路的过程，具有以下原则：

1. 健康性原则

健美操锻炼的目的是促进身心的健康发展，因此练习手段和运动负荷设计都必须建立在运动科学理论基础上，保证健美操设计的健康和安全，避免不合理、有伤害性的动作，避免关节的过度屈伸以及违反人体运动生理解剖结构的动作，如快速绕头、无控制的快速爆发屈伸，跪转、无缓冲落地、拱桥、倒立、滚翻、手翻、空翻等。应以低冲击和高低冲击交替的组合动作为好，成套动作中完全或大部分集中采用高冲击动作是不可取的，容易造成踝关节、膝关节的损伤。

另外，成套操在动作部位、路线、方向、幅度、节奏等方面设计上，要使身体各部位关节和肌肉群得到充分、全面的锻炼，通过步伐组合变化，培养身体的灵敏性和协调性。注意考虑人体左右两侧部位的肌肉群均衡发展，保持组合动作的对称性和重复性，以及动作和数量的相同性。

2. 针对性原则

健美操的创编除自始至终要遵循全面性的基本原则外，在具体创编时还要针对不同的任务、对象、场地、器材等情况特点使创编切合实际、有所侧重、有的放矢，以取得实效。针对性的原则主要体现在视任务创编、因人而异创编、因地制宜创编等。

3. 科学性原则

健美操与舞蹈相比更注重对身体锻炼的实效性，而一套健美操的锻炼功效首先取决于该操动作编选、动作顺序设计和运动负荷安排的科学合理性。

动作的选编不要违反健康性原则；动作顺序应按照渐进有序规律，从步伐到手臂动作、从单个动作到组合动作、从原地到移动动作，进行合理有序的动作编排；合理的运动负荷应控制在练习者最高心率的60%～80%。同时，设计健美操的运动负荷应符合人体运动合理的生理曲线，也就是说运动负荷应由小到大、由弱到强，使运动心率变化由低到高，波浪式逐渐上升与下降。

4. 创新性原则

健美操既是锻炼身体的手段，又是形体艺术。它和艺术体操、花样滑冰等含有较多艺术成分的体育项目一样，本身应具有较强的艺术魅力，这样方能吸引广大练习者全身心地投入。创新是健美操的生命，没有创新，健美操就无从发展。因此，在创编过程中应根据健美操的特点和编操对象，创编出既有健身价值，又有艺术美，且新颖独特的健美操。坚持创新性的原则主要体现在音乐选配要创新、动作设计要创新。

5. 一致性原则

这里所说的一致性主要是指动作和音乐风格的一致性。一套健美操的特点和风格是通过与音乐的协调搭配而表现出来的。音乐是健美操的灵魂，健美操是表现音乐的一种手段。动作是解释音乐的一种身体语言，音乐的选择决定了整套操的风格。因此，在创编健美操时，要根据音乐的背景、民族习俗、文化特点，尽量设计出既能充分说明音乐，又不失健美操特点的动作，使音乐旋律与风格、动作形象与风格融为一体，达到音乐和身体动作相互促进和表现的高度统一，否则就失去了健美操的艺术价值。

（四）健美操的创编过程

健美操的创编过程是指创编的先后步骤与流程。首先创编前应先明确创编的目的、任务及要求，了解练习者的情况（性别、年龄、职业、文化水平、身体状况、运动基础等），并了解锻炼时间、场地、器材设备等条件，学习有关创编健美操的文字和音像资料，以便建立基本结构，然后创编组合动作，完成创编动作套路，最后进行评价与修改（图 10-4-1）。

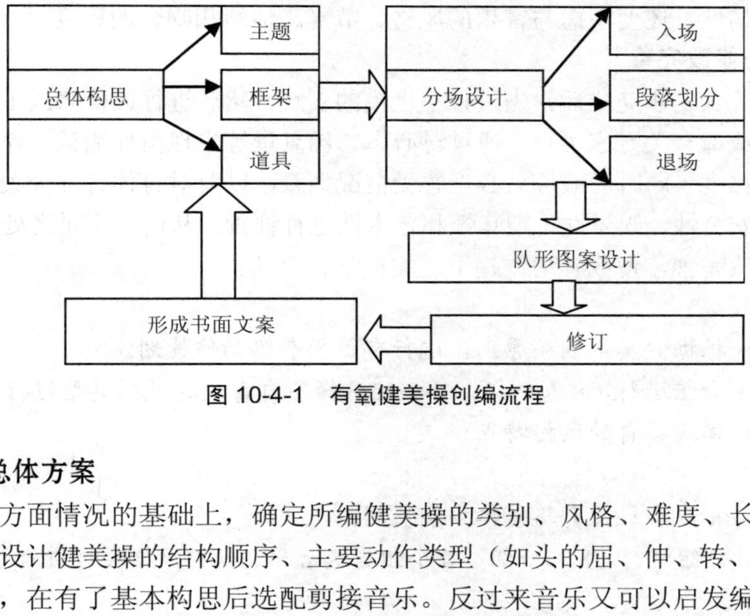

图 10-4-1　有氧健美操创编流程

1. 制定总体方案

在了解多方面情况的基础上，确定所编健美操的类别、风格、难度、长度、速度等，并以此为依据设计健美操的结构顺序、主要动作类型（如头的屈、伸、转、绕、绕环）及高潮的安排等，在有了基本构思后选配剪接音乐。反过来音乐又可以启发编操者的构思，补充、修改总体方案。最后可通过总体方案表将总体构思归纳起来，以便从整体上检查总体构思的完整性和合理性，并以此为纲进行下一步的具体动作设计。

2. 选择动作素材

选择动作素材关键在于平时对动作资料的积累程度，应选择对身体有锻炼价值、被喜欢和接受程度高的动作。从选择一些主要的单个基本步伐入手，再转化和创新出各种组合步伐和变化性步伐。选择其他项目中动作素材应与健美操动作特点和风格相近，即使选择某种舞蹈动作形式，也必须转化成符合健美操风格特点的动作。经过试做，确定所选择的动作。

3. **选择与编辑音乐**

音乐应符合健美操特点，创编成套动作与音乐选择有2种情况，一是先编排成套动作，后根据动作选择或编辑音乐；二是先选择或编辑音乐，后编排成套动作。

4. **建立基本结构**

根据成套健美操的3个基本部分的不同锻炼作用，遵循健身操的创编原则，按照由简单到复杂、由小到大、由慢到快，最后渐进下降的编操规律，把确定的不同类型的步伐分配到3个基本部分中，并与音乐基本段落相统一。确定成套操各部分的时间，以及动作节拍和组合动作数量，使健美操的结构科学、合理、有序。

5. **分段编排**

将成套操的准备、基本、结束三部分视为三大段，根据音乐的节奏和节拍细致地逐一编排，先编排步伐，然后编排手臂动作和躯干动作，同时要考虑动作的方向、路线合理性和变化性。在设计组合动作时，要考虑步伐与步伐的连接要自然流畅，手臂动作的连接要协调。

6. **成套整合**

当组合动作完成后，可按照成套的基本结构框架，把组合动作按顺序排列起来，全方位审视动作的连接、节拍、节奏、方向、方位、路线、定位和移动，高冲击与低冲击动作的合理性和流畅性，还要考虑与音乐的风格、节奏、情绪相吻合的程度。

7. **评价与修改完善**

当一套健美操初步完成后，先进行小规模的实践，然后进行评价修改工作。评价工作可以是编操者或请有关专家进行。通过对心率、耗氧量等生理指标测试，评价运动负荷和有氧代谢合理程度。同时对锻炼后心理感受情况调查，以及对身体各部分关节活动量、锻炼价值、动作安全性、娱乐性、趣味性和艺术性进行评价，从而对不足之处进行全面分析与比较，并修改完善，使成套动作趋于更加科学、合理。

【课堂练习】

练习内容：根据健美操创编原则，进行有氧操套路动作策划。

练习方法：分组进行，8人一组，各小组选择各自喜欢的风格类型进行动作策划。

达成目标：体现各自的风格特点。

【课后练习】

练习内容：完成有氧操套路整体方案策划。

练习方法：分组进行，8人一组，各小组自选音乐、动作风格类型进行整体套路策划、实施与改进。

达成目标：音乐选配合理，动作和音乐风格一致，套路动作结构完整，顺序得当。

【相关知识链接】

健美操动作记写

1. 单一动作描述

在描述单一动作时，一般按照准备姿势、动作形式、动作方向、动作间的关系、动作链接过程、结束姿势这一过程进行。此外，要按照动作节拍顺序进行描述，先下肢、后上肢。注意写出方向的变化及重复的次数等。若后面拍节的动作与前面的完全相同，可以省略，但要注明，尤其是方向变化上。

2. 成套动作的记写

（1）文字记写法。这种记写方法一般用于书籍或教材，比较复杂，但准确性高。通常和图片同时使用，以便能够直观、准确地理解动作要领。

（2）图解记写法。图解记写法可分为双线条影像绘图法和单线条简图法。双线条影像绘图法的优点是可以如同照片一样呈现出比较立体的动作形态，缺点是要求记写者具有一定的美术功底和专业技术基础，不便于普及。而单线条简图法能比较简单直观地反映动作及过程，方便快捷，要求不高，因此，普及性较好。

三、俱乐部项目

【项目一：命题创编】

以音乐《花火》为主旋律，以健美操基本步法为动作素材，请各小组创编一个新的套路。具体要求如下：

1. 参演人数：12 人。
2. 道具要求：花球。
3. 创编周期：12 个学时。
4. 项目成果：健美操套路展示。

【项目二：自由创编】

每个小组依据自己的风格，创编一套健身操，要求如下：

1. 自选音乐：时长为 3.5～5 分钟。
2. 自选动作：至少 10 组 4×8 拍非重复动作。
3. 自选道具：道具使用要符合本套路风格。
4. 自编队形：整套动作至少 6 次队形变换。
5. 创编周期：12 个学时。
6. 项目成果：各风格健身操套路展示。

【项目三：团体创编 1】

以俱乐部各教学班为单位，进行团体操的创编，要求如下：

1. 成立创编团队，明确分工。
2. 给定音乐，时长为 5 分钟。
3. 自选动作，至少 8 组 4×8 拍非重复动作。
4. 指定道具，道具使用要符合套路变化。
5. 指定图形队列队形变换，整个套路中要包括长方形、菱形、十字形、圆形队列变换 4 次。
6. 创编周期：12 个学时。
7. 项目成果：俱乐部内部团体操比赛。

【项目四：团体创编 2】

以整个俱乐部成员为单位，进行大型团体操的创编，要求如下：

1. 成立创编团队，明确主题与分工，制定创编流程。
2. 编辑音乐，时长为 10 分钟。

3. 要求进行上、中、下三个篇章的分场设计，并进行出场和退场队列变化。

4. 自行设计道具，道具使用要符合套路变化。

5. 自行设计表演图案与队列队形变换。

6. 自行进行服装设计，要突显主题表达。

7. 创编周期：12 个学时。

8. 项目成果：大型团体操表演。

【案例】

“舞动青春”校园健美操大赛策划书

一、大赛名称：“舞动青春”校园健美操大赛

二、大赛目的：为了推进健美操这一运动项目在校园内的进一步开展，提升学生们的参与意识，提高学生的审美，加强学生之间的友谊，不断提高健美操技术水平，特组织“舞动青春”校园健美操大赛。

三、主办单位：体育与心理健康教育管理团队

承办单位：健美操俱乐部

四、参赛条件：本校在籍学生，身体健康者均可参加

五、比赛的时间及地点

时间：××××年××月××日下午 3：00

地点：大学生活动中心

六、比赛办法与要求

1. 参赛队员人数为 6～8 人。

2. 自选动作，成套动作时间为 3 分 30 秒～4 分 30 秒。

3. 前奏 4×8 拍、结束 1×8 拍为空间设计造型、操化、队形的变化。要求设计巧妙、造型优美、完场流畅，要与成套动作内容协调一致，连接流畅、自然；开始和结束可以出现托举动作，但不能出现违例动作。

4. 成套中至少出现 6 次固定队形变化，固定队形至少保持 1×8 拍。

5. 场地空间为 10 米×10 米，标志带宽为 5 厘米，属于场地的一部分。

6. 服装要统一，运动员可穿轻便运动鞋，禁止佩戴任何饰物，化妆适度。服装、发型、发饰要与服装、音乐风格和表演风格协调吻合。

7. 比赛顺序由抽签决定。

七、奖项设置

大赛设置一、二、三等奖，名额参照参赛队伍数量制订，并颁发荣誉证书、奖杯和奖品。

八、评分方法及要点

满分 10 分制，裁判员评分精确到 0.01 分。其中热情与活力（情感投入和艺术表现力）占 3 分，能力与技术（身体姿态、动作的准确性、熟练性、幅度和力度以及动作与音乐的配合）占 4 分，队形编排占 2 分，服装占 1 分。

九、报名方法

1. 参赛报名。各参赛队需填写报名表于××××年××月××日前报送体育教研室，

逾期不予受理。同时将报名表和参赛队简介 50 字，于××××年××月××日前以电子邮件的方式发送到以下邮箱地址：××××××。

2. 健美操俱乐部联系人：×××××，联系电话：×××××××××。

十、本次比赛要本着友谊第一、比赛第二，发展健美操运动，丰富学生业余生活的宗旨进行比赛。

十一、裁判与仲裁

1. 本次比赛的裁判由体育教研室教师指派。

2. 本次比赛的仲裁由体育教研室教师担任。

3. 本次比赛的最终解释权属于体育教研室。

十二、未尽事宜，另行通知。

附件：　　　　　　“舞动青春”校园健美操大赛报名表

队　名＿＿＿＿＿＿＿＿＿＿＿＿　　　　队长＿＿＿＿＿＿＿＿＿＿＿＿

电子信箱＿＿＿＿＿＿＿＿＿＿＿＿　　　联系电话＿＿＿＿＿＿＿＿＿＿＿＿

序号	姓　名	性别	班级
1			
2			
3			
4			
5			

【思考与练习】

（1）简述健美操的创编原则。

（2）用图例表示健美操创编的步骤。

（3）简述健美操创编的要素。

（4）简述组织健美操比赛的流程。

第十一章　瑰宝武术

本章学习达成效果：通过武术启蒙、武术套路、武术表演、武术俱乐部的组织与实施四部分的介绍，认识武术、了解武术、热爱武术进而帮助学生学习武术，使学生掌握终身体育锻炼的技能，达到身心健康的学习效果。

本章重点与难点：重点是武术基本功、三路长拳及 16 式太极拳套路的学习。三路长拳及 16 式太极拳是大学武术普及最广的武术套路，适合大多数学生练习，具有很好的健身效果。难点是武术表演及武术俱乐部的组织与实施。学生需要掌握本章的武术技能及武术表演和武术套路编排的方法，通过多人进行沟通合作才能完成。

本章学习指导建议：采用实用案例对即将学习内容进行案例引导，先复习旧内容 1～2 遍，每个新内容讲解 2～3 遍。将学生分成不同的小组，要求学生练习后进行小组内考核，下课前留出一段时间，分组演练学习的新套路内容。通过多次的练习使学生达到锻炼身体及掌握终身武术锻炼技能的效果。

武术是以攻防技击为主要内容，以功法、套路和搏斗对抗为运动形式，注重内外兼修的中国传统体育项目。它起源于远古祖先的生产劳动，是经历了漫长的历史发展过程而形成的内容丰富、价值广泛、文化色彩浓厚的中国特有的体育文化形态，是中国传统文化的重要组成部分。瑰宝武术指武术是中国特色的、集健身和养生功能为一体的中国传统运动项目，被誉为中华文化的瑰宝。

【章前案例】

“××杯”武术表演赛项目导引

为弘扬中华武术，响应阳光体育的号召，调动大学生体育参与的积极性，培养学生组织、领导、管理的能力，展现新时代大学生的创新、奉献和团结协作的团队精神，特举办此次武术表演赛。

一、“××杯”武术表演赛项目设计

1．表演主题：“××杯”武术表演赛

2．表演时间：××××年××月××日

3．表演地点：田径场

4．参演人员：武术俱乐部、武术协会学生

5．主办单位：体育与心理健康教育管理团队

6．协办单位：武术俱乐部和武术协会

项目内容	具体目标
专业知识	通过武术专业知识的传授，了解武术不同项目的发展史和项目特色，学生能更好地掌握所喜爱的项目，达到锻炼身体的目的
专业技能	从学生的兴趣爱好出发，通过由浅入深的武术专业技能的学习，学生能够逐渐掌握武术基本功，掌握不同功法、套路和搏斗对抗的练习方法和基本的防身技能
武德	在传授武术专业知识和技能的同时贯穿武德教育，使学生形成明礼诚信、尊师重教、勤奋好学、积极乐观的生活态度，养成良好的体育锻炼习惯，形成终身体育的思想，发扬中华民族的传统精神

二、“××杯”武术表演赛项目能力培养

通过项目运行，弘扬中华武术，丰富校园文化，展现学生的学习成果，激发学生对武术的热爱，促进武术项目在校园内的进一步发展。

三、“××杯”武术表演赛项目策划方案

（一）赛前准备

1. 制订竞赛规程：根据表演赛需要，制订相关日程表、参赛项目表、不同项目组别安排表、报名表等。

2. 培训裁判：根据武术比赛要求，对不同项目的裁判进行培训，以保证比赛公平、公正进行。

3. 赛事宣传：用海报及传单进行宣传，吸引更多的师生观看比赛，并参与到比赛中来。

4. 编排比赛项目单：根据报名情况编排比赛项目单。

5. 竞赛资金募集：根据比赛需要，由各部门负责人到校外募集资金，以锻炼学生沟通能力。

6. 竞赛场地布置：根据比赛需要和资金要求，合理对场地进行布置。

7. 赛前彩排：为给全院师生奉献一台精彩的武术表演赛，通常在赛前准备彩排，以合理安排表演项目上场顺序、工作人员分工等事宜。

8. 获奖证书准备：根据彩排项目，准备相应获奖证书。

（二）赛事流程

1. 按赛事规定时间做好开赛准备：场地、器材、道具等。

2. 赛事运行：根据提前制订的竞赛项目单进行，处理好突发情况。

3. 颁发竞赛证书：根据裁判公平判罚，进行比赛证书的颁发。

4. 合影留念：全场比赛运动员、裁判员与工作人员进行合影留念。

5. 赛后场地还原：根据事先工作分组，由赛后工作组进行场地还原。

6. 工作总结：各部门负责人对自己的工作进行总结，以积累经验和发现不足。

项目单元

1. 个人赛

竞赛内容：根据个人能力选报竞赛规定内容中的项目。

竞赛方法：个人单独进行套路及功法的演练，裁判根据项目竞赛规则进行评分。

2. 对练赛

竞赛内容：两人以上，选报竞赛规定内容中的项目。

竞赛方法：两人以上进行对练，裁判根据项目竞赛规则进行评分。

3. 团体赛

竞赛内容：根据项目要求 6 人以上，选报竞赛规定内容中的项目。

竞赛方法：集体进行套路及功法的演练，裁判根据项目竞赛规则进行评分。

第一节　武术启蒙

一、武术的起源与发展

武术的本质是技击，因此武术的起源要从人类的技击开始。

在远古时期，生产力水平极其低下，自然环境十分恶劣，为了生存，人们不得不与兽斗。在原始的狩猎活动中，人们逐渐学会了徒手和使用木棒、石头等器具击打野兽的方法。经过数百万年的这种基于本能的、自发的、随意的身体动作经验的积累，人类逐渐形成了一定的击刺技巧、攻防姿态与动作。到了旧石器时代，人们已经能较广泛地使用弓箭来狩猎了。由于工具的不断创新，人类在劈、砍、击、刺等技术上积累了更为丰富的经验。这时，以创造锋利工具的能动性、使用工具方法的主动性、运用格斗技术的自觉性为标志，武术的雏形已初步显现。

但是，这种人与兽斗的过程中形成的积累起来的技巧和方法，还不能说是武术的萌芽。因为只有人与人的搏杀格斗，才能使攻与防这一对矛盾体的技术不断演化和提高，才符合技击的逻辑本质。原始人群为了争夺食物、领地，以及基于性选择而经常发生争斗。到了原始社会末期随着生产水平的提高、私有制的萌发，氏族与部落之间开始出现大规模的战争。这些战争使得人与兽斗的工具和技能开始转化为人与人搏杀格斗的工具和技能，并有力地促进了器械的制作以及技击技术的发生和发展。可以说，正是人与人的搏杀格斗才使得大量磨制锋利的生产工具逐渐演化为互相残杀使的武器，使用兵器的技艺及战争所得的格斗技能也逐渐从生产技术中分离出来，为武术的产生创造了必要的条件。

武术是伴随着中华文明产生和发展的。明清时期，随着火器在军中的发展，使得武术与军事武艺分离开来，并在民间开花结果，从而迎来了武术的集成大发展时期，使得武术文化的完备形态在此时期最终形成。此时期形成了武术拳种流派、武术内功、武术套路、内家拳以及对武德的明确要求。

近代，在西方强势文化的猛烈冲击下，中国武术虽然受到了一定程度的负面影响，但在“强种强国”理念的号召下，武术曾一度兴盛，使之开始向科学化、规范化的方向发展，开创了武术运动的新局面。1910 年，在上海成立精武体育会，其影响远及海内外。1928 年，国民政府在南京成立了中央国术馆，各省、市、县也相继成立了地方国术馆。各类民间武术组织以及官方国术馆组织系统的成立，使得武术打破了地域和家族的限制，突破了传统师徒的口传身教的方式，形成了以城市武术组织为中心，有组织地推广武术、开展对武术的整理和研究，对武术运动发展的影响是积极而深远的。武术在近代有了一定的转型，逐渐向学校发展。

中华人民共和国成立后，武术作为学校体育教学的内容之一，受到了国家相关部门的重视。根据形势发展的需要，教育部在制定和完善体育教育专业本科课程指导纲要时，将原来的 11 门主干课程变为 9 门主干课程，后来又变为 6 类主干课程，武术类课程始终是主干课程之一。

二、武术的内容与分类

武术在我国可谓历史悠久，武术运动根深叶茂，内容丰富且分类方法很多。如传统的分类方法中，有以是否“主搏于人”而分为内家与外家；有按山川、地域分为少林、武当、峨眉等门派，还有南拳北腿、东枪西棍之说。目前有人依习武范围与目的将武术分为竞技武术、学校武术、民间传统武术和军事武术等；还有根据体育竞技比赛项目将武术进行分类的方法。每种分类各有所长，也有其不足之处。按武术的运动形式可分为三类：

（一）功法运动

功法运动是以单个动作为主进行练习，以达到健体或增强某方面体能的运动。功法运动主要为武术套路和攻防格斗服务，但也有只练习功法运动以健身为目的的习练者。例如，习练“混元桩”可以调心、调身、调息，长时间站“马步桩”可以增强腿力，练习“拍打功”可增强人体抗击打能力等。传统功法运动的内容丰富多彩，按其形式与功用又可进一步分为以下 4 类。

（1）内壮功又称“内功”“内养功”或“富力强身功”，泛指习武者通过专门的训练方法和手段，对人体内在的精、气、神及脏腑、经络、血脉等的修炼，以达到精足、气壮、神明、内脏坚实、经络血脉通畅、内壮外强的功效，有静卧、静坐、站桩、鼎桩 4 种方法。

（2）外壮功又称“外功”，泛指习武者通过专门的训练方法和手段，使身体具有比常人较强的击打、抗击打、摔跌、磕碰的能力，以达到强筋骨、壮体魄之功效的功夫运动，如鹰爪功、金刚指、铁砂掌等。

（3）轻功又称“弹跳功”，泛指通过各种专门的练习方法和手段，以达到增强弹跳能力而蹦得高、跳得远的功效的功法运动，如带沙袋行走、上下跳沙坑等练习方法。

（4）柔功泛指通过各种专门的练习方法和手段，以达到提高肢体关节活动幅度和肌肉伸展性能的功法运动，如压腿、搬腿、撕腿、劈叉腿、下桥、压肩等。

（二）套路运动

套路运动是指以积极动作为内容，以攻守进退、动静疾徐、刚柔虚实等矛盾运动的变化规律为依据编成的组合及整套练习。按人数多少套路分为以下 3 种。

（1）单练指个体独自进行套路练习的方式。根据练习时是否手持器械，单练又分为拳术和器械运动两类。

①拳术是指徒手练习的套路运动。拳术的种类很多，有长拳、南拳、太极拳、形意拳、八卦掌、八极拳、通背拳、劈挂拳、翻子拳、地躺拳、象形拳等。

②器械运动是指手持武术兵器进行练习的套路运动。器械又可分为长器械，如枪、棍、朴刀等；短器械，如刀、剑、鞭等；双器械，如双刀、双剑、峨眉刺等；软器械，如九节鞭、三节棍、绳镖等。目前，武术竞赛中主要的器械项目是刀、枪、剑、棍。

（2）对练是指在单练的基础上，两人或两人以上，在预订条件下进行的假设性攻防练习的套路形式，包括徒手对练、器械对练、徒手与器械对练等。

（3）集体演练是指多人（竞赛中通常要求 6 人以上）徒手、器械或徒手与器械同时进行演练的套路形式。练习时可变换队形，可用音乐伴奏，要求队形整齐，动作协调一致。

（三）搏斗运动

搏斗运动是两个人在一定条件下按照一定的规则进行斗智、较力、较技的实战攻防格斗。目前较为普遍的有散手和推手，尚未普遍开展的有短兵和长兵。

（1）散打又称散手，古称手搏、白打等，由于比赛在擂台上进行也称“打擂台”，是两人按照一定的规则，使用踢、打、快摔等方法制胜对方的竞技项目。

（2）推手是两人按照一定的规则，使用捋、挤、按、采、挒、肘、靠等技法，双方粘连黏随，寻机借劲发力将对方推出，一次决定胜负的竞技项目。

（3）短兵是两人手持一种特制的短器械，遵照一定的规则，以剑法和刀法为主要攻防方法进行比赛的竞技项目。现阶段武汉体育学院短兵项目发展较好。

（4）长兵是两人手持一种特制的长器械，遵照一定的规则，以棍法和枪法为主要攻防方法进行比赛的竞技项目。

三、武术的特点与作用

（一）武术的特点

1. 武术动作具有攻防技击性

武术动作具有攻防技击性是它的本质特性，如散打、短兵等搏斗运动的技术与实用技击术是基本一致的，集中体现了武术攻防格斗的特点。武术套路虽然风格迥异，但都是由踢、打、摔、拿、击、刺、劈等动作构成的。虽然套路中不少动作的技术规范与技击原形不同，或因连接贯串及演练技巧的需要，穿插了一些不具备攻防意义的动作，但通过一招一式，表现攻与防的内在含义与精神，仍然是套路技术的核心。

2. 武术具有内外合一、形神兼备的运动特色

武术运动既讲究形体规范，又要求精气神传意、内外合一的整体运动观。“内练一口气，外练筋骨皮”是众多拳种的练功准则，如形意拳讲究“内三合，外三合”；太极拳要求“以意识引导动作”等。套路演练在技术上特别要求把内在的精气神与外部的形体动作紧密结合，做到手到眼到，形断意连，使意识、呼吸、动作协调一致。这一特点充分体现了武术作为一种文化形式在长期的历史演变中备受中国古代哲学、医学、文学等方面的渗透和影响，形成独具民族风格的运动形式和练功方法。

3. 内容丰富多彩，具有广泛的适应性

武术的内容和练习形式丰富多样，不同种类的武术项目其练功方法、动作结构、技术要求、运动风格和运动负荷不尽相同，分别适应不同年龄、性格、职业、体质的需要。人们可以根据自己的条件和兴趣爱好加以选择。

（二）武术的作用

1. 壮内强外的健身作用

中国人民千百年来的习武实践和多年的科学研究，都表明武术由于注重内外兼修，对身体有多方面的良好影响，经常练习能收到壮内强外的健身效果。例如，长拳类套路，包括屈伸、回环、跳跃、平衡、翻腾、跌扑等动作，通过内在的神情贯注和呼吸的配合以及人体各个器官的积极参与，对人体的反应速度、力量、灵巧、耐力都有良好的促进作用。太极拳和许多武术功法练习一样，注重调息运气和意念活动，长期练习能够增强人体免疫力，对治疗多种慢性疾病和调节人体内环境平衡均有良好的医疗保健作用。

2. 提高防身自卫能力

“防身自卫”是武术产生之初最根本的目的。在冷兵器时代，武术的攻防格斗更是征战杀敌的直接手段。现今的搏斗运动虽然属于体育范畴，但其技术方法却与使用技击术十分接近，绝大多数技术动作在实际搏斗中可以直接运用。套路运动的技术方法虽然不适用于搏斗，但其以技击动作为主要内容，通过练习，既可增强体质，也可以掌握攻防格斗的意识。如果在练习套路的基础上，再练习攻防格斗运动，会很快掌握搏斗的技法和规律。因此，如果长期坚持系统的武术训练，不仅掌握了防身自卫的知识和方法，提高了人体的灵活性和对意外情况的应变自卫能力，还可以直接为国防、公安建设服务。

3. 培养道德情操的教育作用

武术继承和发扬了中华民族重礼仪、讲道德的优秀传统。“习武先习德”，说明武术练习历来十分重视武德教育。尚武与崇德是练习武术过程中的两个重要方面，其精神可以培养青少年尊师重道、讲礼守信、宽以待人、严于律己等良好的心理素质和高尚的道德情操。武术不仅能培养坚韧不拔、自强不息的意志品质，也是一种修身养性的重要手段，有益于人的全面发展。

4. 娱乐观赏，丰富文化生活

武术具有很高的观赏价值。套路运动动迅静定的节奏美，踢、打、摔、拿、跌巧妙结合的方法美，内外合一、形神兼备的和谐美引人入胜。搏斗对抗中双方激烈的争夺，精湛的攻防技巧，敢打敢拼的斗志，都可以给人一种美的享受和精神上的激励。将武术运动的技术动作和除恶扬善的侠义精神紧密结合的武侠文化，更是给人们带来了强烈的视觉震撼和精神的冲击，极大地丰富了人们的文化生活。

5. 交流技艺，增进友谊

群众性的武术活动讲究“以武会友”，通过习武的共同爱好，可以切磋技艺、扩大交往、交流思想、增进友谊。随着武术在世界上的广泛传播还可以促进与国外武术爱好者的交流，使他们通过练习武术，了解认识中国文化。通过武术的竞技比赛、演武大会等，还可以促进贸易往来，为经济的繁荣做出一定的贡献。

四、武术基本功

武术基本功是武术运动的基础，由手形、步形、手法、步法、腿法、柔韧练习法、跳跃动作和跌扑练习法等组成。

1. 基本手形

包括：拳、掌、勾、爪。

（1）拳：四指并拢卷握，拇指紧扣食指的第二节处。拳眼向上为立拳，拳心向下为平拳。练习时，手指紧握，手腕要挺直。

（2）掌：四指并拢伸直，拇指弯曲紧扣于虎口处为柳叶掌。拇指外展呈八字掌，练习时，指尖捏紧，尽量屈腕。

（3）勾：屈腕，五指尖捏拢。练习时，指尖捏紧，尽量屈腕。

（4）爪：立掌背伸，五指弯曲内抓。练习时，掌指要弯曲紧扣。

2. 基本步形

包括：马步、弓步、仆步、虚步、歇步等。

（1）马步：两脚平行开立“约为本人三脚半的距离”，屈膝半蹲，大腿接近水平，身体重心放在两脚之间。练习时，挺胸、塌腰、展髋，脚跟外蹬。

（2）弓步：两脚前后开立“约本人四脚的距离”，前脚脚尖微内扣，屈膝半蹲，后脚尖内扣（约 45°），后腿膝盖伸直，后髋下沉内扣，上体正对前方，左腿在前呈左弓步，右腿在前呈右弓步。练习时，后腿伸直，后脚要全脚掌着地。

（3）仆步：两脚开立，一腿全蹲，大小腿贴紧，全脚着地，膝关节外展，另一腿侧仆伸直，脚尖内扣，全脚掌着地，开胯、挺胸、塌腰、上体微前倾，左腿伸直为左仆步，右腿伸直为右仆步。练习时，两脚全脚着地，仆步腿膝关节伸直。

（4）虚步：两脚前后开立，重心放在后腿，后腿屈蹲，脚尖外展约 45°，前腿微屈膝，脚尖绷直稍内扣，虚点地面，挺胸塌腰，左脚在前为左虚步，右脚在前为右虚步。练习时，后腿支撑身体中心，虚实分明。

（5）歇步：两腿交叉靠拢全蹲，前脚全脚着地，脚尖外展，后脚跟离地，臀部坐于小腿上，接近脚跟，左脚在前为左歇步，右脚在前为右歇步。练习时，上体立直，坐在后腿上。

3. 基本手法

包括：开立步抱拳预备式、冲拳、推掌、亮掌等。

（1）开立步抱拳预备式：身体立直，两脚分开与肩同宽，双手握拳，两臂屈肘抱于腰间，拳心向上，头正颈直，平视前方。练习时，要挺胸、收腹、立腰。

（2）冲拳：开立步抱拳预备。右手拳心向上，从腰间向前伸臂冲出，接近顶点时拳加速拧转，手臂伸直，使拳心内旋向下，上体拧腰左转，屈肘回收至腰间，拳心向上，如此反复进行。练习时，拳沿直线冲击，肘关节内侧要贴肋运行，一拳的冲出和另一拳的收回要同时进行。

（3）推掌：开立步抱拳预备式，右掌指尖朝前快速前伸，当右臂接近伸直时加速内旋，以掌根外侧为力点向前立掌推击，上体拧腰左转，目视右掌。左掌推出同右掌，在左掌推出的同时右掌外旋屈肘回收至腰间抱拳。练习时，要拧腰、顺肩、沉腕、翘掌，动作快速有力，力点明确。

（4）亮掌：开立步抱拳预备，右手拳变掌，拇指向上，向身体右侧直臂甩出，目随右掌，上动不停，右掌继续上甩，至头部右上方时，抖腕甩掌使臂成弧形，掌心向前，拇指向下，同时头向左甩，目视左侧方向。左侧亮掌方向相反，过程相同。练习甩掌时，肩、肘、腕关节要放松舒展，亮掌时手臂要上撑。

4. 基本步法

包括：上步、退步、盖步、越步、击步、插步等。

（1）上步：后脚经过前脚向前上一步，上步时身体不能前后摆动。

（2）退步：前脚经过后脚向后退一步，或后脚先退半步，前脚在退回半步。

（3）盖步：一脚经一脚前横迈一步，两腿交叉。

（4）跃步：后脚提起前摆，前脚蹬地起跳，接着后脚向前落地。

（5）击步：后脚碰前脚腾空落地。

（6）插步：后脚向相反方向横移一步，脚跟离地，两脚略呈交叉。

5. **腿法**

包括：弹腿、蹬腿、侧踹退、鞭腿、后扫腿等。

（1）弹腿：右腿伸直或稍屈支撑，上体正直，左腿屈膝上提，绷脚背，随即提膝向前弹踢小腿，力达脚背。弹踢后要快速收回小腿迅速还原成实战姿势，此为左弹腿。左腿伸直或稍屈支撑，上体向左拧转，右腿屈膝上提，绷脚背，随即提膝向前弹踢小腿，力达脚背。弹踢后要快速收回小腿迅速还原成实战姿势，此为右弹腿。左右弹腿在练习时，以膝带腿，抓紧脚趾，脚背紧张。弹腿距离对方的要害近，出腿隐蔽、预兆小、有力度，实战时可攻可守，踢击对方腰部以下部位。

（2）蹬腿：左蹬腿时，右腿伸直或稍屈，左腿屈膝上提，勾脚尖向前蹬出，力达脚跟，也可在蹬出时送髋，脚掌下压，力达脚前掌，蹬腿后快速收小腿，迅速还原成实战姿势。右蹬腿时，身体前移并向左拧转，左腿支撑身体重心，右腿屈膝上提，勾脚尖向前蹬出，力达脚跟，亦可送髋，脚掌下压，力达脚前掌。右蹬腿后要快速收小腿，迅速还原成实战姿势。左右蹬腿练习时，以膝领腿，屈膝提起在伸膝发力，快速连贯。蹬腿是向前直踢对手的进攻腿法，多用于攻击对方的躯干。

（3）侧踹腿：左踹腿时，右腿稍屈支撑身体，左腿屈膝提起，脚掌正对攻击目标，然后展髋、伸膝、勾脚尖，以大腿推动小腿向前发力踹出，力达脚掌，腿踹出的同时上体可侧倾。踹退后快速收小腿，迅速还原成实战姿势。右踹退时，左腿稍屈支撑身体，身体向左转 180°，同时右腿屈膝前抬，小腿外摆，脚尖翘起，脚掌正对攻击目标，用力向前踹出，力达脚掌，腿踹出的同时上体可侧倾。踹退后快速收小腿，迅速还原成实战姿势。左右侧踹退练习时，一定要以大腿推动脚直线向前发力，踹出后上体、大腿、小腿、脚掌要呈一条直线。多用于攻击对方的躯干和膝关节，有时也可以突然攻击对方头部。

（4）鞭腿：左鞭腿时，右腿立直或稍屈支撑身体，上体稍向后侧倾，同时左腿屈膝向左侧摆起，扣膝，绷脚背，随即提膝向前弹踢小腿，力达脚背或小腿下端，随即快速收小腿，迅速还原成实战姿势。右鞭腿时，左腿支撑，上体左转，带动右腿绷脚背向前上方展髋弹踢，力达脚背或小腿下端。随即快收小腿，迅速还原成实战姿势。左右鞭腿对方的躯干和头部。练习时，脚背紧张，膝关节内扣，以膝带腿，快速连贯有力。鞭腿多用于攻击。

（5）后扫腿：实战姿势或弓步双推掌准备，左腿跪膝下蹲的同时身体向右拧转，随即双手扶地，以左前脚掌为轴，右腿屈髋直膝向右后方扫转一周，脚掌内扣并勾紧，力达脚后跟。扫退后迅速还原成预备式。练习时，左脚跟要提起，左腿蹲下要叠紧，转体扫转要迅速连贯，右脚掌要贴地，以增强后扫的力度。在实战中，多在对手的攻击之前或之后，其身体重心在前脚的瞬间时使用。

6. **柔韧练习**

柔韧练习是武术基本功中的一种，有十分丰富的练习方法和集体的要求。练习的目的是提高肩、腰、髋关节的柔韧性，加大关节运动幅度并有力度，为正确地完成武术技术动作奠定基础。

（1）肩部的柔韧性练习主要有压肩、绕环、轮臂等方法。

（2）腰部的柔韧性练习主要有向前的“俯腰”、向后的“下腰”和翻转的“涮腰”等练习方法。

（3）腿部柔韧性的练习主要有压腿、耗腿、搬腿、踢腿、控腿、撕腿等练习方法。踢腿是压腿、耗腿等静力性练习之后的动力性练习，主要方法有摆踢腿、正踢腿、侧踢腿、斜踢腿、里合腿、外摆腿、后踢腿等。

7. 跳跃动作

包括腾空飞脚、旋风脚、腾空外摆莲等。

（1）腾空飞脚：右脚上步，左腿向前、向上摆踢，左腿随即蹬地跃起，身体腾空，两臂由下向前向上摆起，右手背迎击左手掌。在空中右腿向前上方弹踢，脚面绷直，右手迎击右脚背，同时左手摆至左侧方变勾，勾尖向下略高于肩，左腿屈膝，收控于右腿侧，上体微前倾，两眼平视前方。

（2）旋风脚：左脚向左上步，同时左手向前向上摆起，右臂伸直向后、向下摆动，右腿随即上步，脚尖内扣，左臂向下摆并屈肘收至右胸前，同时右臂向上、向前抡摆，上体向左旋转前俯。重心右移，右腿屈膝蹬地跳起，左腿提起向左上方摆动，上体向左上方翻转，同时两臂向下、向左下方抡摆。身体旋转一周，右腿里合腿，左手在面前迎击右脚掌，左腿自然下垂。

（3）腾空外摆莲。右脚蹬地跳起，同时左腿向右上方里合踢摆，两手于头上击响，上体向右旋转，身体腾空。右腿外摆，两手先左后右地拍击右脚面，左腿屈膝收控于右腿侧。上体微前倾，两眼随看两手。在空中击响时，左腿可伸直分开摆动，控于体侧。

8. 跌扑滚翻动作

包括：鲤鱼打挺、乌龙绞柱、侧空翻、旋子等。

（1）鲤鱼打挺：仰卧、屈体使两腿上摆，两手扶按膝盖，挺服，振摆而起。练习时，身体必须呈半圆环形，两脚分开不得超过两肩宽，打腿振摆要快速。

（2）乌龙绞柱：侧卧，左腿略屈贴地，右腿伸直。绞柱时，右腿由左向右贴身平扫，身体随之翻仰，两腿上举相绞。双手推地，双脚迅速站立。

（3）侧空翻：左脚蹬地，右腿从后向上摆起，身体前屈，在空中做向左侧翻动作，右脚先落地，左脚随之落地。

（4）旋子：开步站立，身体右转，左脚离地，左臂前平举，右臂后下举，左脚蹬地，身体平俯向左甩腰摆动，同时两臂伸直随身向左摆动，紧接着左脚蹬地，身体悬空，两腿随身向左平旋，善后右脚先落地，左脚随之落地。

【课堂练习】

练习内容：正踢腿、侧踢腿、里合腿、外摆腿等直摆性腿法练习，冲拳、亮掌、摆勾等基本手型练习，弓步、马步、仆步、虚步、蝎步等基本步型练习，弓马步转换、半马步格挡冲拳、弓步冲拳等组合练习。

练习方法：先跟随教师学习，然后学生2人一组，相互练习及纠正动作。

达成目标：熟练掌握武术基本功，能清晰地根据动作名称做出动作。

【课后练习】

练习内容：弓步、马步、仆步、虚步、蝎步每个步伐10个一组，弓马步转换冲拳5个一组。

练习方法：学生自主练习，随着练习的增加逐渐降低重心，注意动作的正确方法。

达成目标：进一步巩固武术基本功，增强学生上下肢协调能力。

【思考与练习】

（1）武术是怎样分类的？

（2）武术的作用有哪些？

第二节 武术套路

【案例导入】

老师：同学们选择了武术俱乐部学习武术套路课程，那么请大家谈一下你心中理解的武术套路及其用途是什么。

学生 A：武术套路就是公园里大爷、大妈练的健身操，用来锻炼身体的、养生的。

学生 B：武术是用来表演用的，看到很多节目都有武术表演。

学生 C：太极推手可以用来实战。

老师：大家说的都是正确的，武术套路有长拳、南拳、太极拳、刀、枪、剑、棍等很多项目，除用来锻炼身体、表演及太极推手实战，其实武术套路的所有动作都来源于实战，下面通过长拳的弓步格挡冲拳，太极拳的棚、捋、挤、按等手法的实用方法的介绍与实践效果的展示帮助同学们在未来的学习中能够通过武术动作的实战用法来帮助武术动作的学习与记忆。

一、五步拳

（一）简介

五步拳是学习武术入门的基本拳术组合小套，包含了武术中最基本的弓、马、仆、虚、歇 5 种步型和拳、掌、勾 3 种手型及上步、退步步法和搂手、冲拳、按掌、穿掌、挑掌、架打、盖打等手法。通过五步拳的练习可以增进身体的协调能力，掌握动作与动作之间的衔接要领，提高动作质量，为进一步学习武术打下基础。

（二）动作说明

1. 预备式

并步抱拳，两脚并拢，双手握拳抱于腰间，拳面与小腹在同一个平面，双肘后顶，向左摆头，目视左前方，见图 11-2-1（a）。

（1）实战应用：当后方有人威胁自己时，双肘同时向后顶。

（2）易犯错误：肘尖偏向两侧。

（3）动作要领：挺胸，双肘肘尖向后，两小臂收于腰间夹紧。

2. 弓步冲拳

左脚向左横跨一大步成马步，同时左拳变掌向左搂出，掌指朝上，虎口撑开。目视左方。弓步搂打之弓步冲拳：左掌变拳收回腰间，拳心朝上。马步向左拧腰转胯成左弓步，右拳同时内旋击出，拳心向下，力达拳面，目视前方，见图 11-2-1（b）。

（1）实战应用：对方出右拳攻击，出左拳进行格挡，出右拳进行攻击。

（2）易犯错误：弓步后腿不直。

（3）动作要领：左腿大腿蹲平，右腿蹬直。

3. **弹踢冲拳**

右拳外旋收回腰间，拳心向上。左拳拧旋击出，同时右脚向前弹出，脚面绷平，力达脚尖。左拳拳心向下，上身直立，目视前方，见图 11-2-1（c）。

（1）实战应用：在对方没有击打的瞬间，右腿踢对方裆部，左手击打对方胸或脸部。

（2）易犯错误：弹踢时支撑腿弯曲，弹踢脚勾脚尖。

（3）动作要领：左腿蹬直，右腿向前弹踢，前脚掌绷直。

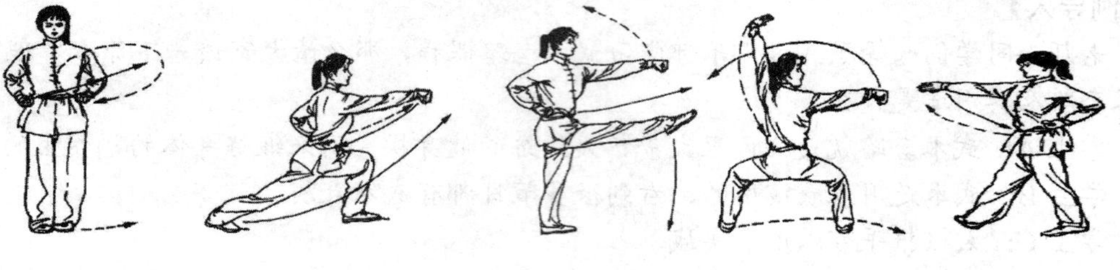

图 11-2-1 动作说明（1）

4. **马步架打**

右脚前落成马步，左拳变掌向上撩架，右拳向前击出成平拳。眼看右方，见图 11-2-1（d）。

（1）实战应用：左手向上架起防止对方击打头部，右手向前击打对方胸部或腹部。

（2）易犯错误：马步两腿重心不在中间，形成侧弓步或弓步。

（3）动作要领：重心在两腿中间，不要向一方偏移。

5. **歇步冲拳**

歇步盖打之转身盖掌：向左转身，左脚后撤右脚后方，左掌变拳收回腰间，右拳变掌从上向左下横盖。目视前方，见图 11-2-1（e）。歇步盖打之歇步冲拳：下蹲成右歇步，右掌变拳收回腰间，左拳平拳击出，目视前方，见图 11-2-2（a）。

（1）实战应用：左后方来人进攻，身体左转，右手向左后方盖掌击打，随之身体重心下移，右手抓拉对方，左拳向对方下体攻击。

（2）易犯错误：歇步做不成功，影响重心稳定。

（3）动作要领：左腿膝盖，一定别在右腿膝盖内。

6. **提膝穿掌**

左拳变掌下横盖，起身右腿直立，左脚提膝，同时右拳变掌从腰间向右上方穿出，目视右掌，见图 11-2-2（b）。

（1）实战应用：右后方来人进攻，左掌向右防守，右掌经左掌下方向对方喉咙或面部穿出击打对方。

（2）易犯错误：穿掌位置过平，膝提得不够高。

（3）动作要领：向斜上方穿掌，膝盖要过腰，支撑腿伸直。

7. **仆步穿掌**

左脚向左落步成左仆步，左掌向左下方穿出，目视左方，见图 11-2-2（c）。

（1）实战应用：左手向对方裆下穿去。

（2）易犯错误：左腿不伸直，左脚脚跟离地。

（3）动作要领：右腿蹲下去，左腿伸直，左右脚全脚掌着地。

8. **虚步挑掌**

右脚向前上步成右虚步，左掌顺式向上向后成下勾手（低不过肩，高不过耳端）。右掌向前向上挑出，掌指向上，右肘微曲。目视前方，见图 11-2-2（d）。

（1）实战应用：左手向前上方撩起击打对方裆部，右手随上步推打对方。

（2）易犯错误：虚步重心下移不到位，使得身体失去平衡。

（3）动作要领：右腿上步支撑，左腿迅速下蹲，大腿约与地面平行。

9. **收势**

左脚向右脚并拢，双手变拳收回腰间。向左摆头，目视左前方，见图 11-2-2（e）。

（1）实战应用：右方有人，重心右移将对方击出。

（2）易犯错误：双肘肘尖不朝后，朝向其他方向。

（3）动作要领：双臂夹紧，肘尖向后，挺胸抬头。

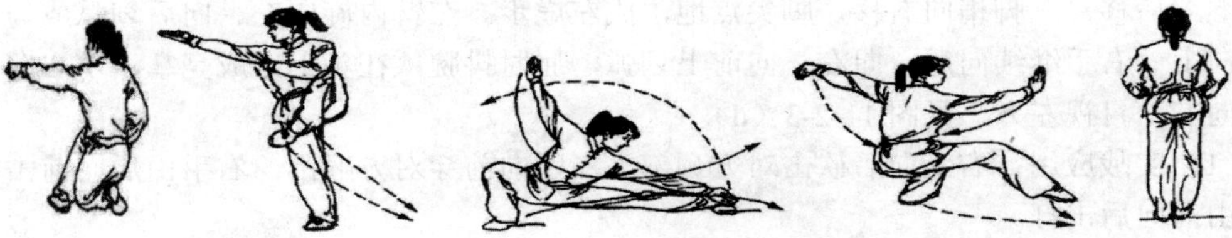

（a）（b）（c）（d）（e）

图 11-2-2 动作说明（2）

二、初级长拳第三路

（一）简介

初级长拳第三路是中国武术段位制初级段位“三段”的规定长拳套路，在武术运动中影响较大，群众基础广泛。初级三路长拳是现代长拳的一种，吸取了查、花、炮、红诸拳种之长，把长拳类型的手形、手法、步形、步法、腿法、平衡、跳跃等基本动作规范化。其姿势舒展大方，动作敏捷快速，刚柔相济，快慢相间。动迅静定，节奏分明。年轻时期，进行长拳练习对提高灵敏性有较大效果。由于长拳动作舒展，关节活动范围较大，对肌肉和韧带的柔韧性、弹性都有较高的要求。同时，由于长拳动作大多是用大肌肉群来进行活动的，要求肌肉活动量大而且迅速，需氧量较大，因此对提高心肺功能有良好的作用。

（二）动作说明

预备动作

1. **预备势**

两脚并步站立，两臂垂于身体两侧，五指并拢贴靠外侧，眼向前平视，头要端正，下颏微收，挺胸，塌腰，收腹，见图 11-2-3（a）。

（a） （b） （c） （d）

图 11-2-3 预备动作（1）

2. **虚步亮掌**

右脚向右后方撤步成左弓步。右掌向右、向上、向前划弧，掌心向上；左臂屈肘，左掌提至腰侧，掌心向上，目视右掌，见图 11-2-3（b）。右腿微屈，重心后移，左掌经胸前从右臂上向前穿出伸直；右臂屈肘，右掌收至腰侧，掌心向上，目视左掌，见图 11-2-3（c）。重心继续后移，左脚稍向右移，脚尖点地，成左虚步。左臂内旋向左、向后划弧成勾手，勾尖向上；右手继续向后、向右、向前上划弧，屈肘抖腕，在头上方成亮掌，掌心向前，掌指向左，目视左方，见图 11-2-3（d）。

（1）实战应用：右手向后砍击对方颈部，左手向前穿对方喉部，右手由后向前击打，左手由前向后击打。

（2）易犯错误：虚步右腿蹲不下去，左脚向前过小。

（3）动作要领：右腿蹲到与地面平行，左腿微向内回收就可以。

3. **并步对拳**

右腿蹬直，左腿提膝，脚尖里扣，上肢姿势不变，见图 11-2-4（a）。左脚向前落步，重心前移。左臂屈肘，左勾手变掌经左肋前伸；右臂外旋向前下落于左掌右侧，两掌同高，掌心均向上，见图 11-2-4（b）。右脚向前上一步，两臂下垂后摆，见图 11-2-4（c）。左脚向右脚并步，两臂向外向上经胸前屈肘下按，两掌变拳，拳心向下，停于小腹前，目视左侧，见图 11-2-4（d）。

（1）实战应用：双手向前拍打对方，随上步并步双拳向下击打。

（2）易犯错误：上步与摆臂不协调，影响力量发挥。

（3）动作要领：上步及上步过程中，双手摆放位置到位。

（a） （b） （c） （d）

图 11-2-4 预备动作（2）

第一节动作

1. 弓步冲拳

左脚向左上一步，脚尖向斜前方；右腿微屈，成半马步。左臂向上向左格打，拳眼向后，拳与肩同高；右拳收至腰侧，拳心向上，目视左拳，见图 11-2-5（a）。右腿蹬直成左弓步，左拳收至腰侧，拳心向上，右拳向前冲出，高与肩平，拳眼向上，目视右拳，见图 11-2-5（b）。

（1）实战应用：对方出右拳攻击，出左拳进行格挡，出右拳进行攻击。

（2）易犯错误：弓步后腿不直。

（3）动作要领：左腿大腿蹲平，右腿蹬直。

2. 弹腿冲拳

重心前移至左腿，右腿屈膝提起，脚面绷直，猛力向前弹出伸直，高与肩平。右拳收至腰侧，左拳向前冲出，目视前方，见图 11-2-5（c）。

3. 马步冲拳

右脚向前落步，脚尖里扣，上体左转。左拳收至腰侧，两腿下蹲成马步；右拳向前冲出，目视右拳，见图 11-2-5（d）。

（1）实战应用：身体左方有人进攻，身体左转，左手向左侧格挡，右拳随身体左转击出。

（2）易犯错误：重心不在两腿中间，造成步型错误。

（3）动作要领：重心在两腿中间，不能偏重心。

（a）　（b）　（c）　（d）

图 11-2-5　弓步冲拳、弹腿冲拳、马步冲拳

4. 弓步冲拳

上体右转 90°，右脚尖歪撇向斜前方，成半马步。右臂屈肘向右格打，拳眼向后，目视右拳，见图 11-2-6（a）。右腿蹬直成右弓步；右拳收至腰侧；左拳向前冲出，目视左拳，见图 11-2-6（b）。

（1）实战应用：右方受到进攻，身体右转，右手向右格挡，左手向前冲拳。

（2）易犯错误：右腿蹲不平，左腿蹬不直。

（3）动作要领：重心前移，右腿蹲平，左腿蹬直。

5. 弹腿冲拳

重心前移至右腿，左腿屈膝提起，脚面绷直，猛力向前弹出伸直，高与肩平。左拳收至腰侧，左拳向前冲出，目视前方，见图 11-2-6（c）。

（1）实战应用：在对方没有击打的瞬间，左腿踢对方裆部，右手击打对方胸或脸部。

（2）易犯错误：弹踢脚勾脚尖。

（3）动作要领：右腿向前弹踢，前脚掌绷直。

（a）（b）（c）

图 11-2-6 弓步冲拳、弹腿冲拳

6. **大跃步前穿**

左腿屈膝，右拳变掌内旋，一手背向下挂至左膝外侧，上体前倾，目视右手，见图 11-2-7（a）。左脚向前落步，两腿微屈，右掌继续后挂，左拳变掌，向后向下伸直，目视右掌，见图 11-2-7（b）。右腿屈膝向前提起，左腿立即猛力蹬地向前跃出，两掌向前向上划弧摆起，目视左掌，见图 11-2-7（c）。右腿落地全蹲，左腿随即落地向前铲出成仆步。右掌变拳抱于腰侧，左掌由上向下划弧成立掌，停于右胸前，目视左脚，见图 11-2-7（d）。

（1）实战应用：前方 4～5 米处有敌人，左腿支撑向前挑起，左脚向前铲出。

（2）易犯错误：挑起过程中双手不随身体摆动，影响起跳加速度，影响跳的远度。

（3）动作要领：右腿与左腿换跳步过程中，双手从左向上方向右划圆弧，维持重心平衡。

（a）（b）（c）（d）

图 11-2-7 大跃步前穿

7. **弓步击掌**

右腿猛力蹬直成左弓步，左掌经右脚面向后划弧至身后成勾手，左臂伸直，勾尖向上，右拳由腰侧变掌向前推出，掌指向上，掌外侧向前，目视右掌，见图 11-2-8（a）。

（1）实战应用：左手搂对手脚踝，右手掌将对方击出。

（2）易犯错误：仆步、弓步转换不到位，使向前击掌力量发挥不出来。

（3）动作要领：右腿用力前蹬伸直，左手向右拉，右手向前推，成弓步击掌。

8. **马步架掌**

重心移至两腿中间，左脚脚尖里扣成马步，上体右转。右臂向左侧平摆，稍屈肘；同时左勾手变掌由后经左腰侧从右臂内向前上穿出，掌心均朝上，目视左手，见图 11-2-8（b）。

右掌立于左胸前，左臂向左上屈肘抖腕亮掌于头部左上方，掌心向前，目视右方，见图 11-2-8（c）。

（1）实战应用：左手变掌收于腰间，身体右转，左手向左上方穿出架在头上。

（2）易犯错误：重心不在两腿之间，马步形成出现问题。

（3）动作要领：向右转身时，重心在两腿中间。

（a）　（b）　（c）

图 11-2-8　弓步击掌、马步架掌

第二节动作

9. 虚步栽拳

右脚蹬地，屈膝提起，左腿伸直，以前脚掌为轴向右后转体 180°。右掌由胸前向下经右后腿外侧向后划弧成勾手；左臂随体外旋，使掌心朝右，目视右手，见图 11-2-9（a）。右脚向右落地，重心移至右腿上，下蹲成虚步。左掌变拳下落于左膝上，拳眼向里、拳心向后；右勾手变拳，屈肘向上架于头上方，拳心向前，目视左方，见图 11-2-9（b）。

（1）实战应用：对手从左边进攻，左手从上向下栽拳，打击对方。

（2）易犯错误：虚步过小或不成功。

（3）动作要领：右腿弯曲蹲到与地面平行，左腿回收不要过大，与右腿形成支撑。

10. 提膝穿掌

右腿稍伸直，右拳变掌收至腰侧、掌心向上，左拳变掌由下向左上划弧盖压于头上方，掌心向前，见图 11-2-9（c）。右腿蹬直，左腿屈膝提起，脚尖内扣。右掌从腰间经左臂内向右前上方穿出，掌心向上，左掌收至右胸前成立掌，目视右掌，见图 11-2-9（d）。

（1）实战应用：右后方来人进攻，左掌向右防守，右掌经左掌下方向对方喉咙或面部穿出击打对方。

（2）易犯错误：穿掌位置过平，膝提得不够高。

（3）动作要领：向斜上方穿掌，膝盖要过腰，支撑腿伸直。

（a）　（b）　（c）　（d）

图 11-2-9　虚步栽拳、提膝穿掌

11. 仆步穿掌

右腿全蹲，左腿向左后方铲出成左仆步。右臂不动，左掌由用胸前向下经左腿内侧，向左脚面穿出，目随左掌转视，见图 11-2-10（a）。

（1）实战应用：左手向对方裆下穿去。

（2）易犯错误：左腿不伸直，左脚脚跟离地。

（3）动作要领：右腿蹲下去，左腿伸直，左右脚全脚掌着地。

12. 虚步挑掌

右腿蹬直，重心前移至左腿，成左弓步。右掌稍下降，左掌随重心前移向前挑起，见图 11-2-10（b）。右脚向左前方上步，左腿半蹲，成右虚步。身体随上步左转 180°。在右脚上步的同时，左掌由前向上向后划弧成立掌，右掌由后向下、向前上挑起成立掌，指尖与眼平，目视右掌，见图 11-2-10（c）。

（1）实战应用：左手向前上方撩起击打对方裆部，右手随上步推打对方。

（2）易犯错误：虚步重心下移不到位，使得身体失去平衡。

（3）动作要领：右腿上步支撑，左腿迅速下蹲，大腿约与地面平行。

（a）　　（b）　　（c）

图 11-2-10　仆步穿掌、虚步挑掌

13. 马步击掌

右脚落实，脚尖外撇，重心稍升高并右移，左掌变拳收至腰侧；右掌俯掌向外捞手，见图 11-2-11（a）。左脚向前上一步，以右脚为轴向右后转体 180°，两腿下蹲成马步。左掌从右臂上撑立掌向左侧击出，右掌变拳收至腰侧，目视左掌，见图 11-2-11（b）。

（1）实战应用：右手抓对方击打手，左脚向前上步，左手变掌击打对方腰腹部。

（2）易犯错误：马步重心过分左移，形成其他步型。

（3）动作要领：重心在两腿中间。

14. 叉步双摆掌

重心稍右移，同时两掌向下向右摆，掌指均向上，目视右掌，见图 11-2-11（c）。右脚向左腿后插步，前脚掌着地。两臂继续由右向上向左摆，停于身体左侧，均成立掌，右掌停于左轴窝处，目随双掌转视左方，见图 11-2-11（d）。

（1）实战应用：左方继续来敌，双手向左轮出，将对方击飞。

（2）易犯错误：双手摆掌不圆，用力不协调。

（3）动作要领：右腿蹬地后后叉，双手经下方向上向左抡圆。

（a）　（b）　（c）　（d）

图 11-2-11　马步击掌、叉步双摆掌

15. 弓步击掌

两腿不动，左掌收至腰侧，掌心向上；右掌向上向右划弧，掌心向下，见图 11-2-11（a）。左腿后退一步成弓步。右掌向下向后伸直摆动，成勾手，勾尖向上；左掌成立掌向前推出，目视左掌，见图 11-2-12（b）。

（1）实战应用：右边有敌人时，左脚后退一步，右手直接向右方向推出击打。

（2）易犯错误：左脚后撤蹬不住地，弓步不成型。

（3）动作要领：左脚后撤蹬住地，便于左手向前用力，后腿蹬直，前腿蹲平成弓步击掌。

（a）　（b）　（c）

图 11-2-12　弓步击掌、转身踢腿马步盘肘

16. 转身踢腿马步盘肘

两脚以前脚掌为轴向左后转体 180°。在转体的同时，左臂向上向前划半立圆，右臂向下向后划半圆，见图 11-2-12（c）。上动不停，两脚不动，右臂由后向上向前划半立圆，左臂由前向下向后划半立圆，见图 11-2-13（a）。上动不停，右膀下成反臂勾手，勾尖向上；左臂向上成亮掌，掌心向前上方。右腿伸直，脚尖勾起，向额前踢，见图 11-2-13（b）。右脚向前落地，脚尖里扣。右手不动，左臂屈肘下落至胸前，左掌心向下，目视左掌，见图 11-2-13（c）。上体左转 90°，两腿下蹲成马步。同时左掌向前向左平掳变拳收至腰间，右勾手变拳，右臂伸直，由体后向右向前平摆，至体前时屈肘，肘尖向前，高与肩平，拳心向下，目视肘尖，见图 11-2-13（d）。

（1）实战应用：双臂向上抡一圈防守，上右脚踢对方面部，向左转身，右手拳横搂击打成马步盘肘。

（2）易犯错误：抡臂时容易出现不到位，马步不标准的现象。

（3）动作要领：抡臂要圆，要到位，马步重心在两腿之间，盘肘时迅速锁住。

（a）（b）（c）（d）

图 11-2-13 转身踢腿马步盘肘

第三节动作

17. 歇步抡砸拳

重心稍高升，右脚尖外撇。右臂由胸前向上向右抡直；左拳向下向左，使臂抡直，目视右拳，见图 11-2-14（a）。上动不停，两脚以前脚掌为轴，向右转体 180°，右臂向下向后抡摆，左臂向上向前随身体转动，见图 11-2-14（b）。紧接着上动，两腿全蹲成歇步。左臂随身体下蹲向下平砸，拳心向上，臂部微屈；右臂伸直向上举起，目视左拳，见图 11-2-14（c）。

（1）实战应用：右拳砸击对方后转身后左拳继续砸击对方。

（2）易犯错误：双臂抡不圆，歇步形不成。

（3）动作要领：双臂抡圆两圈相照，右脚向前转转身直接成歇步，左膝盖含在右膝盖下面。

（a）（b）（c）

图 11-2-14 歇步抡砸掌

18. 仆步亮掌

左脚由右腿后抽出前上一步，左腿蹬直，右腿半蹲，成右弓步。上体微向右转。左拳收至腰侧，右拳变掌向下经胸前向右横击掌，目视右掌，见图 11-2-15（a）。右脚蹬地屈膝提起，上体右转。左拳变掌从右掌上向前穿出，掌心向上，右掌平收至肘下，见图 11-2-15（b）。右脚向右落步，屈膝全蹲，左腿伸直，成仆步。左掌向下向后划弧成勾手，勾尖向上，右掌向右向上划弧微屈，抖腕成亮掌，掌心向前。头随右手转动，至亮掌时，目视左方，见图 11-2-15（c）。

（1）实战应用：重心右移，左手抓住对方向左后方拉摆，使对方受弧形力量失去重心。

（2）易犯错误：仆步不到位，左脚脚尖抬起。

（3）动作要领：左腿伸直，左脚全脚掌着地。

（a）　（b）　（c）

图 11-2-15　仆步亮掌

19. **弓步劈拳**

右腿蹬地立起，左腿收回并向左前方上步。右掌变拳收至腰侧，左勾手变掌由下向前上经胸前向左左搂手，见图 11-2-16（a）。右腿经左腿前方左绕上一步，左腿蹬直成右弓步。左手向左平搂后再向前挥摆，虎口朝前，见图 11-2-16（b）。在左手平搂的同时，右拳向后平摆，然后再向前向上左抡劈拳，拳高与耳平，拳心向上，左掌外旋接扶右前臂，目视右拳，见图 11-2-16（c）。

（1）实战应用：左手格挡抓拉，右手拳随上步向前下方劈出。

（2）易犯错误：上步与劈拳配合不好，影响力量发挥。

（3）动作要领：右脚上步，左腿迅速用力向前蹬直，右拳随向前力量迅速劈出。

（a）　（b）　（c）

图 11-2-16　弓步劈拳

20. **换跳步弓步冲拳**

重心后移，右脚稍向后移动。右拳变掌臂内旋以掌背向下划弧挂至右膝内侧；左掌背右肘外侧，掌指向前，目视右掌，见图 11-2-17（a）。右腿自然上抬，上体稍向左扭转。右掌挂至体左侧，左掌伸向右腋下，目随右掌转视，见图 11-2-17（b）。右脚以全脚掌用力向下震跺，与此同时，左脚急速离地抬起。右手由左向上向前搂盖而后变拳收至腰侧，左掌伸直向下、向上、向前屈肘下按，掌心向下。上体右转，目视左掌，见图 11-2-17（c）。左脚向前落步，右腿蹬直成左弓步。右拳向前冲出，拳高与肩平；左掌藏于右腋下，掌背贴靠腋窝，目视右拳，见图 11-2-17（d）。

（1）实战应用：右手向右后方防守，左手向下击打后右手顺左手向前弓步冲拳。

（2）易犯错误：弓步上体过于前倾。

（3）动作要领：形成弓步冲拳即可，防止上体过分前倾造成弓步不稳。

（a） （b） （c） （d）

图 11-2-17 换跳步弓步冲拳

21. 马步冲拳

上体右转 90°，重心移至两腿中间，成马步。右拳收至腰侧，左掌变拳向左冲出，拳眼向上，目视左拳，见图 11-2-18（a）。

（1）实战应用：右手拉拽对方，左拳顺势击出。

（2）易犯错误：马步转换不到位。

（3）动作要领：重心迅速右移到两腿之间。

22. 弓步下冲拳

右腿蹬直，左腿弯曲，上体稍向左转，成左弓步。左拳变掌向下经提前向上架于头左上方，掌心向上，右拳自腰侧向左前斜下方冲出，目视右拳，见图 11-2-18（b）。

（1）实战应用：左手格挡，右拳向对方裆部冲出。

（2）易犯错误：马步转换弓步不到位。

（3）动作要领：身体左转重心左移，右腿蹬直，左腿蹲平。

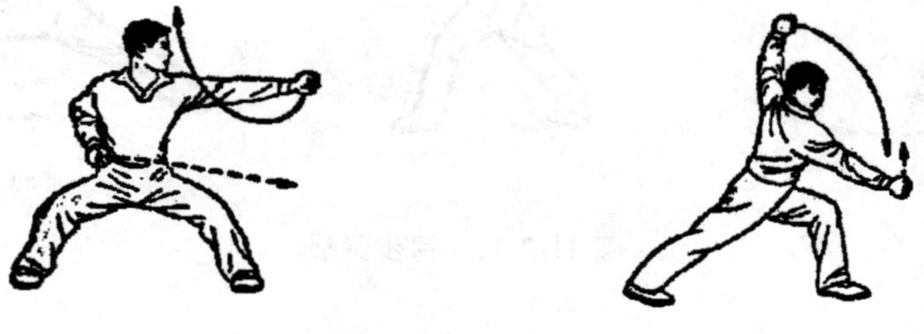

（a） （b）

图 11-2-18 马步冲拳、弓步下冲拳

23. 叉步亮掌侧踹腿

上体稍右转，左掌由头上下落于右手腕上，右拳变掌，两手交叉成十字，目视双手，见图 11-2-19（a）。右脚蹬地并向左腿后插步，以前脚掌着地。左掌由体前向下向后划弧成勾手，勾尖向上，右掌由前向右向上划弧抖腕亮掌，掌心向前，目视左侧，见图 11-2-19（b）。重心移至右腿，左腿屈膝提起，向左上方猛力蹬出。上肢姿势不变，目视左侧，见图 11-2-19（c）。

（1）实战应用：双手摆动格挡防守，随之左脚向前踹出。

（2）易犯错误：左脚脚掌绷脚面。

（3）动作要领：左脚勾脚面，用脚后跟进行蹬踹。

（a）　　　　（b）　　　　（c）

图 11-2-19　叉步亮掌侧踹腿

24. 虚步挑掌

左脚在左侧落地，右掌变拳稍后移，左勾手变拳由体后向左上挑，拳背向上，见图 11-2-20（a）。上体左转 180°，微含胸前俯。左拳继续向前向上划弧上挑，右拳向下向前划弧至右膝外侧，同时右膝提起，目视右拳，见图 11-2-20（b）。右脚向左前方上步，脚尖点地，重心落于左脚，左腿下蹲成右虚步。左拳向后划弧收至腰侧，拳心向上，右拳向前屈臂挑出，拳眼斜向上，拳与肩同高，目视右拳，见图 11-2-20（c）。

（1）实战应用：上步勾拳攻击对方腹部。

（2）易犯错误：左腿支撑不足，造成拳的劲力展现不出来。

（3）动作要领：左腿重心压低蹬地，保障左拳劲力顺达。

（a）　　　　（b）　　　　（c）

图 11-2-20　虚步挑掌

第四节动作

25. 弓步顶肘

重心升高，右脚踏实。右臂内旋向下直臂划弧以拳背下挂至右膝内侧，左拳不变，目视前下方，见图 11-2-21（a）。左腿蹬直，右膝屈膝上抬。左拳变掌，右拳不变，两臂向前向上划弧摆起。目随右拳转视，见图 11-2-21（b）。左脚蹲地起跳，身体腾空，两臂继续划弧至头上方，见图 11-2-21（c）。右脚先落地，右腿屈膝，左脚向前落步，以前脚掌着地。同时两臂向右向下屈肘停于右胸前，右拳变掌，左掌变拳。右掌心贴靠左拳面，见图 11-2-21（d）。左脚向左上一步，左腿屈膝，右腿蹬直成左弓步。右掌推左拳，以左肘尖向左顶出，高与肩平。目视前方，见图 11-2-21（e）。

（1）实战应用：右手向上格挡，同时快速向左方换跳步，左肘向前击出。

（2）易犯错误：换跳步过程中左手不随之摆动。

（3）动作要领：左手随有手向上方摆动，防止对方进攻。

（a）（b）（c）（d）（e）

图 11-2-21 弓步顶肘

26. **转身左拍脚**

以两脚前脚掌为轴向右后转体 180°。随着转体，右臂向上、向右、向下划弧抡摆，同时左拳变掌向下、向后、向前上抡摆，见图 11-2-22（a）。左腿伸直向前上踢起，脚面绷平。左掌变拳收至腰侧，右掌由体后向上向前拍击左脚面，见图 11-2-22（b）。练习中，右掌拍脚时手掌稍横过来，拍脚要准而响亮。

（1）实战应用：左手击打对方面部后，左脚踢与右手拍同时击打对方面部。

（2）易犯错误：右手与左脚踢拍不协调。

（3）动作要领：轮臂及踢腿过程用力，在头的位置手与脚击响。

27. **转身右拍脚**

左脚向前落地，左拳变掌向下向后摆，右掌变拳收至腰侧，见图 11-2-22（c）。右腿伸直向前上踢起，脚面绷平。左拳变掌由后向上向前拍击右脚面，见图 11-2-22（d）。练习中与本节中转身左拍脚相同。

（1）实战应用：右脚踢与左手拍同时攻击对方面部。

（2）易犯错误：支撑脚脚尖抬起，使重心不稳。

（3）动作要领：全脚掌或前脚掌着地。

（a）（b）（c）（d）

图 11-2-22 转身左拍脚、右拍脚

28. **腾空飞脚**

右脚落地，见图 11-2-23（a）。左脚向前摆起，右脚猛力蹬地跳起，左腿屈膝继续前上摆。同时右拳变掌向前向上摆起，左掌先上摆而后下降拍击右掌背，见图 11-2-23（b）。右腿继续上摆，脚面绷平。右手拍击右脚面，左掌由体前向后上举，见图 11-2-23（c）。

（1）实战应用：以右脚为支撑脚起跳，左脚踢对方面部后，左右脚在空中转换，右脚再踢一脚。

（2）易犯错误：空中换脚速度不够快，完不成一次腾空连续两次击打。

（3）动作要领：加强起跳高度和空中换腿速度。

（a）　（b）　（c）

图 11-2-23　腾空飞脚

29. 歇步下冲拳

左、右脚先后相继落地。左掌变拳收至腰侧，见图 11-2-24（a）。身体右转 90°，两腿全蹲成歇步。右掌抓握、外旋变拳收至腰侧；左拳由腰侧向前下方冲出，拳心向下。目视左拳，见图 11-2-24（b）。

（1）实战应用：左后方来人进攻，身体左转，右手向左后方盖掌击打，随之身体重心下移，右手抓拉对方，左拳向对方下体攻击。

（2）易犯错误：歇步做得不标准，影响重心稳定。

（3）动作要领：左腿膝盖，一定别在右腿膝盖内。

（a）　（b）

图 11-2-24　歇步下冲拳

30. 仆步抡劈拳

重心升高，右臂由腰侧向体后伸直，左臂随身体重心升高向上摆起，见图 11-2-25（a）。以右脚前脚掌为轴，左腿屈膝提起，上体左转 270°。左拳由前向后下划立圆一周；右拳由后向下向前上划立圆一周，见图 11-2-25（b）。左腿向后落一步，屈膝全蹲，右腿伸直，脚尖里扣成右仆步。右拳由上向下抡劈，拳眼向上；左拳后上举，拳眼向上。目视右拳，见图 11-2-25（c）。

（1）实战应用：向右转身，左拳向右后方砸一拳，后撤左脚，左拳随身体重心下移再砸一拳。

（2）易犯错误：抡拳与转身配合的不协调。

（3）动作要领：先抡拳头再转身，转身以后再撤步。

图 11-2-25 仆步抡劈拳

31. **提膝挑掌**

重心前移成右弓步。同时右拳变掌由下向上抡摆，左拳变掌稍下落，右掌心向左，左掌心向右，见图 11-2-26（a）。左臂、右臂在垂直面上由前向后各划立圆一周。右臂伸直停于头上，掌心向左，掌指向上，左臂伸直停于身后成反勾手。同时右腿屈膝提起，左腿挺膝伸直独立，目视前方，见图 11-2-26（b）。

（1）实战应用：双掌向上向后抡臂两圈，防止对方击打的同时击打对方，提膝踢裆。

（2）易犯错误：向上抡掌与提膝不能很好地配合，破坏身体重心。

（3）动作要领：绕两圈后，随右手向上挑掌时右膝上提。

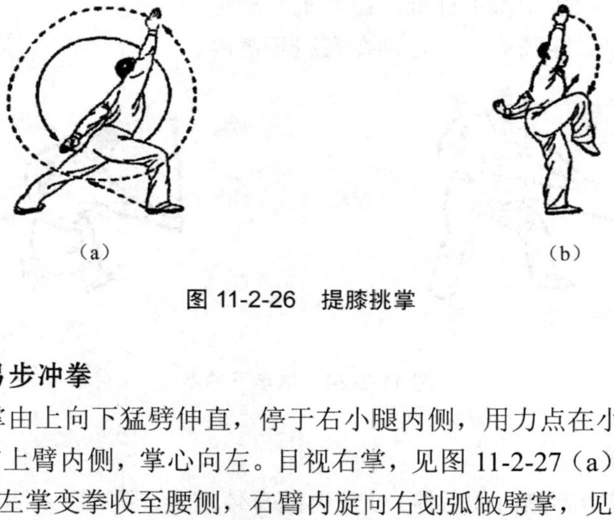

图 11-2-26 提膝挑掌

32. **提膝劈掌弓步冲拳**

下肢不动。右掌由上向下猛劈伸直，停于右小腿内侧，用力点在小指一侧；左勾手变掌，屈臂向前停于右上臂内侧，掌心向左。目视右掌，见图 11-2-27（a）。右脚向右后落地，身体右转 90°。同时左掌变拳收至腰侧，右臂内旋向右划弧做劈掌，见图 11-2-27（b）。上动不停，左腿蹬直成右弓步。右手抓握变拳收至腰侧，左拳由腰侧向左前方冲出，目视左拳，见图 11-2-27（c）。

（1）实战应用：提膝击对方裆部，摆脱对方，右手向右格挡，左手顺势向前冲拳击打对方。

（2）易犯错误：左脚支撑过程，向右转身不到位。

（3）动作要领：左腿蹬地，帮助身体进行右转，使左拳顺利完成击打。

图 11-2-27 提膝劈掌弓步冲拳

结束动作

33. 虚步亮掌

右脚扣于左膝后，两拳变掌，两臂右上左下屈肘交叉于体左前。目视右掌，见图 11-2-28（a）。右脚向右后落步，重心后移，右腿半蹲，上体稍右转。同时右掌向上、向右、向下划弧停于左腋下；左掌向左、向上划弧停于右臂上与左胸前，两掌心左下右上。目视左掌，见图 11-2-28（b）。左脚尖稍向右移，右腿下蹲成左虚步。左臂伸直向左、向后划弧成反勾手；右臂伸直向下、向右、向上划弧抖腕亮掌，掌心向前，目视左方，见图 11-2-28（c）。

（1）实战应用：双手交叉划弧格挡，右手向前格挡，左手向后格挡。

（2）易犯错误：虚步亮掌时向前上步。

（3）动作要领：结束动作向后退步回到开始位置。

图 11-2-28 虚步亮掌

34. 并步对掌

左腿后撤一步，同时两掌从两腰侧向前穿出伸直，掌心向上，见图 11-2-29（a）。右腿后撤一步，同时两臂分别向体后下摆，见图 11-2-2c（b）。左脚后退半步向右脚并拢。两臂由后向上经体前屈臂下按，两掌变拳，停于腹前，拳心向下，拳面相对。目视左方，见图 11-2-29（c）。

35. 还原

两臂自然下垂，目视正前方，见图 11-2-29（d）。

（1）实战应用：双手向前拍击对方。

（2）易犯错误：并步时候塌腰。

（3）动作要领：挺胸抬头。

(a) (b) (c) (d)

图 11-2-29 并步对掌、还原

三、二十四式太极拳

(一) 简介

二十四式太极拳也叫简化太极拳，是国家体委（现为国家体育总局）于 1956 年组织太极拳专家汲取杨氏太极拳之精华编串而成的。尽管它只有 24 个动作，但相比传统的太极拳套路来讲，其内容更显精练，动作更显规范，并且也能充分体现太极拳的运动特点。太极拳是一种内外兼修、动静结合的拳术，也是我国特有的健身武术之一。

太极拳的特点是松、静、柔、深。松是放松，肌肉和精神都放松，采取自然站立姿势，体态舒适自然。练拳时动作轻柔圆活，不用紧张用力。由于全身放松，血管也就放松，便能促使血压下降，增强血管弹性，加强心肌的营养，有利于防治各种心血管疾病。静是安静、沉静，全神贯注，摒除杂念，这对调节大脑皮层和神经系统的功能有独特的作用，对治疗神经衰弱有很好的效果。太极动作柔和、连贯、不急不躁、上下相随、内外结合，眼随手转、步随身换，使全身各部位器官有机配合，能提高神经系统的调节功能和改善各器官之间的协调配合，从而增强人体各方面的功能，促进新陈代谢，提高对外界的适应能力和抗病能力。深呼吸匀细深长，沉静稳定，气沉丹田，加强呼吸深度，保持肺组织弹性，增加肺活量，对增强呼吸系统功能和帮助肺结核患者康复，有良好的作用。太极拳又是以腰为轴，腰部活动能促使腹腔血液循环，增进胃肠蠕动和消化液的分泌，对肝脏也有按摩作用，能改善消化系统功能，消除肝脏瘀血，改善肝功能，对有消化系统疾患和肝炎患者有很好的作用。

总之，太极拳是一种温和的全身运动，对身体各方面都有好处，是一项老幼皆宜的体育运动，同时太极拳也是很多单位的集体练习项目，学习太极拳对学生的就业有一定好处。

(二) 动作说明

第一组动作

1. 起势

身体自然直立，见图 11-2-30（a），两脚开立，与肩同宽，脚尖向前；两臂自然下垂，两手放在大腿外侧；眼向前平看，见图 11-2-30（b）。两臂慢慢向前平举，见图 11-2-30（c），两手高与肩平，与肩同宽，手心向下，见图 11-2-30（d）。上体保持正直，两腿屈膝下蹲；同时两掌轻轻下按，两肘下垂与两膝相对；眼平看前方，见图 11-2-30（e）。

（1）实战应用：当双手手腕同时被对方抓住时，双手向内侧旋腕破劲，向后用力拉，当对方也向后拉时，顺势双脚蹬地，双手前掤将对方抛出。双手同时抓住对方大臂或小臂，同时向己方、向下采按或单手向己方、向下采按。

（2）易犯错误：前掤与采按弧度不正确，双脚用力不对。

（3）动作要领：前掤时双脚蹬地，采按时重心向下移动。

（a）　（b）　（c）　（d）　（e）

图 11-2-30　起势

2. **左右野马分鬃**

左野马分鬃，上体微向右转，身体重心移至右腿上，见图 11-2-31（a）；同时右臂收在胸前平屈，手心向下，左手经体前向右下划弧放在右手下，手心向上，两手心相对成抱球状，见图 11-2-31（b）；左脚随即收到右脚内侧，脚尖点地；眼看右手，见图 11-2-31（c）。上体微向左转，左脚向左前方迈出，右脚跟后蹬，右腿自然伸直，成左弓步，见图 11-2-31（d）；同时上体继续向左转，左右手随转体慢慢分别向左上右下分开；左手高与眼平（手心斜向上），肘微屈；右手落在右胯旁，肘也微屈，手心向下，指尖向前；眼看左手，见图 11-2-31（e）。

（a）　（b）　（c）　（d）　（e）

图 11-2-31　左野马分鬃

右野马分鬃，上体慢慢后坐，身体重心移至右腿，左脚尖翘起，微向外撇，见图 11-2-32（a），随后脚掌慢慢踏实，左腿慢慢前弓，身体左转，身体重心再移至左腿，见图 11-2-32（b）；同时左手翻转向下，左臂收在胸前平屈，右手向左上划弧放在左手下，两手心相对成抱球状；右腿随即收到左脚同侧，脚尖点地；眼看左手，见图 11-2-32（c）。右腿向右前方迈出，左腿自然伸直，成右弓步；同时上体右转，左右手随转体分别慢慢向左下右上分开，右手高与眼平（手心斜向上），肘微屈；左手落在左胯旁，肘也微屈，手心向下，指尖向前；眼看右手，见图 11-2-32（d）、（e）。

（1）实战应用：对方出右拳攻击，右手抓住对方，左脚向前上步并收到右脚旁边，左手收到腰间，左手随左脚向前上步，击向对方胸部或腋下。对方出左拳时，与对方出右拳时动作相同，方向相反，也可以 3 个动作连在一起击打。

（2）易犯错误：上步过直，不是弧形，支撑腿蹬地、上步和出手不同时。

（3）动作要领：弧形上步，慢练快用，动作与重心转移同步。

（a） （b） （c） （d） （e）

图 11-2-32 右野马分鬃

3. 白鹤亮翅

上体微向左转，左手翻掌向下，左臂平屈胸前，右手向左上划弧，手心转向上，与左手成抱球状；眼看左手，见图 11-2-33。

（a） （b） （c） （d）

图 11-2-33 白鹤亮翅（1）

右脚跟进半步，上体后坐，身体重心移至右腿，上体先向右转，面向右前方眼看右手；然后左脚稍向前移，脚尖点地，成左虚步，同时上体再微向左转，面向前方，两手随转体慢慢向右上左下分开，右手上提停于右额前，手心向左后方，左手落于左胯前，手心向下，指尖向前；眼目视前方，见图 11-2-34。

（1）实战应用：对方出左拳攻击时，右脚向前跟半步，左手抓住对方手腕并向内侧旋腕，右手经下方向上，小臂套住对方肘关节，向右上方转身将对方向自己方向带，当对方用力向后与己抗衡时，借助对方力量，向左转身回来，右手向前击打对方下颚或脸部将对方击出。

（2）易犯错误：右手插入对方小臂位置不够，借力不及时。

（3）动作要领：随身体转移，重心移动。

（a） （b） （c） （d）

图 11-2-34 白鹤亮翅（2）

第二组动作

4. 左右搂膝拗步

左搂膝拗步，右手从体前下落，由下向后上方划弧至右肩外，手与耳同高，手心斜向上；左手由左下向上，向右划弧至右胸前，手心斜向下，见图 11-2-35（a）；同时上体先微向左再向右转，见图 11-2-35（b）；左脚收至右脚内侧，脚尖点地，眼看右手，见图 11-2-35（c）。上体左转，左脚向前（偏左）迈出成左弓步，见图 11-2-35（d）；同时右手屈回由耳侧向前推出，高与鼻尖平，左手向下由左膝前搂过落于左胯旁，指尖向前；眼看右手手指，见图 11-2-35（b）。

（a）　（b）　（c）　（d）　（e）

图 11-2-35　左搂膝拗步

右搂膝拗步：右腿慢慢屈膝，上体后坐，身体重心移至右腿，左脚尖翘起微向外撇，随后脚掌慢慢踏实，见图 11-2-36（a），左腿前弓，身体左转，见图 11-2-36（b），身体重心移至左腿，右脚收到左脚内侧，脚尖点地，见图 11-2-36（c）；同时左手向外翻掌由左后向上划弧至左肩外侧，肘微屈，手与耳同高，手心斜向上，见图 11-2-37（d）；右手随转体向上，向左下划弧落于左胸前，手心斜向下；眼看左手，见图 11-2-36（e）。

（1）实战应用：对方出右拳，右手向下方旋转格挡，对方出左拳，左手向下方旋转格挡，当对方攻击有空隙时，空闲手击打对方前胸或面部。

（2）易犯错误：手格挡下引不到位，使对方有可发挥的空间。

（3）动作要领：向下格挡的过程中，一定要配合身体转身，往哪个方向格挡，向哪个方向转身。

（a）　（b）　（c）　（d）　（e）

图 11-2-36　右搂膝拗步

5. 手挥琵琶

右脚跟进半步，上体后坐，见图 11-2-37（a），身体重心转至右腿上，上体半面向右转，见图 11-2-37（b），左脚略提起稍向前移，见图 11-2-37（c），变成步，脚跟着地，脚尖翘起，膝部微屈，见图 11-2-37（d）；同时左手由左下向上挑举，高与鼻尖平，掌心向右，臂微屈，见图 11-2-37（e）；右手收回放在左臂肘部里侧，掌心向左；眼看左手食指，见图 11-2-37（f）。

（a）（b）（c）（d）（e）（f）

图 11-2-37 手挥琵琶

（1）实战应用：对方出右拳攻击，右脚向前跟半步，右手抓住对方手腕同时内旋，向回拉拽，当对方向后拉拽时，左手扶于其肘关节处，将对方肘关节别直，右手顺对方力量向前推送。

（2）易犯错误：向前推送过程中，重心移动过前。

（3）动作要领：将对方推开时，一定要放开对方的右手，否则影响击打效果。

6. 左右倒卷肱

左倒卷肱，上体右转，见图 11-2-38（a），右手翻掌（手心向上）经腹前由下向后上方划弧平举，见图 11-2-38（b），臂微屈，左手随即翻掌向上；眼的视线随着向右转体先向右看。再转向前方看左手，见图 11-2-38（c）。右臂屈肘向前，右手由耳侧向前推出，手心向前，见图 11-2-38（d），左臂屈肘后撤，手心向上，撤至左肋外侧；同时左腿轻轻提起向后（偏左）退一步，脚掌先着地，然后全脚慢慢踏实，身体重心移到左腿上，成右虚步，右脚随转体以脚掌为轴扭正；眼看右手，见图 11-2-38（e）。

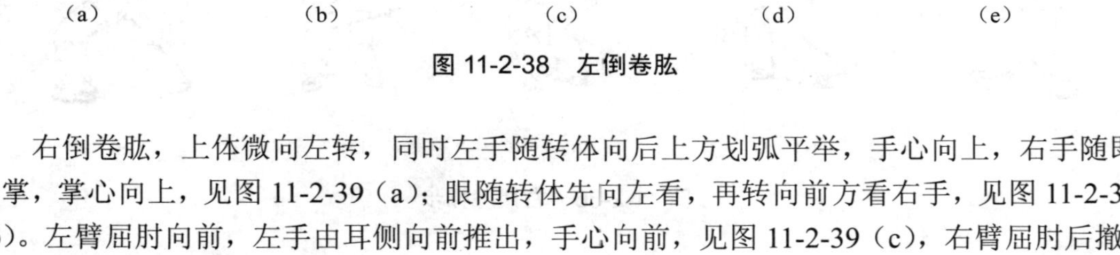

（a）（b）（c）（d）（e）

图 11-2-38 左倒卷肱

右倒卷肱，上体微向左转，同时左手随转体向后上方划弧平举，手心向上，右手随即翻掌，掌心向上，见图 11-2-39（a）；眼随转体先向左看，再转向前方看右手，见图 11-2-39（b）。左臂屈肘向前，左手由耳侧向前推出，手心向前，见图 11-2-39（c），右臂屈肘后撤，手心向上，撤至右肋外侧，见图 11-2-39（d）；同时左腿轻轻提起向后（偏左）退一步，脚掌先着地，然后全脚慢慢踏实，身体重心移到左腿上，成右虚步，右脚随转体以脚掌为轴扭正；眼看右手，见图 11-2-39（e）。

（a）（b）（c）（d）（e）

图 11-2-39　右倒卷肱

（1）实战应用：对方出右拳，左手抓住对方，左手向外侧旋腕，重心后移，右手向前击打同时左腿向后撤步；对方出左拳动作与左侧动作相同，方向相反。

（2）易犯错误：移动过程中，脚离地面过高。

（3）动作要领：脚贴着地面进行移动，防止重心过高造成动作不稳。

第三组动作

7. 左揽雀尾

上体微向右转，同时右手随转体向后上方划弧平举，手心向上，左手放松，手心向下；眼看左手，见图 11-2-40（a）。身体继续向右转，左手自然下落逐渐翻掌经腹前划弧至右肋前，手心向上，见图 11-2-40（b）；右臂屈肘，手心转向下，收至右胸前，两手相对成抱球状。同时身体重心落在右腿上，左脚收到右脚内侧，脚尖点地，眼看右手，见图 11-2-40（c）。上体微向左转，左脚向左前方迈出，上体继续向左转，右腿自然蹬直，左腿屈膝，成左弓步同时左臂向左前方打出（即左臂平屈成弓形，用前臂外侧和手背向前方推出），高与肩平，手心向后，见图 11-2-40（d）；右手向右下落放于右胯旁，手心向下，指尖向前；眼看左前臂，见图 11-2-40（e）、（f）。

（a）（b）（c）（d）（e）（f）

图 11-2-40　左揽雀尾（1）

身体微向左转，左手随即前伸翻掌向下，右手翻掌向上，经腹前向上，见图 11-2-41（a）。向前伸至左前臂下方，见图 11-2-41（b；然后两手下捋，即上体向右转，两手经腹前向右后上方划弧，直至右手手心向上，见图 11-2-41（c），高与肩齐，左臂平屈于胸前，手心向后；同时身体重心移至右腿；眼看右手，见图 11-2-41（d）。上体微向左转，右臂屈肘折回，右手附于左手腕里侧（相距约 5 厘米），上体继续向左转，双手同时向前慢慢挤出，左手心向后，右手心向前，左前臂要保持半圆；同时身体重心逐渐前移变成左弓步；眼看左手腕部。左手翻掌，手心向下，右手经左腕上方向前、向右伸出，高与左手齐，手心向下，两手左右分开，宽与肩同，见图 11-2-41（e）；然后右腿屈膝，上体慢慢后坐，身体重心移至右腿上，左脚尖翘起；同时两手屈肘回收至腹前，手心均向前下方；眼向前平看，见图 11-2-41（f）。上式不停，身体重心慢慢前移，同时两手向前，向上按出，掌心向前；左腿前弓成左弓步；眼平看前方，见图 11-2-41（g）。

（a）（b）（c）（d）（e）（f）（g）

图 11-2-41　左揽雀尾（2）

（1）实战应用：掤，对方出右拳攻击，右手抓住对方，左手收与腰间，上左脚左手向前掤出；捋，右手扶于对方右手手腕，左手扶于对方肘关节，身体右转，双手向右后方捋；挤，随捋，拉着对方向自己身体，左手掌心向内，右手掌心向外，双手合十，右手旋转向前挤打对方；按，双手掌心向内将对方带回，按对方手臂或腰间将对方向前下方按出。

（2）易犯错误：捋动作时做成直线。

（3）动作要领：以身体为轴，利用身体旋转将对方抛出。

8. **右揽雀尾**

上体后坐并向右转，身体重心移至右腿，左脚尖里扣，见图 11-2-42（a）；右手向右平行划弧至右侧，见图 11-2-42（b），然后由右下经腹前向左上划弧至左肋前，手心向上，见图 11-2-42（c）；左臂平屈胸前，左手掌向下与右手成抱球状，同时身体重心再移至左腿上，右脚收至左脚内侧，脚尖点地，见图 11-2-42（d）；眼看左手，见图 11-2-42（e）。其中图 11-2-43（a）与图 11-2-40（e）、图 11-2-43（b）与图 11-2-41（f）、图 11-2-43（c）与图 11-2-41（a）、图 11-2-43（c）与 11-2-41（a）、图 11-2-43（d）与图 11-2-41（b）、图 11-2-43（e）与图 11-2-41（c）、图 11-2-44（a）与图 11-2-41（d）、图 11-2-44（b）与图 11-2-41（e）、图 11-2-44（c）与图 11-2-41（f）、图 11-2-44（d）与图 11-2-41（g）的解相同，只是左右相反。

（a）（b）（c）（d）（e）

图 11-2-42　右揽雀尾（1）

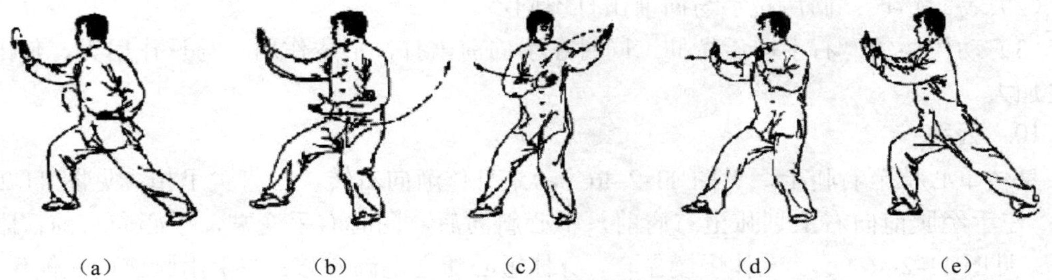

图 11-2-43 右揽雀尾（2）

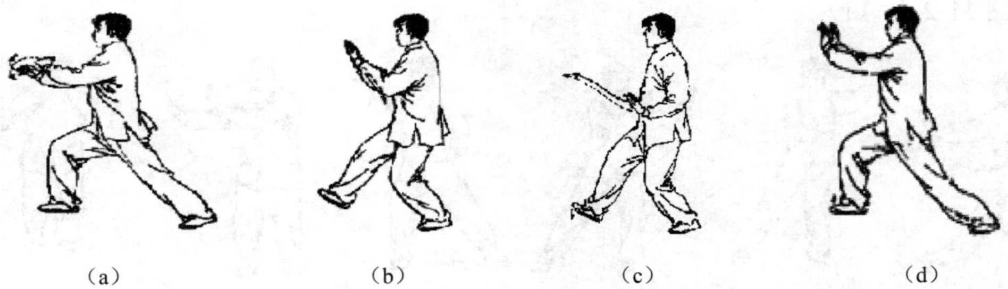

图 11-2-44 右揽雀尾（3）

第四组动作

9. 单鞭

上体后坐，身体重心逐渐移至左腿上，右脚尖内扣，见图 11-2-45（a）；同时上提体左转，两手向左弧行运转，直至左臂平举，伸于身体左侧，手心向上，右手经腹前运至左肋前，手心向后上方；眼看左手，见图 11-2-45（b）。身体重心再渐渐移至右腿上，上体右转，见图 11-2-45（c），左脚向右脚靠拢，脚尖点地；同时右手向上方划弧，至右侧方是变钩手，臂与肩平，见图 11-2-45（d）；左手向下经腹前向右上划弧停于右肩前，手心向里；眼看左手，见图 11-2-45（e）。上体微向左转，左脚向左前侧方迈出，右脚跟后蹬，成左弓步；在身体重心移向左腿达到同时，左掌随上体的继续左转慢慢翻转向前推出，手心向前，手指与眼平，臂微屈；眼看左手，见图 11-2-45（f）。

图 11-2-45 单鞭

（1）实战应用：对方出右拳，左手向左格挡，对方出左拳，右手向右侧格挡后顺势抓住对方小臂或手腕向后旋转，左手击打对方胸前或腋下。

（2）易犯错误：向后拉手与向前击打不同步。

（3）动作要领：右手向后拉伸，同时左手向前击打，形成作用力与反作用力，使击打力量加大。

10. 云手

身体重心移至右腿上，见图 11-2-46（a），身体渐向右转，左脚尖里扣，见图 11-2-46（b）；左手经腹前向右上划弧至右肩前，手心斜向后，同时右手变掌，手心向右前；眼看左手，见图 11-2-46（c）。上体慢慢左转，身体重心随之逐渐左移；左手由脸前向左侧运转，手心渐渐转向左方，见图 11-2-46（d）；右手由右下经腹前向左上划弧，至左肩前，手心斜向后，见图 11-2-46（e）；同时右脚靠近左脚，成小开立步（两脚距离约 10～20 厘米）；眼看右手图 11-2-46（f）。

（a）（b）（c）（d）（e）（f）

图 11-2-46 云手（1）

上体再向右转，见图 11-2-47（a），同时左手经腹前向右上划弧至右肩前，手心斜向后，见图 11-2-47（b）；右手向右侧运转，手心翻转向右；随之左腿向左横跨一步，眼看左手，见图 11-2-47（c）。图 11-2-47（d）与图 11-2-46（e）、图 11-2-47（e）与图 11-2-46（f）、图 11-2-47（f）与图 11-2-47（a）动作相同。

（a）（b）（c）（d）（e）（f）

图 11-2-47 云手（2）

（1）实战应用：对方出右拳向左侧格挡，对方出左拳向左侧格挡，可随对方身体移动进行格挡防守，不格挡的另一只手可随时进行攻击。

（2）易犯错误：上下手承接不好，不对称，给对手进攻空隙。

（3）动作要领：从中间位置开始，右手从上方向右侧格挡，左手从下方向右侧跟随防止对方进攻下腹，左手在上向左方格挡，右手在下随之向左侧移动，两手将胸前保护好，哪个手在上向哪方移动。

11. **单鞭**

上体向右转，右手随之向右运转，至右侧方时变成钩手，见图 11-2-48（a）；左手经腹前向右上划弧至右肩前，手心向内，见图 11-2-48（b）；身体重心落在右腿上，左脚尖点地；眼看左手，见图 11-2-48（c）。上体微向左转，左脚向左前侧方迈出，右脚跟后蹬，成左弓步，见图 11-2-48（d）；在身体重心移向左腿的同时，上体继续左转，左掌慢慢翻转向前推出，成单鞭式，见图 11-2-48（e）、（f）。

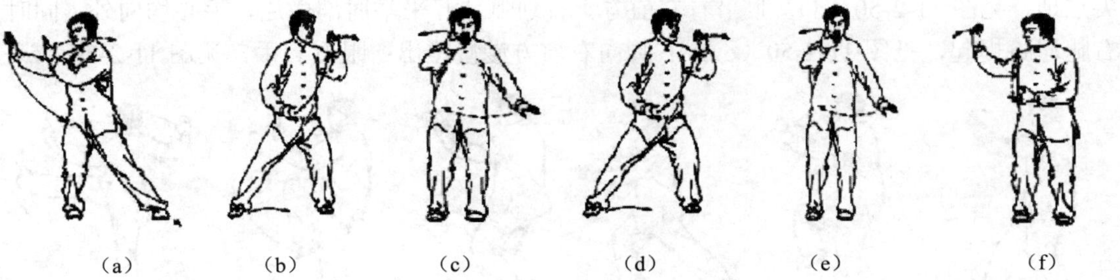

图 11-2-48　单鞭

（1）实战应用：对方出右拳，左手向左格挡，对方出左拳，右手向右侧格挡后顺势抓住对方小臂或手腕向后旋转，左手击打对方胸前或腋下。

（2）易犯错误：向后拉手与向前击打不同步。

（3）动作要领：右手向后拉伸，同时左手向前击打，形成作用力与反作用力，使击打力量加大。

第五组动作

12. **高探马**

右脚跟进半步，身体重心逐渐后移至右腿上，见图 11-2-49（a）；右钩手变成掌，两手心翻转向上，两肘微屈；同时身体微向右转，左脚跟渐渐离地；眼看左前方，见图 11-2-49（b）。上体微向左转，面向前方；右掌经右耳旁向前推出，手心向前，手指与眼同高；左手收至左侧腰前，手心向上，见图 11-2-49（c）；同时左脚微向前移，脚尖点地，成左虚步；眼看右手，见图 11-2-49（d）。

图 11-2-49　高探马

（1）实战应用：对方出右拳攻击，左手抓住对方右拳，右手顺左手向前推出，攻击对方下颚。

（2）易犯错误：右手向前击打高度不准确。

（3）动作要领：右手击打高度在对方下颚，不是胸前，向斜上方推出。

13. 右蹬脚

左手手心向上，前伸至右手腕背面，见图 11-2-50（a），两手相互交叉，随即向两侧分开并向下划弧，手心斜向下，见图 11-2-50（b）；同时左脚提起向左前侧方进步（脚尖略外撇）；身体重心前移，右腿自然蹬直，成左弓步；眼看前方，见图 11-2-50（c）。两手由外圈向里圈划弧，两手交叉合抱于胸前，右手在外，手心均向后，同时右脚向左脚靠拢，脚尖点地，见图 11-2-50（d）；眼平看右前方。右划弧分开平举肘部微屈，手心均向外，同时右腿屈膝提起，见图 11-2-50（e），右脚向右前方慢慢蹬出；眼看右手，见图 11-2-50（f）。

（a）　（b）　（c）　（d）　（e）　（f）

图 11-2-50　右蹬脚

（1）实战应用：当对方出左拳时，双手向前伸出将对方拳头架起，随之双手向上继续分开将对方向前上方推开，同时起右脚向前将对方蹬出。

（2）易犯错误：分手与蹬腿连不上。

（3）动作要领：当手将对方分开使对方重心不稳时，右脚一定向前蹬出。

14. 双峰贯耳

右腿收回，屈膝平举，左手由后向上，向前下落至体前，两手心均翻转向上，见图 11-2-51（a），两手同时向下划弧分落于右膝盖两侧；眼看前方，见图 11-2-51（b）。右脚向右前方落下，身体重心渐渐前移，见图 11-2-51（c），成右弓步，面向右前方；同时两手下落，慢慢变拳，分别从两侧向上、向前划弧至面部前方成钳形状，两拳相对，高与耳齐，拳眼都斜向内下（两拳中间距离约 10～20 厘米）；眼看右拳，见图 11-2-51（d）。

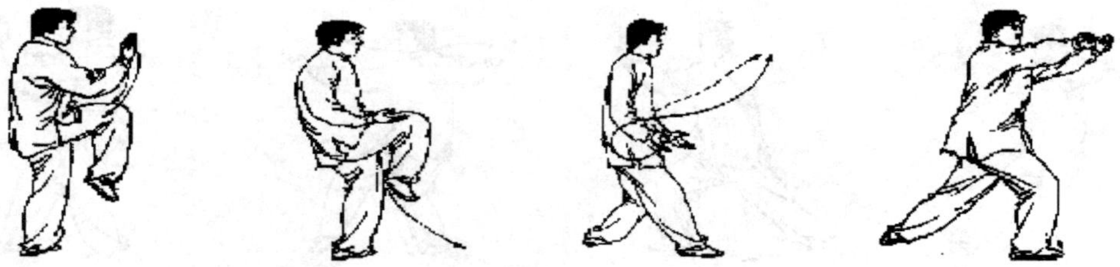

（a）　（b）　（c）　（d）

图 11-2-51　双峰贯耳

（1）实战应用：当对方出拳攻击时，身体重心下移，双全收于腰间，眼看对方双耳，双拳向对方腋下攻击。

（2）易犯错误：将拳打到对方耳朵的高度。

（3）动作要领：双拳攻击对方腋下。

15. 转身左蹬脚

左腿屈膝后坐，身体重心移至左腿，上体左转，右脚尖里扣，见图 11-2-52（a）；同时两拳变掌，由上向左右划弧分开平举，手心向前；眼看左手，见图 11-2-52（b）。身体重心再移至右腿，见图 11-2-52（c），左脚收到右脚内侧，脚尖点地，见图 11-2-52（d）；同时两手由外圈向里圈划弧合抱于胸前，左手在外，手心均向后；眼平看左方。两臂左右划弧分开平举，肘部微屈，手心均向外；同时左腿屈膝提起，见图 11-2-52（e），左脚向左前方慢慢蹬出；眼看左手，见图 11-2-52（f）。

（a）　（b）　（c）　（d）　（e）　（f）

图 11-2-52　转身左蹬脚

（1）实战应用：当对方出右拳时，双手向前伸出将对方拳头架起，随之双手向上继续分开将对方向前上方推开，同时起左脚向前将对方蹬出。

（2）易犯错误：分手与蹬腿连不上。

（3）动作要领：当手将对方分开使对方重心不稳时，左脚一定向前蹬出。

第六组动作

16. 左下势独立

左腿收回平屈，上体右转；右掌变成钩手，左掌向上、向右划弧下落，立于右肩前，掌心斜向后，见图 11-2-53（a）；眼看右手。右腿慢慢屈膝下蹲，左腿由内向左侧（偏后）伸出，见图 11-2-53（b），成左仆步；左手下落（掌心向外）向左下顺左腿内侧向前穿出，眼看左手，见图 11-2-53（c）。身体重心前移，左脚跟为轴，脚尖尽量向外撇，左腿前弓，右腿后蹬，右脚尖里扣，上体微向左转并向前起身；同时左臂继续向前伸出（立掌），掌心向右，右钩手下落，钩尖向后；眼看左手，见图 11-2-53（d）。右腿慢慢提起平屈，成左独立式，见图 11-2-53（e）；同时右钩手变成掌，并由后下方顺右腿外侧向前弧行摆出，屈臂立于右腿上方，肘与膝相对，手心向左；左手落于左胯旁，手心向下，指尖向前，眼看右手，见图 11-2-53（f）。

（1）实战应用：重心下移左手一个撩阴掌击打对方裆部，重心前移右脚向前一个撩阴脚，右手击打对方下颚。

（2）易犯错误：右脚没有前踢回收的过程。

（3）动作要领：右脚向前踢后回收，左腿支撑，随之双手摆动保持重心平稳。

（a） （b） （c） （d） （e） （f）

图 11-2-53 左下势独立

17. 右下势独立

右脚下落于左脚前，脚掌着地，见图 11-2-54（a），然后左脚前掌为轴脚跟转动，身体随之左转，同时左手向后平举变成钩手，右掌随着转体向左侧划弧，立于左肩前，掌心斜向后；眼看左手，见图 11-2-54（b）。图 11-2-54（c）与图 11-2-53（b）、11-2-54（d）与图 11-2-53（c）、11-2-54（e）与图 11-2-53（e）、图 11-2-54（d）与图 11-2-53（f）、图 11-2-54（e）与图 11-2-53（f）动作相同，只是左右相反。

（a） （b） （c） （d） （e） （f） （g）

图 11-2-54 右下势独立

（1）实战应用：重心下移右手一个撩阴掌击打对方裆部，重心前移左脚向前一个撩阴脚，左手击打对方下颚。

（2）易犯错误：左脚没有前踢回收过程。

（3）动作要领：左脚前踢后回收，右腿支撑，随之双手摆动保持重心平稳。

第七组动作

18. 左右穿梭

身体微向左转，左脚向前落地，脚尖外撇，右脚跟离地，两腿屈膝成半坐盘式图 11-2-55（a）；时两手在左胸前成抱球状（左上右下），见图 11-2-55（b）；后右脚收到左脚的内侧，脚尖点地；看左前臂，见图 11-2-55（c）。身体右转，右脚向右前方迈出，屈膝弓腿，成右弓步，见图 11-2-55（d）；时右手由脸前向上举并翻掌停在右额前，手心斜向上，见图 11-2-55（e）；左手先向左下再经体前向前推出，高与鼻尖平，手心向前看左手，见图 11-2-55（f）。

重心略向后移，右脚尖稍向外撇，随即身体重心再移至右腿，左脚跟进，停于右脚内侧，脚尖点地，见图 11-2-56（a）；时两手在右胸前成抱球状（右上左下）看右前臂，见图 11-2-56（b）。图 11-2-56（c）与图 11-2-55（d）、图 11-2-56（d）与图 11-2-55（e）、图 11-2-56（e）与图 11-2-55（f）动作相同，只是左右相反。

图 11-2-55　左穿梭

图 11-2-56　右穿梭

（1）实战应用：当对方出右手攻击时，转球右手向上防对方攻击，左手击打对方，当对方出左拳攻击时转球，左手向上防对方攻击，右手攻击对方。

（2）易犯错误：转球过程中，重心转移跟不上。

（3）动作要领：用弧形上步，避开对方主要进攻力量方向，横向击打对方。

19. 海底针

右脚向前跟进半步，身体重心移至右腿，左脚稍向前移，脚尖点地，成左虚步；时身体稍向右转，右手下落经体前向后、向上提抽至肩上耳旁，再随身体左转，由右耳旁斜向前下方插出，掌心向左，指尖斜向下；此同时，左手向前、向下划弧落于左胯旁，手心向下，指尖向前。眼看前下方，见图 11-2-57（a）、（b）、（c）、（d）、（e）。

（1）实战应用：当被对方抓住右手手腕时，右手手腕内旋，肘关节向右上方带起，左手将对方右手固定到自己右手手臂上，当对方向后下方拉伸时，右手顺对方力量向前下方叉出。

（2）易犯错误：手臂下伸不到位，影响击打效果。

（3）动作要领：重心在右腿上，向下蹲，同时左膝前伸，帮助稳定重心。

20. 闪通臂

上体稍向右转，左脚向前迈出；屈膝弓腿成左弓步；同时右手由体前上提，屈臂上举，停于右额前上方，掌心翻转斜向上，拇指朝下；左手上起经胸前向前推出，高与鼻尖平，手心向前；眼看左手，见图 11-2-57（c）、（d）、（e）。

（1）实战应用：对方出右拳攻击，右手经下方向上翻拦截，左脚向前上步，顺左脚上步，左手向前击出。

（2）易犯错误：左脚向前上步不够大，重心转移不及时。

（3）动作要领：防守与攻击同时进行，右腿蹬地帮助重心转移。

（a）（b）（c）（d）（e）

图 11-2-57 海底针、闪通臂

第八组动作

21. 转身搬拦捶

上体后坐，身体重心移至右腿上，左脚尖里扣，身体向右后转，然后身体重心再移至左腿上；与此同时，右手随着转体向右，向下（变拳）经腹前划弧至左肋旁，拳心向下；左掌上举于头前，掌心斜向上，眼看前方。向右转体，右拳经胸前向前翻转撇出，拳心向上；左手落于左胯旁，掌心向下，指尖向前；同时右脚收回后（不要停顿或脚尖点地）即向前迈出，一步于身体两侧，眼看前方。见图 11-2-58（a）、（b）、（c）、（d）。

（a）（b）（c）（d）

图 11-2-58 转身搬拦捶（1）

身体重心移至右腿上，左脚向前迈一步；左手上起左侧向前上划弧拦出，掌心向前下方；同时右拳向右划弧收到右腰旁，拳心向上；眼看左手，见图 11-2-59（a）、（b）。

左腿前弓成左弓步，同时右拳向前打出，拳眼向上，高与胸平，左手附于右前臂里侧；眼看右拳，见图 11-2-59（c）。

（a）（b）（c）

图 11-2-59 转身搬拦捶（2）

（1）实战应用：搬的动作，对方出左拳攻击，上右手抓住对方，重心下移，左手穿到其裆部，将对方扛起，向右转身将对方抛出；对方出左拳攻击右手拦截，出右拳攻击左手拦截，随左手拦截动作，右拳经左手下方向前击打对方。

（2）易犯错误：左手拦的动作容易忽略不做。

（3）动作要领：左手拦对于最后出拳的重要实用价值。

22. 如封似闭

左手由右腕下向前伸出，右拳变掌，两手手心逐渐翻转向上并慢慢分开回收；同时身体后坐，左脚尖翘起，身体重心移至右腿；眼看前方，见图 11-2-60（a）、（b）、（c）。两手在胸前翻掌，向下经腹前再向上，向前推出，腕部与肩平，手心向前；同时左腿前弓成左弓步；眼看前方，见图 11-2-60（d）、（e）、（f）。

（a） （b） （c） （d） （e） （f）

图 11-2-60 如封似闭

（1）实战应用：对方出左拳，右手内旋拦住对方，左手经右手下方穿出，穿到对方肘关节位置，右手管住对方腕关节，双手向内将对方小臂带回，当对方用力向后挣脱时，双手内旋，借对方力量将对方向前击出。

（2）易犯错误：重心移动过程中，用力过直，让对方感受到所走力量的方向。

（3）动作要领：向回带快速，向前按时，用力方向前下方，击打对方的脚跟。

23. 十字手

屈膝后坐，身体重心移向右腿，左脚尖里扣，向右转体；右手随着转体动作向右平摆划弧，与左手成两臂侧平举，掌心向前，肘部微屈；同时右脚尖随着转体稍向外撇，成右侧弓步；眼看右手，见图 11-2-61（a）、（b）。身体重心慢慢移至左腿，右脚尖里扣，随即向左收回，两脚距离与肩同宽，两腿逐渐蹬直，成开立步；同时两手向下经腹前向上划弧交叉合抱于胸前，两臂撑圆，腕高与肩平，右手在外，成十字手，手心均向后；眼看前方，见图 11-2-61（c）、（d）。

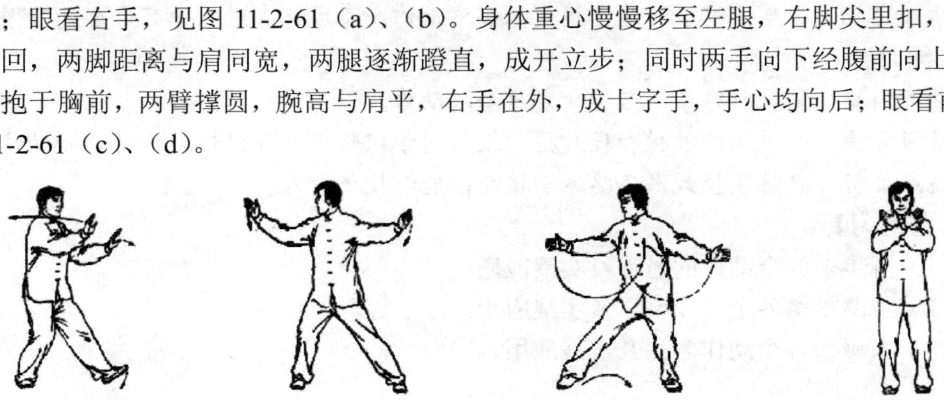

（a） （b） （c） （d）

图 11-2-61 十字手

（1）实战应用：身体重心下移，双手抱住对方小腿或膝关节位置，重心上移将对方小腿抱起，使对方失去重心。

（2）易犯错误：上体前倾时，脚跟抬起。

（3）动作要领：上体前倾时，保持重心平稳。

24. 收势

两手向外翻掌，手心向下，两臂慢慢下落，停于身体两侧；眼看前方，见图 11-2-62（a）、（b）、（c）、（d）。

（a）　（b）　（c）　（d）

图 11-2-62　收势

（1）实战应用：双手抓住对方大臂、小臂或手腕，向下采按。

（2）易犯错误：手向下按的弧度与位置不正确。

（3）动作要领：双人练习时，肘关节先向下沉，手随肘走。

【课堂练习】

练习内容：五步拳、三路长拳、16 式太极拳套路动作。

练习方法：认真练习五步拳基本动作，注意动作方向路线的改变，通过反复练习来记忆动作。三路长拳动作较多，在练习的过程中注意大跃步前穿和腾空飞脚等难度动作的学习，要按照教师所教的步骤一步步完成，不要求快，以免影响动作效果。太极拳的练习方式、方法与前面两套拳完全不同，要认真了解太极拳的理念、动作规律和技击技巧，学生可根据技击技巧逐步记住动作。三种拳都需要学生在课堂上多次练习，才能够很好地掌握。

达成目标：学生能够很好地掌握武术套路动作，养成终身进行体育锻炼的习惯。

【课后练习】

练习内容：复习所练拳的名称，复习套路动作。

练习方法：通过阅读教材和观看视频或与同学组队来反复记住动作名称和动作方法。

达成目标：熟练掌握武术套路运动技能，能够授之予人。

【思考与练习】

（1）五步拳各个动作的名称及实战应用。

（2）三路长拳各个动作名称及实战应用。

（3）太极拳各个动作名称及实战应用。

第三节　武术表演

【案例导入】

视频播放:《2008 年奥运会开幕式表演——太极拳》

老师: 刚刚大家观看的是《2008 年奥运会开幕式表演——太极拳》视频，下面我们来谈一下大家对太极拳的印象和看法。

学生 A: 我没有想到太极拳能呈现如此壮观的表演。

学生 B: 没想到适合老年人练习的太极拳，也有难度动作。

学生 C: 据说太极拳打人也很厉害，是真的吗?

老师: 回答得很好，大家既然这么有兴趣，有谁知道练习武术有什么好处呢?

学生 D: 武术能强身健体。

学生 E: 有很强的观赏性。

学生 F: 武术能防身。

老师: 很好，那你们喜欢武术吗?

大家: 喜欢!

老师: 那就让我们一起在现实中体验武术，认识武术的表演价值吧。

一、音乐的选择

武术在表演的过程中，需要有很多因素的合理结合，其中音乐就是主要的一个方面。特别是大型武术表演，其音乐的风格、节奏、衔接与表演动作的完美结合，更能体现出武术表演的价值。

二、队形的变换

大型武术表演中队形变换是不可缺少的，武术队形的变换更是多种多样的。队形变换不仅能使武术表演生动，更能体现出表演的主题。

三、服装与道具的搭配

武术表演中服装与道具的使用，可以增加表演的观赏性，为武术表演锦上添花，同时增加表演的艺术魅力。

四、表演作用

（1）调节内环境的平衡，调养气血、改善人体机能，增强体质。

（2）提高身体的灵活性和反应能力。

（3）培养吃苦耐劳、坚韧不拔、勇敢无畏的意志品质。

（4）娱乐观赏，丰富文化生活。

【课堂练习】

练习内容: 学生自主组队，学习表演要求内容。

练习方法: 学生通过对表演内容的理解自行组成 8 ~ 11 人的队伍，通过动作的设计、音乐的选择、队形的变换及服装道具的搭配来进行表演。

达成目标：学生通过团队合作，完成表演内容的准备。

【课后练习】

练习内容：团队设计并选择适合的音乐及道具搭配。

练习方法：通过个人练习或与团队内成员结伴练习。

达成目标：熟练掌握团队表演动作，能够跟随音乐完成表演任务。

【思考与练习】

（1）怎样选择武术表演服装？

（2）怎样选择武术表演音乐？

第四节　武术俱乐部的组织与实施

【案例导入】

（1）播放武林大会经典视频和武术表演视频。

（2）讲解武术自选套路编排注意事项，以及如何利用好所学动作变换队形。

（3）观看裁判员如何判罚比赛，学习裁判知识。

一、自选套路编排原则

自选套路是武术套路竞赛的一个项目，是运动员根据竞赛规则中的技术规定自己编排的套路。其优点是能充分发挥运动员的技术和生理特长，可以极大地丰富武术套路的内容，使武术这一运动形式更加活泼多彩，从而避免因循守旧所造成的动作僵化甚至退化现象。武术套路是古人编出来的，现代人当然也可以创造新的套路，这就如同作曲家创作歌曲一样。但是要想编排出经典传世之作，像传统武术套路那样具有深刻的内涵、持久的生命力、独特的风格和魅力，就不是那么简单容易了。首先，要有很深厚的武术底蕴，有几十套现代的、传统的武术套路存于大脑中，并对这些套路的结构、风格有深刻的理解，以便综合编排。选择动作并进行组合要有丰富的想象力，这种想象力就是编排的主体框架结构，也是套路的风格和灵魂。你所表现的是什么呢？是力量和速度，还是刚健和柔美？是连续不断的，还是顿挫分明的？是要溪水潺潺的优雅，还是排山倒海的气势？是像火焰一样跳跃，还是像在水面一般滑行？也许你会说，所有的这些我都想要，那么你编排出来的就是一锅大杂烩，就很难给人以鲜明的印象和强烈的感染力。所以在选取动作之前，头脑里要先有总体的规划，确定风格和特点。

有了主体框架，动作选材就容易得多了。首先所选的动作不能和你的主题有冲突，不能破坏主体的风格。在这一原则下，还要兼顾运动动作和造型动作的丰富性，要快慢高低刚柔兼具，这样组合出的套路才不至于干瘪。

把动作组合在一起也是一件很费神的工作。动作与动作的连接要仔细，要讲究对称、主次、陪衬、协调。例如，你所表现的主题是快速、是腾跃，就不能把所有快速跳跃的动作集中在一起，那样就会单调、没有主次。在最能表现出快速特点的动作之前，先放一个慢一些或感觉稳定的动作；在需要突出高度的动作前（或后），设计一个低的动作；在需要表现刚劲时先来一些柔和。这就是陪衬，其作用是把速度衬托得更快、腾跃的高度显得更高、力量更刚劲，把这些对比性强烈的动作连接得圆滑自然，是协调。主体动作分派的前后均匀是对称。起势、中间、结尾都有高潮是节奏。武术是时间性很强的视觉艺术，在空间的展现是很短促的，所以必须利用以上的原则、方法，才能给裁判和观众以深刻的印象，突出风格、美感，令人回味无穷。

编排自选套路最重要的一点，就是必须对武术有深刻全面的了解，不能只用艺术的眼光，也不能完全用现代人的眼光，要了解武术的产生、演变、作用、历史环境等形成中国武术风格特点的根源。

二、竞赛裁判人员组成与工作位置

（1）执行裁判的组成。裁判长 1 人，副总裁判长 1～2 人；各裁判组设裁判长 1 人，副裁判长 1 人，技术检查员 1 人，评分裁判 6～10 人；编排记录长 1 人，编排记录员 2～5 人；检录长 1 人，检录员 3～5 人。

（2）裁判组的座位安排及场地规格。裁判组的座位必须便于观看场上比赛，有利于公平裁决，也便于与裁判长联系。

三、竞赛通则

（1）竞赛类型。武术竞赛类型可分为个人、团体、个人和团体赛三种。如果按年龄划分竞赛，可分为成年、少年和儿童赛，按性别可分为男子、女子赛，按比赛成绩可分为甲级、乙级赛，每一次的竞赛性质由竞赛规程确定。

（2）竞赛项目。武术竞赛项目主要分为长拳、太极拳、南拳、剑术、刀术、枪术、棍术、其他拳术、其他器械、对练项目和集体项目等内容。

（3）抱拳礼。抱拳礼即并步站立，左掌右拳在胸前相抱（左指根线与右拳棱相齐），高与胸平，拳、掌与胸相距 20～30cm。

（4）运动员进退场、起收势、礼节和套路计时。运动员听到点名或看到电子显示姓名后，先向裁判长行抱拳礼，并立即进场，待裁判长示意后，即可走向起势位置。运动员身体任何部分开始动作即为起势（计时开始）。运动员完成套路动作后，须并步收势（计时结束），再转向裁判长行注目礼，而后退场。运动员应在同侧场内完成相同方向的起收势。赛后示分时，运动员应向裁判长行抱拳礼。

四、评分标准与方法

（1）评分裁判员的组成。评分裁判员由评判动作规格的裁判员 3～5 名、评判演练水平的裁判员 3～5 名共同组成。

（2）评分标准。各项比赛的满分为 10 分，其中动作规格分值为 6.8 分，演练水平分值为 3 分，创新难度分值为 0.2 分。

①动作规格。裁判员根据运动员现场发挥的技术水平，按照各竞赛项目的动作规格要求，减去该动作规格中出现的错误扣分和其他错误扣分，即为运动员的动作规格分。

手型、步型、手法、步法、身法、腿法、跳跃、平衡和各种器械的方法中出现的规格错误，按照三级扣分标准执行。即与规格要求轻微不符者，每出现一次扣 0.05 分；与规格要求显著不符者，每出现一次扣 0.1 分；与规格要求严重不符者，每出现一次扣 0.2 分。

遗忘扣 0.1～0.2 分，器械、服装影响动作扣 0.1～0.2 分，器械变形扣 0.1～0.3 分，器械折断扣 0.4 分，器械掉地扣 0.5 分，失去平衡扣 0.1～0.5 分，规定套路的动作路线、方向错误扣 0.1 分。

②演练水平。裁判员根据运动员现场表现的整套演练水平，按照各竞赛项目在功力（劲力、协调）、演练技巧（精神、节奏、风格）、编排（内容、结构、布局）等方面的标准，整体比较，确定扣分，从该类分值中减去应扣分数，即为运动员的演练水平分。

功力水平方面（1 分），要求劲力充足、用力顺达、力点准确，手眼身法步配合协调，动作干净利落。

演练技巧方面（1.5 分），要求精神饱满、节奏分明、风格突出。

编排方面（0.5 分），要求内容充实、结构合理、变化多样、布局匀称。

如出现与要求不符，分别按照轻微扣 0.05～0.1 分、显著扣 0.15～0.3 分和严重扣 0.35～0.5 分三级扣分标准予以扣分。

③创新难度动作。运动员临场较好地完成了申报的创新难度动作，由裁判长按确认的分值予以加分。

④裁判长的扣分。裁判长对起收势不符者扣 0.1 分；运动员重做扣 1 分；出界扣 0.1～0.2 分；平衡时间不足扣 0.1～0.2 分；太极拳、剑和集体项目套路完成时间超出规定时间 5 秒，扣 0.1 分，以此类推，其他项目超过规定时间在 2 秒内，扣 0.1 分，以此类推；器械、服装不符合规定取消其该项成绩；自选套路每少一个规定动作组别，扣 0.3 分；规定套路的动作缺少或增加，扣 0.2 分；每附加、漏做或改变一个指定动作，扣 0.3 分。

（3）评分方法。两类裁判员评分是根据运动员现场技术发挥水平，按照各竞赛项目的评分标准，在各类分值中减去错误扣分、其他错误扣分，计算出运动员的动作完成和演练水平应得分，当裁判长示意后，各个裁判员同时示分，裁判员所示分数可到小数点后两位数，第二位须是 0 或 5。记时员报分，记录员记分，去掉最高、最低分，取中间有效分的平均值，将动作完成与演练水平应得分相加，报告裁判长。裁判长从运动员应得分中减去“裁判长的扣分”，再加上“创新难度动作”加分，即为运动员最后得分。

五、套路竞赛裁判法简介

裁判员不但要精通规则，更须熟悉裁判方法。武术裁判员在套路竞赛中的裁判经验，主要可以概括为：规格错误随时扣、演练水平一次扣、其他错误出现扣等方法。

（1）规格错误随时扣。对动作规格方面的内容，如手型、步型、手法、步法、身法、腿法等，要严格按照其动作规格的具体要求进行评判。对动作规格所出现的错误，随时发现，随时记录，按要求进行实扣。

（2）演练水平一次扣。对劲力、协调、精神、节奏、风格、内容、结构、布局等演练方面的抽象内容，由于不易采取量化的标准进行衡定，所以对这类错误的出现要在运动员全套技术演练完毕之后，通过整体比较，全面衡量，根据演练水平，一次性确定扣分。

（3）其他错误出现扣。运动员临场所出现的其他错误，如器械变形、遗忘、失去平衡等，要依据规则中的“其他错误扣分”，每出现一次，根据程度不同予以扣分。

裁判员在裁判工作中，要对不同层次的运动员演练水平做到心中有数，可从动作完成和演练水平两方面分别预定不同的分数标准，临场裁判时，根据运动员现场演练情况将其列入相应的层次中，作为确定最后应得分数的参考。对参加同一组别竞赛运动员的评分，要善于通过纵向比较的方法进行客观地评分。对参加不同项目、组别竞赛运动员的评分，要及时调整评判标准，综合衡量，横向比较。同时，裁判过程中，要保持尺度统一，扣分有据，避免因场上运动员个别技术动作而影响整体评价。

【课堂练习】

练习内容：根据武术套路编排的方法，利用规则进行合理的动作编排。

练习方法：分组练习，8～11 人一组。

达成目标：能够通过团队组合，进行武术技术动作的改编。

【课后练习 1】

练习内容：认真练习团队动作，积极思考创新动作。

练习方法：个人或团队组合练习。

达成目标：完成团队动作创编，集体演练完成考核任务。

【课后练习 2】

练习内容：武术表演套路创编原则，完成本组套路动作策划方案。

练习方法：分组进行，每组 20 人。

达成目标：自行改编。

【思考与练习】

（1）简述武术自选套路的创编原则。

（2）简述武术套路评分标准与方法。

第十二章　时尚跆拳道

本章学习达成效果：学生通过本章的学习，掌握跆拳道运动的基本知识、技术和简单战术，掌握跆拳道步法、腿法以及跆拳道品势舞的基本动作；建立正确的体育观念，养成终身体育锻炼的良好习惯，增强体质，促进健康，全面提高学生的身体、心理素质以及团结协作的精神；了解本专业的就业形势，加强与企业之间的联系，经常与企业进行跆拳道比赛，为学生就业创造机会。

本章的重点和难点：基本技术和基本战术的掌握与运用；练习时间、强度和密度的坚持。

学习指导建议：采用自主学习法、合作学习法等方法，不断地加强练习，通过练习时间和练习次数的积累，巩固技术动作，不断提升技术水平。

跆拳道是一项运用手脚技术进行搏击的方法。它重技术、轻力量，是一门充分展现腿技的精美艺术。它是以脚法为主的功夫，其脚法占 70%。跆拳道的套路共有 24 套，另外还有兵器、擒拿、摔锁、对拆自卫术及 10 余种基本功夫等。跆拳道是经过东亚文化发展的一项韩国武术，以东方心灵为土壤，承继长久传统，以“始于礼，终于礼”的武道精神为基础。

从字面含义可以看出，跆拳道是种手脚并用的武术搏击，但在有些竞技比赛中，如奥运会，部分技术，特别是手技，出于保护运动选手、增强比赛观赏性等原因而被限制。具体要求即手的攻击动作只可使用正击拳（直拳），且只能攻击躯干部分被护具保护的位置。

【章前案例】

“跆拳道”项目导引

跆拳道是一项新型的时尚的体育健身运动，它能够使身体全方面得到锻炼，练跆拳道是通过踢腿、闪腰、单手攻击或防御，用与另一只手相反方向拉的动作使下腹的肌肉更加强健。而且，通过抬高、踢腿的动作，锻炼侧腰部和大腿内侧肌肉。同时，跆拳道这个项目深受学生们的喜爱，这一点在每次的选修课上就能够体现。

情景展示：①学生可进行小型的表演练习，分成两个小组进行比赛，表演编排动作程度决出胜负。②从开始到结束都由学生实施。

一、“精英杯”项目总体设计

1．比赛主题：“精英杯”全校学生跆拳道表演赛

2．比赛时间：××××年××月××日

3．比赛地点：田径场或体育馆

4．参赛人员：跆拳道俱乐部学生及全校跆拳道爱好者

5．主办单位：体育与心理健康教育管理团队

6．协办单位：跆拳道俱乐部和跆拳道社团

项目内容	具体目标
理论知识	使学生了解跆拳道技术、战术知识和道义精神，提高防身自卫的能力；使学生了解跆拳道的礼仪，提高自身的礼仪素质；使学生了解跆拳道的起源和发展史，更好地了解跆拳道在中国的发展状况
专业技能	能够利用跆拳道品势舞蹈活动来锻炼身体，能参加基层的品势舞蹈比赛；能够通过品势舞和别人进行良好的沟通，结交新的朋友；熟练掌握跆拳道运动的基本技术和简单对抗术，能够参加小型的跆拳道表演赛
职业道德	通过跆拳道理论知识与实践技能的学习，学生养成良好的锻炼习惯，培养学生参与体育锻炼、积极乐观的生活态度与学习态度

二、“跆拳道”项目能力培养

通过策划、组织与实施该比赛，为所有跆拳道俱乐部的学生及爱好跆拳道的学生提供一个技术交流平台，尽量让更多的学生参与，通过分组式和自组织培养学生团队合作与沟通交流能力、实战能力、终身自主学习能力，培养学生良好的学习态度，养成健康的锻炼习惯。

三、“跆拳道”项目策划方案

（一）“跆拳道”全校学生表演赛前期准备工作

序号	前期准备工作	负责人	提交成果物	完成时间
1	拟定并下发“跆拳道”全校学生竞赛规程	俱乐部主任 跆拳道社团	竞赛规程文档	赛前 25～30天
2	招募比赛裁判员及其培训工作		竞赛规则和裁判法资料及裁判员名单	
3	完成条幅、海报和赛事宣传设计、制作、悬挂、张贴工作	俱乐部副主任 跆拳道社团	条幅、海报及赛事宣传相关资料制作好、悬挂好	赛前 3～5天
4	制作对阵表、比赛用表及签到表		比赛对阵表、裁判员签到表、比赛用表	
5	统计报名表，编排比赛日程		各参赛单位报名表 赛程的悬挂和张贴	
6	采购奖品和裁判饮用水 广播站及成绩公告点	俱乐部副主任及助理	奖品等级及预算文档 主持人名单及成绩公告单	赛前 1～2天
7	租借比赛场地及比赛用的器械		借用场地申请单和比赛用的器械	

（二）“跆拳道”全校学生表演赛组织实施流程

1．所有工作人员和裁判员准时到场，做好任务分工，各司其职，各负其责。

把所有裁判员分两个大组或四个小组，做到每小组都有两个裁判员。裁判员要听从领导，服从指挥，做到“准确、无误、公平、公正”。

2．比赛场地布置完毕。

3．比赛正式开始。

4．比赛进行中，可能会遇到一些困难……

5．开始为获奖学生颁奖（邀请学长或历届冠军学生）。

6．比赛圆满落幕，小结比赛。

根据比赛实施的总体情况，归纳总结，提出改进的措施与方法。

项目单元

（1）项目单元：设置场景，导入

前几节课学习了跆拳道的基本动作，基本动作中包含了基本的步型、拳法以及手法。那么我们这节课的主要内容是什么呢？

①怎么把几个步型和手法拳法结合起来？

②动作结合起来之后形成的基本动作路线是怎样？

③结合以上两条形成的是什么？

达成目标：要求学生相互合作，互帮互助。

（2）项目单元：设置场景，导入

教师、学生讨论以前几次课的主要动作，看学生的掌握程度如何，然后复习学习基本的动作。

达成目标：要求学生相互合作，互帮互助。

（3）项目单元：设置场景，导入

进行两人一组的动作练习（同学之间各找搭档）。

达成目标：要求学生相互合作，互帮互助。

（4）项目单元：设置场景，导入

1．相互学习各自的优点动作。

2．改正相互的动作错误。

3．两人组集体练习。

第一节 跆拳道启蒙

【案例导入】

视频播放：2018 年亚运会的比赛视频。

教师和学生围绕视频展开深度讨论。

一、起源

跆拳道起源于韩国，是一种手脚并用的传统搏击格斗术，也是一项紧张激烈、惊险刺激的以腿法对抗为主要形式的现代竞技运动，更是一门强健体魄、磨练意志品质的高尚武道文化。由于跆拳道特有的自卫、竞技比赛功能和道德礼仪教育功效，受到全世界尚武青少年的推崇和喜爱。许多国家的军队和警察都将跆拳道列为训练必修课，欧美国家的许多家长将子女送进跆拳道馆，以磨练其精神意志和培养良好的道德品质。跆拳道有世界“第一搏击运动”的称誉，已成为包括奥运会在内的所有国际综合运动会的正式比赛项目。

跆拳道在成为竞技运动的同时，对普通人而言也是一项极好的健身运动。通过对跆拳道基本技术动作、套路的研习，可以大大提高身体的灵巧性、柔韧性，达到健身、怡情的目的。跆拳道也正在受到许多都市男女青年的喜爱。那些并不想到奥运会上去争金夺银，而且平日很注重举止文雅潇洒的时尚人士们，也爱上了这门拳脚相交的格斗技艺。

跆拳道的基本哲学思想是：练习此项运动者必须修身养性，道德教育第一，运动技巧第二。此项运动是严格的礼仪与礼仪的严格的有趣结合。一方面，跆拳道运动均起源于传统韩国社会的优雅礼仪，面对对手，头部和身体按规定的角度弯下优雅地鞠躬。另一方面，规则要求运动员身上、头上戴护具，并建议在道服内腹股沟、前臂和胫骨上佩戴护具并带护齿。

二、发展

跆拳道是东亚地区，特别是朝鲜半岛古老的民间技击术，是一项运用手脚技术进行搏击格斗的韩国民族传统的体育项目。它由品势（拳套）、搏击、功力检验三部分内容组成。跆拳道是在引进与吸收中国的传统武术及日本空手道的基础上，创新与发展起来的一门独特武术，具有较高的防身自卫及强壮体魄的实用价值。练习跆拳道可以使练习者增强体质，掌握技术，并培养坚韧不拔的意志品质。

跆拳道是一项运用手脚技术进行搏击的方法。它重技术、轻力量，是一门充分展现腿技的精美艺术。它是以脚法为主的功夫，其脚法占 70%。跆拳道的套路共有 24 套；另外还有兵器、擒拿、摔锁、对拆自卫术及 10 余种基本功夫等。跆拳道是经过东亚文化发展的一项韩国武术，以东方心灵为土壤，承继长久传统，以“始于礼，终于礼”的武道精神为基础。

韩国跆拳道有九大门派：正道馆、青涛馆、智德馆、松武馆、彰武馆、沟德馆、吾道馆、汉武馆、武德馆。

三、跆拳道运动的主要特点

1. 以腿法为主，拳脚并用

由于竞赛的需要、规则的限制和跆拳道进攻方法的特点，使得跆拳道以腿法攻击为主。据统计，在跆拳道技术当中，腿法约占总技法的 70%。腿击在攻击范围、攻击力量等方面都远远超过拳法的攻击，而拳法的招式，一般偏重于防守和格挡。

2. 动作追求速度、力量和效果，以击破为测试功力的手段

跆拳道不讲究花架子，所有动作都以技击格斗为核心，要求速度快、力量大、击打效果好。在功力的检测方面，则以击破力为测试的手段，即分别以拳脚击碎木板等，以击碎的厚度来判定功力。

3. 强调呼吸，发声扬威

在跆拳道的练习中，要求在气势上给人以威严的感觉，练习者常以洪亮并带有威慑力的声音来显示自己的威力。据日本有关研究资料证明，人在无负荷工作时，10%的肌肉会由于发声使收缩速度提高 9%，在有负荷工作时更是可以提高 14%。这就是为什么在比赛当中运动员会发出响亮的喊叫声的原因。在发声的同时停止呼吸，可以使人体内部的阻力减小，提高动作速度，集中精力，使动作发挥出更大的威力。

4. 以刚制刚，方法简练

受跆拳道精神影响，运动员在比赛当中多是直击直打，接触防守，躲闪技术运用得比较少。进攻都采用直线连续进攻，以连贯快速的脚法组合击打对手。防守多采用格挡技术，或采取以攻对攻、以攻代防的技术。

5. 礼始礼终，内外兼修

在任何场合下，跆拳道练习者始终以礼相待。练习活动都要以礼开始、以礼结束，以养成谦虚、友好、忍让的作风，在道德修养方面不断地提高自己。

第二节 跆拳道套路

一、跆拳道的礼节

跆拳道练习虽然是以双方格斗的形式进行，但是不管它怎样激烈，由于双方都是以提高技艺和磨炼意志品质为目的，所以在双方各自内心深处都必须持有向对方表示敬意和学习的心理。因此在练习或比赛前后都一定要向对方敬礼，即跆拳道运动始终倡导的“以礼始，以礼终”的尚武精神。由于跆拳道是练习者精神和身体的综合修炼，使练习者在艰苦的磨炼中培养出理想的人格和体魄，并能够真正掌握防身自卫的本领，因而对练习者精神锻炼一环中就必须包括“礼节”的教育和熏陶。“礼节”是跆拳道运动必不可少而且十分重要的组成部分。

（一）练习时的礼节

（1）练习者进入场地时，首先向老师敬礼。

（2）练习前双方应相互敬礼，练习后再次相互敬礼。

（二）比赛开始前的礼节

（1）运动员依照主裁判“立正”“敬礼”令，立正向陪审席行标准礼，标准礼为鞠躬的自然姿势，腰部前倾15°，头部下倾45°，两手握拳贴于双腿两侧。

（2）运动员依主裁判“向左向右转”的口令，内转相对，立正站好，再依“敬礼”的口令，相互敬礼。

（三）比赛结束后的礼节

（1）比赛结束时，运动员在各自的位置相对站立。

（2）运动员依主裁判“立正”“敬礼”的口令，相互敬礼。

（3）运动员依主裁判“向左向右转”及“敬礼”的口令转向监督官，向监督官行标准礼。

二、跆拳道的基本动作

（一）基本腿法

跆拳道以其变幻莫测、优美潇洒的腿法闻名于世，被世人称为踢的艺术，这是跆拳道区别于其他格斗术的一个重要特点。跆拳道的腿法讲究变化多样和灵活多端，对人体的柔韧性、大脑反应的灵敏性、身体运动的稳定性都有很高的要求，它是对人体机能和体能的综合考验。

跆拳道实战中脚踢进攻时一般使用的部位包括脚前掌、脚趾、脚背、足刀、脚后跟、脚后掌（脚跟底部）。利用这些部位可以进行站立踢、跳动踢、助跑踢、转身踢和飞踢等不同形式的踢法进攻，而且每种踢法踢击的部位各有不同。实战过程中，运用脚踢时要根据具体情况，如对方所处位置、暴露的部位、防守的姿势以及双方的距离，选择不同的踢法。脚踢时要利用步法保持身体的平衡，并有效接近对方做出踢击动作。注意两臂的防守。踢击完成马上回到准备姿势，准备下一次的进攻和防守。腿的回位动作要快，以免被对方抓住或抱住。脚踢的练习方法主要是靠平时用各种腿法踢击悬挂的沙袋，经过反复练习提高踢的力量、速度和高度。

1. 前踢

实战姿势开始。右脚蹬地髋关节向左旋转，双手握拳置于体侧；同时，右腿以髋关节为轴屈膝上提。当大腿抬至水平或稍高时，关节向前送，向前顶，小腿以膝关节为轴快速向前上方踢出，力达腿尖，整条腿踹直。踢击后迅速放松，右腿沿原路线弹回，将右脚放置在左脚前面仍成实战姿势。

动作要领：膝关节夹紧，小腿放松，要有弹性；往前送，高踢时往上送；小腿回收与前踢的速度一样快。主要攻击部位有面部、下颏、腹部、裆部。前踢亦可用于防守。将前踢发力部位由脚尖改换为脚跟时，前踢动作就变为前蹬动作，动作方法要点相同，只是脚的形状发生了变化（图 12-2-1）。

2. 侧踢

实战姿势开始。右脚蹬地，右腿以髋关节为轴屈膝提起，两手握拳置于体侧；随即左脚以前脚掌为轴外旋 180°，髋关节向左旋转，右腿以膝关节为轴向前蹬伸，右脚快速向右前上方直线踢出，力点在脚跟。发力后按起腿路线收腿，放松，重心落下（原处或向前均可），再次回到实战姿势。

动作要领：起腿时大小腿、膝关节夹紧；踢出发力时头肩、腰、髋、膝、腿和踝成一直线；大小腿直线踢出，原路线收回。侧踢动作的主要攻击部位有膝部、腹部、肋部、胸部和头面部）（图 12-2-2、图 12-2-3）。

图 12-2-1　前踢

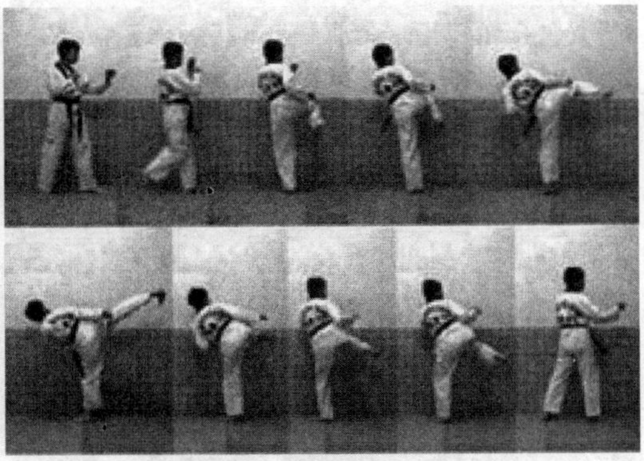

图 12-2-2　侧踢

3. 后踢

实战姿势开始。转身后腿后撤背对对方，重心后移至左脚，右脚蹬地后屈膝提起，右脚贴近左大腿，两手握拳置于胸前；随即左脚蹬地伸直，右脚自左大腿内侧向后方直线踢出，力达脚跟；踢击后右脚沿原路线快速收回，成实战姿势。

动作要领：起腿后上体和大小腿折叠收紧；后踢时动作延伸要长，用力延伸；转身，提腿，出脚动作连续一次性完成，不能停顿；击打目标在正后偏右。后踢动作的主要攻击部位有膝部、腹部、裆部、胸部和头面部（图 12-2-4）。

图 12-2-3 转身侧踢

图 12-2-4 后踢

4. **下劈**

实战姿势开始。右脚蹬地，重心前移至左脚。同时，右腿以髋关节为轴屈膝上提，两手握拳置于胸前；随即充分送髋，上提膝关节至胸部，右小腿以膝关节为轴向上伸直，将右腿伸直举于体前，右脚过头。然后放松向下以右脚后跟（或脚掌）为力点劈击，一直到地面，成实战姿势。

动作要领：腿尽量往高、往头后举，要向上送髋，重心往高起；脚放松往前落，落地要有控制；起腿要快速、果断；踝关节要放松。劈腿的主要攻击部位有头顶、脸部和锁骨（图 12-2-5～图 12-2-8）。

图 12-2-5 外摆下劈

图 12-2-6 里合下劈

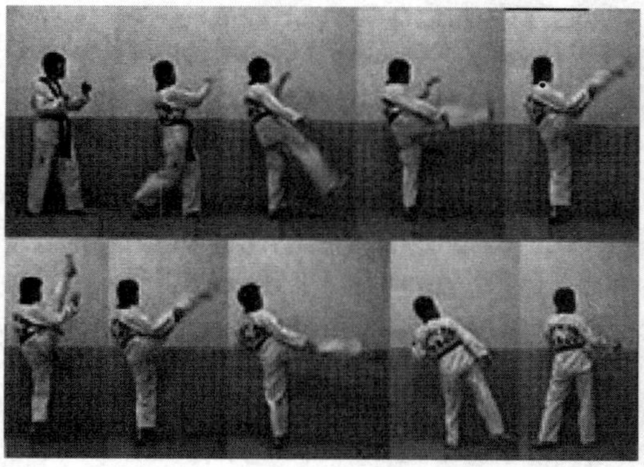

图 12-2-7 直腿下劈

图 12-2-8 曲腿下劈

5. **摆踢**

实战姿势开始。右脚蹬地重心前移，右腿以髋关节为轴屈膝上提，两手握拳置于体侧；左脚以前脚掌为轴外旋 180°，右腿以膝关节为轴继续向前上方伸成直线，顺势右脚的脚掌用力向右侧屈膝鞭打，顺鞭打之势上体右转，右腿屈膝回收，右脚落回原处，成实战姿势。

动作要领：提膝，伸直，右侧屈膝鞭打动作要连贯快速，没有停顿；击打点在体前偏右侧，以脚掌为击打点；左脚旋转支撑努力保持平衡，踹击后迅速将右腿收回。摆踢攻击的主要部位是头面部和腹胸部（图 12-2-9）。

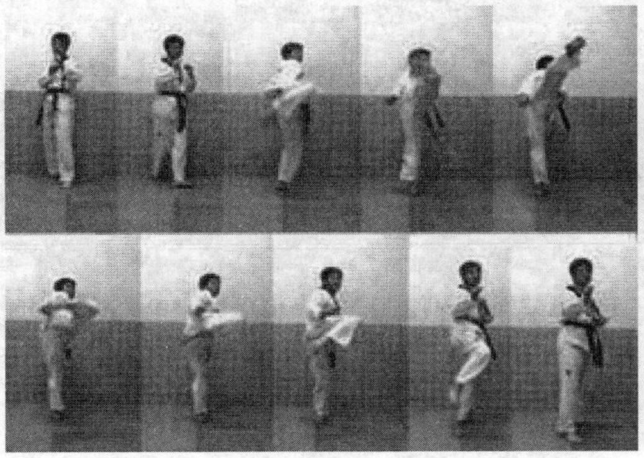

图 12-2-9　摆踢

图 12-2-10　后旋踢

6. **后旋踢**

实战姿势开始。两脚以两脚掌为轴均内旋约 180°，身体随之右转约 90°，两拳置于胸前。上体右转，与双腿拧成一定角度。右脚蹬地，将蹬地的力量与上体拧转的力量合在一起，右腿继续向右后旋摆鞭打，同时上体向右转，带动右腿弧形摆至身体右侧，右腿屈膝回收；右脚落到右后成实战姿势。

动作要领：转身旋转，踢腿连贯进行，一气呵成，中间没有停顿；击打点应在正前方，呈水平弧线；屈膝起腿的旋转速度要快；重心在原地旋转 360°。后旋踢攻击的主要部位有面额和胸部（图 12-2-10）。

7. **推踢**

实战姿势开始。右脚蹬地，重心前移，右脚以髋关节为轴提膝前蹬，用右脚脚掌向前蹬推，力点在脚掌，推力向正前方。

动作要领：提膝后尽量收紧膝关节；重心往前移，利用身体的重量和力量；推的时候腿往前伸展，送髋；推的路线水平往前。推踢的主要攻击目标是腹部。

8. **横踢**

实战姿势开始。右脚蹬地，重心前移至左脚，右脚屈膝上提，两拳置于胸前；左脚前脚掌碾地内旋，髋关节左转，左膝内扣；随即左脚掌继续内旋至 180°，右腿膝关节向前抬至水平状态，小腿快速向左前横向踢出；击打目标后迅速放松收回小腿，右腿落回原地成实战姿势。

动作要领：膝关节夹紧，向前提膝，尽量走直线；支撑脚外旋 180°；髋关节往前顺，身体与大小腿成直线；严格注意击打的力点在正脚背；踝关节放松，击打的感觉是“面团”

“鞭梢”。横踢攻击的主要部位有头部、胸部、腹部和肋部。

9. **跳踢**

指先跳起使身体腾空，然后在空中完成各种踢法的攻击技术。跳踢包括旋风踢（图 12-2-11）、双飞踢（图 12-2-12）、腾空后踢、腾空劈腿、腾空后旋踢、跳步横踢等多种方法，是跆拳道高难技术动作。

图 12-2-11 旋风踢

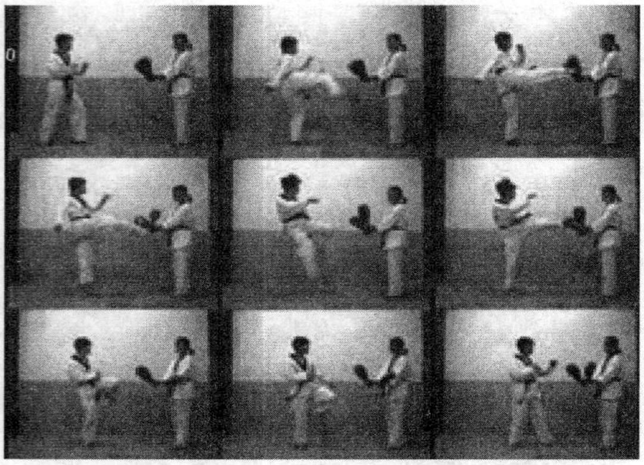

图 12-2-12 双飞踢

10. **单腿连踢**

同一条腿连续进行两次以上的进攻方法。这种技术也属于跆拳道高难技术动作。

11. **双腿连踢**

两条腿连续进行两次以上的进攻。这种技术同样属于跆拳道高难技术动作。

【课堂练习】

（1）观看跆拳道比赛的短片。

（2）采用多种教学方法，学生进行各项腿法的学习、巩固和提高。

（3）各单项技术的串联练习。

（4）简单腿法的练习。

（5）分组进行腿法的教学比赛。

（6）教师巡回指导。

【课后练习】

（1）复习跆拳道腿法的理论知识。

（2）掌握前踢腿和恒踢腿的动作要领。

（3）掌握腿法战术技术教学的基本方法。

（4）掌握各种技、战术的理论基础，能够自我学习和锻炼。

（二）基本步法

在跆拳道运动中，是否能够合理运用腿法准确和强有力的击打对方，主要是通过机动、灵活、稳固的步法作为纽带来实现的，因此跆拳道步法训练非常重要。

1. **进步**

【动作特点】主要用于快速进攻，使自己处于有利的进攻位置。

【动作方法】①实战姿势（左势）。②后脚朝前上一步，换为实战姿势（右势）。

【要点】以前脚为轴，拧腰转髋迅速，上步时上体保持平稳。

【易犯错误】①上步时步子过大或过小。②重心起伏，重心不稳。③动作脱节，有跳步的现象。

【纠正方法】①上步时两脚间距离约为本人 2 个脚掌。②上步脚接近地面，使身体保持平稳。③进步快、连贯、自然，不可跳步。

2. **退步**

【动作特点】主要用以快速退防，从而使自己处在防守的最佳位置，从被动变为主动。

【动作方法】①实战姿势（左势）。②左脚向后退一步，换为实战姿势（右势）。

【要点】以后脚为轴，拧腰转髋迅速，退步时重心保持平稳。

【易犯错误】①退步速度慢，重心不稳。②动作脱节，有跳步现象。

【纠正方法】①快速拧腰退步，两脚间距约为本人 2 个脚掌，重心平稳，不可起伏。②动作连贯，退步脚接近地面，避免跳步。

【课堂练习】

（1）观看跆拳道比赛视频，欣赏高水平运动员的各项技术。

（2）教师示范讲解各单项技术动作要领，学生模仿。

（3）集体纠正与个别辅导，提高技术水平。

（4）学生反复练习体会动作。

（5）加强身体素质练习，提高运动机能。

（6）通过游戏、比赛等形式提高练习兴趣。

（7）各单个步法技术的综合练习。

【课后练习】

（1）各种步法技术的理论基础复习。

（2）跆拳道步法的脚步移动细节动作。

（三）基本脚法

跆拳道是一项以脚法为主的独特武道，约 75%的动作都是由脚法完成的。如果想在实战搏击中发挥出巨大的威力，那就必须重视脚法的基础训练。有人形象地把脚法的基础训练比喻成“磨刀石”，它能迅速提高脚技，使脚技这把“钢刀”在实战博击中更加“锋利”。

1. **正踢腿**

【动作特点】以脚前掌为着力点，属攻击性脚法。

【动作方法】①实战姿势（左势）。②左脚支撑，以左脚的前脚为轴，脚后跟随身体向前转动约 120°，同时，右脚伸直，脚夹勾紧，以前脚掌快速有力地向对方下额和脸部踢击。③右脚快速前落成实战姿势（右势）或落到原位成实战姿势（左势）。

【要点】上体稍前倾，收腹、展髋，踢时勾脚尖，过腰后加快速度。

【易犯错误】①低头，收髋，屈膝。②踢速慢，重心不稳。

【纠正方法】①抬头目视对方胸部或眼部，展髋增加踢的距离。注意挺膝。②踢过腰后加速，落地轻快，身体保持稳定。

2. **里合腿**

【动作特点】以脚内侧或足跟、足底为着力点，属进攻性腿法。

【动作方法】①实战姿势（左势）。②左脚支撑，以左脚的前脚掌为轴，脚后跟随身体向前转动大约 120°，同时，右脚脚尖勾起，向右侧上方直踢，经脸前向左侧上方直腿摆动，用脚内侧或足跟、足底踢击对方。③右脚快速前落成实战姿势（右势）或落回原位成实战姿势（左势）。

【要点】松髋，开胯。里合腿时以髋关节为轴，里合呈内扇形。

【易犯错误】①收髋、弓腰。②里合时没有呈扇形，弧度小，支撑腿拔腿。

【纠正方法】①正压、侧压腿，提膝里合，立膝练习。②加强由外至正前下落呈现内扇形练习，弧度由小到大，注意支撑稳定的练习。

3. 劈腿

【动作特点】以脚掌为着力点，属攻击性腿法。劈腿也称下压。

【动作方法】①实战姿势（左势）。②左脚支撑，以右脚的脚前掌为轴，脚后跟随身体向前转动大约 120°，同时，右脚蹬地起动，重心前移，脚尖勾紧，右脚尽量上举至头部上方，踝关节放松，下劈腿时，用脚掌向下劈击对方的头、颈、肩、胸、腹部，然后右腿自然下落成实战姿势（右势）。

【要点】提重心，右脚尽量高举，踝关节放松，展胯，快速、果断下劈腿，踝关节下扣，击打准确、有力，重心平稳。

【易犯错误】①腿上举高度不够，收胯，重心后仰。②踝关节紧张、挺腹。落地重，重心不稳。

【纠正方法】①加强柔韧性练习。练习时，腿尽量高举，下劈时展胯，重心稍前倾。②踝关节在举腿时放松上扣，下劈时紧张下扣，注意收腹，落地轻灵，重心平稳。

4. 转身后摆腿

【动作特点】以足跟或前脚掌扫击对方，属攻击性腿法。

【动作方法】①实战姿势（左势）。②以左脚前脚掌为轴，左脚脚后跟随身体转动约 90°，目视对方。③左腿支撑，右腿以髋关节为轴，向后上方弧形摆动击打对方躯干以上部位（主要攻击面部），力达足跟或脚掌。④右脚自然前落在实战姿势（右势）。

【要点】拧腰转身快速，以髋关节为轴，直膝后高扫摆腿，摆弧不宜过大。

【易犯错误】①转体速度慢，后摆腿路线错误，转身后易横扫腿，影响摆腿速度。②着力点错误，用脚掌外侧边缘击打对方。③身体重心后仰或失去平衡。

【纠正方法】①正确掌握前脚后跟、后脚前掌的转体角度，以腰为轴，转体加速。加长后摆腿的路线，由后上方弧形摆踢，减少摆动半径，加快摆腿速度。②掌握用脚后跟或脚掌正确击打着力点的技巧，可进行慢动作的练习。③上体保持实战姿势，反复练习快速转身后摆腿练习，提高重心的平稳程度。

注：实战势在跆拳道中又称为实际格斗势，两脚开立步站立，左势为左脚在前，右势为右脚在前。

三、型（品势）

跆拳道的“型”分为太极一章至太极八章，这是初学者必须熟悉的基本动作，它的每一种型内涵都相当深奥，攻击、防御、进、退、闪、躲、逆、顺等招式交互使用，变化无穷，是一种拳脚并用、可攻可守，甚至是一种要用头脑的武术，而学习跆拳道更可以健身、强身、防身。在经过按部就班、勤加练习后，方能达到眼、耳、手、脚、心的全神贯注、灵活运用，进而再求深造——晋段。晋段的型又分为：高丽型“初段”、金刚型“贰段”、太白型“叁段”、平原型“肆段”、十进型“伍段”、地跆型“陆段”、天拳型“柒段”、汉水型“捌段”、一如型“玖段”。此为世界跆拳道联盟公认的标准型，从 8 级升至 1 级必须熟练太极一章至八章，从初段升至玖段必须精通以上各型。而上段者除了熟练各型以及精通技术，更注重培养高尚的武德，以及锻炼坚强的意志，以达到习武者的最高境界。太极品势（一至八章）的动作如图 12-2-13～图 12-2-20 所示。

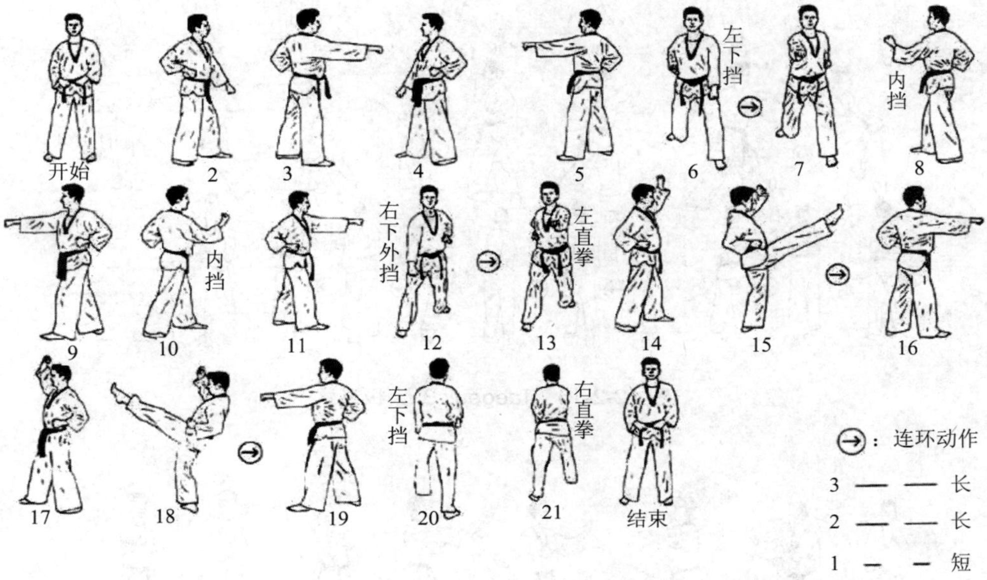

图 12-2-13　Taegeuk 1 太极一章

图 12-2-14　Taegeuk 2 太极二章

图 12-2-15 Taegeuk 3 太极三章

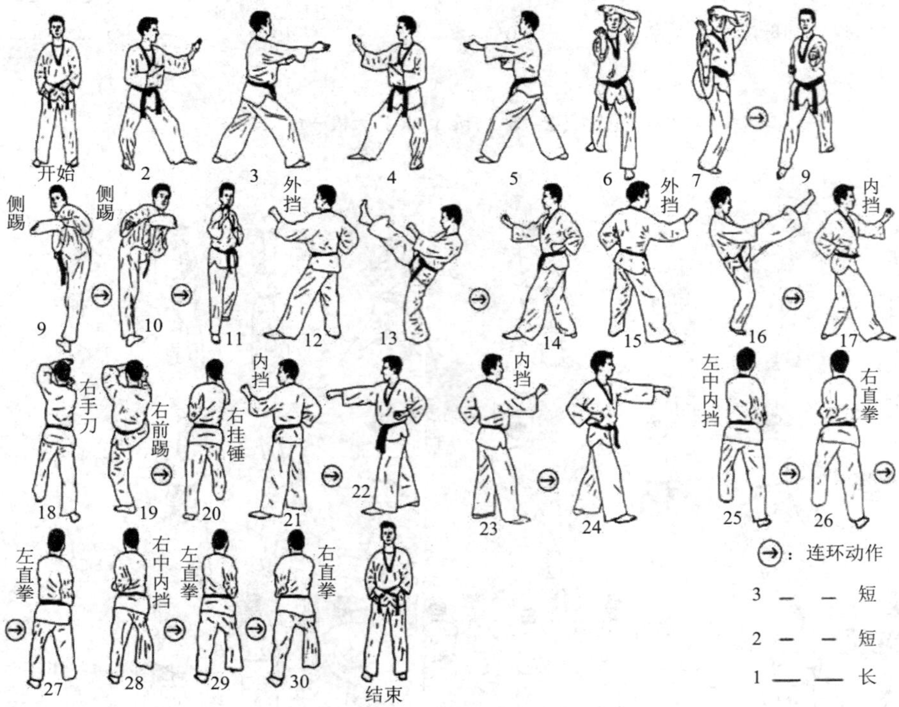

图 12-2-16 Taegeuk 4 太极四章

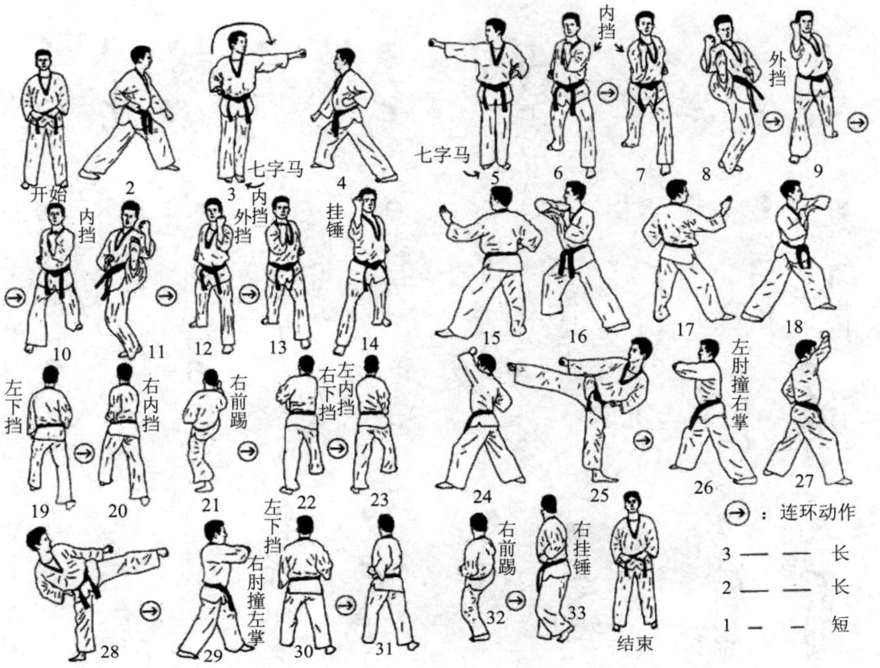

图 12-2-17　Taegeuk 5 太极五章

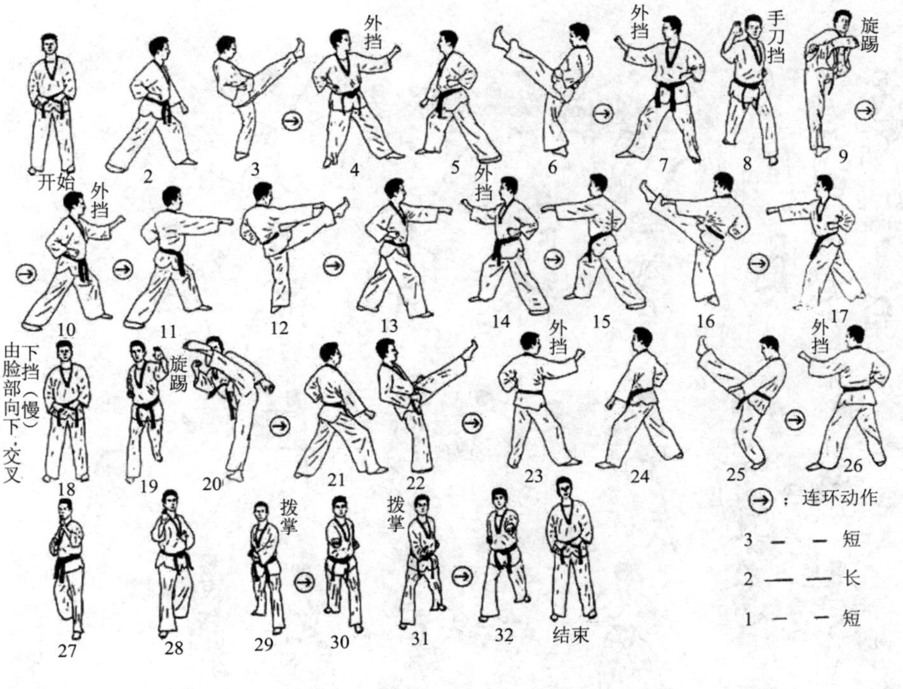

图 12-2-18　Taegeuk 6 太极六章

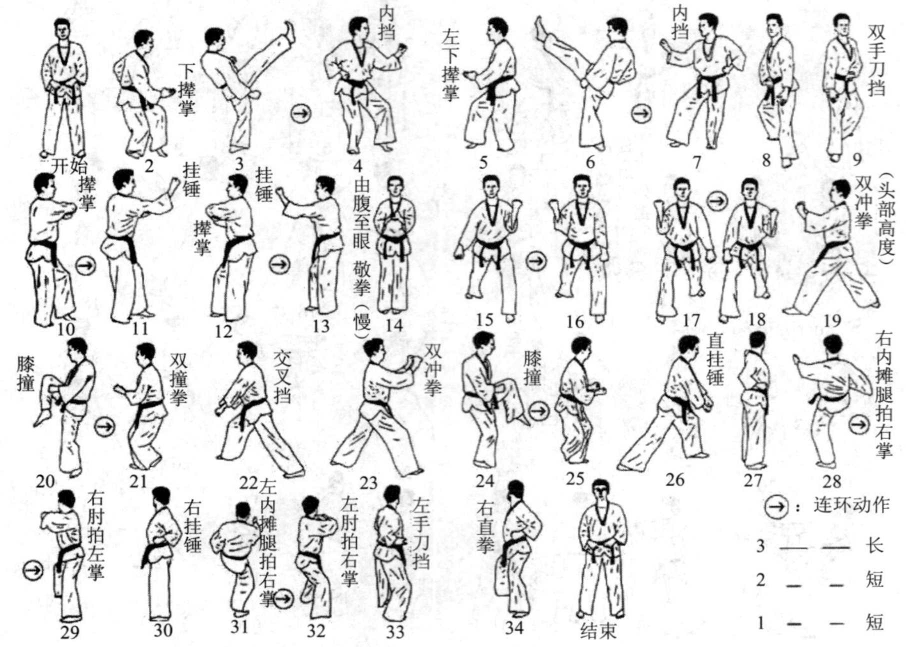

图 12-2-19 Taegeuk 7 太极七章

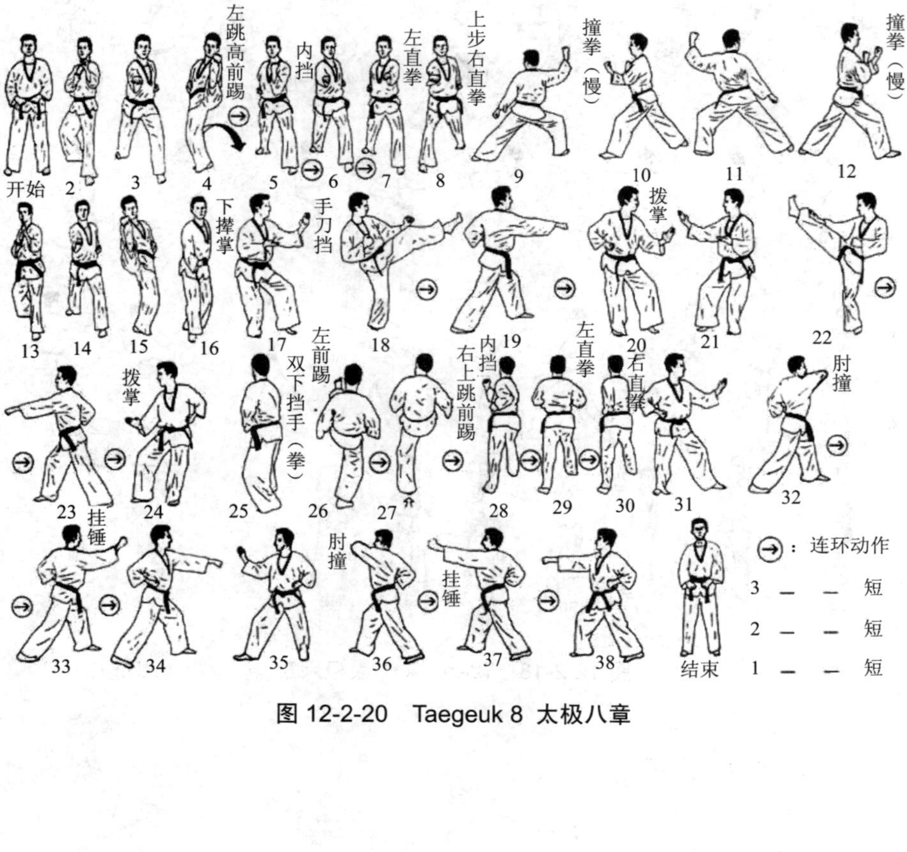

图 12-2-20 Taegeuk 8 太极八章

第三节　跆拳道表演

一、跆拳道的场地

跆拳道的比赛场地是长 12 米、宽 12 米的水平的、无障碍物的正方形场地。场地的地面应为有弹性的垫子。场地中央长 8 米、宽 8 米的区域为比赛区，其余部分为警戒区。警戒区和比赛区表面用两种不同颜色划分，同色时用 5 厘米宽的白线划分。

二、跆拳道的服装

跆拳道的服装称作道服，其款式、颜色都是特定的。系扎道服用的腰带颜色各异，以其颜色区分运动员的段位级别。

三、组织

现今跆拳道主要有两个官方组织：ITF 和 WTF。

ITF（International Taekwondo Federation），国际跆拳道联盟，属于朝鲜，较为传统，由崔泓熙将军亲手创立。套路名称为特尔，一共 24 套；技术方面强调对肢体的控制。

WTF（World Taekwondo Federation），世界跆拳道联盟，在传统跆拳道的基础上，1973 年由韩国修改创立，并于 2000 年成为澳大利亚悉尼奥运会的正式比赛项目。从此得到极大的推广，但是将 WTF 简单地等同于竞技体育跆拳道却并不准确。

四、礼仪

跆拳道注重礼仪，进入道场、面对国旗、课前、面对教练、比赛前后等时候，都要行礼。对教练尊称，一至三段称为副师范（Assistant Instructor），四至六段称为师范（Instructor），七至八段称为师贤（Master），九至十段称为师圣（Grand Master）。

五、世界跆拳道联盟（国技院）晋升黑带一段至九段标准

段位	年限	年龄	考试内容（品势部分）
一段	1 年半	15 岁以上	指定太极 1~7 型之一，必修 8 型
二段	2 年	16 岁以上	指定太极 1~8 型之一，必修高丽
三段	3 年	18 岁以上	指定太极、高丽之一，必修金刚
四段	4 年	21 岁以上	指定太极、高丽、金刚之一，必修太白
五段	5 年	25 岁以上	指定太极、高丽、金刚、太白之一，必修平原、十进
六段	6 年	30 岁以上	指定高丽、金刚、太白、平原、十进之一，选择地跆、天拳之一
七段	7 年	36 岁以上	指定高丽、金刚、太白、平原、十进、地跆、天拳之一，选择汉水、一如之一
八段	8 年	44 岁以上	八段以上审查内容由世界跆联特别委员会决定
九段		60 岁以上	

说明：

1．升段考试内容除品势外，另考核实战、威力、特技、理论。

2．高段位考核内容还要审查资历与评估贡献。

3．15 岁以下选手达到一至三段水平，授予一品、二品、三品。跆拳道“十级”“三品”“九段”的划分。

跆拳道有着严格的技术等级考核制度。修炼者水平的高低，以“级”“品”“段”来划分。“级”分为 10 级至 1 级，10 级水平最低，1 级较高。1 级以后入“段”，段位从低到高分为一至九段。未成年选手达到一至三段水平，则授予“一品”至“三品”。

跆拳道训练、比赛专用道服，采用厚实、优质、吸汗的白布缝制，象征思想的纯洁和追求技术的纯熟。

腰带的颜色则代表着选手的技术水平，从低到高依次为白带（10 级）、白黄带（9 级）、黄带（8 级）、黄绿带（7 级）、绿带（6 级）、绿蓝带（5 级）、蓝带（4 级）、蓝红带（3 级）、红带（2 级）、红黑带（1 级、一品至三品）、黑带（一段至九段）。

六、跆拳道比赛中允许使用的技术

跆拳道比赛中使用拳的技术时必须握紧拳，用拳正面的食指或中指部分击打；使用脚的技术时，必须用踝关节以下至脚的前部击打。这里需要注意，指、掌、肘、膝等技术只适合于平时练习或品势表演中使用，在比赛中禁止使用；抓、搂、抱、推等动作在比赛中也是禁止使用的，如出现将被判罚警告一次，警告两次将被扣一分。

七、跆拳道比赛中允许攻击的部位

跆拳道比赛中允许攻击的部位包括髋骨以上至锁骨以下以及两肋部，但背部没有护具保护的部位禁止攻击。头部两耳向前头颈的前部只允许用脚的技术攻击。

八、跆拳道比赛中如何得分

使用允许的技术，准确有力地击中有效得分部位，即为得分一次，得分一次累加一分，击中头部得两分。

有效得分部位包括腹部和两肋部以及面部允许被攻击的部位。如使用允许的技术击中被护具保护的非有效得分部位，击倒对方时按得分计。

跆拳道比赛的获胜方式

（1）击倒胜（K•O 胜）

（2）主裁判终止比赛胜（RSC 胜）

（3）比分或优势胜（判定胜）

（4）对方弃权胜（弃权胜）

（5）对方失去资格胜（失格胜）

（6）主裁判判罚犯规胜（犯规胜）

九、犯规

（1）kyong-go 是不会对对方造成伤害的犯规，一次判罚 0.5 分，有以下几种情况：

①转背向对手逃避进攻。
②倒地（为拖延时间消极地躲避进攻的）。
③回避比赛。
④抓搂、抱或推对手。
⑤攻击腰以下部位［无论有意或无意，无论是否得逞（踢上或没踢上）］。
⑥伪装受伤。
⑦用膝部顶撞对手。
⑧手攻击对手面部。
⑨出边界（警戒区之外）。
⑩教练员、运动员的不良行为。
（2）gam-jeom 是严重的犯规，一次判罚 1 分，有以下几种情况：
①攻击倒地对手。
②主裁判发出 kal-yeo（暂停，比赛中途有情况）或 ke-man（停止，一场比赛结束）的口令后，攻击对手。
③抓住对手的进攻的脚将其摔倒或用手推对手。
④故意用手攻击对方面部（是“故意”！区别于上文（1）中⑧的行为）。
⑤教练员或运动员打断比赛进程（不仅仅是“不良行为”！区别于上文（1）中⑨的行为）。
⑥教练员或运动员过激行为影响比赛或做出违反体育道德的行为。

第四节　跆拳道俱乐部的组织与实施

一、俱乐部的章程

（1）俱乐部全名为“××学校跆拳道俱乐部”。
（2）跆拳道的精神：礼义廉耻，忍耐克己，百折不挠。
（3）俱乐部口号：“不抛弃，不放弃”。

二、活动内容

1. 训练安排

保证每周组织 1～2 次训练，如受天气影响或其他不可抗力因素则找时间给学员安排补课。

2. 社团组织生活

每月召开一次，宣传跆拳道团结互助、礼义廉耻、忍耐克己、百折不挠等精神。每学期组织一次俱乐部成员集体外出游玩活动，加强俱乐部成员之间的交流。

3. 意见和建议

鼓励每一位成员发表对俱乐部的意见，吸纳好的建议以改善俱乐部存在的不足，扩大俱乐部在学校的影响力。

4. 交流与发展

休息时间教练员主动与学员多交流，增加教练与学员之间的亲切感，不要让学员对教练感到陌生和恐惧，适当给予学员应有的关心，增进学员对俱乐部的感情，安排心理辅导和小班补课培优教练，对每一位学员负责。

5. **竞技与鼓励**

每训练阶段组织一次社员跆拳道技能大比武，给大家跆拳道技术交流的平台，如举行跆拳道品势比赛、实战竞技比赛、素质体能测试，比赛获胜者颁发俱乐部荣誉证书和小礼品，以鼓励学员对跆拳道的学习热情，提高俱乐部学员的进取心和上进心。

三、会员制度

（1）凡是在校学生均可以申请加入跆拳道俱乐部。

（2）跆拳道俱乐部“三不招”政策：

①不招收素质道德低下学员。

②不招收先天性低血糖、先天性贫血、高血压、患有有心脏疾病的学员。

③向咨询新生声明学习跆拳道不是为了打架而是为了防身，若单纯准备学习后用来打架的学员一律不得招收。

（3）俱乐部实行会长干事分管制，各司其职协助会长管理俱乐部。

（4）俱乐部会员必须履行会员职责和了解会员的规章制度。

四、训练规则

（1）教练与学员训练时，一律穿道服，并且穿戴整齐，不得挽袖，训练途中不准解道带脱道服。

（2）训练时教练员与学员均不得无故迟到与不到，对于迟到者视相应情况给予警告或进行素质训练惩罚。

（3）有事不能来或有事需要晚来训练的学员需向组织部部长请假。

（4）迟到者需向教练敬礼并说明迟到缘由，迟到者进入队列要插队时需向两边的队友敬礼方可入列。

（5）训练时，学员不得佩戴各种饰品，如手表、手镯、戒指、项链、耳环、耳钉等。

（6）训练时不得讲与训练无关的话题，不准不经教练允许离队接电话，不准不经允许擅自离队喝水，实在有事者需举手报告，获得教练批准方能进行。

（7）训练中如有体力不支或身体不适者，应及时向教练反应情况在边上休息。

（8）学员不许与教练顶撞，如实在是教练的原因，请下课后找教练说清。

（9）有不懂的动作可以请教练多示范几遍。

（10）训练可以适当缩短训练时间，增加与跆拳道有关的一些游戏以丰富大家训练生活，如反应训练、抗晕训练、往返冲刺跑等训练。

（11）增加趣味多人合作训练科目，增强团队团结意识。

（12）爱护练习器材，使用器材后需放归原处并整理好。

（13）下课时，学员需立正向高带位的师兄师姐、教练敬礼，师兄师姐、教练要立正回礼，最后组织学员呐喊鼓舞大家学习跆拳道的士气。

五、奖惩制度

（1）针对认真训练、表现优秀者，可以给予相应的物质奖励。

（2）俱乐部是校体育部直属部门，享有同校学生会同等的综测。

（3）建立惩罚机制，凡无故迟到学员，第一次迟到男生罚做 40 个拳卧撑、女生 40 个深蹲，第二次迟到的男生罚做 60 个拳卧撑、女生 60 个深蹲，依次累加，如多次发现该学员迟到，教练员必须向该学员问明缘由并作出相应的处理。

（4）凡无故不到者，第一次发现，问明缘由给予提示或者警告；第二次发现，问明缘由，该罚的罚，需要协商调剂的协商调剂；多次不到的学员视作自动放弃。

六、如何策划、组织俱乐部的纳新

某校新生刚开学，学校跆拳道协会要举办迎新纳新，应该如何组织这场纳新呢？

【案例】

全校学生跆拳道俱乐部纳新策划方案

为大力实施素质教育，落实新义务教育法和十九大精神，培养德智体全面发展的优秀人才，历练团员青年的品质，磨炼意志，培养学生吃苦耐劳和坚韧不拔的毅力，学校决定成立跆拳道特色活动训练队。

一、报名方式：参加人员需上报班级、年龄、性别、1 寸免冠照片（反面写清自己的姓名、班级）、身高、体重，由所在班级团支部书记整理后统一上报学校团委。每班不超过 10 人。

二、报名截止时间：××××年××月××日下午 5：30。

三、活动方式：课外活动时间由团委统一组织到学校大学生活动中心进行跆拳道训练，每周活动 2～3 次，由跆拳道专业教练授课，优秀学员可申请考级。

四、报名条件

1. 能自觉遵守校规、校纪，品德高尚，有正义感，无违法乱纪行为，无顶撞教师、打架行为。

2. 身体健康、五官端正、体重匀称，无先天心脏病史。

3. 必须是大一、大二和大三在校的学生，身体健康，无疾病。

4. 有较高的运动水平和身体协调能力，能积极参与学校的各项团队活动，学习成绩优异。

5. 能自觉服从跆拳道教练的管理，能自觉按艺术团的安排进行活动，参加各级各类表演。

6. 能做到不旷课、不早退、不迟到。

五、根据报名情况，选出队长 1 名，副队长 2 名，本学期免费培训，统一跆拳道服装。

【思考与练习】

（1）策划一场跆拳道纳新需要注意哪些问题？

（2）如何解决存在的问题？

第十三章　花样体操

本章学习达成效果：学生通过本章学习，掌握体操运动的整体概念，了解体操运动的基本内容及其形成与发展的基本过程，并对体操运动的特点有较好的把握。建立正确的动作概念，养成终身体育锻炼的良好习惯。

本章的重点和难点：掌握基本的技术，并灵活运用。

学习指导建议：采用自主学习法、合作学习法等方法，不断地加强练习，通过练习时间和练习次数的积累，巩固技术动作，不断提升技术水平。

体操运动历史悠久、内容丰富、形式多样，适合男女老幼不同群体的参与，是锻炼身体、愉悦心情的重要体育手段，在世界各国均有广泛开展。在社区，体操练习是市民健身活动的主要内容；在学校，体操教材是学生必修的学习内容；在医院，体操练习也是一些特殊病人重要的矫正与康复手段。随着社会的不断进步，人们对健身、娱乐与休闲的需求也随之增长，体操运动在这样的背景下得到不断发展，也正是这种背景使体操运动在推进社会进步中发挥着越来越重要的作用。

【章前案例】

“体操”项目导引

体操是一项古老的体育运动，随着社会的不断发展，体操的内涵在不断变化，其特征表现为越来越两极分化，一类沿着竞技体操的方向发展，另一类朝着以增强体质、发展能力为目的的各种非竞技性体操的方向发展。

情景展示：①学生可进行小型的表演练习，分成两个小组，进行比赛，按表演编排动作程度出胜负。②从开始到结束都由学生实施。

项目内容	具体目标
理论知识	使学生了解体操的起源和发展简史；使学生了解体操基本理论知识、基本的技术，提高自我保护的能力
专业技能	能够利用各种技巧练习来锻炼身体，发展人体的柔韧、力量、灵敏、协调等素质，提高身体基本活动能力，改善身体机能状态，塑造健美体形，培养意志品质并有一定的艺术表演力
职业道德	通过体操理论知识与实践技能的学习，使学生养成良好的锻炼习惯，培养学生参与体育锻炼、积极乐观的生活态度与学习态度

一、“体操基本功”项目能力培养

通过策划、组织与实施“体操基本功比赛”，为所有体操俱乐部的学生及爱好体操的学生提供一个技术交流平台，尽量让更多的学生参与，通过分组式和自组织培养学生参与进来，形成终身自主学习能力，培养学生良好的锻炼态度，养成健康的锻炼习惯。

二、“体操基本功”项目策划方案

（一）“体操基本功”全校学生表演赛前期准备工作

序号	前期准备工作	负责人	提交成果物	完成时间
1	拟定并下发“体操基本功”全校学生竞赛规程	俱乐部主任 体操社团	竞赛规程文档	赛前 25～30天
2	招募比赛裁判员及其培训工作		竞赛规则和裁判法资料及裁判员名单	
3	完成条幅、海报和赛事宣传设计、制作、悬挂、张贴工作	俱乐部副主任 体操社团	条幅、海报及赛事宣传相关资料制作好、悬挂好	赛前 3～5天
4	制作对阵表、比赛用表及签到表		比赛对阵表、裁判员签到表、比赛用表	
5	统计报名表，编排比赛日程		各参赛单位报名表 赛程的悬挂和张贴	
6	采购奖品和裁判饮用水 广播站及成绩公告点	俱乐部副主任及助理	奖品等级及预算文档 主持人名单及成绩公告单	赛前 1～2天
7	租借比赛场地及比赛用的器械		借用场地申请单和比赛用的器械	

（二）“体操基本功”全校学生表演赛组织实施流程

（1）所有工作人员和裁判员准时到场，做好任务分工，各司其职，各负其责。

把所有裁判员分两个大组或四个小组，做到每小组都有两个裁判员。裁判员要听从领导，服从指挥，做到“准确、无误、公平、公正”。

（2）比赛场地布置完毕。

（3）比赛正式开始。

（4）开始为获奖学生颁奖（邀请院领导）。

（5）比赛圆满落幕，小结比赛。

根据比赛实施的总体情况，归纳总结，提出改进的措施与方法。

项目单元

（1）项目单元：体操理论知识

前几节课学习体操概述及体操术语，基本内容中包含了队列队形练习、徒手体操、轻器械体操、技巧运动、器械体操、跳跃、实用性体操、自由体操、健美操、艺术体操、蹦床运动。

达成目标：要求学生掌握体操的概念、内容特点及分类，了解体操发展历程。

（2）项目单元：体操基本动作

达成目标：掌握体操的基本动作并且进行健康指导。

（3）项目单元：保护与帮助

达成目标：掌握保护与帮助的方法并掌握预防损伤的措施。

（4）项目单元：器械体操

达成目标：掌握各项目基本动作的做法、学法和保护帮助方法。

第一节　体操基本理论

【案例导入】

视频播放：2018 年多哈体操世锦赛。

教师和学生围绕视频展开深度讨论。

一、起源

“体操（Gymnastics）”一词源于古希腊语 Gymnos（意为裸体），早在公元前 5 世纪，希腊人把走、跑、跳、投掷、攀爬、骑马、摔跤、舞蹈等锻炼身体的所有方式均称为体操，而且锻炼身体时赤身裸体。进入 19 世纪，欧美相继出现了许多运动项目，由此形成了“体育”的概念。此后，在相当长一段时期内，“体操”一词仍习惯性地作为“体育”的概念。从 19 世纪末至 20 世纪初，随着体育科学的不断发展，“体操”从属于“体育”的属性得到分离，“体操”也就自然从“体育”的大概念回归到本项目。在体育运动发展的同时，体操运动的练习内容得到空前的拓展与充实，尤其是 20 世纪 50—70 年代，体操运动的竞技性得到不断强化，体操运动中具有相对独立性的内容逐渐发展演变为独立的竞技体育项目，这些项目包括：竞技体操、艺术体操、技巧运动、竞技健美操、蹦床运动，从而使传统意义上的体操运动发展成为了一个由多个独立的竞技运动项目组成的小项群，大体操概念逐渐形成。

二、体操的分类与内容

当前的体操运动正向着两个不同价值观的方向继续发展，因此，体操运动自然分为两类，即竞技性体操和大众化体操。

（一）竞技性体操

竞技性体操所属各项目均有各自独立的国际竞赛组织，有特定的竞赛规程与评分规则，有各自规范的竞赛场地与器材，有相对独立的管理机构、官员、教练员、运动员、裁判员和专门刊物等，这类体操运动呈现早期专门化训练的特征，追求动作技术的难、新、美，强调动作技术的创新，具有很强的艺术性与观赏性。

1. 竞技体操

竞技体操，简称体操，早在 1896 年的第一届奥运会上就列为正式比赛项目，1903 年举办了第一届世界体操锦标赛，当时仅限于男子参加，比赛内容也较广泛，有 100 米跑、150 米跑、50 米游泳、8 米爬绳、举重、铅球等许多比赛项目。直到 1952 年 15 届奥运会上，女子才有体操比赛，并将比赛项目定格为：女子比赛项目是跳马（横）、高低杠、平衡木和自由体操 4 项；男子比赛项目是自由体操、鞍马、吊环、跳马（纵）、双杠和单杠 6 项。

2. 技巧

体操技巧具有悠久的历史，在两千多年前，无论是宫廷艺术还是民间杂技中都有很多记载，在垫上运动的基础上，发展演变成为独立的竞技项目，1974 年在莫斯科举办了首届世界技巧锦标赛。目前技巧比赛设置了 5 项：男双、女双、混双、女子集体（3 人）、男子集体（6 人），由于技巧运动尚未列为奥运会比赛项目，其开展受到一定的制约。

3. 艺术体操

艺术体操是纯女子比赛项目，1963 年在匈牙利的布达佩斯举办了首届世界艺术体操锦标赛，1984 年美国洛杉矶奥运会上列为正式比赛项目。比赛的项目有绳、圈、球、棒、带等，每次比赛一般从中确定 4 项作为比赛项目，均进行自选动作的比赛，并分设集体赛和个人赛。

4. 蹦床

蹦床早先作为跳水和体操等项目的辅助练习，1965 年举办首届世界蹦床锦标赛，比赛项目有男子同步、女子同步、男子单跳、女子单跳、男子双人小蹦床和女子双人小蹦床，2000 年悉尼奥运会上将其男、女单跳列为比赛项目。

5. 竞技健美操

竞技健美操是在广泛开展的健美操运动基础上形成的，1983 年举办了首届国际健美操锦标赛，竞赛项目有男子单人、女子单人、混双、3 人（性别不限）和 6 人（性别不限）。目前正在积极争取进入奥运会。

（二）大众化体操

大众化体操是以人的发展为目标的体操运动，也称为“基本体操”或“一般性体操”，由于是大众化的运动，其练习的内容与方式因不同对象的要求而各异。为了提高练习的兴趣，也会参照竞技体育的竞赛方式组织不同层次、不同要求和不同形式的比赛，但比赛的性质并不是以优胜为主要目的，而是通过竞赛活动激发练习者参与体操运动的热情，提高参与者的身心健康水平，增进参与者之间的交流与友谊，促进人际关系和谐发展。

在我国，大众化体操在社区和学校开展最为广泛，成为促进民众身心健康的重要内容与手段。练习内容主要有广播体操、徒手操、健美操、垫上练习、轻器械体操、器械体操、队列队形和团体操等。

1. 广播体操

广播体操是我国家喻户晓的体操练习，自 1951 年开始，国家根据不同群体的健身需要，组织专家创编与推广了数十套成年、青少年、儿童广播体操，在机关、企业、学校和医疗等单位，广泛开展广播体操、工间操和医疗体操，为丰富全民健身的手段、增强民众的身心健康发挥了不可取代的作用。

2. 徒手操

徒手操是徒手进行人体各关节的屈伸和绕环等动作的组合练习，徒手操对提高人体各关节的活动幅度和力度具有明显的练习效果，练习者可根据各自需要有针对性地设计活动的部位、幅度、力度、节奏和运动量，实现热身、健身、康复等目的。徒手操一般在口令或音乐节奏的引领下进行练习，练习的顺序一般由上至下、由小到大、由局部至全身；练习的强度通常是由小到大，而后由大至小。在学校体育教学中，徒手操在准备活动中得到十分广泛的应用，在全民健身活动中也成为中老年人锻炼身体的重要手段。

3. **健美操**

健美操也称为健身操，是在徒手操的基础上发展而成的一种新颖的健身方法，是在主题音乐的引导下进行的节奏性很强的徒手动作和健身器械练习。由于健美操的音乐与动作节奏给人以欢快和激情，深受青少年和活跃的中老年人的喜爱，经常练习有助于健美人的形体，提高工作的效率。在学校、社区和商业性的健身场所开展得十分红火，为全民健身和学校体育教育做出了重要的贡献。

4. **垫上练习**

垫上练习是很有传统的一种身体练习，练习者在地毯、垫子或草地上完成各种造型、滚动、翻转等动作，给人龙腾虎跃之感，具有很高的观赏性，在各种舞台艺术中都有不同程度的应用，在曲艺与舞蹈界称之为“毯子功”，很受青少年的喜欢，经常练习能有效地健美人的形体、提高人体的协调性和灵活性，是学校体育教学的重要内容。

5. **轻器械体操**

轻器械体操是使用轻器械进行身体练习的运动形式。轻器械的品种很多，练习的方式各异，练习者可根据各自的爱好和需要选用轻器械和练习的方式。实践中使用较多的轻器械有跳绳、哑铃、实心球、呼啦圈、弹力绳、健身球、沙袋、火棒和体操棒等。由于轻器械体操的练习内容丰富多样，场地器材简易方便，练习方法简单易学，锻炼效果立竿见影，因此，在社区体育、学校体育和医疗体操中得到十分广泛的应用。

6. **器械体操**

器械体操是体操运动传统运动方式的主要内容，是在专门安装的器械上完成单个或组合练习的运动形式。传统的器械体操的器械是竞技体操使用的那些器械，如单杠、双杠、吊环、平衡木和高低杠等。也有一些专门用来提高身体素质的器械，如肋木、爬绳、爬杠和形式多样的健身器械。由于传统方式的器械体操练习技术性较强，对练习者的要求较高，而且带有一定的危险性，因此，仅限于学校体育教育中教学一些简单的动作。相比较，在各社区安装的功能各异的健身器械，操作简易，容易见效，深受练习者的喜爱，为增强国民体质发挥了显著的作用。

跳马、跳箱和山羊是比较特殊的器械，练习方法一般通过助跑踏板起跳后快速支撑器械后腾越器械，这种古老的器械练习对发展身体的灵敏与协调，培养沉着、果断的心理品质具有很好的效果，是中小学体育教学中的重要内容。

7. **队列队形**

队列队形是以集体操练为主的列队和队形变化演练，大都在口令或音乐节奏的指挥下进行，在军事训练、体育教学、团体操表演和各种集体活动中得到广泛的应用。严格的队列队形训练有助于培养集体观念，是学校体育教育的重要内容。

8. **团体操**

团体操是以体操内容为主的集体表演活动。在运动会的开幕式和各种庆典活动中有广泛的应用，具有很高的观赏性。一场精彩的团体操表演必须经过缜密的设计、复杂的场地布置、专用道具服装的设计与制作、音乐的设计、艰苦的排练和彩排等一系列复杂的工作过程，尤其是大型的团体操表演，一般需要半年以上的准备，要组建专门的组织机构和工作班子，其耗费的人力与物力确实是相当的可观。

体操运动也是许多运动项目的基础，体操练习在其他运动项目也有广泛的应用，如篮球操、足球操、搏击操等各种“操化”练习，已成为这些运动项目重要的基础练习手段。在许多运动项目中也有不少结合其专项特点的素质训练和技术训练手段；也有些练习内容既具有体操运动的特征，也具有其他运动的特征，其归属也就存在不同看法，如许多徒手练习，五禽戏、八段锦、易筋经、练功十八法等，有将其归入武术养身术，也有将其列入医疗保健体操。又如体育舞蹈和集体舞等各种健身舞蹈，有将其列入舞蹈，也有将其作为大众化体操的拓展，甚至将体育舞蹈纳入体操中心业务管辖范围。其实，体操运动是所有体育运动之母，早期曾是体育的代名词，所以好多具有身体练习和艺术属性的运动方式很容易一并归入体操运动，而当其他运动方式发展到一定规模就自成体系，由此使许多练习内容的归属造成了交叉现象。其实，在分类问题上的不同认识与观点并不影响其应用与推广，练习者择其所好、乐得其所，在许多场合“拳、操、舞”往往作为一个概念，在全民健身活动中担当了相当突出的角色。由此可见，对体操运动的分类不必拘泥于细枝末节，应顺应体育运动的宏观发展趋势和体操运动自身的发展需要把握大的发展框架。

第二节 体操术语

一、举

指臂或腿由低向高举起并停止在某一位置的动作（活动范围不超过 180°）。

1. 基本方向的举

（1）两臂前举：两臂伸直经前举至两手同肩高。两手同肩宽，掌心相对。

（2）两臂上举：两臂伸直经前举至与地面垂直。两手同肩宽，掌心相对。

（3）两臂侧举：两臂伸直经侧举至两手同肩高。两臂成一直线，掌心向下。

（4）两臂后举：两臂伸直经后举至极限。两手同肩宽，掌心相对。

2. 中间方向的举

（1）前下举和前上举：两臂伸直经前举至下垂位与前举之间 45°位置，两手同肩宽，掌心相对叫前下举。两臂伸直经前举至前举与上举之间 45°位置，两手同肩宽，掌心相对叫前上举。

（2）侧下举和侧上举：两臂伸直经侧举至侧举与下垂位之间 45°位置，掌心向下叫侧下举。两臂伸直经侧举至侧举与上举之间 45°位置，掌心相对叫侧上举。

3. 斜方向的举

（1）斜前上举和斜前下举：两臂伸直向侧前方举至前上举与侧上举之间正中的位置，掌心相对为斜前上举。两臂伸直向侧前方举至前下举与侧下举之间正中的位置，掌心相对为斜前下举。

（2）斜后下举：两臂伸直向侧后方举至侧下举与后下举之间正中的位置，掌心相对。

二、屈、伸

关节角度由大变小的动作为“屈”；反之，由小变大的动作为“伸”。

三、绕和绕环

身体某部位的移动范围在 180°以上、360°以下的弧形动作为“绕”；移动范围在 360°或 360°以上的圆形动作为“绕环”。绕和绕环方向的确定以动作开始的方向为准。

四、振

指手臂或躯干在某一位置上做加速的弹性摆动，如两臂上举后振、体前屈振动等。

五、立

人体各种站立的姿势。常见的有直立、开立、起踵立等。

（1）直立：两脚脚跟靠拢，脚尖分开约 60°；两腿伸直并拢，收腹、腰背立直，自然挺胸，两肩放平，两臂自然下垂，五指并拢，紧贴大腿两侧，两眼平视。

（2）开立：直立，但两脚左右分开与肩同宽。

（3）起踵立：两脚并拢提踵站立。

六、蹲

直立，两膝并拢屈膝降低身体重心的动作，有半蹲和全蹲之分。屈膝至大腿与小腿约 90°的蹲为“半蹲”；屈膝至大腿与小腿接触的蹲为“全蹲”。其他姿势的蹲应附加说明。

七、弓步

一脚向任一方向迈出一大步，迈出腿膝关节弯曲约 90°，另一腿伸直，全脚掌着地，上体与地面垂直。根据弓步时两腿与身体的相对位置，可分为前弓步、后弓步和侧弓步（左、右）。

八、踢

指单腿向上加速摆起的动作，表达时应指明哪条腿向哪个方向踢，如左腿前踢，右腿后踢等。

九、撑

两手和身体其他部位同时支撑地面的姿势。根据身体姿势的不同有俯撑、仰撑、侧撑、蹲撑、跪撑等。

十、劈腿

两腿最大限度分开成一直线。根据两腿与身体的相对位置及腿的姿势，劈腿可分为纵劈腿、横劈腿和半劈腿。

十一、桥

背向地面，两手（两臂上举）与两脚支撑，肩角尽量拉开，身体最大限度向后弯曲成反弓形的姿势。

十二、平衡

用手、脚、手和脚或身体的某一部位支撑地面，身体保持一定的静止姿势。常见的有：

（1）俯平衡：也叫燕式平衡，是指一腿站立，另一腿后举至极限，上体前屈至水平，挺胸、抬头，手臂姿势任意。

（2）仰平衡：是指一腿站立，另一腿前举，上体后屈至水平，手臂姿势任意。

（3）侧平衡：是指一腿站立，另一腿侧举，上体侧屈至水平，手臂姿势任意。

上述3种平衡在表达时应指明哪一条腿站立。

十三、倾

指身体尽量伸直向某侧倾斜的姿势（与地面形成一定的角度）。一般用弓步来完成，如左侧弓步，同时身体向左侧倾。

十四、坐

指臀部或臀部和身体其他部位同时支撑地面的姿势，常见的有直角坐（并腿）、分腿坐、跪坐等。

十五、卧

身体伸直躺在地面上的姿势。胸向上的卧姿为仰卧；胸向下的卧势为俯卧，肩的一侧向地面的卧姿为侧卧。手臂姿势根据需要而定。

十六、波浪

全身或身体某部位相邻各关节依次做柔和的屈和伸的动作。

十七、支撑

手、臂或身体其他部位撑器械，肩轴高于（或平于）器械轴的一种姿势，分单纯支撑和混合支撑两种。

（1）单纯支撑：只用手或只用身体某部分撑器械的姿势，如吊环的十字支撑、高低杠的手倒立等。

（2）混合支撑：除手外，身体其他部位同时撑器械的姿势，如单杠的骑撑、双杠的分腿坐等。

十八、悬垂

手、臂或身体其他部位悬挂器械，肩轴低于器械轴的一种姿势，分单纯悬垂和混合悬垂两种。

（1）单纯悬垂：只用手或只用身体某部分悬挂器械的姿势，如吊环的倒悬垂、单杠和高低杠的悬垂等。

（2）混合悬垂：除手外，身体其他部位同时悬挂器械的姿势，如单杠的单挂膝悬垂等。

十九、摆动

在悬垂或支撑中，身体围绕器械轴或某一运动轴或某支点做往返、对称的弧形运动，如双杠的支撑摆动、单杠的悬垂摆动等。

二十、摆荡

身体和器械一同摆动的动作，如吊环或吊绳上的前后或左右摆荡。

二十一、回环

身体围绕器械轴做一周或一周以上的圆形运动，有短半径回环和长半径回环（大回环）两种。

（1）短半径回环：以腹部为轴或手握器械，屈体做的各种回环动作，如腹回环、屈体立撑回环、腾身回环、正掏回环等。

（2）长半径回环（大回环）：手握器械，身体伸直做的各种回环动作，如向后（或向前）大回环、扭臂握（反吊）大回环等。

二十二、摆越

指单腿或双腿从器械上面或下面摆过的动作，如单杠的支撑单腿摆越成骑撑、鞍马的单腿异侧摆越等。

二十三、腾越

指整个身体腾起从器械上越过的动作，如单杠的支撑后摆向前分腿腾越成后撑、高低杠的高杠特卡切夫腾越等。

二十四、屈伸

通过髋关节的屈和伸而使身体重心上升的动作，如单杠、高低杠和双杠的各种长短振屈伸上。

二十五、弧形

在支撑或悬垂摆动中，通过髋关节的屈伸而使身体重心沿抛物线弧形上升的动作。

二十六、振浪

以摆腿带动髋关节屈伸做出“鞭打式”的摆动动作。

二十七、上

完成动作时身体重心由较低位置升至较高位置。

二十八、下

完成动作时身体重心由较高位置降至较低位置。

二十九、上法

按照一定的技术要求从地面上至器械的动作，一般是成套动作中的第一个动作。

三十、下法

按照一定的技术要求主动从器械上落至地面的动作，一般是成套动作中的最后一个动作。

三十一、交叉

两腿在器械上同时做相反方向的摆越动作。如鞍马的正（或反）交叉。

三十二、进、出

鞍马从马端移至环上或环中的动作叫作“进”；反之，从环上或环中移至马端的动作叫作“出”。

三十三、平移

移位时，身体的横轴与器械轴平行。

三十四、全旋

单腿或双腿做一周或一周以上的绕环式动作，如鞍马单腿或双腿全旋。

第三节　保护与帮助

一、保护与帮助的意义

保护与帮助是竞技体操教学与训练的特点之一，它既是一种安全措施，又是一种教学手段，是加速掌握动作、提高动作质量及预防运动创伤的必要手段与措施。保护是指在进行体操练习中，为防止伤害事故的发生而采取的一种安全措施。帮助是指给练习者以助力、提示等，使其加速掌握动作，建立正确运动概念的一种教法手段。

在保护与帮助下学习动作，能消除练习者的顾虑，减轻练习者的精神负担，使练习者集中精力、全身心投入到学习中，加速动作技能的形成。同时体操练习中人体常常处于非正常状态，由于对动作理解的不同，或其他某些因素的影响，出现失手、失误，造成意外伤害。及时进行保护或帮助，可以避免伤害事故的发生。保护帮助还是教学双方相互获得和传递信息的有效方法。在教学过程中，它能使练习者感受到正确的时间、空间和肌肉感觉的信息，同时使帮助者获得动作完成情况的反馈信息，进而及时发现纠正动作错误及调整教学手段。

二、保护与帮助的种类与方法

（一）保护的种类与方法

依据所采用的方式，可将保护分为直接保护、利用器械保护及自我保护三种。

直接保护又称他人保护，是指保护者直接接触练习者进行保护的一种方式。在实施过程中主要手法有接、抱、拦、挡、扶等，使练习者停止运动，顺应动作速度减速或加速，改变身体的位置避免跌倒或撞击器械而造成损伤的手段。

利用器械保护是指利用各种保护器械对练习者实施的保护手段。常用的器械有保护带、护掌、护套、海绵垫、海面坑、保护滑车等专门器械设施。

自我保护是指练习者在出现动作失败时，通过某种技巧缓冲或减小冲击力以避免伤害的一种保护方式。在实施过程中一般采用以下几种方法：

（1）及时改变动作的性质和身体的姿态，缩短旋转或回环的半径，调整落地姿势，避免剧烈摔倒或撞击而造成的伤害。

（2）利用惯性顺势采取屈臂团身、含胸梗头保持全身肌肉紧张，用滚动、空翻或下蹲的方法，避免头颈直接触及地面，减缓因冲击地面而造成的伤害。

（3）在器械上练习时，如遇到意外失败时，应采取紧握器械的方法防止意外发生。

在做动作时，如遇到手滑、护掌断裂、器械故障或动作失去节奏等情况，应及时停止练习或跳下器械，避免造成伤害事故。

（二）帮助的种类与方法

帮助根据不同的形式可分为直接帮助、间接帮助和利用器械帮助三种。

（1）直接帮助是指给练习者直接助力的帮助。它能使练习者更好地掌握、改进和提高动作的技术，更快地建立正确的运动概念。它是一种最基本、最简便的帮助方法。常用的手法主要有：托、搓、拨、送、提、顶、挡、扶等。在运用中要根据练习者的技术水平和所做动作的类型，采用单独或综合的手法进行帮助。

托——通过托腰部或臀部使身体重心升高或靠近器械轴，以便完成动作。如在技巧手翻、空翻类动作，器械项目的上法类动作中常常采用托的方法。

搓——两手相向用力帮助练习者身体绕纵轴加速转动的方法。常用于帮助练习者体会转体动作。

拨——是一种顺势加大回环或翻转速度和力量的方法。在练习者进行回环类动作或翻转类动作练习时，用此手法进行帮助。

送——托持练习者顺其上抛轨迹施以持续助力，使其重心远离器械轴。如在进行弧形下时，用“送”手法帮助练习者体会弧形抛出、腾空飞行的动作体验。

提——两手从上挟持练习者腰髋两侧或拎提上臂，助其抬起上体或超越器械的方法。常用于腾跃类动作练习时的帮助。

顶——用手掌或膝盖抵练习者的肩部，使其肩部充分拉开，加大动作幅度或有利于支撑推手，提高腾空的高度。如进行单杠腾身回环成倒立时，又如在做技巧或跳跃的手翻类动作时，常用“顶”进行帮助。

挡——是一种阻力性助力，在完成动作力量过大时，起到减缓或制动的作用。如在做单杠支撑后回环时，回环力量过大，用“挡”的方法进行帮助。

扶——固定人体位置，不使重心偏移的助力。一般不主动给予助力，只有当练习者失去平衡或跌倒时，才用“扶”加以帮助。

（2）间接帮助是指帮助者不直接加助力于练习者身上，而是采用语言提示、信号、标志物或限制物等手段，使练习者掌握正确的用力时机和节奏，感受身体所在的空间和方位，以建立正确的动作概念，尽快学会动作和提高动作质量。通常我们利用语言提示、呼声、击掌声节拍器等提示练习者的动作要领、动作时机和动作节奏，用绳、竿、球、衣物、手帕等醒目物品标明动作方向、幅度、高度，限制活动范围等，使练习者建立正确的空间感觉。

（3）利用器械帮助是指某些动作由于时间、空间条件的限制，难以用直接助力进行帮助，因此需要借助专门器械进行帮助。如高器械上的飞行动作、空翻动作及下法动作等。常用的有保护腰带、轴承腰带、保护滑车等。使用保护器械进行保护与帮助，不仅有助于消除练习者的紧张害怕心理，而且可以加快掌握动作的速度，提高技术水平。但是，我们绝不能因为有了保护器械就麻痹大意，放松安全意识，在保护器械帮助下因忽视安全而导致的伤害事故比比皆是。因此，在使用保护器械前一定要严格认真检查器械的性能；在运用时，必须全神贯注，切不可粗心大意，以免造成伤害事故发生。

第四节　器械体操

一、垫上练习的健身功能

据史书记载，在周朝的“涉猎舞”中就出现了滚动、滚翻等动作；汉朝“百戏”中有了“燕嬉”，即如燕翻腾般的跟头动作，距今已有 2 000 多年的历史。垫上练习内容丰富、演示方式千变万化，由此赋予其很强的健身功能。垫上练习的健身功能对人的影响是多方面的，其不仅可以健美练习者的体态，也可改善其身体机能，对发展人的身体素质更有独到作用，而且，教学过程也会对人的心理品质和人际交往与合作能力产生积极的影响。

1. 前滚翻

（1）动作做法：蹲撑开始，重心前移，提臀同时屈臂、低头，顺前倒之势经后脑、背、腰、臀部依次着垫向前翻滚，当臀部移动到头前上方时，迅速屈膝、梗头、抱腿成蹲立。

（2）技术要点：①提臀屈臂前翻要连贯。②头、背、腰、臀部的依次滚动要圆顺。③屈膝梗头抱膝要迅速。

（3）组织教法提示：①学生面向垫子站立两侧，教师取中间侧向讲解示范，分组轮换练习，教师发令，小组集体练习原地向后滚动，后倒时注意吸腿翻臀。②蹲立开始，前滚翻成坐，体会滚动的圆顺。③由高到低练习前滚翻，教师发令、集体练习（口令：下蹲、前翻、起立）。④完整练习与教学评比。⑤分组探索“前滚翻的做法有几种”。

（4）练习提示：①先慢速做前滚翻成坐，体会滚翻时的时空和肢体感觉。②逐渐加快前翻和屈膝梗头抱腿速度。③可以改变滚翻后的起立姿势，如单腿起、交叉腿起、直腿起等，经常练习可保持身体的灵活性（图 13-4-1）。

图 13-4-1 前滚翻

2. **后滚翻**

（1）动作做法：由蹲撑开始，低头圆背后倒，依次经臀、腰、背、向后滚动，两手主动置于两耳侧准备撑垫。当后滚到背撑垫时，顺势翻臀屈髋推手成蹲立。

（2）技术要点：①低头圆背后倒要迅速。②顺势翻臀屈髋不停顿。③两手推撑不抬头。

（3）组织教法提示：①分组轮换练习由低到高快速后倒，体会低头圆背。②在帮助下练习后滚翻成跪，重点体会顺后倒之势翻臀屈髋。帮助者站于练习者侧后，当练习者翻臀时两手掐其髋两侧，顺势向后上方提拉，助其完成后翻。③在帮助下完成完整动作，过渡到独立完成。④分组讨论“翻过去的要领是什么”。

（4）练习提示：①反复练习后倒翻臀，体会后倒时快速的提膝翻臀感觉。②在逐步提高后滚翻的速度的过程中体会低头推手的感觉。③与前滚翻组合练习对发展腰腹力量和身体灵活性效果更佳（图 13-4-2）。

图 13-4-2 后滚翻

3. **鱼跃前滚翻**

（1）动作做法：由半蹲两臂后举姿势开始，两臂前摆向前上方跃起，身体在腾起时稍伸展，两脚向后伸摆，腾空时含胸、紧腰、梗头。紧接着两手撑垫，屈臂、低头做前滚翻。

（2）技术要点：①摆臂与蹬跳要协同发力。②两手前伸与脚的后伸要紧腰。③空中要含胸、梗头。④双手撑地要发力缓冲。

（3）组织教法提示：①分组轮换练习双手远撑前滚翻。②分组依次练习从高处往低处做前滚翻。③面向高的软垫，摆臂跃起俯卧躺垫，体会双脚向后伸摆的感觉。④在帮助下，面向软垫做完整练习。帮助者蹲立练习者前侧，当练习者跃起后一手托腹、一手托腿，顺势助其前翻。⑤面向适当高度的软障碍（如橡皮筋、海绵块等）练习鱼跃前滚翻，也可以加助跑。

（4）练习提示：①要具有较好的前滚翻基础才能练习鱼跃前滚翻。②鱼跃的高度和后摆的伸展度随身体控制能力的提高而提高。③此练习对提高身体灵活性具有很好的效果（图 13-4-3）。

图 13-4-3 鱼跃前滚翻

4. 肩肘倒立

（1）动作做法：由直角坐开始，上体稍前倾，紧接着向后滚动，顺势收腹举腿翻臀，两臂压垫帮助翻臀，当膝盖到头上方时向上伸髋，同时两臂屈肘内夹，两手掌心向内、虎口向上撑于腰背两侧，形成肩肘倒立造型。

（2）技术要点：①前倾后倒要连贯。②收腹举腿翻臀要顺势。③伸髋撑手须配合。④两肘内夹是关键。

（3）组织教法提示：①学生面向垫子站立两侧，教师取中间侧向讲解示范。配对练习，依次轮换。帮助者向内抓握练习者大腿与膝盖连接处，助其撑背伸髋成肩肘倒立，并逐渐减少助力。帮助者提示练习者肘内夹，并扶正方向。②当学生能初步完成动作时，可采用倒计时报数、集体练习的方法，加大运动量，增强倒悬练习的健身效果。③组织比赛，在规定的时间内坚持到底的人数多的组获胜。

（4）练习提示：①反复练习前倾后倒，两脚上举、后伸、触垫。②两手撑背后两腿依次向上伸展，可屈膝。③延长倒置时间有利于心血管系统功能的加强。④经常连续练习对健美体形具有很好的效果（图 13-4-4）。

图 13-4-4 肩肘倒立

5. 俯平衡

（1）动作做法：由直立开始，两臂侧平举，掌心向下，上体缓慢前倾同时右（左）腿后举，抬头挺胸成燕式平衡姿势。

（2）技术要点：①前倾举腿要同步。②支撑脚要伸直。③抬头挺胸要充分。④后腿上举要伸展。

（3）组织教法提示：①成圆形队形，教师站立圆心讲解示范。②配对练习，依次轮换。③帮助者站立练习者侧后，手握其脚腕处，助其平衡。④采用倒计时报数，看谁能坚持到最后。可两脚轮换着比赛。

（4）练习提示：①前倾后举要缓慢。②支撑腿与后举腿都要伸直。③站稳以后再抬头挺胸。④适当延长平衡时间，两腿轮换练习。⑤可以尝试各种单腿站立姿势的平衡练习，经常练习有利于提高腿部支撑力量和平衡能力（图 13-4-5）。

图 13-4-5 俯平衡

图 13-4-6 头手倒立

6. 头手倒立

（1）动作做法：由蹲立开始，两手手指张开向前撑垫，与肩同宽。两腿伸直，屈臂提臀，重心前移，头前额在两手前着地。两手用力推撑，重心继续前移，脚离地后展髋成头手倒立。

（2）技术要点：①获得倒立时的肢体空间感觉。②增强头手支撑的力量。

（3）组织教法提示：①学生面向垫子站立两侧，教师取中间侧向讲解示范，教师发令，小组轮换练习，依次体会脚不离地的头手支撑感觉、两脚依次提踵离地的头手支撑感觉、两脚轻轻蹬跳成短暂屈髋、屈膝头手倒立的感觉。②两人一组，在帮助下完成蹬跳成屈髋、屈膝头手倒立，停留数秒钟。帮助者面对练习者单膝跪立，两手扶持其髋部维持其平衡。③在帮助下完成动作过渡到独立完成。④要求课外自练，看谁进步最快。⑤分组探索“头手倒立有哪些不同的做法”。

（4）练习提示：①该动作宜采取“多餐少量”的安排，提高能力为主，学习技术为辅。②头手支撑时，肩颈要用力伸顶。③失去平衡倒下时，不必惊慌，低头含胸任其自然倒地。④经常练习不仅有利于改善心血管系统的功能，对颈部的健美也有很好的效果。⑤较长时间的练习能有效提高心理的耐受力，并提高自信心（图 13-4-6）。

7. 手倒立

（1）动作做法：由直立开始，两臂前上举，前跨一步，上体前倾，两手前伸撑地，接着摆腿、蹬地、顶肩成手倒立。

（2）技术要点：①前倾撑地要连贯。②摆腿蹬地要充分。③直臂顶肩要含胸。④两眼始终要瞧手。⑤收腹紧腰控双腿。⑥十指扣地停倒立。

（3）组织教法提示：①两人一组，轮换练习靠墙蹬摆手倒立。帮助者站其侧面，练习者摆腿、蹬地时向上托摆动腿至倒立位置。②两人一组，轮换练习扶持手倒立。帮助者正面站立，扶其大腿两侧，助其维持手倒立。③教师发令、报数集体练习，提高控倒立能力。④要求课外自练，看谁进步最快。

（4）练习提示：①反复练习靠墙蹬摆手倒立，提高蹬摆与支撑力量。②面向墙壁经常做斜向手倒立或手倒立可提高支撑力量和身体控制能力。早晚经常练习有利于心血管系统功能的加强，并能养成吃苦耐劳的好品格（图 13-4-7）。

8. 前、后滚动

（1）动作做法：由直角坐（或下蹲）开始，低头圆背后倒，腰、背依次着垫，同时屈膝举腿，两臂上举或放体侧。倒至极限时，向前上伸髋、伸膝，顺势前倒，同时紧腰、收腹、梗头起上体，两臂维持原状，回复至开始姿势。可直腿后倒向后滚动。

图 13-4-7　手倒立

（2）技术要点：①后倒时的低头圆背。②向前上伸髋、伸膝时紧腰梗头。

（3）组织教法提示：①学生面向垫子站立两侧，教师取中间侧向讲解示范，分组轮换练习，教师发令，小组集体练习。②由抱膝过渡到直体前、后滚动，并提高动作速度。

（4）练习提示：①滚动时体会动作的节奏与肢体的感觉。②直腿后倒时上体要前倾。臀部着垫时后倒上体，两臂要上举。③每天起床时在床上连续练习前后滚动 10 次有利于身体健康。

9. 左滚动、右滚动

（1）动作做法：由直体仰卧开始，手臂屈曲胸前，右肩向左拧动，带动身体向左滚动，右肩发力同时紧腰并腿。到达极限时，左肩向右拧动，带动身体向右滚动。也可以抱腿练习左、右滚动。

（2）技术要点：①肩拧动时头部要配合向同侧转动。②腰髋也要配合肩的动作主动扭动。

（3）组织教法提示：①学生面向垫子站立两侧，教师取中间侧向讲解示范，分组轮换练习，教师发令，小组集体练习。②由抱膝过渡到直体左、右滚动，并提高动作速度。

（4）练习提示：①初学者可以借助腿跟的蹬垫转动身体。②刚开始练习不要用全力，重点体会身体顺势滚动的协调性。③练习时要连续 8～10 次。配合前后滚动效果更佳。

10. 侧手翻

（1）动作做法：由站立开始，两臂上举，上体前倾时左脚向前迈出一大步成弓箭步，左手向前撑地，并带动身体扭转 90°，与此同时，两腿积极蹬摆，右手紧接着向前撑垫，顺腿的蹬摆之势，经分腿手倒立，通过左右手依次顶肩，右脚落垫屈膝、待左脚落垫后蹬直，同时两臂侧举分腿站立。

（2）技术要点：①左手向前撑垫要与两脚的蹬摆要协调。②摆腿要持续，蹬腿要充分，要有一摆到底（着垫）的感觉。③经头部翻转时要梗头、立腰、大分腿。

（3）组织教法提示：①两人一组，反复练习蹬摆成手倒立。②两人一组，反复练习两手依次支撑、并带动身体扭转 90°、蹬摆成分腿手倒立。帮助者站练习者左前侧，两手扶持其髋两侧。③分组讨论“如何才能侧翻过去”。④初步掌握动作后分组讨论“评判动作漂亮的要素是什么”。

（4）练习提示：①反复练习上体前倾，左脚前迈，左手撑稍高的垫子，体会顶肩带动身体扭转 90°同时稍用力蹬摆腿的综合感觉。②面向软垫，加大腿的蹬摆幅度，屈膝落垫，体会侧手翻的完整感觉。③加大蹬摆腿的幅度与力度完成侧手翻，体会依次顶肩和立腰的感觉。④连续完成侧手翻，可有效提高时空感觉和身体协调性（图 13-4-8）。

图 13-4-8 侧手翻

二、双杠的健身功能

双杠练习主要是在承受自身体重的情况下通过支撑、悬垂及其变化的形式来进行的，通过练习能有效发展上肢、肩带、躯干肌肉群的力量，特别对肱三头肌、腕屈肌群、三角肌、胸大肌及腹背肌群的发展有显著效果，同时，对改善上肢和躯干力量发展的不平衡具有重要作用，经常练习还能使肩、肘、腕、腰等关节的柔韧性和灵活性得到增强。另外，双杠练习在增强肌肉力量的同时，亦使肌纤维增粗，肌肉线条明晰优美，有利于练习者健美形体的塑造。

双杠器械具有一定的高度，人在双杠上克服自身体重完成各种练习，常会出现一定的恐惧感，此外，在做摆动或转体等练习时，有时会出现碰杠、擦杠等现象，这就要求练习者必须勇于克服困难、恐惧心理等，表现出勇敢、顽强、果断的意志品质。因此，长期练习对练习者良好意志品质的培养有积极的促进作用。

（一）支撑移行

（1）动作做法：从杠端跳上成支撑开始，右手顶肩推杠，上体向左侧倒，腿稍向右摆，重心移向左臂，以右肩带动上体稍向左转，右手于体前约 20 厘米处握杠支撑；然后左手顶肩推杠，上体向右侧倒，腿稍向左侧摆，重心移向右臂，以左肩带动上体稍向右转，左手于体前约 20 厘米处握杠支撑，以此交替行进至远端跳下。

（2）技术要点：①移重心与推离杠同时进行。②直臂顶肩，推手有力。③移行的距离不宜太大。

（3）组织教法提示：①学生面向双杠站立两侧，教师取中间侧向讲解示范。②分组练习双杠支撑原地左右倒肩右左摆腿移重心动作。③分组进行逐渐增加手移行距离的练习。④在帮助下完整练习，帮助者站在练习者的身前或体后，两手扶其腰，助其向前（后）移动。⑤动作掌握后，分组进行比赛，看哪一组移行得快。

（4）练习提示：①重点练习双杠支撑原地左右倒肩右左摆腿移重心动作，体会顶肩推手移重心的感觉。②增加每步或每次支撑移行距离时，应注意由少到多逐渐增加。③当动作熟练后，可做支撑向后移行或支撑向前、向后的跳跃移行。④经常练习可增强上肢及肩带肌肉的力量与支撑能力。

（二）支撑摆动

（1）动作做法：①前摆动作：从支撑后摆最高点的姿势开始，肩稍前移，含胸顶肩，身体伸直自然下摆。摆过握点垂直部位时用力向前上方踢腿，带动髋部前送，尽量拉开肩角，直臂顶肩，含胸梗头前摆至最高点。②后摆动作：从前摆最高点的姿势开始，身体伸直自然下摆，摆至握点垂直部位前稍微屈髋，摆过握点垂线后用力向后上方摆腿，含胸、紧腰，带动髋部后摆，含胸顶肩，拉开肩角，伸直身体后摆至最高点。

（2）技术要点：①直臂顶肩、紧腰，以肩为轴摆动。②整个摆动过程中，下摆属自然摆动，过垂直部位后加速摆腿。

（3）组织教法提示：①做增强上肢及肩带肌群的支撑力量练习。②配对练习，依次轮换，做脚置高处的俯撑与仰撑练习，体会身体前、后摆到最高点时的动作感觉。帮助者站或跪坐于练习者的侧面，一手握其上臂，另一手在练习者仰撑时托其腰，俯撑时托其腿。③在帮助下，做小幅度摆动练习并逐步增加摆动的幅度。帮助者站在练习者的侧面，一手紧握其上臂，另一手在练习者前摆时，托其腰背前送，后摆时，托其腿。④分组讨论前、后摆时，两腿加速摆动、用力的时机和方向。

（4）练习提示：①练习此动作必须具备一定的支撑力量素质，素质较差者在练习前或练习中应安排一定的肩臂力量的练习。②前摆时，两腿过握点垂直部位后迅速用力向前上方踢腿；后摆时，两腿过握点垂线后迅速用力向后上方摆腿。③经常练习可增强上肢及肩带肌肉的力量与支撑能力。

（三）挂臂撑摆动

（1）动作做法：①后摆动作：后摆由屈体挂臂撑开始，弧形向前上方送臀伸髋，同时拉杠屈臂引肩，当身体下摆至垂直部位时，稍屈髋，背部肌肉放松。摆过垂直部位后，稍沉肩，接着猛力向后上方甩腿，两臂用力压杠。②前摆动作：由后摆结束开始，当身体摆至垂直部位时，稍沉肩、含胸，腹部肌肉放松，身体微挺直。摆过垂直部位后，用力向前上方踢腿，稍屈髋，当腿摆出杠面后，立即制动腿，同时两臂用力压杠，梗头振胸。

（2）技术要点：①后摆：伸腿展髋，顺势屈臂向前引肩靠近握点，下摆两腿摆过垂直部位后迅速用力向后上方甩腿。②前摆：脚尖远伸下落前摆，当两腿摆过垂直部位后迅速用力向前上方踢腿。

（3）组织教法提示：①学生面向双杠站立两侧，教师取中间侧向讲解示范。②分组练习挂臂撑成屈体挂臂撑动作。③分组练习挂臂撑小摆动，体会后摆甩腿、前摆踢腿的动作与时机。④在帮助下练习，帮助者站在练习者的侧面，当其向前放浪时，一手托其肩，另一手托其臀，助其弧形摆出。后摆时顺势托送其腿，前摆时托送其背。⑤做挂臂摆动、脚触标志物练习。

（4）练习提示：①开始练习时，两臂负担较重，有痛感，练习持续时间不应过长，宜分散练习。②练习时，可由小幅摆动开始逐渐加大幅度。③前摆时，两腿过垂直部位后应迅速用力向前上方踢腿；后摆时，两腿过垂直部位后应迅速用力向后上方摆腿。④经常练习可增强上肢、肩带及腰背部的肌肉力量。

（四）挂臂前摆上

（1）动作做法：由挂臂后摆极点位置开始，伸直身体下摆，当下摆接近身体垂直部位时，稍留腿、沉肩，摆过垂直部位后，两腿主动加速向前上摆。当摆出杠面时，立即前伸制动腿，同时两臂用力压杠、梗头、上体急振成支撑。

（2）技术要点：①下摆接近垂直部位时，留腿，稍沉肩。②摆过杠下垂面后，加速向前上方踢腿。③前摆过杠面时，及时制动腿、压杠、急振上体。

（3）组织教法提示：①分组依次练习挂臂撑摆动，重点在前摆，体会制动腿、压杠、急振上体，肩离杠，但不上成支撑。②分组依次练习挂臂前摆上成分腿坐，要求尽量晚分腿。③保护帮助下完整练习，帮助者站于杠侧方，一手托背，另一手托大腿或臀部。④分组讨论：挂臂前摆上的动作要领是什么。

（4）练习提示：①要具有较好的挂臂摆动基础才能练习挂臂前摆上。②两腿前摆、伸髋、制动腿的位置由低至高，先从杠前下约 30°，逐渐接近杠面，两臂直臂推压杠上起成支撑，注意防止拉杠。③经常练习可增强上肢、肩带及腰背部的肌肉力量。④经常做保护与帮助有利于培养合作能力。

（五）挂臂后摆上

（1）动作做法：由屈体挂臂开始，向前上方伸腿、伸髋、送臀，同时两手拉杠引肩靠近握点，身体伸直后摆，在接近杠下垂直部位时，稍收髋，留腿；待摆过垂直部位后，两腿用力带动髋部向后上方摆起，待摆过杠面后，两臂用力压杠，肩稍前倾，并顺势推直手臂，含胸、收腹、伸直身体成支撑。

（2）技术要点：①弧形前摆、引肩要充分。②杠下的“鞭打”动作要准确、充分、有力。③后摆与压杠推臂要协调配合。

（3）组织教法提示：①分组依次练习挂臂摆动，重点体会弧形前摆引肩技术。②分组依次练习挂臂后摆压肩（肩离杠，但不成支撑）。③分组依次在前低后高的斜面双杠上做后摆上。④在帮助下进行完整练习，帮助者站在杠侧方，弧形前摆时，一手托臀，另一手推肩，助其移肩远送；后摆时，顺势托送其腹、腿，助其上城支撑。⑤分组讨论：完成挂臂后摆上动作的关键是什么。

（4）练习提示：①要具有较好的挂臂摆动基础才能练习挂臂后摆上。②反复练习前摆移肩、后摆甩腿、压杠技术。③经常练习可增强上肢、肩带及腰背部的肌肉力量。

（六）杠端跳起分腿骑坐前进

（1）动作做法：面对杠端站立，从内握杠，跳起直臂撑杠，两腿顺势向前上方摆腿，当超过杠面后迅速分腿，以大腿内侧触杠成分腿坐。然后重心升起立髋，身体挺直，两腿骑杠，上体前移，两臂经侧上举至体前稍远处撑杠，同时两腿伸直压杠后摆并腿进杠，接着支撑前摆成分腿坐。

（2）技术要点：①杠端跳起成支撑时两臂要伸直，前摆成分腿坐时适当靠近两手。②推手升重心立髋，挺身稍远撑。③后腿并腿进杠时，两腿要伸直压杠。

（3）组织教法提示：①学生面向双杠站立两侧，教师取中间侧向讲解示范。②分组练习小幅度支撑前摆成分腿坐。③分组练习由分腿坐开始，顶肩推手升重心、立髋两腿伸直夹杠再还原动作，帮助者站在练习侧面，一手扶其上臂，另一手托其腰部，帮助其控制平衡。④在帮助下进行完整练习，帮助者站在练习者侧面，一手扶其上臂，另一手托送膝部，助其并腿进杠。

（4）练习提示：①前摆成分腿坐时双腿要有控制，不要砸杠并适当靠近两手。②反复练习推手升重心、立髋、两腿伸直夹杠动作，体会升重心、立髋、两腿伸直夹杠的感觉。③撑杠、两腿伸直压杠后摆同步进行。④经常练习有助于提高上肢的支撑力量、髋关节的柔韧性及腰髋部、下肢肌肉的控制能力。

（七）跳上支撑前摆成外侧坐

（1）动作做法：杠内站立，从内握杠（以右侧为例）。跳起成支撑，顺势向前上方摆腿，然后左大腿外侧坐杠，弯曲小腿向后下伸，右腿向后下方伸直，使左小腿和右腿在后下方平行，左手撑杠，右臂侧举，两眼平视，上体挺直。

（2）技术要点：①杠端跳起支撑时，双臂要伸直。②前摆至臀部过杠面后，身体重心右移，移至杠外后再做外侧坐。

（3）组织教法提示：①学生面向双杠站立两侧，教师取中间侧向讲解示范。②分组依次练习杠端跳上支撑两腿前摆动作。③分组依次练习支撑小幅度摆动移重心双腿坐杠动作。④在帮助下进行完整练习，帮助者站在杠外练习者的左侧，右手扶练习者上臂，当练习者跳起支撑顺势举腿时，左手从杠下托其腿后部，送至外侧坐。

（4）练习提示：①支撑前摆两腿出杠时，左臂应向右顶肩，使重心右移，两腿有控制地落下坐于右杠。②经常练习可增强上肢、肩带及腰腹部的肌肉力量（图 13-4-9）。

图 13-4-9 跳上支撑前摆成外侧坐

（八）外侧坐越两杠下

（1）动作做法：由外侧坐两手体后撑杠开始（以向左为例），上体稍后移，两臂用力撑杠，两腿向左侧上摆起并拢，重心左移。上摆接近极点时，顶肩、推手、展髋，右手换握左杠，左臂侧举，越两杠跳下成外侧立。

（2）技术要点：①两腿并拢向前上方摆腿时，应借助杠的反弹将身体腾起。②越两杠时，要用力推杠，重心左移。

（3）组织教法提示：①分组依次练习外侧坐，腿上摆、还原成外侧坐。②分组依次练习外侧坐摆起越两杠成另一杠外侧坐。③在帮助下进行完整练习，帮助者站在练习者落地的同侧，当练习者向前上方摆起时，左手扶其右上臂，右手从杠上托送背部或臀部，帮助越杠落地。④分组讨论：评判动作漂亮的要素有哪些。

（4）练习提示：①练习时要充分利用杠的弹力，在杠中部练习为好，摆腿动作要快速有力。②推手移肩换握要及时，否则会造成擦杠或坐杠。③经常练习可增强上肢、肩带及腰腹部的肌肉力量和对身体的控制能力。

（九）支撑前摆下

（1）动作做法：（以左侧下为例）由支撑摆动开始，前摆过垂直部位后，迅速向前上方摆腿，重心顺势左移。前摆接近极点时，腿立即制动下压展髋，两手用力推杠，右手换握左杠，挺身落下成外侧立。

（2）技术要点：①向前上方摆腿时要同时移重心。②前摆至极点时，制动腿下压展髋。

（3）组织教法提示：①分组练习支撑前摆屈髋举腿动作。②分组在低双杠杠端做跳起支撑前摆下练习。③帮助下练习，帮助者站于下法一侧，一手握上臂，另一手托送背或臀帮助出杠。④运用标志物提示动作高度和展体方向。

（4）练习提示：①要有较好的支撑摆动基础，才能练习支撑前摆下。②两腿加速前摆时，主动屈髋、伸髋，展体快速、有力。③此动作有利于增强上肢、肩带及腰腹部的肌肉力量及支撑能力（图 13-4-10）。

图 13-4-10 支撑前摆下

（十）支撑后摆下

（1）动作做法：由支撑摆动开始（以向左侧下为例），身体后摆过垂直面时，两腿用力向后上方摆起，将至极点时右手迅速推杠，换握左杠（在左手前），接着左手推杠侧举，身体重心左移，保持抬头、挺身、紧腰至落地。

（2）技术要点：①后摆时含胸、直臂顶肩。②当后摆接近极点时，平移重心，及时推手换握杠。

（3）组织教法提示：①分组练习支撑摆动动作。②分组在杠端面向内支撑，做小幅度后摆下练习。③帮助下杠中练习，帮助者站在练习者落地一侧，一手握其上臂，另一手在练习者后摆过杠时托其腿。也可站在练习者下法异侧，当其两腿后摆过杠时，一手推其肩，另一手推其腿。

（4）练习提示：①要有较好的支撑摆动基础，才能练习支撑后摆下。②练习后摆下时，后摆下动作可由低至高逐步加难；换握杠时应快速、及时；空中成单臂支撑时应保持抬头、挺身、紧腰姿势。③经常练习可增强上肢、肩带及腰腹部的肌肉力量及支撑能力，并能增强自信心（图 13-4-11）。

图 13-4-11 支撑后摆下

（十一）分腿坐慢起肩倒立

（1）动作做法：由分腿坐开始，两手靠近大腿撑杠，上体前倒、屈臂、提臀，两肩在手前顶杠，两肘外展，当臀部提至垂直部位时，伸髋、并腿成肩倒立。

（2）技术要点：①两手靠近大腿内侧握杠，起倒立时，含胸、提臀要充分。②成肩倒立时，要抬头、紧腰，两肘保持外展。

（3）组织教法提示：①分组练习垫上分腿立撑，慢起头手倒立。②分组在低双杠上做两脚蹬杠成分腿肩倒立，帮助者站在杠中提腰。③在帮助下进行练习，帮助者站在杠外练习者的前侧方，一手从杠下托肩，防止漏肩。另一手托其大腿，帮助提高身体重心。④分组探索：完成肩倒立的方法有哪几种。

（4）练习提示：①低双杠上反复练习分腿坐屈臂、分腿、收腹、提臀动作，体会动作要领。②垫上练习头手倒立动作，体会倒立时的空中感觉及动作要领。③此练习不仅有利于增强腰腹部的肌肉力量，提高人体的空中定向与平衡控制能力，增强自信心，经常练习还有利于心血管系统的健康（图 13-4-12）。

图 13-4-12　分腿坐慢起肩倒立

三、支撑跳跃

支撑跳跃是体操跳跃中的一种。它是在很短的时间里集中很大的肌肉力量，以特定的身体姿势，通过助跑，踏跳，推手飞越器械的一种身体练习。它的器械有多种，练习内容也非常丰富，它的开展有着悠久的历史，它所蕴涵的教育功能、健身作用和参与的乐趣是很多其他体育项目所无法替代的。

（一）支撑跳跃的作用

1. 健美体态

支撑跳跃练习对身体的控制有着很高的要求，特别是对空中身体姿态的控制要求则更高。它的动作的完成有赖速度、力量和身体各部分的协调配合以及控制能力，因此经常练习可以有效地改善练习者的体态。

2. 改善身体机能

支撑跳跃练习时对人体机能有着多方面的影响，经常从事这项运动能增进运动器官、血液循环器官、呼吸器官和前庭分析器官的功能。对整个机体有着良好的影响，能使人的身体得到全面发展。

3. 提高身体素质

完美的完成支撑跳跃练习对身体素质的要求是很高的。经常从事这项运动对发展下肢、肩带和两臂肌群的爆发力，提高判定空间方位和控制平衡的能力有着积极作用。

4. 改善心理品质

要正确地完成各种支撑跳跃的练习，对练习者的心理素质有着很高的要求。特别是消除对支撑跳跃的恐惧心理、克服困难的精神有着积极作用，对培养学生勇敢、顽强、果断、勇于战胜困难的精神都具有显著作用。

5. 提高社会适应能力

支撑跳跃练习能增进学生之间的情感，又能协调相互之间的行动。在教学过程中，师生之间发生着频繁的交往，并有各种各样的教学行为，如合作与竞争的行为，独立学习与集体活动的行为。通过运动中彼此行为的协调、关系的协调，学生可以体验到社会行为规范的意义。

（二）支撑跳跃的动作

1. 双脚起跳

（1）动作做法：两膝微屈，两脚蹬地，配合两臂弧形上摆，向上跳起，跳起后含胸、梗头、立腰，上体正直。

（2）技术要点：①前脚掌蹬地。②裸关节发力。③两臂积极上摆。

（3）组织教法提示：①学生面向教师站立。教师取中间示范、讲解，集体练习。②当学生能初步完成动作时，可采用规定次数或规定时间练习的方法。③抽 1～2 名学生展示，教师讲评，学生互评。

（4）练习提示：①蹬地要有力，踝关节发力快速。②两手臂积极上摆，身体紧张。

2. 山羊分腿腾越

（1）动作做法：直立，快速助跑，积极上板，踏跳快速有力，充分蹬直踝关节，膝关节。同时含胸提臀，上体稍前倾，向前上腾起，两臂前身撑山羊，两腿稍后摆，空中紧腰，固髋，两臂向前下方顶肩推手。推手同时，两腿侧分，稍提臀屈髋，立即制动腿，同时上提急振上抬，展髋挺身落地。

（2）技术要点：①积极摆臂前伸，推手顶肩。②推离山羊瞬间，两腿制动侧分，同时上体急振上抬。

（3）组织教法提示：①学生面对山羊站立，教师侧向示范讲解。②学生助跑起点纵队排列，依次完成练习，保护者站在山羊侧前方，一手拉上臂，另一手扶其腰部，助力完成。③抽 1～2 名学生展示，教师讲评，学生互评。④可采用教师评分的方法，提高学生练习的积极性。

（4）练习提示：①面对墙上板起跳，双臂顶肩落地。②俯撑后摆腿，推手躯体分腿站立接挺身跳。③在保护下板上原地跳分腿腾越。④山羊分腿腾越，推手后上举击掌落地（图 13-4-13）。

图 13-4-13 分腿腾越

3. 屈腿腾越

（1）动作做法：同分腿腾越。推手时稍提臀，迅速屈腿，提膝团身，推手后，两腿迅速下伸，同时抬上体，两臂侧上摆，充分伸展落地。

（2）技术要点：①积极摆臂前伸，推手顶肩。②推离山羊时肩部过支点垂面。③推手后两腿迅速下伸，抬上体，伸展落地。

（3）组织教法提示：基本同分腿腾越。

（4）练习提示：①原地连续团身跳。②体操垫上练习向前跃起远撑推手成蹲立。③在保护下由高处跳下做团身伸展练习。保护者站于落地点侧方，必要时站于腹背部方向。

附录1：学习知识要点及能力要点

一、本教材的知识要点及掌握程度

教材知识要点	掌握程度
各个项目的基本理论知识和基本概念、动作要领和特点	记忆和理解
各个项目的基本理论知识和基本技术和战术、竞赛规则和裁判法	理解和运用
各个项目的基本技术、基本战术和裁判法	掌握和运用
体育锻炼方法、技巧以及锻炼习惯	掌握

二、本教材的能力要点及掌握程度

1级能力指标	2级能力指标	3级能力指标	课程培养能力指标	在课程教学中的重要程度
技术知识与推理能力	相关科学知识	项目基本理论知识和技能	掌握各项目理论知识和实践技术，能够组织比赛及参与裁判能力	重要
个人职业能力	终身学习能力	求知欲和终身学习	分组比赛，对项目等基本技术和比赛规则、裁判规则进行学习，展示自主学习的能力	重要
沟通表达与团队合作	交流能力	口头表达和人际交流	俱乐部分组练习和教学比赛，培养学生沟通交流或与人交流表达等能力	中等
态度与习惯	学生个体学习态度与习惯	学习态度与习惯	培养学生养成良好的、健康的生活和学习习惯，培养主动、自觉参与的态度	重要
责任感	对自我的责任感	对自身健康的责任	通过项目学习，培养学生要有责任感，对自己健康、生活、学习要有责任感，要做勇于承担责任的人	重要

附录 2:《国家学生体质健康标准》(2014 年修订)

一、说明

1．《国家学生体质健康标准》(以下简称《标准》)是国家学校教育工作的基础性指导文件和教育质量基本标准，是评价学生综合素质、评估学校工作和衡量各地教育发展的重要依据，是《标准》在学校的具体实施，适用于全日制普通小学、初中、普通高中、中等职业学校、普通高等学校的学生。

2．本标准的修订坚持健康第一，落实《国家中长期教育改革和发展规划纲要(2010—2020 年)》、《国务院办公厅转发教育部等部门关于进一步加强学校体育工作若干意见的通知》(国办发〔2012〕53 号)和《教育部关于印发〈学生体质健康监测评价办法〉等三个文件的通知》(教体艺〔2014〕3 号)有关要求，着重提高《标准》应用的信度、效度和区分度，着重强化其教育激励、反馈调整和引导锻炼的功能，着重提高其教育监测和绩效评价的支撑能力。

3．本标准从身体形态、身体机能和身体素质等方面综合评定学生的体质健康水平，是促进学生体质健康发展、激励学生积极进行身体锻炼的教育手段，是国家学生发展核心素养体系和学业质量标准的重要组成部分，是学生体质健康的个体评价标准。

4．本标准将适用对象划分为以下组别：大学一、二年级为一组，三、四年级为一组。

5．大学各组别的测试指标均为必测指标。其中，身体形态类中的身高、体重，身体机能类中的肺活量，以及身体素质类中的 50 米跑、坐位体前屈为各年级学生共性指标。

6．本标准的学年总分由标准分与附加分之和构成，满分为 120 分。标准分由各单项指标得分与权重乘积之和组成，满分为 100 分。附加分根据实测成绩确定，即对成绩超过 100 分的加分指标进行加分，满分为 20 分；大学的加分指标为男生引体向上和 1 000 米跑，女生 1 分钟仰卧起坐和 800 米跑，各指标加分幅度均为 10 分。

7．根据学生学年总分评定等级：90.0 分及以上为优秀，80.0～89.9 分为良好，60.0～79.9 分为及格，59.9 分及以下为不及格。

8．每个学生每学年评定一次，记入《〈国家学生体质健康标准〉登记卡》。特殊学制的学校，在填写登记卡时可以按规定和需求相应地增减栏目。学生毕业时的成绩和等级，按毕业当年学年总分的 50%与其他学年总分平均得分的 50%之和进行评定。

9．学生测试成绩评定达到良好及以上者，方可参加评优与评奖；成绩达到优秀者，方可获体育奖学分。测试成绩评定不及格者，在本学年度准予补测一次，补测仍不及格，则学年成绩评定为不及格。普通高中、中等职业学校和普通高等学校学生毕业时，《标准》测试的成绩达不到 50 分者按结业或肄业处理。

10．学生因病或残疾可向学校提交暂缓或免予执行《标准》的申请，经医疗单位证明，体育教学部门核准，可暂缓或免予执行《标准》，并填写《免予执行〈国家学生体质健康标准〉申请表》，存入学生档案。确实丧失运动能力、被免予执行《标准》的残疾学生，仍可参加评优与评奖，毕业时《标准》成绩需注明免测。

11．各学校每学年开展覆盖本校各年级学生的《标准》测试工作，《标准》测试数据经当地教育行政部门按要求审核后，通过“中国学生体质健康网”上传至“国家学生体质健康标准数据管理系统”。测试和数据上传时间由教育行政部门确定。

12．本标准由教育部负责解释。

二、单项指标与权重

测试对象	单项指标	权重/%
大学各年级	体重指数（BMI）	15
	肺活量	15
	50 米跑	20
	坐位体前屈	10
	立定跳远	10
	引体向上（男）/1 分钟仰卧起坐（女）	10
	1 000 米跑（男）/800 米跑（女）	20

注：体重指数（BMI）=体重（千克）/身高 ^{2}（米 ^{2}）。

三、评分表

表 1-1 大学（男、女）体重指数（BMI）单项 单位：千克/米 ^{2}

等级	单项得分	大学男生	大学女生
正常	100	17.9～23.9	17.2～23.9
低体重	80	≤17.8	≤17.1
超重		24.0～27.9	24.0～27.9
肥胖	60	≥28.0	≥28.0

表 1-2 大学（男、女）肺活量单项评分表 单位：毫升

等级	单项得分	大学男生		大学女生	
		大一、大二	大三、大四	大一、大二	大三、大四
优秀	100	5 040	5 140	3 400	3 450
	95	4 920	5 020	3 350	3 400
	90	4 800	4 900	3 300	3 350
良好	85	4 550	4 650	3 150	3 200
	80	4 300	4 400	3 000	3 050
及格	78	4 180	4 280	2 900	2 950
	76	4 060	4 160	2 800	2 850
	74	3 940	4 040	2 700	2 750

等级	单项得分	大学男生		大学女生	
		大一、大二	大三、大四	大一、大二	大三、大四
及格	72	3 820	3 920	2 600	2 650
	70	3 700	3 800	2 500	2 550
	68	3 580	3 680	2 400	2 450
	66	3 460	3 560	2 300	2 350
	64	3 340	3 440	2 200	2 250
	62	3 220	3 320	2 100	2 150
	60	3 100	3 200	2 000	2 050
不及格	50	2 940	3 030	1 960	2 010
	40	2 780	2 860	1 920	1 970
	30	2 620	2 690	1 880	1 930
	20	2 460	2 520	1 840	1 890
	10	2 300	2 350	1 800	1 850

表 1-3 大学（男、女）50 米跑单项评分表 单位：秒

等级	单项得分	大学男生		大学女生	
		大一、大二	大三、大四	大一、大二	大三、大四
优秀	100	6.7	6.6	7.5	7.4
	95	6.8	6.7	7.6	7.5
	90	6.9	6.8	7.7	7.6
良好	85	7.0	6.9	8.0	7.9
	80	7.1	7.0	8.3	8.2
及格	78	7.3	7.2	8.5	8.4
	76	7.5	7.4	8.7	8.6
	74	7.7	7.6	8.9	8.8
	72	7.9	7.8	9.1	9.0
	70	8.1	8.0	9.3	9.2
	68	8.3	8.2	9.5	9.4
	66	8.5	8.4	9.7	9.6
	64	8.7	8.6	9.9	9.8
	62	8.9	8.8	10.1	10.0
	60	9.1	9.0	10.3	10.2
不及格	50	9.3	9.2	10.5	10.4
	40	9.5	9.4	10.7	10.6
	30	9.7	9.6	10.9	10.8
	20	9.9	9.8	11.1	11.0
	10	10.1	10.0	11.3	11.2

表 1-4　大学（男、女）坐位体前屈单项评分表　　单位：厘米

等级	单项得分	大学男生		大学女生	
		大一、大二	大三、大四	大一、大二	大三、大四
优秀	100	24.9	25.1	25.8	26.3
	95	23.1	23.3	24.0	24.4
	90	21.3	21.5	22.2	22.4
良好	85	19.5	19.9	20.6	21.0
	80	17.7	18.2	19.0	19.5
及格	78	16.3	16.8	17.7	18.2
	76	14.9	15.4	16.4	16.9
	74	13.5	14.0	15.1	15.6
	72	12.1	12.6	13.8	14.3
	70	10.7	11.2	12.5	13.0
	68	9.3	9.8	11.2	11.7
	66	7.9	8.4	9.9	10.4
	64	6.5	7.0	8.6	9.1
	62	5.1	5.6	7.3	7.8
	60	3.7	4.2	6.0	6.5
不及格	50	2.7	3.2	5.2	5.7
	40	1.7	2.2	4.4	4.9
	30	0.7	1.2	3.6	4.1
	20	−0.3	0.2	2.8	3.3
	10	−1.3	−0.8	2.0	2.5

表 1-5　大学（男、女）立定跳远单项评分表　　单位：厘米

等级	单项得分	大学男生		大学女生	
		大一、大二	大三、大四	大一、大二	大三、大四
优秀	100	273	275	207	208
	95	268	270	201	202
	90	263	265	195	196
良好	85	256	258	188	189
	80	248	250	181	182
及格	78	244	246	178	179
	76	240	242	175	176
	74	236	238	172	173
	72	232	234	169	170
	70	228	230	166	167
	68	224	226	163	164
	66	220	222	160	161
	64	216	218	157	158
	62	212	214	154	155
	60	208	210	151	152

等级	单项得分	大学男生		大学女生	
		大一、大二	大三、大四	大一、大二	大三、大四
不及格	50	203	205	146	147
	40	198	200	141	142
	30	193	195	136	137
	20	188	190	131	132
	10	183	185	126	127

表 1-6 大学（男）引体向上、（女）仰卧起坐单项评分表 单位：次

等级	单项得分	大学男生		大学女生	
		大一、大二	大三、大四	大一、大二	大三、大四
优秀	100	19	20	56	57
	95	18	19	54	55
	90	17	18	52	53
良好	85	16	17	49	50
	80	15	16	46	47
及格	78			44	45
	76	14	15	42	43
	74			40	41
	72	13	14	38	39
	70			36	37
	68	12	13	34	35
	66			32	33
	64	11	12	30	31
	62			28	29
	60	10	11	26	27
不及格	50	9	10	24	25
	40	8	9	22	23
	30	7	8	20	21
	20	6	7	18	19
	10	5	6	16	17

表 1-7 大学（男）引体向上、（女）仰卧起坐评分表 单位：次

加分	大学男生		大学女生	
	大一、大二	大三、大四	大一、大二	大三、大四
10	10	10	13	13
9	9	9	12	12
8	8	8	11	11
7	7	7	10	10
6	6	6	9	9
5	5	5	8	8
4	4	4	7	7

加分	大学男生		大学女生	
	大一、大二	大三、大四	大一、大二	大三、大四
3	3	3	6	6
2	2	2	4	4
1	1	1	2	2

表 1-8 大学（男）1 000 米、（女）800 米耐力跑单项评分表 单位：分・秒

等级	单项得分	大学男生		大学女生	
		大一、大二	大三、大四	大一、大二	大三、大四
优秀	100	3′17″	3′15″	3′18″	3′16″
	95	3′22″	3′20″	3′24″	3′22″
	90	3′27″	3′25″	3′30″	3′28″
良好	85	3′34″	3′32″	3′37″	3′35″
	80	3′42″	3′40″	3′44″	3′42″
及格	78	3′47″	3′45″	3′49″	3′47″
	76	3′52″	3′50″	3′54″	3′52″
	74	3′57″	3′55″	3′59″	3′57″
	72	4′02″	4′00″	4′04″	4′02″
	70	4′07″	4′05″	4′09″	4′07″
	68	4′12″	4′10″	4′14″	4′12″
	66	4′17″	4′15″	4′19″	4′17″
	64	4′22″	4′20″	4′24″	4′22″
	62	4′27″	4′25″	4′29″	4′27″
	60	4′32″	4′30″	4′34″	4′32″
不及格	50	4′52″	4′50″	4′44″	4′42″
	40	5′12″	5′10″	4′54″	4′52″
	30	5′32″	5′30″	5′04″	5′02″
	20	5′52″	5′50″	5′14″	5′12″
	10	6′12″	6′10″	5′24″	5′22″

表 1-9 大学（男）1 000 米跑、（女）800 米跑评分表 单位：分・秒

加分	大学男生		大学女生	
	大一、大二	大三、大四	大一、大二	大三、大四
10	−35″	−35″	−50″	−50″
9	−32″	−32″	−45″	−45″
8	−29″	−29″	−40″	−40″
7	−26″	−26″	−35″	−35″
6	−23″	−23″	−30″	−30″
5	−20″	−20″	−25″	−25″
4	−16″	−16″	−20″	−20″
3	−12″	−12″	−15″	−15″
2	−8″	−8″	−10″	−10″
1	−4″	−4″	−5″	−5″

四、免予执行《国家学生体质健康标准》申请表（样表）

因病或残疾学生，可向学校提交免予执行《国家学生体质健康标准》的申请，经医生证明，学校核准后，可免予执行《国家学生体质健康标准》。

在《国家学生体质健康标准》测试期间内持医生诊断证明及学校批示后，打印样表，填写好，学生本人签字提交给测试教师或任课体育教师存档。

免予执行《国家学生体质健康标准》申请表（样表）

姓名		性别		民族	
班号		学号		出生日期	
原因					
体育教师签字			家长签字		
学校体育部门意见	签章（字） 年 月 日				

注：高等学校的学生，“家长签字栏”由学生本人签字。